전선기자 _ 정문태
전쟁취재 _ 기록

전선기자_정문태
전쟁취재_기록

정문태_지음

기자가_복종할_대상은_오직_시민뿐이다
자신을_파견한_언론사마저_배반하고
시민_편에_서야_옳다

푸른숲

"전쟁취재 현장에서 숨진 모든 언론노동자와
전선기자로서 명예를 지키고자 애쓰는 벗들께 이 책을 바친다."

벙어리의 변명

조금 답답해도 조금 억울해도 말 안 하는 걸 '멋'이라 여겼다.
그리고 어느 날 자취 없이 사라져버리는 걸 '명예'라 여겼다.

현장보다 베끼기가 더 날치는, 취재보다 무용담이 더 날뛰는
보도보다 후일담이 더 앞서는, 기사보다 기자들이 더 설치는
삿된 세상에서 내가 본 전쟁은 나불거릴 노래감이 아니었다.
하여, '나'를 이 책에 집어넣을 용기가 없어 3년을 시름했다.

그사이 미군이 아프가니스탄과 이라크를 잇달아 침공했다.
나는 책상과 현장 사이에서 한동안 고민에 고민을 거듭했다.
출판 약속을 깨버리는 일도 전쟁취재를 떠넘겨버리는 일도
모조리 '배반' 같기만 했다. 오락가락 쩔쩔맸다. 참 괴로웠다.

"전쟁 밖에서 전쟁을 보자. 전쟁 밖에 서서 내 모습을 보자"
그럴듯한 핑계? 통했다. 그렇게 마음을 접고 책상에 앉았다.
전쟁취재보다 책상이 더 힘들다는 사실을 거푸 깨달았다.
그러다 미국의 침략 전쟁에 치민 화를 동력 삼아 책을 썼다.

나는 전선기자로서 말을 아끼려 애썼지만 끝내 못 지켰다.
제 몸을 배신한 그 증거가 이 책에 고스란히 담기고 말았다.

2004년 8월 13일.
타이 북부 치앙마이 도이수텝 산자락에서

벙어리의 변명 12년 뒤

그로부터 12년이 흘렀다. 전쟁은 날마다 더 악질로 변해왔다.
전쟁은 유행처럼 번졌고 기자들은 거짓말을 훈장처럼 달았다.
그러나 전쟁을 말하는 이들도 보는 이들도 멈출 맘이 없었다.
이제, 전쟁은 사람들 사이에 덧없는 말질거리가 되고 말았다.

하여, 나를 비롯해 전쟁터를 취재하는 모든 기자를 향해서
하여, 당신을 비롯해 전쟁뉴스를 읽는 모든 독자를 향해서
이제 가라앉을 때가 되었다는 뜻을 담아 이 개정판을 올린다.
세월이 흐른 만큼 2016년 판은 틀을 바꾸고 새 글을 보탰다.

이 개정판에서는 무엇보다 얼마나 정직했는지를 점검하면서
현 시점에서 읽기 쉽도록 자료를 덧붙이고 문장을 다듬었다.
이 책은 한겨레출판사와 아시아네트워크 / 푸른숲이 함께
애쓴 결과임을 생각하며 모든 이들께 고마운 마음을 올린다.

2016년 5월 20일.
하루 종일 비 내리는 인도네시아 반둥에서

일러두기

_ 이 책에 실린 외국 인명, 지명 등은 국립국어원 〈외래어표기법〉을 참고하였으나, 일부는 저자의 요청으로 현지 발음에 가깝게 표기했습니다.

_ 이 책은 2004년 한겨레신문사에서 펴낸 《전선기자 정문태 전쟁취재 16년의 기록》 개정판입니다.

고마운 이름들을 기억하며

나는 그동안 현장을 취재하면서 많은 벗한테 도움을 받았다. 이 책은 그이들과 함께 만들었고 그 고마운 마음을 여기 담아 올린다.

Ahmad Taufik(Tempo. Indonesia) Bambang Harymurti(Tempo. Indonesia) Dimas Ardian(Getty Images. Indonesia) Zainal Bakri(Metro TV. Aceh/Indonesia) Nurdin Hasan(AP. Ache/Indoneisa) Yayan Zamzami(Indosir. Aceh/Indonesia) Mali Cesar(Kyodo News. East Timor) Daoud Kuttab(Al-Quds TV. Palestine) Walid Betrawi(BBC. Palestine) Praful Bidwai(Times of India. India) Naoki Mabuchi(Journalist. Japan) Kusakabe Massazo(TV Asahi. Japan) Yasuo Yoshisuke(Kyodo News. Japan) Dilshad Khan(APTN. Pakistan) Rahimullah Yusufzai(The News. Pakistan) Bertil Lintner(Journalist. Sweden) Phee Chalawlux(Journalist. Thailand) Kusuma Yodhasamutr(TV5. Thailand) Pennapa Hongthong(The Nation. Thailand) Supalak Ganjanakhundee(The Nation. Thailand) Puy Kea(Kyodo News. Cambodia) Voja Miladinovic(Photographer. Yugoslavia) Felix Bilani(Photographer. Albania) Eunice Lau(Al-Jazeera TV. Singapore)

고경태, 오귀환, 김종구, 정인환을 비롯해 〈한겨레21〉과 〈한겨레〉 모든 벗들을 기억한다. 〈아시아네트워크〉를 함께 고민한 아시아의 수많은 기자들 이름을 기억한다. 늘 커피를 함께 마시며 영감을 키워준 내 친구 Richard Powell, Cornie Choi, Satya Sivarman, Chiensan Feng, Suttiluck Wichaiya, Georg Petter Müller를 기억한다.

01

전선의 꽃, 전선의 부랑아들

전선기자의 고민

종군기자라고?

"당신 직업은 역사를 기록하는 일이다. 당신이 그 역사에 개입할 수 없다.
냉혹하게 자신을 가다듬고 사진을 찍어라. 그게 당신이 그곳에 있는 까닭이다."
필립 존스 그리피스Philip Jones Griffiths, 1936~2008, 전선사진기자.

"수염이 덥수룩하고…, (좀 거칠게 생긴 줄 알았는데) 그게 아니네요?"

처음 만난 〈한겨레〉 출판국 후배가 내게 했던 말이다. 그이가 괄호 속
에 담긴 말을 뱉진 않았지만 내 귀엔 또렷이 들렸다.

영화를 너무 많이 본 걸까? 사람들 상상 속엔 종군기자 모습이란 게
박혀 있는 듯. 턱수염에다 험상궂은 얼굴에다 못된 성깔에다 카키색 포토
재킷을 걸치고…, 그렇다면 나는 많은 이를 실망시켰다. 생긴 것도 밋밋하
고 근육질 몸매도 아닌 것이 수염도 안 기르고 포토재킷도 안 입었으니.

근데 이런 판에 박힌 인상이 아주 터무니없는 것 같진 않다. 예컨대
모두가 미쳐 날뛰는 전선에서 새색시처럼 다소곳해서야 견뎌내기 힘들 테
고, 웬만한 강심장이 아니고서야 총소리 들어가며 면도질할 만큼 여유 부
리기도 쉽지 않을 테니. 포토재킷이야 신분증 같은 것이기도 하고. 실제로
전선에서도 '종군기자 같은' 멋쟁이들이 심심찮게 눈에 띄는 걸 보면 꼭 영

화적 상상력만은 아닌 듯싶다.

겉모습뿐 아니라 종군기자 특질도 꽤 논란거리였다. 어떤 이들은 영웅심에 사로잡힌 전쟁광쯤으로 보기도 했고 어떤 이들은 사명감에 불타는 영웅처럼 치켜세우기도 했다. 또 어떤 이들은 용감한 모험가나 정신 나간 방랑자나 호기심 좋는 한량쯤으로 몰아붙이기도 했다. 뭐가 됐든 종군기자를 별종으로 여긴다는 건 틀림없다. 뭐, 군이 아니라고 우길 마음은 없다. 내가 만난 숱한 종군기자가 저마다 그런 특질 가운데 한둘쯤은 지녔던 걸 보면. 그렇더라도 종군기자 특질을 꼭 집어 하나로 말하기는 참 힘들다. 가는 곳마다 전선이 다르듯이 종군기자도 저마다 다른 사연을 품고 다녔으니. 여태껏 많은 연구자가 종군기자 특질을 캐겠노라 머리를 싸맸지만 속 시원한 답을 못 내놨던 까닭이다.

다만 세상이 바뀌듯이 종군기자도 변하는 것만큼은 틀림없다. 먼저 차림새부터가 그렇다. 흔히들 종군기자한테 상상력으로 입혀온 카키색 포토재킷이 좋은 본보기다. 베트남전쟁 시절 미국 CBS 방송기자들이 맞춰 입으면서부터 'CBS재킷'이라 불렀던 그 카키색 사파리는 한때 종군기자 신분증 노릇을 했다. 기억을 더듬어보면 1990년대 중반쯤까지는 사진기자들뿐 아니라 일반 기자 가운데도 포토재킷을 걸치는 이들이 적잖았다. 그 유행이 1990년대 말로 접어들면서부터 숙지더니 요즘은 전선에서도 쫙 빠진 와이셔츠들이 늘어나는 추세다. 그 카키색 포토재킷이 한물갔다는 건 종군기자들이 자부심을 지닐 수 없는 시대를 살고 있다는 뜻이기도 하다. 한때는 목숨 걸고 전선을 뛴다며 제법 존중받았던 종군기자들이 이젠 어딜 가나 정치에 휘둘린 상업언론사들 돌격대쯤으로 눈총 받는 세상이니.

총알이 비켜갔다

나는 종군기자의 시대가 저물게 된 바탕을 그 선입견들, 다시 말해 환상 탓으로 봐왔다. 그동안 사람들은 종군기자를 틀에 박힌 환상으로 덧칠해왔고 종군기자란 자들은 스스로 그 환상증폭기 노릇을 해왔다. 피투성이 전선발 보도를 놓고 방송기자들은 화장에 온 신경을 쏟았고 신문기자들은 신변잡기 창작에 온 정열을 다 바쳤다. 종군기자들은 그걸 시청자나 독자를 위한 서비스라 우겼고 언론사들은 그런 환상을 부추기며 돈벌이에 목을 맸다. 그사이 종군기자들은 스스럼없이 전쟁의 주인공으로 나섰고 사람들은 전쟁본질 따위는 아랑곳없이 화면이나 지면에 등장하는 종군기자들한테 눈길을 꽂았다. 전쟁보도가 그렇게 사유화와 희화화를 통해 환상을 뿌려대면서 사람들 사이에는 마치 영화 보듯 소설 읽듯 전쟁을 즐기는 현상이 생겨났다.

종군기자들이 퍼 나르는 환상질은 흔히 무용담과 위험을 밑감 삼았다. 그 단골메뉴는 '총알이 비켜갔다' '반군한테 잡혀 죽을 뻔했는데' '게릴라 사령관을 만났더니'처럼 늘 뻔한 것들이었다. 따져보자. 본디 전선이란 곳은 총알이 날아다니는 곳이다. 누군가 맞기도 하고 안 맞기도 한다. 안 맞았으면 그뿐이다. 게다가 얼마나 복이 많았으면 수많은 기자가 반군을 취재하려고 애 태우는 마당에 반군한테 잡히기까지 했을까? 그 중요한 게릴라 사령관을 만났다면 기사가 되어야지 왜 후일담거리가 되고 말까? 그런 무용담들은 취재준비를 제대로 안 했거나 전선 상황을 전혀 몰랐다는 자백일 뿐이다.

위험을 들먹이는 것도 마찬가지다. 수많은 종군기자가 추상적인 위험으로 포장한 제 몸을 전쟁보도 한 켠에 집어넣었다. 예컨대 1999년 미군의 유고침략(코소보전쟁)과 2001년 아프가니스탄침략 때를 보라. 폭격현장 근처에도 못 가본 종군기자들이 모조리 위험을 팔아먹었다. 그 코소보나 아프가니스탄 전쟁 때 일찌감치 현장을 확보했던 몇몇 기자를 빼면 미군이 지상군을 투입할 때까지 국경을 넘은 기자도 없었다. 2003년 미국의 제2차 이라크 침공 때는 미군한테 끌려다니며 교전 현장 한 번 못 봤던 임베디드 저널리스트Embedded Journalist[1]들도 저마다 위험을 팔아먹었다.

군이 말하지 않더라도 본디 종군기자와 위험이란 단어는 태생적 동반자다. 나는 이 세상에 위험하지 않은 전선을 본 적도 없고 종군기자가 위험한 직업이 아니라고 여긴 적도 없다. 다만, 제 발로 전선에 오른 기자가 위험하다며 울고불고 떠들어대는 게 수상하다는 말이다. 전쟁취재란 건 종군기자가 얼마나 위험한지 따위를 밝혀내는 행위가 아니다. 전쟁보도란 건 종군기자가 얼마나 위험한지 따위를 전하는 감상문이 아니다.

내 경험에 비춰볼 때 진짜 전선을 취재한 기자라면 말문이 막혀야 정상이다. 수많은 사람이 죽어나가는 전선을 취재한 진짜 기자라면 기껏 제 몸의 위험 따위를 말질로 팔아먹지 않는 게 직업에 대한 예의다. 해서 우리는 전선에서든 술집에서든 무용담이나 늘어놓고 위험을 떠벌이는 종군기자들을 애처롭게 여겼는지도 모르겠다. 이건 전쟁취재와 보도에서 종군기자가 주인공으로 나설 자리가 어디에도 없다는 뜻이다. 전선을 취재하는 기자란 건 역사를 기록하고 군대를 감시하고 전쟁실상을 전하는 직업인일 뿐이다. 그래서 뜻있는 기자들은 환상을 두려워하며 늘 화면 뒤로 숨었고

---

1 임베디드 저널리즘embedded journalism. 미국이 2003년 제2차 이라크 침공 때 국제언론사에서 뽑은 기자들을 군사훈련시켜 현장으로 데려간 뒤 미군이 원하는 뉴스만 보도하도록 했던 전시언론통제의 한 유형.

또 말을 아꼈다.

전선이란 곳은 종군기자들이 마음만 먹으면 얼마든지 환상을 만들어 낼 수 있는 무대다. 종군기자들을 감시할 만한 장치나 수단이 없는 특수한 환경 탓이다. 도시에서 벌어지는 일들이야 매서운 눈들이 사방에 깔린 데다 보도가 나가고도 곧장 사실을 확인할 수 있지만 전선은 거의 사각지대다. 전선 하나에 기자 하나만 뛰어든 경우도 수두룩하고 또 전투가 끝나면 주검만 남는다. 해서 모든 게 취재기자의 사적 영역에 갇혀버리고 만다. 그 과정에서 실수든 의도든 사실을 비틀어버릴 가능성이 매우 크지만 감시도 확인도 쉽지 않다는 게 전쟁보도의 맹점 가운데 하나다.

예컨대 1990년대 한 오스트레일리아 방송기자가 필리핀 정부군한테 신인민군NPA[2]을 때리는 '방송용 포격'을 부탁해 시민을 살상했던 일이나, 한 일본 방송기자가 캄보디아 전선에서 떼굴떼굴 뒹굴며 '뉴스쇼'를 연출했던 일은 모두 감시자가 없는 환경에서 벌어질 수 있었던 일이다. 그나마 이런 이야기들은 현지 주민이나 가까이 있던 다른 기자들을 통해 곧 알려졌지만 1980년대 한 한국 방송기자가 레바논전쟁을 취재하면서 게릴라들한테 돈을 주고 '화면 배경용 사격'을 부탁했던 일처럼 오랜 시간이 지난 뒤에야 드러난 것들도 있다. 끝내 묻혀버린 진실들이 헤아릴 수 없을 만큼 많겠지만, 아무튼.

그렇더라도 아주 단순한 내 경험과 믿음을 말하고 싶다.

"이 세상에 비밀은 없다."

---

2 New People's Army. 1968년 창설한 필리핀공산당CPP의 무장조직으로 약 4,000~5,000 병력을 거느리고 81개 주 가운데 70여 개 주에서 게릴라 투쟁을 벌여왔다. 2010년부터 정부와 평화회담을 준비하고 있다.

1995년 에티오피아 취재 때 만났던 레바논 출신 유엔직원이 10년도 더 지난 한국 방송기자 행위를 폭로했듯이, 비록 전선에 체계적인 감시기능이 없다고는 하지만 시민 네트워크만큼은 살아 있다. 바로 이 대목을 종군기자들이 눈여겨봐야 한다. 눈과 입을 두려워해야 옳다는 뜻이다. 환상몰이는 언젠가 깨지기 마련이니까!

진짜 종군기자, 보도노예

해서 나는 종군기자를 둘러싼 환상을 걷어내는 게 뒤틀린 전쟁보도를 바로잡는 지름길이라 믿어왔다. 그 첫걸음으로 이미 환상덩어리가 된 종군기자라는 말부터 버리자는 뜻을 독자들과 함께 고민해보고 싶다.

먼저 내 이야기를 좀 하자면, 여태껏 나는 수많은 전쟁을 취재해왔지만 스스로 종군기자라고 불렸던 적이 없다. 본디 나는 종군기자가 되겠다고 마음먹은 적도 없고 애태운 적도 없다. 그저 좋은 외신기자가 되고 싶었고, 1980년대 말부터 방콕을 베이스 삼아 국제정치판을 기웃거리다 보니 가장 극단적인 정치행위인 전쟁과 자연스레 마주쳤을 뿐이다. 그러니 내겐 처음부터 정치와 전쟁이 서로 다른 취재 영역이 아니었던 셈이다. 전쟁 명령을 내린 주범은 언제나 정치였고 그 정치는 전선에서 캘 수 없었던 탓이다. 그렇게 나는 '정치 없는 전쟁취재는 자위행위다'고 믿으며 정치판과 전선을 들락거렸다.

그렇다고 내가 직업관만으로 전선에 올랐던 건 아니다. 내 몸에는 이미 G형 피, 집시Gypsy 피가 흐르고 있었다. 내가 '여행지'로 전선을 택했다는 사실도 숨길 수 없다. 한 번 두 번 전선에 오르면서부터 전선중독 현상이 나타났다. 내 몸에 숨어 있던 들짐승 같은 습성이 도시에서는 느끼기 힘든 극단적 공포, 분노, 전율 따위와 맞아떨어진 게 아닌가 싶다.

그러나 무엇보다 전선이 나를 사로잡았던 건 '역사의 현장에 내가 서 있다'는 자부심 같은 것이었다. 사람들이 도망쳐 나오는 사지를 향해 거꾸로 기어들어가면서 나는 늘 내 존재를 역사 속 목격자로 집어넣었다. 때때로 나는 그 역사가 굴러가는 현장을 내 눈으로 직접 바라보는 대가라면 죽어도 좋다는 생각을 했다. 그게 위로일 수도 있고 착각일 수도 있지만, 어쨌든.

그렇게 전선을 오가던 내게 문제가 생겼다. 본디 전쟁취재에 목맨 기자가 아니었던 나는 애초 종군기자란 말을 감히 범접할 수 없는 대상으로만 여겼다. 근데 어느 날부터 사람들이 내 몸에 종군기자란 말을 붙이기 시작하면서 몹시 어지러워졌다. 내 안에서 종군기자란 말을 놓고 '경외심'과 '거부감'이 거세게 부딪쳤다. 내가 취재해온 전쟁과 그 종군기자란 말이 결코 어울릴 수 없었던 까닭이다.

종군기자란 말의 뿌리를 캐보면 내 고민이 잘 드러날 듯싶다. 한자에서 따온 종군기자從軍記者란 걸 풀어보면 말 그대로 '군대를 따르는 기자'가 되고 만다. 이 '종從'자는 '따른다'거나 '좇는다'는 겉뜻 말고도 '복종한다'거나 '거역하지 않는다'는 심란한 속뜻을 지녔다. 그러니 이 '종군'이란 말을 쓰는 한 독립성을 생명처럼 여겨야 할 기자가 군대에 복속당한 존재일 수밖에 없다. 기록으로 볼 때 우리가 이 종군기자란 말을 처음 썼던 건 1949년 국방부가 〈동아일보〉 〈조선일보〉를 비롯한 언론사 기자 20여 명을 뽑아 태릉 육군사관학교에서 훈련시킨 뒤 발급했던 '종군기자 수료증'이 아닌가 싶다. 이어 한국전쟁 때인 1951년 피난지 대구에서 군사훈련을 받은 기자들이 헌병사령부 소속 종군기자로 전선을 취재한 기록이 있다. 바로 그 시절 군 소속으로 군대를 따라다니며 승전보만을 전하던 이들이 말 그대로 진짜 종군기자였다. 가까이는 2003년 미국의 제2차 이라크 침공 때 미군을 따라다녔던 그 임베디드 저널리스트들을 종군기자라고 부를 만 하다.

군대감시와 비판기능을 앞세운 현대적 언론관을 놓고 보면 군과 언론은 필연적 적대관계여야 정상이다. 그러니 군대가 벌이는 전쟁을 감시해야 할 이들을 종군기자라 부른다면 기본개념부터 충돌할 수밖에 없다. 근데 우리 언론사나 기자들은 이 종군기자란 말을 무슨 훈장처럼 여기는 게 아닌가 싶다. 신문이든 방송이든 어쩌다 분쟁지로 취재만 갔다 하면 어김없이 '종군기자 아무개'를 달고 나온다. 리비아에서 전선은커녕 시위구경만 했던 신문기자도 종군기자였고, 아프가니스탄에서 미군을 따라다니며 탈레반을 '적'이라 부른 사진작가도 종군기자였고, 이라크의 바그다드 호텔에 앉아 전선냄새 한 번 맡아본 적 없는 방송기자도 다 종군기자였다. 모두가 종군기자란 말에 엄청난 환상을 지닌 듯.

다른 나라에서는 이 종군기자를 어떻게 부르는지 견줘볼 만하다. 일본은 말할 것도 없이 우리가 베꼈으니 똑같은 한자 '從軍記者'를 써서 주군기샤じゅうぐんきしゃ라 부른다. 중국은 '종從'자처럼 따른다는 뜻을 지닌 '수隨'자를 써서 쑤이쥔지저隨軍記者라 불러왔다. 그러나 같은 아시아권이지만 인도네시아에서는 와르따완 뻐랑Wartawan Perang, 타이에서는 뿌스까오송끄람ผู้สื่อข่าวสงคราม, 버마에서는 싯타딘다욱စစ်သတင်းထောက처럼 다들 '전쟁기자'라 부른다. 유럽도 마찬가지다. 영국이 워 코러스폰던트war correspondent, 독일이 크릭스레포터kriegsreporter, 프랑스가 꼬레스뽕당 드 게르correspondant de guerre, 스페인이 꼬레스뽄살 데 게라corresponsal de guerra로 불

러온 것들이 모두 '전쟁기자'란 뜻이다. 이렇듯 한국, 일본, 중국을 빼면 모든 언어권에서 전쟁취재하는 기자를 군대와 한통속으로 묶어 '군대를 따르는 기자'라고 안 부른다는 사실이 드러난다.

이건 언어적·문화적 차이가 아니다. 아시아·아프리카·유럽 출신 기자들과 머리를 맞대봤지만 '군대를 따르는 기자'라는 말을 이해하는 이가 아무도 없었다. 이 종군기자란 말은 19세기 말 일본군의 침략전쟁과 함께 자라온 군국주의 용어고 따라서 이건 역사관의 차이다. 일본 언론이 퍼트린 군국주의 용어 가운데 좋은 본보기가 바로 종군위안부從軍慰安婦다. 일본 군대가 조직적으로 저지른 성폭력 피해자들을 두고 '군대를 따라다니며 성을 파는 여성'이란 뜻을 지닌 종군위안부라 불러온 나라는 일본과 한국뿐이다. 마찬가지로 일본 군국주의자들이 침략전쟁에 나팔수로 데리고 다니던 기자들한테 갖다 붙인 말이 바로 종군기자다. 그렇게 종군위안부와 종군기자란 건 본질적으로 같은 뿌리를 지닌 용어다. 그동안 유엔을 비롯한 국제사회는 종군위안부comfort woman란 말 대신 공식적으로 '일본 군대의 성노예Japanese military sexual slavery'로 불러왔다. 피해자인 대한민국만 가해자인 일본을 따라 종군위안부라 불러왔다. 어떻게 할 것인가?

매한가지 종군기자란 건 '일본 군대의 보도노예'란 뜻이다. 일본 언론이 오늘까지 '종군위안부'니 '종군기자'란 말을 쓰는 건 그 동네 역사관일 뿐이다. 다만 군국주의 침략사관을 거부해야 마땅한 대한민국 언론이 그런 말을 베껴 여태껏 써먹는다는 건 반역이다. 말끝마다 친일을 나무라고 일제 잔재청산을 외치면서도 일본 군국주의 용어를 가장 많이 쓰는 집단이 언론이다. 그 상징이 바로 종군기자란 용어다. 참고로 일본도 요즘은 종군기자란 말보다 군사통신원軍事通信員을 일컫는 군지쯔신인ぐんじつうしんいん을 즐겨 쓴다.

오직 시민한테 복종한다

나는 20년 넘게 전쟁을 취재하면서 내가 군대를 따라다니는 놈이라고 여긴 적이 단 한 번도 없다. 더욱이 내가 군대에 복종한다거나 굴복한다는 건 상상도 할 수 없는 일이었다. 하여 스스로 종군기자로 여긴 적도 없고 종군기자라 부른 적도 없다. 전쟁을 취재하는 기자란 건 시민사회로부터 전쟁본질을 캐고 군대를 감시하라는 명령을 받은 이들이다. 따라서 전선에 오른 기자들이 복종할 대상은 오직 시민뿐이다. 기자라면 전선에 오르는 순간부터 자신이 속한 국가, 민족, 인종, 종교, 정파 같은 건 말할 나위도 없고 자신을 돈 들여 파견한 언론사마저 배반하고 시민 편에 서야 옳다는 뜻이다. 그러니 군국주의 냄새가 물씬 풍기는 종군기자란 말에 강한 거부감이 들 수밖에 없었다. 게다가 군대와 언론의 종속관계를 뜻하는 이 종군기자란 말은 전선에 오르는 기자들 자존심을 짓밟아버리는 아주 불쾌한 용어다. 진짜 전선을 뛰는 기자들은 스스로 군언軍言동침에 들지 않는 걸 직업적 명예로 여겨왔다. 그 명예는 자신을 전선에 파견한 시민사회에 대한 예의였다.

전쟁보도에서 언론이 독립성을 지니고 군대를 감시하겠다면 기자를 일컫는 용어부터 바로잡아야 한다는 고민이 아예 없지는 않았다. 1990년대 중후반 〈한겨레21〉이 처음으로 머리를 싸맸다. 그 무렵 내 뜻과 달리 기사에 '종군기자 정문태'란 말이 붙어 나갔던 적이 있다. 심한 거부감을 느꼈던 내게 오귀환 편집장이 내놓은 대안이 '국제분쟁 전문기자'였다. 그게 지금까지 우리 언론사言論史를 통틀어 종군기자란 말을 달리 불러보려는 유일한 실험이었다. 그로부터 몇몇 매체가 '국제분쟁 전문기자'니 '분쟁 전문기자'니 '국제분쟁전문 프로듀서' 같은 말을 쓰기 시작했다. 근데 사실은 국제분쟁 전문기자란 말도 너무 거창할 뿐 아니라 전문성이란 게 아주 주관적인 개념이고 보면 썩 어울린다고 보기는 힘들다. 그래서 나는 2004년 처음 이 책을 낼 때부터 '전선기자'란 말을 쓰기 시작했다. '전쟁기자'란 말보다는 좀 더 겸손한 느낌이 드는 데다, 무엇보다 전쟁을 일으킨 주범들이 도사린 정치판과 군인들이 치고 박는 전쟁터라는 두 전선을 모두 취재영역으로 삼아야 하는 내 현실을 좀 더 폭넓게 담아낼 만한 말이라고 여겼던 까닭이다.

사회적 공감을 얻을 때까지는 국제분쟁 전문기자든 전쟁기자든 전선기자든 뭐가 돼도 좋다. 다만 종군기자란 말만큼은 이쯤에서 버리자는 결심을 독자들과 함께 나눠보고 싶다. 한참 늦었지만 이제라도 전쟁을 일으키는 정부와 군대에 맞설 기자들한테 멋진 이름을 달아줄 때가 됐다. 그리고 그 기자들한테 군대나 따라다니지 말고 시민 대신 전쟁을 잘 감시하라고 닦달했으면 좋겠다.

종군기자가 살아 있는 한, 기자들이 군대로부터 영원히 독립할 수 없기 때문이다. 종군기자가 살아 있는 한, 언론이 군언동침으로부터 영원히 깨어날 수 없기 때문이다. 종군기자가 살아 있는 한, 전쟁보도가 파멸적 무장철학으로부터 영원히 자유로울 수 없기 때문이다. 종군기자가 살아 있는 한, 시민이 전쟁의 환상으로부터 영원히 벗어날 수 없기 때문이다.

전선기자의 운명

전쟁이 끝나는 날 함께 사라진다

"외신기자도 자유아쩨운동GAM 반군을 취재하면 체포하거나 사살할 테니 조심하라!"
인도네시아 정부군 아쩨계엄군사작전 대변인 디띠아Ditya 대령, 2003년 5월.

"폭도들에게 동정심 일으키는 뉴스 전하지 말라. 언론은 국익 위해 군과 경찰을 성원하라."

2004년 4월 28일, 타이 제4군 사령관 삐산 왓따나윙끼리Pisan Wattana-wongkiri중장이 기자들한테 으름장을 놨다. 남부 무슬림 4개 주 독립을 외치던 젊은이 32명을 살해한 뒤였다. 시위 중 400년 묵은 이슬람 성지인 끄르세모스크로 피신한 젊은이들을 중무장 군인과 경찰이 로켓포로 학살한 그 사건을 놓고 국제사회가 발끈하자 총리 탁신 친나왓Thaksin Shinawatra은 "우리 발로 서고 우리 법에 따른다"고 맞받아치며 외신기자 취재금지령을 내렸다. 장군 협박과 총리 분노가 먹혔는지 하루 뒤인 4월 29일 타이 신문 〈끄룽텝 뚜라낏Krungthep Turakij〉은 살해당한 무슬림 젊은이 손에 들려 있던 빈 칼집을 지우고 칼을 올린 조작사진을 내보냈다. 곧장 현장기자들이 들고 일어나자 다음 날 그 신문은 '기술적인 실수'였다는 희한한 사과문을 올렸다. 어떤 실수로 사진에 찍힌 칼집이 칼로 둔갑할 수 있을까?

'선전용 전쟁'과 '반역적 진실'

이건 타이에서만 벌어질 수 있는 특수한 사건이 아니다. 그저 흔해빠진 전시언론통제wartime media control 가운데 하나를 엿보았을 뿐이다. 특히 9.11사건 뒤 미국 정부가 인류 모두를 잠재적 적으로 규정한 '테러와 전쟁'을 선포하며 이른바 상시전쟁permanent war 체제에 들어서고부터 온 세상이 전시언론통제에 짓눌려왔다. 2003년 미국의 제2차 이라크침공을 보자. 미군은 대량살상무기WMD를 숨긴 대통령 사담 후세인Saddam Hussein을 잡겠다고 이라크를 침공하면서 임베디드 저널리즘이라는 아주 새로운 전시언론통제술로 세상 언론을 손아귀에 넣었다. 미군은 CNN, 〈조선일보〉, 〈중앙일보〉를 비롯해 우호적인 국제언론사에서 뽑은 기자 775명을 훈련시킨 뒤 이라크로 데리고 가서 '선전용 전쟁'만 보여주었다. 미군한테 차출당한 언론사들은 영광으로 여기며 기꺼이 나팔수 노릇을 했다. 그러나 이라크에는 단 한 발 대량살상무기도 없었다. 새빨간 거짓말이었다. 미국 대통령 조지 워커 부시는 "잘못된 정보였다"고 자백했으나 이라크는 이미 돌이킬 수 없는 폐허가 된 뒤였다. 그럼에도 사과는커녕 정정보도 하나 낸 신문이나 방송이 없었다. 그로부터 공범이라는 속살을 숨긴 정부와 언론 관계는 오히려 더 단단해졌다. 그 결과 요즘 세상 어딜 가나 사람들은 언론을 안 믿을 뿐 아니라 입에 올리는 것조차 더럽게 여긴다.

따지고 보면 이 전시언론통제란 건 어제오늘 일이 아니다. 전사戰史를 훑어보면 어느 국가 어느 시대 가림 없이 모든 전쟁에 전시언론통제가 등장한다. 말하자면 정부의 전시언론통제에 맞선 전선기자들의 고단한 싸움이 전쟁보도사의 굴대였던 셈이다. 그사이 적잖은 전선기자가 전시언론통제를 뚫고자 목숨 바쳤고 또 적잖은 전선기자가 진실을 실어 날랐다. 그

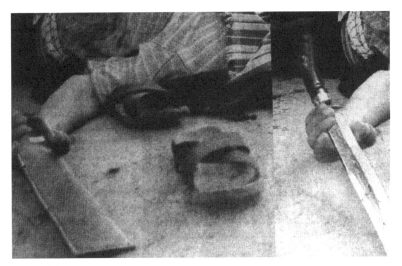

〈끄룽텝 뚜라낏〉은 이 사진을 놓고 '기술적 실수다'고 변명했다. 왼쪽은 수많은 기자가 크르세 모스크 학살 현장에서 본 진실이다. 오른쪽은 〈끄룽텝 뚜라낏〉이 올린 사진이다. 시민사회가 언론을 감시해야 하는 까닭이다. _크르세모스크. 빠따니/타이. 2004 ⓒ정문태

럼에도 우리는 오늘 전쟁보도에 아주 큰 섭섭함을 지닌 채 전선기자들 깜냥을 묻고 있다.

전쟁을 안방까지 실시간 날라다주는 보도기술 발전에 견줘 정작 전선기자들 정신은 아직도 고대 전쟁에 머물러 있지 않나 싶을 때가 많다. 160년 웃도는 전쟁보도사를 통해 전선기자가 전황을 기록하고 소식을 전하는 고전적 역할에서야 나름껏 이룬 바가 있겠지만 군대를 감시하고 전쟁본질을 파헤쳐야 하는 현대적 언론관을 놓고 보면 여전히 갈 길이 멀게만 느껴진다. 미국의 이라크 침략, 유고(코소보) 침략, 아프가니스탄 침략이 좋은 본보기다. 그 모든 전쟁에서 전선기자들은 미군 승전보만 죽어라 실

어 날랐다. 전선기자들은 미군을 감시하는 데도 전쟁본질을 알리는 데도 모조리 실패했다. 세계시민사회가 전선기자를 "정부에 빌붙어 자본을 키워온 공룡언론사들 앞잡이"라 손가락질해온 까닭이다.

전쟁은 국가로 위장한 정부가 저지르는 가장 극단적인 정치행위다. 하여 모든 정부는 전시언론통제에 애국주의와 민족주의를 들이댔다. 정부는 늘 전선기자들을 잠재적 스파이로 여겼고 툭하면 반역자로 몰아붙였다. 전선기자들은 국가와 정부를 혼동하며 제 발로 애국이니 민족이라는 함정에 빠져들었다. 그리하여 수많은 전선기자가 '반공' '반이슬람' '백인우월주의' '미국중심주의' 깃발 아래 거리낌 없이 호전 나팔수로 전선을 갔다. 그 피해는 고스란히 시민사회 몫으로 돌아왔다.

예컨대 한국전쟁이나 베트남전쟁에서 전선기자들이 승전보만 전하는 전령사 노릇을 마다하고 다부지게 군대를 감시했더라면 그 많은 시민학살 기록을 줄일 수 있었을 것이다. 마찬가지로 전선기자들이 베트남전쟁 본질을 파고들었더라면 우리 젊은이들이 남의 해방전쟁에 뛰어들어 영문도 모른 채 죽어가지는 않았을 것이다. 듣는 이에 따라 거북스러울 수도 있겠지만 이게 국가나 민족에 앞서 진실을 보도해야 하는 전선기자들 일이고 숙명이다. 한국전쟁과 베트남전쟁을 취재했던 전선기자들 무용담을 시민사회 눈으로 다시 따져봐야 하는 까닭이다.

실제로 전시언론통제가 날뛰는 전선에 올라보면 어지간한 강심장이 아니고서야 제 몸이 속한 국가, 민족, 종교, 인종, 이념 따위를 뿌리치고 '배반적 진실'을 보도한다는 게 그리 쉬운 일은 아니다. 그렇다고 전쟁보도에서 1차 뉴스생산자인 전선기자들 책임이 가벼워진다는 뜻은 더욱 아니다.

에이브러햄 링컨의 악명

이쯤에서 전시언론통제와 전선기자들 악연이 서린 전쟁보도사를 훑어보자.[3] 먼저 전선기자가 언제 태어났는지부터 따져봐야 할 텐데 이게 쉽지가 않다. 개념차이 탓이다. 여기서는 고대와 중세 전쟁에 등장했던 사관史官이나 전령사를 빼고 현대적 언론개념을 좇아보자.

흔히 첫 전선기자로 1835~1837년 스페인내전(First Carlist War, 1833~1839년)을 취재했던 영국 〈모닝포스트Morning Post〉의 찰스 루이스 거니슨Charles Lewis Guneison을 꼽는 이들이 많다. 그러나 현대적 언론개념을 취재독립성과 비판기능으로 본다면 1854년 크림전쟁[4]을 보도했던 영국 〈타임스The Times〉의 윌리엄 하워드 러셀William Howard Russell을 첫 전선기자로 꼽을 만하다. 그동안 군대가 기자들 취재를 지원하고 언론사는 오직 자국 승리만 전하던 전통에서 벗어나 〈타임스〉가 처음으로 자비를 들여 러셀을 전선에 파견했을 뿐 아니라 자국군(영국군)의 무능과 실수를 폭로하면서 처음으로 비판적인 전쟁보도 가능성을 열었기 때문이다.

첫 전선사진기자도 논란거리다. 많은 이가 크림전쟁을 찍었던 로저

---

3   이 글에서 미국과 유럽을 본보기 삼은 까닭은 현대 언론의 발전과정과 세계적 규모의 전쟁을 중심에 놓았기 때문이다. 예컨대 아시아 쪽에서도 제1차 중일전쟁(1894~1895년)과 러일전쟁(1904~1905년)에서 전시언론통제가 등장했던 사실을 미리 밝혀둔다. 특히 일본은 그 시절부터 아주 체계적인 전시언론통제를 통해 기자들의 전선접근을 막았고 모든 전쟁 관련 정보를 군대가 검열한 뒤 언론사에 제공했다. 일본의 전시언론통제는 제2차 세계대전까지 악명을 떨치며 모든 언론을 관보로 만들었다.

4   크림전쟁(Crimean War, 1853~1856년). 러시아와 오스만제국, 영국, 프랑스, 사르데냐 연합국 사이의 전쟁으로 러시아가 오스만제국의 정교회 보호를 주장하면서 비롯되었다. 팔레스타인 성지를 둘러싼 러시아 정교회와 로마가톨릭 사이의 권력다툼을 배경에 깐 그 전쟁에 영국과 프랑스를 비롯한 열강들은 중동지역 패권을 노리며 참전했다.

펜튼Roger Fenton을 첫 전선사진기자로 여겨왔지만 그보다 앞서 멕시코-미국전쟁[5] 사진을 남긴 찰스 배트Charles J.C. Batt를 비롯한 몇몇 사진가도 있었다. 연구자들은 그 멕시코-미국전쟁 사진이 군인들 초상과 전경뿐이라며 낮잡아 봤지만 사실은 전선에 오르지 않았던 펜튼도 전투나 주검 같은 사진을 못 남겼다. 오히려 펜튼은 영국 정부에 도움 될 만한 선전사진만 찍은 데다 전쟁보도사에 대물림해온 아주 기분 나쁜 '연출사진' 창시자로 볼 만하다.

첫 전선기자가 누구였든 현대적 의미를 지닌 전시언론통제가 크림전쟁에서 등장한 것만큼은 틀림없다. 프랑스는 처음부터 적국 러시아를 이롭게 하는 모든 보도를 금지했다. 영국은 초기와 달리 전쟁이 막바지에 이르자 취재와 보도에 이르는 모든 과정을 검열했다. 크림전쟁은 그렇게 처음 독립적인 보도를 한 전선기자 러셀의 고향으로 또 전시언론통제의 고향으로 언론사에 중요한 의미를 남겼다.

이어지는 미국내전(1861~1865년)에서 처음으로 대규모 전선기자가 등장했고 전시언론통제도 제대로 모습을 드러냈다. 그 시절 북군 쪽에 350여 명, 남군 쪽에 150여 명 넘는 전선기자들이 몰렸다고 하는데 150년 전임을 놓고 보면 그야말로 엄청난 수다. 남군은 초기만 해도 대통령 제퍼슨 데이비스Jefferson Finis Davis가 언론자유를 보장했으나 1년 남짓 만인 1862년부터 전선취재 금지와 기사검열에 이어 강력한 형법을 들이대며 언론을 통제했다. 북군은 처음부터 조직적으로 언론을 통제했다. 북군은 사형까지 들먹이며 기자들을 을러댔고 비판적인 언론사들한테는 우편사용 금지와

---

5 멕시코-미국전쟁(Mexican-American War, 1846~1848년). 미국은 영토확장 야욕을 드러내며 멕시코를 침략해서 현재 캘리포니아와 뉴멕시코 지역을 점령했다. 그러나 미국 내에서 휘그당Whig Party이 앞장선 반제국주의와 반노예 정서가 널리 퍼지면서 미국내전에 중요한 원인을 제공했다.

전보검열로 보도를 막았다. 북군 대통령 에이브러햄 링컨Abraham Lincoln은 보도에 불만을 품고 〈시카고타임스〉를 비롯한 세 개 언론사를 폐쇄시켜 악명을 떨쳤다.

미국내전과 전시언론통제에서 빼놓을 수 없는 게 전보다. 전보는 북군 승리에 결정적 발판을 놓았다. 북군은 1861년 창설한 전신부대를 통해 지도부와 전선 사이에 실시간 명령전달 체계를 갖춰 기술이 뒤쳐졌던 남군을 제압할 수 있었다. 언론사言論史는 전보가 등장한 미국내전을 보도기술 발전뿐 아니라 기사체 변화에도 중요한 전환점으로 봐왔다. 크림전쟁에서 맛보기쯤으로 나타났던 전보가 미국내전에서는 전선과 도시를 잇는 주요 통신수단으로 자리 잡으면서 무엇보다 속보전이 가능해졌다. 그러나 그 시절만 해도 전보의 제한적인 전송용량과 엄청난 비용이 문제였다. 하여 그동안 유행했던 이야기투로 길게 늘어놓는 내러티브narrative 문체가 수그러들고 사건 중심으로 짧게 끊어 치는 스트레이트straight 문체가 나타나기 시작했다. 지금도 언론사들이 신줏단지처럼 떠받드는 홑문장 기사체는 그렇게 미국내전이라는 전쟁판에서 태어났다.

결국 크림전쟁에서 현대적 전시언론통제가 싹텄다면 미국내전에서 그 이파리 모습이 또렷하게 드러난 셈이다.

"중립적 보도를 하면 사살하겠다"

미국내전을 거치는 동안 속보경쟁을 통해 전쟁이 돈 되는 상품이라는 데 눈뜬 언론사들은 1898년 스페인-미국전쟁[6]에서 폭발적인 상업성을 떨쳤다. 모든 언론사가 선정적인 전쟁보도로 난리를 피우던 그 시절 윌리엄 허스트William Hearst의 〈뉴욕저널New York Journal〉과 조지프 퓰리처Joseph Pulitzer의 〈뉴욕월드New York World〉가 앞잡이로 나서 이른바 황색언론yellow journalism을 낳았다. 1896년 15만 부를 찍었던 〈뉴욕저널〉은 스페인-미국전쟁이 터진 1898년 80만 부를 팔아치우며 전쟁보도의 상업적 성공을 확인시켰다. 그 무렵 미국 언론사들은 스페인이 쿠바를 비롯한 식민지에서 고문, 폭행, 약탈을 일삼는다며 근거 없는 조작기사로 전쟁을 부추겼다. 쿠바로 가서 정체불명 반스페인 소문을 마구잡이 퍼 날랐던 기자들은 영웅대접을 받았고 편집국은 그 소문들을 기사로 가공해서 여론몰이를 했다. 언론사들은 엉터리 이름과 날짜와 장소까지 버젓이 단 기사를 던져놓고 그 사실 확인은 정부책임이라고 우겨댔다. 그렇게 황색언론은 쿠바 독립 지원을 핑계 삼아 전쟁에 불을 질렀고 미국 정부는 그 황색언론을 선전도구 삼아 스페인 공격 정당성을 외쳤다. 그 스페인-미국전쟁은 오늘까지 대물림해온 황색언론의 고향으로서 언론이 전쟁을 부추기고 개입한 아주 질 나쁜 첫 기록을 남겼다. 또 정부가 프로파간다 정책으로 언론을 이용한 첫 번째 전쟁이기도 했다. 미국 정부는 황색언론을 지원하며 프로파간다로 중산층 여론을 장악한 뒤 해군을 동원해 원정공격을 했다. 여기가 바로 미국 정부의 대외 확장정책 출발지였다.

그러고 보니 오늘날 기자들이 목매다는 퓰리처상Pulitzer Prizes과 콜롬비아언론대학이 모두 그 황색언론 창시자였던 퓰리처가 전쟁을 부추기고 거짓을 팔아 챙긴 돈에서 태어났다. 참 희한한 세상이다. 아무튼 그로부터 1881~1889년 영국-수단전쟁[7]과 1899년~1902년 제2차 보어전쟁[8]이라는 식민지 침략전쟁을 거치면서 언론은 더 선정적으로 흘렀고 수많은

---

6 스페인-미국전쟁(Spanish-American War, 1898년). 스페인 식민지였던 쿠바 독립전쟁에 미국이 개입하면서 스페인과 미국이 쿠바와 필리핀에서 벌인 전쟁. 내전에서 벗어난 미국은 이 전쟁을 통해 대외 확장정책을 본격적으로 추구하기 시작했다.

전선기자가 그 황색언론의 사냥개 노릇을 했다. 그렇게 전시언론통제가 또렷한 모습을 드러냈고, 전쟁을 통해 언론이 자본을 축적했고, 전쟁보도가 극단적 선정주의로 흘렀던 미국내전에서부터 제1차 세계대전 전까지를 언론사에서는 얄궂게도 '전선기자의 황금기'라 불러왔다.

그러나 그 전선기자의 황금기는 1914년 터진 제1차 세계대전에서 쇠 몽둥이를 맞았다. 이제 정책을 앞세운 전시언론통제의 시대가 왔다. 영국 정부는 보도국Press Bureau을 만들어 모든 정보를 낱낱이 검열한 뒤 언론에 뿌렸다. 영국군은 "중립적 보도를 하면 독일 스파이로 여겨 사살하겠다"고 기자들한테 으름장을 놓으며 전선취재를 원천봉쇄했다. 프랑스 정부는 영국 정부보다 훨씬 부드러웠다고 알려져왔지만 사실은 전시언론 자체를 아예 인정하지 않았다. 영국, 프랑스, 러시아, 독일을 비롯한 모든 참전국 정부는 전선기자를 스파이처럼 여겨 취재금지령을 내렸다. 그로부터 언론은 애국의 깃발 아래 오로지 아군승리만 부풀리는 선전대가 되고 말았다.

1917년 미국이 참전하자 기자들은 막혔던 언로가 뚫릴 것으로 기대했으나 미군은 오히려 모든 라디오 통신과 사진까지 검열하는 초강력 전시언론통제를 들이댔다. 미국 정부는 전쟁에 비판적인 75개 신문사의 우송권郵送權을 박탈하면서 논조변경까지 강요했다. 의회는 정부, 국기, 군복

7　영국-수단전쟁(Mahdist War). 영국과 이집트 연합군의 수단 식민 침략전쟁으로 수단의 이슬람 독립 세력들은 마흐디스트전쟁이라 불렀다.

8　제2차 보어전쟁(Second Boer War). 금광과 다이아몬드 광산을 노린 영국의 침략에 아프리카어를 사용하는 보어공화국의 두 독립국가인 트란스발공화국Transvaal Republic과 오렌지자유국 Orange Free State 연합군이 맞선 전쟁. 영국의 승리와 함께 두 공화국은 영국 식민지인 남아프리카연방에 복속당했다.

을 하찮게 여기는 모든 출판물을 불법으로 다스리는 간첩법(1917년 제정)과 선동법(1918년 제정)을 덧붙여 마지막 숨통마저 막아버렸다.

그러나 그 시절까지만 해도 전시언론통제에 대들었던 전선기자 자취를 찾기 힘든 걸 보면 아직 전선기자들이 독립적인 전쟁취재자로서 의식이 또렷치 않았던 것 같다. 비록 필립 깁스Philip Gibs 같은 몇몇 전선기자가 영국 정부의 전선 취재금지령을 뚫고 보도를 한 기록은 있지만 전시언론통제라는 정책에 맞섰다고 보기는 힘들다. 그렇게 해서 전시언론통제는 아무런 걸리적거림 없이 제2차 세계대전을 향해 갈 수 있었다.

파블로 카잘스, 조지 오웰, 파블로 피카소, 로버트 카파

1936년 스페인내전[9]을 보자. 이 내전에는 소설가 어니스트 헤밍웨이Ernest Hemingway를 비롯해 세계 각국에서 1,000명 웃도는 전선기자가 달려들었다. 스페인내전은 민주주의 대 전체주의, 귀족 대 무산계급, 자본가 대 노동자, 국가 대 교회처럼 총체적인 이념전쟁 성격을 띠면서 국제사회로부터 수많은 자원병을 끌어들였다. 공화파를 지원했던 국제여단International Brigades에는 노동운동가와 정치인뿐 아니라 파블로 카잘스Pablo Casals, 조지 오웰George Orwell, 파블로 피카소Pablo Picasso같이 한 시대를 주

---

9 스페인내전(Spanish Civil War, 1936~1939년). 왕당파와 가톨릭교회를 낀 우파 민족주의자들을 앞세운 프란시스코 프랑코Francisco Franco 장군이 좌파 진영 지원을 받은 공화파 인민전선Popular Front의 마누엘 아사냐Manuel Azaña 정부를 향해 반란을 일으키면서 비롯된 스페인내전은 이내 국제대리전으로 치달았다. 소비에트연방의 스탈린은 공화파를 지원했고 독일 히틀러와 이탈리아 무솔리니 그리고 포르투갈 살라자르는 프랑코를 지원했다. 영국, 프랑스, 미국은 중립을 밝혔으나 공화파에 무기와 물자를 투입하며 내전에 개입했다.

름잡았던 예술가와 지식인 4만여 명이 참여했다.

스페인내전에서도 전시언론통제는 어김없이 나타났다. 프랑코가 이끈 민족주의 진영은 처음부터 프로파간다를 겨냥해 기사검열과 보도통제로 악명을 떨쳤다. 한마디로 프랑코 진영을 취재했던 모든 언론은 선전대꼴이 되고 말았다. 그럼에도 스페인내전이 세상에 알려진 건 상대적으로 온건한 통제를 했던 공화파 진영을 취재한 기자들을 통해서다. 스페인내전 보도로 국제사회는 비로소 잔악한 전쟁실상과 마주쳤다. 스페인내전은 기사체에도 큰 변화를 일으켰다. 그 전까지 전선취재 없이 군대가 제공하는 승전보만 알려왔던 기자들이 직접 전선에 오르면서 1인칭 목격자로 나서는 새로운 문체를 쓰기 시작했다.

그 스페인내전 보도에서는 무엇보다 사진이 중요한 역할을 했다. 그 무렵 카메라 장비의 소형화로 기동력을 확보한 사진기자들이 파괴와 주검으로 뒤덮인 전쟁을 날것으로 보여주면서 포토저널리즘photojournalism의 바탕을 깔았다. 전쟁보도사에서 신화가 된 로버트 카파Robert Capa의 사진 '공화파 민병대의 죽음'이 태어난 곳도 바로 스페인내전이었다. 비록 그게 연출사진이라는 논란에서 벗어나진 못했지만, 아무튼.

제2차 세계대전, 그리고 한국전쟁

이어 1939년 제2차 세계대전이 터지자 영국 정부는 비상권력법Emergency Powers Act을 들이대며 공적·사적 통신 가림 없이 검열했다. 영국 정부는 기자들의 전선 접근금지령을 내리면서 한편으론 군대가 뽑은 몇몇 전선기자한테만 취재를 허락했다. 물론 그 기자들도 공보부 직원한테 철저하게 감시당해 실질적인 전쟁보도를 할 수 없긴 마찬가지였다. 독일 정부는 전선기자들을 선전국Propaganda Division에 배치해 군사훈련을 시킨 뒤 전선으로 데리고 다녔고 상황이 발생하면 적과 싸우도록 명령했다. 그렇게 참전국의 지독한 전시언론통제 속에서 전선기자는 마침내 그 유명한 워코스(warcos, 'war correspondent'의 약어)라는 별명을 지닌 군무원으로 둔갑한다. 1944년 연합군이 독일군을 프랑스에서 몰아낼 무렵, 영국과 미국 군대에 뽑힌 워코스 150여 명은 장교군복을 걸치고 황금빛 'C'(correspondent의 약자)가 박힌 휘장을 두른 채 최고급 호텔에다 군용차량까지 제공받으며 전선을 누볐다. 그 워코스들은 총을 차진 않았지만 전쟁포로가 되면 육군대위라고 우기도록 명령받은 존재들이었다. 그렇게 전쟁보도는 무덤에 처박히고 말았다. 인류사에 유례없던 대규모 전쟁을 거치면서 성인이 되었어야 할 전선기자는 오히려 요절하고 말았다. 강력한 전시언론통제에서 살아남은 전선기자라고는 군대전령사였고 정부 나팔수뿐이었다.

1950년 한국전쟁이 터졌다. 연구자들은 한국전쟁을 통해 전쟁보도의 질과 양이 급속히 발전했고 언론자유도 크게 늘었다고 입을 모은다. 겉만 보면 그럴듯하다. 전쟁 3년 동안 500여 명에 이르는 전선기자가 드나들었고 몇몇 언론사가 비판적 기사를 날렸던 것도 사실이니. 게다가 미군이 앞선 전쟁들과 달리 웬만한 전선취재를 눈감아준 것도 다 맞다. 맥아더 장군이 "검열과 통제는 기자들이 알아서 하라. 다만 책임을 묻겠다"고 했으니 얼핏 언론자유를 떠올릴 만도 했다. 오히려 그동안 군대검열에 길들여져 왔던 전선기자들이 두려워하며 가이드라인을 달라고 보채기까지 했다니.

그러나 이건 그해 10월 중국 인민해방군이 압록강을 넘기 전까지 아주 잠깐 동안 이야기일 뿐이다. 미군은 인민해방군이 참전하자마자 보도자문국PAD, Press Advisory Division을 만들어 모든 언론 관련 자료를 제8군 보도보안국PSD, Press Security Division과 도쿄 극동사령부FEC, Far Eastern Command를 거치도록 했다. 군대와 협력만을 중요하게 여겼을 뿐 감시자 노릇을 못 했던 전선기자들은 기꺼이 그 전시언론통제를 받아들였다. 결국 한국전쟁에서 전선기자들은 반공깃발 아래 냉전나팔수로 전선을 갔다. 그 시절 전선기자들은 미군과 한국군 승전보를 전하는 전령사에 그쳤다. 한국전쟁보도는 연구자들 말과 달리 외눈박이였다. 연구자들이 전시언론통제의 본질을 제대로 파보지 않았고 전선기자의 역할과 기능을 눈여겨보지 않았던 탓이다. 한국전쟁에서 취재와 보도의 자유는 여전히 전시언론통제 안에서만 춤추는 삐에로였다. 전쟁보도사를 놓고 보면 한국전쟁은 전선기자와 군대의 허니문쯤이 아닐까 싶다.

베트남전쟁보도, 빛나는 시민승리

한국전쟁 뒤 냉전이 극으로 치달으면서 전쟁보도의 생존마저 의심스러워질 즈음 베트남에서 기적이 일어났다. 베트남전쟁은 전쟁사를 통틀어 가장 많은 전선기자가 뛰어들었고 또 가장 많은 전선기자가 희생당한 전쟁일 뿐 아니라, 전선기자들이 최초로 자유롭게 전선을 취재했고 언론사가 최초로 전쟁보도 독립성을 손에 쥔 전쟁이었다.

식민침략자 프랑스에 맞섰던 베트남 독립전쟁이 막바지에 이르렀던 1964년 40여 명 남짓했던 전선기자 수가 1965년 미군이 개입하고부터 폭발적으로 불어나 1970년대 들어서는 2,000여 명 웃돌았다. 그리고 베트남전쟁이 인도차이나 전역으로 번지면서 전선기자 희생도 크게 늘어났다. 통계에 잡힌 수만 따져도 베트남에서 33명, 캄보디아에서 34명, 라오스에서 4명을 포함해 모두 71명이 목숨을 잃었다.

전쟁보도사에서 베트남전쟁은 고대와 현대를 가르는 경계로 볼 만하다. 베트남전쟁보도를 통해 시민은 자신이 낸 세금으로 벌이는 전쟁에서 자기나라가 패할 수도 있다는 사실을 처음 깨달았고, 전선에 보낸 자기자식들이 저지르는 만행을 지켜보며 처음으로 적한테 동정심을 품었다. 그리하여 베트남전쟁은 인류사에서 최초로 국가(정부)가 벌이는 전쟁을 국민이 거부할 수도 있다는 혁명적 의식전환을 일으키며 지금껏 단 한 번도 체험 못 한 반전운동을 끌어냈다. 그 반전운동은 시민중심사회로 이동하는 기폭제 노릇을 했다. 그렇게 베트남전쟁이 지닌 인류사적 기록은 숱한 전선기자의 도전과 희생을 발판 삼아 일궈낸 빛나는 시민승리였다.

물론 베트남전쟁보도사가 남긴 얼룩도 없진 않았다. 무엇보다 미군이 개입한 1965년부터 종전에 이르는 1975년까지 10년 동안 북베트남을 취재한 서방기자 수가 손가락으로 꼽을 정도였다는 건 전쟁보도의 균형에서 볼 때 크게 아쉬운 대목이다. 비록 북베트남 정부가 비협조적이었고 미국 정부가 기자들을 스파이로 몰아세우며 적국취재를 금지했다지만 충분한 핑곗거리로 보긴 힘들다. 전선기자들이 반공과 냉전이라는 장애물을 뛰어넘지 못했다는 뜻이다.

전선기자들 의식 못지않게 태도도 짚어볼 만하다. 몇몇 전선기자가 총을 차고 전선을 취재했던 사실은 전쟁보도사에 지울 수 없는 생채기를 남겼다. 1968년 5월 촐론에서 기자 네 명이 살해당하자 통신사 UP 사진기자였던 찰리 에글레스튼Charlie Eggleston이 보복을 외치며 총을 들고 나갔다가 북베트남군한테 사살당하는 일이 벌어졌다. 그 촐론사건을 계기로 전선기자들 사이에는 한동안 총기 소지를 놓고 큰 논란이 일었다. 그 무렵 통신사 AP 기자였던 피터 아넷Peter Arnett이 차고 다닌 마우저Mauser 자동권총 이야기는 아직도 외신기자들 입에 오르내린다. 아넷은 그 뒤 1991년 미국의 제1차 이라크 침공 때 바그다드 공습 뉴스를 독점했던 CNN 기자로 이름 날린 인물이다.

총 든 전선기자, 그 논란에 뛰어들자면 이렇다. 전선기자는 군대를 감시하고 전쟁실상을 전하는 시민이다. 어떤 경우에도 전선기자가 무기를 들고 취재대상인 전쟁에 개입하면 안 된다. 더욱이 현실은 전선기자가 총을 든들 훈련받은 군인들과 싸울 수도 없을뿐더러 결코 스스로를 지켜낼 수도 없다. 그런 건 지나치게 객쩍은 환상이고 전선기자 명예를 스스로 짓밟는 짓일 뿐이다.

가장 야비한 '비디오 전쟁'

되돌아보면 베트남전쟁에서 자유로운 취재가 가능했던 까닭은 무엇보다 제2차 세계대전과 한국전쟁을 통해 정언유착으로 정부를 상대할 만큼 덩치를 키운 언론사들이 자비로 장기간 기자를 파견할 수 있었기 때문이다. 말하자면 전쟁보도의 독립성 확보는 정부를 업고 자본을 축적한 거대 언론사 출현과 맞물린 셈이다. 이 역설은 머잖아 공룡자본언론사와 정부의 공생관계 강화로 결국 전쟁보도의 독립성을 살해하는 부메랑이 되어 돌아온다.

베트남전쟁에서 비판적 언론한테 혼쭐난 미국 정부와 군부는 종전 뒤 "언론이 전쟁을 망쳤다"며 패전원인을 모조리 불량배 언론 탓으로 돌렸다. 미국 정부는 베트남증후군으로 부를 만큼 심각한 대언론 적개심을 불태우며 그 뒤 모든 전쟁과 전선기자를 격리시켰다. 그사이 자본을 끼고 정부와 공생관계를 맺은 이른바 '우호적'인 주류언론사들은 기꺼이 정부 나팔수 노릇을 했다. 그로부터 전선기자들은 정부의 전시언론통제와 거대자본언론사들의 상업성이라는 두 겹짜리 덫에 걸려 옴짝달싹하기도 힘든 신세가 돼버렸다.

　그렇게 해서 베트남전쟁을 통한 전쟁보도의 폭발적인 성장은 동시에 전쟁보도의 종말을 예고하는 신호탄이 되고 말았다. 베트남전쟁을 끝으로 전쟁보도사에는 '돌아갈 수 없는 전선' '마지막 전선기자'라는 빛바랜 추억만 남았다.

　베트남전쟁을 뛰었던 전선기자들이 밀려나버린 전쟁터는 다시 암흑천지로 변했다. 영국은 1982년 포클랜드전쟁[10] 때 기자 29명한테 제한적인 함상취재만 허락해 '전선 없는 전선기자'를 만들어냈다. 영국의 언론통제술에 감명 받은 미국은 1983년 그레나다 침공[11] 작전을 아예 단 한 명 기자도 없는 암흑 속에서 번개처럼 해치웠다. 미국 정부는 현대사에서 최초로 전선기자 없는 전쟁을 실현했다. 국제사회와 언론이 그 암흑전쟁을 타박하자 미국 정부는 1989년 파나마 침공[12] 때 마지못해 우호적인 10여 개 언론사 기자들을 군용기로 태워가서 합숙소에 집어넣은 뒤 이른바 '아름

10　포클랜드전쟁(Falkland War). 19세기부터 남대서양의 세 섬인 포클랜드, 사우스조지아, 사우스샌드위치의 영유권을 주장해온 아르헨티나와 영국의 전쟁. 영국의 승리로 현재 섬들은 영국령이지만 아르헨티나는 1994년 헌법에 세 섬을 자국 영토로 규정해 여전히 무력충돌 불씨를 안고 있다.

11　미국이 쿠바와 러시아의 지원을 받던 인구 9만 명, 군인 2,000명 남짓한 카리브해의 섬나라 그레나다를 불법침공하면서 국제사회로부터 큰 비난을 받았던 군사작전. 베트남전쟁 뒤 미국의 첫 대규모 침공작전이었다.

12　미국은 마약거래 혐의를 받아온 파나마의 독재자 마누엘 노리에가 체포를 내걸고 2만 4,000 병력을 동원해 파나마를 침공했다. 그러나 사실은 미국 중앙정보국CIA 하수인인 노리에가의 마약거래가 미국의 니카라과 우익 반군 지원용이었음이 드러나자 입막음이 필요했고 한편으로는 파나마운하를 낀 군사기지와 라틴아메리카 지배 전략을 보호하기 위한 작전이었다.

다운 전쟁'만 보여주었다.

이어 미국 정부는 1991년 제1차 이라크 침공에서 지금까지 볼 수 없었던 새로운 전시언론통제술을 들고 나타났다. '비디오 전쟁'이었다. 그 무렵 세상 사람들은 토마호크미사일 같은 정밀탄smart bomb이 바그다드 목표물을 한 치 어긋남 없이 때리는 '미국 국방부 제공' 비디오 필름을 통해 안방에서 현대전을 감상했다. 미국 국방부 홍보용 필름이 전쟁취재와 보도를 대신한 셈이다. 그사이 미국 정부는 기자들의 전선취재는커녕 폭격 현장 접근마저 금지했다. 기자들은 바그다드호텔에 앉아 미군 대변인이 불러주는 전황 받아 적기에 바빴고 한편으로는 미국 국방부가 흘리는 정보를 독점하다시피 한 CNN 방송 베끼기에 온 정열을 다 바쳤다. 오죽했으면 기자들이 하루 종일 CNN 카메라맨 움직임을 쫓아다녔을까. 전선기자 없는 이라크 침공은 그렇게 일방적인 핏빛잔치로 끝나고 말았다.

미국 대통령 조지 워커 부시는 "최소 희생자를 낸 현대적이고 깔끔한 전쟁이었다. 이제 베트남전쟁 악몽에서 자유로워질 수 있다"며 축배를 들었다. 그 20세기 최대 거짓말에 넋 나간 국제언론이 환상적인 현대전을 떠들어대는 동안 미군과 그 동맹국은 44일 동안 하루 평균 2,497회 공습으로 히로시마형 핵폭탄 7배를 웃도는 각종 폭탄 8만 8,500톤을 이라크에 퍼부었다. 게다가 미국 국방부가 자랑스레 떠들어댔던 정밀탄의 사용은 기껏 7%인 6,250톤뿐이었다. 나머지는 명중률이 30%에도 못 미치는 B-52 같은 폭격기로 마구 쏟아부은 '멍텅구리' 폭격이었다. 미국과 그 동맹국은 44일 단기전에서 이라크 군인 10만 명, 그것도 모두 전의를 잃고 도망치던 이들을 후미공격으로 살해했다. 뿐만 아니라 여성과 어린이 노약자를 비롯한 시민 10만 명을 학살했다. 이건 전사에서 최단 기간 최대 희생자를 낸 전쟁이었다. 미국의 제1차 이라크 침공을 인류사에서 '가장 전근대적인 전쟁' '가장 야비한 전쟁' '가장 비인도적인 전쟁'으로 기록해야 마땅함에도 오히려 국제언론은 모조리 입을 닫았다. 국제언론은 미군 침공에 이어 경제봉쇄로 의약품과 먹을거리마저 없는 아이와 노약자 100만이 죽어나가는 동안에도 눈을 감았다.

베트남전쟁 뒤 전선 없는 취재에 길들여진 신세대 전선기자들은 이제 총소리 한 번 들어보지 못한 채 힐튼호텔 프레스센터에서 뉴스를 캐기 시작한다. 힐튼호텔 커피숍에 앉아 인터넷을 뒤지며 미사일 같은 현대전 장비를 입에 올리는 기자들, 군 대변인이 나타날 때쯤이면 쏜살같이 프레스센터로 달려가는 기자들, 잽싸게 받아든 전황브리핑으로 멋들어지게 짜깁기해서 기사를 생산하는 기자들, 그렇게 새로운 '힐튼호텔 전선기자'가 태어났다. 그러나 불행히도 그 힐튼호텔 전선기자들은 자신이 전시언론통제와 언론자본의 불륜에서 태어난 사생아임을 눈치채지 못했다.

'미군은 정의롭고 미군은 모든 전쟁에서 승리한다.'

미국의 전시언론통제는 오로지 그 한길로 통했다. 마침내 미군은 2003년 제2차 이라크 침공에서 임베디드 저널리즘이라는 전시언론통제술을 들고 나왔다. 언론사들은 군인과 기자를 한통속으로 만들어버린 그 임베디드 프로그램을 온몸으로 거부해도 시원찮을 판에 은혜처럼 여기며 덥석 받아먹었다. 사세를 과시하는 훈장이라도 되는 양. 그리하여 임베디드 저널리즘은 언론사에 '군언동침'이라는 영원히 지울 수 없는 얼룩을 남기며 전선기자 영혼을 진흙탕에 처박아버렸다. 임베디드 프로그램에 기꺼이 몸을 던졌던 그런 '종군기자'들이 사라지는 날, 시민은 전쟁본질과 만날 수 있을 것이다.

전쟁보도 160년, 우리는 치명적인 결함을 하나 보게 된다. 전쟁보도사에서 전시언론통제와 언론자본 그리고 전선기자라는 세 바퀴만 있을 뿐 시민사회라는 가장 중요한 한 바퀴가 빠졌다. 전쟁보도사가 제대로 굴러 갈 수 없었던 까닭이다. 이제라도 시민사회의 날카로운 눈길이 절실한 까 닭이다. 달리 말하자면 시민사회의 감시가 전시언론통제와 언론자본을 뚫 고 전선기자들이 옳은 길로 달릴 수 있게 만드는 동력이란 뜻이다.

비록 전쟁보도가 여전히 어둠 속을 헤맬지언정 희망을 버리고 싶진 않다. 전시언론통제와 언론자본의 협공 아래 전쟁본질을 좇고 군대를 감 시하는 진짜 전선기자들이 전멸당하지는 않았다고 믿기 때문이다. 지금도 그 전선기자들이 어금니를 깨물며 웅얼거릴 말을 상상해본다.

"전쟁이 끝나는 날 전선기자도 함께 사라진다."

- *Historical Dictionary of War Journalism*, Mitchel P. Roth.

- *Front lines and deadlines-perspectives on war reporting*, Harold M Evans.

- *The First Casualty*, Phillip Knightley.

- *The War Correspondent*, Greg McLaughlin.

- *Rare Photographs From The Mexican-American War*, Yale University Library.

- *Historical Dictionary of the Crimean War*, Guy Arnold.

- *Hidden Agenda*, John Pilger.

- *Freedom of the Press: Rights and Liberties Under the Law*, Nancy C. Cornwell.

- *We Saw Spain Die: Foreign Correspondents in the Spanish Civil War*, Preston, Paul.

- *Continuing Health Cost of the Gulf War, Medical Educational Trust*, Ian Lee.

- *War, Propaganda and the Media*, Anup Shah.

- *Press Controls in Wartime: The Legal, Historical, and Institutional Context*, Stephen D. Cooper.

- "The worst reported war since the Crimean", *The Guardian*, 2002.2.25, Julian Barnes.

- *The Media of Conflict*, Tim Allen.

- *Journalism after September 11*, Barbie Zelizer.

02

혁명이 시작되었다
삶을 버리고
중국을 향해
먼 행진을 했다,
오늘은 승리의 날
승리를 위해 펜을
잡고 행진하리다

민주화운동
승리를 위해
힘을 되찾고자
슈웨다곤에 기도하리다

그립고, 또 그립다
그러나 참는다
수백만 벗들이
승리의 깃발을 올리도록
힘을 보태리다

투옥과 통제로부터
해방을 위해
그리움을 희생하리다
힘을 지닌
싸우는 공작의 대의를 위해
모두와 함께
우리의 약한 손을 내밀리다.
싸우는 공작 깃발을 올려라!
승리의 꽃을 간직하리다.

-띤무(Tin Moe, 1999)의 시
〈향수병의 꿈으로부터 깨다〉 가운데

나의 혁명, 나의 해방구

'혁명, 우리들의 학교 우리들의 대학'
학생군도 나도, 우리는 모두 버마전선에 기꺼이 청춘을 비쳤다.
살윈캠프/버마-타이 국경. 1993 ⓒ정문태

버마학생민주전선 사선의 노래
싸우는 공작

"본디 무장투쟁하겠다고 국경으로 빠져나온 건 아니다.
정부군 공격과 소수민족해방군들 불신감 속에 쓰러지는 동료들을 보면서
총이 생명이고 희망이고 혁명이란 사실을 깨달았다"
나잉아웅Naing Aung 버마학생민주전선 전 의장, 1991년 인터뷰.

"피로 진 빚 피로 갚는 멋진 아들, 싸우는 공작
몸 바쳐 전진하는 욕망 버린 군대, 싸우는 공작
더러운 역사 끝내고 새 역사 쓰는 손들, 싸우는 공작
계급과 인종 차별 없는 용감한 모두들, 싸우는 공작
…"
〈싸우는 공작〉, 루보(Lubo, 타웅지대학 출신, 제601연대) 작사/작곡

노래는 두려움에 질린 사람을 일으켜세웠고, 노래는 고요한 산악밀림 깊은 밤을 깨웠다. 노래는 정신이었고 노래는 희망이었다. 노래는 사랑이었고 노래는 투쟁이었다. 노래는 물이 됐고 노래는 밥이 됐다. 노래는 모든 것이었다. 산악 국경 전선에서는.

1988년 '랑군의 봄'을 이끌었던 학생들, 군사정권이 휘두르는 총칼에 쫓겨 국경 밀림으로 도망쳐버렸다던 그 학생들, 그리고 잊혀진 세월 28년.

그러나 이 피 끓는 노래는 멈춘 적이 없었다. 스스로 쿳다웅(Khoot Daung, '싸우는 공작')이라 불러온 버마학생민주전선ABSDF, All Burma Students' Democratic Front, 그 사선의 노래로.

1988년 11월 5일, 버마-타이 국경을 가르는 모에이강Moei River 물도 리동에 자리 잡은 까렌민족해방군KNLA[13] 완까Wanka 기지에는 이윽고 멱살잡이 삿대질이 잦아들었다. 정부군 유혈진압에 쫓겨 9월부터 국경 소수민족 해방구로 빠져나온 1만여 학생과 시민을 대표해 10개 진영에서 보낸 젊은이 39명이 민족민주전선NDF[14] 참관 아래 둘러앉은 지 닷새만이었다.

맹세, 우리 모두는 조국에 충성한다.
맹세, 우리 모두는 혁명영웅들에게 충성한다.
맹세, 우리 모두는 평화와 민주화 앞에 목숨 바친다.

낯설기만 한 얼굴들이 모여 서로 다른 이념과 거친 감정을 쏟아내며 사산위기를 몇 번이나 넘긴 끝에 가까스로 버마학생민주전선을 낳았다. 그러나 그 땅엔 위로도 축하도 없었다. 산후조리할 겨를도 없이 산모들은 서먹하게 발길을 돌렸다. 누구 하나 거들떠보는 이 없고, 깃발 올릴 땅 한 뼘 없는 국경에서 태어난 버마학생민주전선은 차라리 멍에였다. 그날, 그 얼굴들에는 버마학생민주전선이 밟고 갈 고달픈 앞날이 굵게 새겨져 있었다.

---

13 Karen National Liberation Army. 1948년 버마 독립 때부터 중앙정부에 맞서 세계 최장기 자치·독립 투쟁을 벌여온 까렌민족연합(KNU, Karen National Union)의 무장조직.

14 National Democratic Front. 버마 연방 건설과 독재타도를 목표로 1976년 까렌민족연합, 신몬주당NMSP을 비롯한 버마 내 12개 소수민족 정치조직이 만든 통일전선.

그로부터 버마학생민주전선은 1,500여 명에 이르는 학생과 시민을 15개 진영으로 나눠 반독재 무장투쟁에 뛰어들었다. 가사를 걸치고는 총 들 수 없어 고민했던 승려, 독재자를 따라다녔던 뉴스 카메라맨, 제자들만 사선으로 보낼 수 없다며 뒤따라온 교장선생, 랑군대학 여학생들 사이에 악명 높던 바람둥이, 세상일에 일찌감치 눈뜬 고등학생, 영문도 모른 채 시위에 휩쓸렸던 염색공, 노래 한 소절 꽤나 했던 동네 가수, 미장이, 변호사, 화가, 땜장이, 의사, 사기꾼, 농부에서부터 버마족, 까렌족Karen, 몬족Mon, 샨족Shan, 까친족Kachin, 아라깐족Arakan, 친족Chin에 이르기까지 사연도 많고 탈도 많았던 이들이 계급 없고 차별 없는 세상을 외친 버마학생민주전선 전사로 다시 태어났다.

세계학생운동사에 유례없는 반독재 무장투쟁 기록을 남긴 버마학생민주전선, 그 첫 총소리는 생존을 향한 몸부림에서 터져 나왔다.

"8888민주항쟁을 유혈진압한 군인들한테 쫓겨 국경으로 빠져나올 때만 해도 누구 하나 무장투쟁을 생각한 이가 없었다. 근데 우리가 닿은 국경은 정부군과 소수민족해방군이 부딪치는 전선이었다. 전선은 총으로 말하는 곳이란 사실을 깨달았다. 앉아서 그냥 죽을 수만은 없었다."

버마학생민주전선 의장 나잉아웅[15] 말마따나 국경으로 빠져나온 학생과 시민은 애초 무장투쟁 꿈도 꾸지 않았다. 그저 피난민이었을 뿐이다. 온갖 풍토병이 득실대는 산악밀림에서 먹을거리도 없이 언 몸으로 바닥잠을 자는 이들한테 민주화 같은 건 너무 사치스런 말이었다. 밤낮없이 버

---

15 만달레이의과대학 출신 의사. 1988년 민주화 시위에 참여한 뒤 타이 국경으로 빠져나와 1991~2001년까지 버마학생민주전선 의장 역임. 현재 버마민주포럼FDB 사무총장.

마 정부군 공격에 시달리고 타이 국경 수비대에 쫓겨 다니는 이들한테 민주혁명은 너무 멀리 떨어져 있었다. 독재타도는커녕 살아보겠다고 아우성치는 가련한 영혼들만 들끓었다. 굶주림과 말라리아로 죽어나가는 이들이 하나둘씩 늘어나는 만큼 국경의 절망감도 깊어지기만 했다. 그즈음 툰우(Htun Oo, 랑군공대 학생) 같은 이들 외침이 청년과 학생들 마음을 헤집고 들어갔다.

"이래 죽으나 저래 죽으나 마찬가지다. 꿈이라도 한번 펴보고 민주혁명 이름 아래 죽자."

그렇게 쓰러진 동무들 주검을 끌어안고 울부짖던 이들이 '개죽음'을 거부하면서 버마학생민주전선은 마침내 무장투쟁 깃발을 올렸다.

그러나 국경은 호락호락하지 않았다. 학생군이 기댈 구석이라 여겼던 국경 소수민족해방군이 강한 불신감을 드러내는 통에 오히려 희생자가 늘어났다. 1948년 버마 독립 때부터 중앙정부에 맞서 해방투쟁을 벌여온 소수민족은 버마족이 다수인 학생군을 쉽사리 받아들이지 않았다. 소수민족해방군은 '적의 적은 동지'라는 사실을 확인할 때까지 학생군한테 목숨 건 시험을 강요했다.

"총 한 자루 주지 않은 채 지뢰밭에 앞장서게 했다."

윈아웅(Win Aung, 제101연대)처럼 수많은 학생군이 맨몸으로 전선을 가야 했다.

그렇게 죽음이란 화두가 성큼 다가와 있던 학생군 진영에는 전망 없는 나날들이 이어지며 짙은 패배감이 휘몰아쳤다. 학생군 안에서는 이내 무장투쟁 회의론이 일었고 지도부에 반발하며 떠나는 이들이 늘어났다. 결국 100일 갓 넘긴 버마학생민주전선은 1989년 2월 13일 비상회의를 소집했다. 제1차 회의에 참석 못 했던 까친주Kachin State에 진영을 차린 북부 버마학생민주전선ABSDF-NB을 비롯한 각 진영 대표자들이 모여 의장 툰아웅조Htun Aung Gyaw[16]를 재신임하면서 부의장과 중앙위원을 재편했다. 그 비상회의에서 군사위원회와 사회보건위원회를 새로 만들어 '무장투쟁'과 '대민봉사'를 하나로 묶는 버마학생민주전선 틀을 다졌다. 그러나 국경 상황은 나아지지 않았고 학생군 불만은 좀체 수그러들지 않았다.

12월 24일 1800시 크리스마스전투

학생군 조직마저 흔들리던 1989년 12월 25일, 완까 기지로부터 한 줄기 빛이 날아들었다.

"버마학생민주전선, 완까 사수! 완까 사수 성공!"

완까에서 날아든 승전보는 버마학생민주전선을 벌떡 일으켜 세우며 꺼져가던 희망의 불씨를 되살려냈다. 까렌민족해방군 난공불락 요새이자 버마학생민주전선 고향인 완까 기지는 그 무렵 18개 연대병력을 동원한 정부군한테 여섯 달 넘도록 난타당하고 있었다. 완까는 불패 카리스마를 지닌 또우흘라Taw Hla 대령이 이끄는 까렌민족해방군 제101특수대대 300여 명, 까렌민족해방군 특수지원군 150여 명, 아라깐해방군ALA[17] 80여 명 그리고 버마학생민주전선 제211연대 150여 명이 버마민주동맹DAB[18] 깃발 아래 방어선을 치고 정부군에 맞섰다. 12월 22일부터 정부군은 하루 5,000~7,000발에 이르는 온갖 포탄을 완까에 퍼부었다. 무엇보다 해발

---

16 1974년 우탄트 장례 투쟁을 이끌었던 랑군대학 학생운동 지도자. 1988년 버마학생민주전선 초대 의장. 현재 미국 거주.

400m 케블루산Mt.Khe Blu에서 120mm 포 24문으로 내리꽂는 정부군 포격은 500m 떨어진 물도리동 완까를 초토로 만들었다. 또 스웨덴제 84mm 대 탱크포는 콘크리트와 나무로 덮은 지하 2m 벙커를 뚫고 들어 동맹군한테 치명타를 입혔다. 게다가 몇 주째 햇볕도 쬐지 못한 벙커 속 동맹군은 모에이강 건너 타이 쪽 보급선마저 끊겨 한 달 넘게 마른 국수와 물로 끼니를 때웠다.

"부상자 옮기고 자원병들로 방어선 다시 구축해! 떠날 놈들은 지금 떠나!"

전선에서 잔뼈가 굵은 또우흘라 대령은 최후결전을 선언했다.

"나를 밟고 지나가라!"

동맹군은 완까 사수를 다짐하며 서로 손목과 발목을 쇠사슬로 묶었다.

12월 24일 1800시, 2,500∼3,000병력을 앞세운 정부군이 땅거미 지는 물도리동 목을 치고 들어왔다. 폭 60m에 지나지 않는 물도리동 목을 가로질러 동맹군이 정부군 해골을 걸어두었던 세 겹 철책선 쪽에서 불꽃이 튀며 난타전이 벌어졌다. 같은 시각, 케블루 산 위 정부군 야포는 물도리동 북쪽 캡틴흘라웨이Cap.Hla Way 다리를 집중 포격했다. 동맹군은 까렌민족해방군 지휘관 이름을 딴 캡틴흘라웨이 다리를 정부군 예상 상륙지점으로 잡아 로버트 잔Robert Zan이 이끄는 까렌민족해방군 제4여단 특수지원군 30여 명과 학생군을 끼워 방어선을 쳤다. 치고 박던 전선은 자정 무렵 찾아

---

17 Arakan Liberation Army. 소수민족 아라깐의 자유와 권리를 외치며 1968년 창설한 아라깐 해방당ALP의 무장투쟁 조직으로 버마-인디아와 버마-타이 국경에서 버마 정부군에 맞서왔다.

18 Democratic Alliance of Burma. 까렌민족연합을 비롯한 소수민족해방 세력과 버마학생 민주전선을 비롯한 민주혁명 단체들이 1988년 11월 18일 결성한 반독재 무장투쟁 통일전선.

들었다. 숨죽인 채 전선을 노려보는 붉게 물든 눈동자들 사이로 공포에 질린 시간들이 쏜살같이 흘러갔다.

12월 25일 0400시, 적막을 깨고 물도리동 목에서부터 다시 정부군 총소리가 울리면서 완까는 뜨겁게 달아올랐다. 그사이 동맹군은 어둠을 헤치며 모에이강을 건너 캡틴흘라웨이 다리 쪽으로 다가오는 정부군 선발 상륙조 40여 명을 포착했다.

200m, 150m, 100m … 30m, 20m, 10m, 5m,

피 말리며 사거리를 줄여나가던 동맹군 귀에 물살을 가르는 정부군 상륙조 소리가 차오를 무렵 발포명령이 떨어졌다. 동맹군 벙커에서 불이 튀었다. 정부군 상륙조는 피할 겨를도 없이 모두 물귀신이 되었다. 흥분한 정부군 야포는 쉬지 않고 완까를 때렸다. 완까의 새벽은 화약 냄새와 피비린내로 뒤덮였다.

그러나 0800시, 캡틴흘라웨이 다리 쪽이 흔들렸다.

"제4여단 후퇴, 제4여단 후퇴, 제4여단 후퇴."

치고 빠지는 게릴라전 명수였던 제4여단 특수지원군은 방어전 경험 부재란 한계를 드러내며 정부군 포격 앞에 무너졌다. 물도리동 목에서 정부군 6개 연대와 교전 중인 주력 제101특수대대 병력을 캡틴흘라웨이 다리로 돌릴 수 없었던 또우흘라 대령은 벙커에 남아 있는 학생군한테도 후퇴명령을 내렸다. 순간 완까는 짙은 패배감에 짓눌렸다. 캡틴흘라웨이 다리 포기가 완까 상실과 같은 뜻이란 걸 모두 잘 알았던 까닭이다. 기껏 남북 0.6km, 동서 1.5km짜리 손바닥만 한 물도리동에서 캡틴흘라웨이 다리 방어선이 무너지면 물도리동 목에 진 친 제101특수대대 300여 명이 정부군한테 포위당하고 마는 꼴이었으니.

학생군이 나섰다.

"무기를 주시오. 우린 후퇴하지 않을 거요!"

또우흘라 대령은 고개를 저었다.

"어차피 너희만으론 못 막는다. 희생자만 난다. 떠나라."

학생군은 물러서지 않았다.

"우린 갈 데도 없고, 이래 죽으나 저래 죽으나 같아요."

또우흘라 대령은 실랑이 끝에 학생군 뜻을 받아들였다.

"좋다. 여기서 다 같이 죽자!"

그렇게 해서 캡틴홀라웨이 다리 방어선은 전투경험조차 없던 학생군 손에 맡겨졌다. 그동안 까렌민족해방군이 버리다시피 한 G2, G3 같은 낡은 독일제 소총으로 무장했던 학생군은 제4여단이 남겨놓은 75mm 무반동포, 0.5mm 기관총을 난생처음 만져보며 '실전 사격훈련'으로 방어선을 지켜냈다. 동맹군 드센 저항에 300~400명 전사자를 낸 정부군 공세는 그날 저녁부터 수그러들었고 12월 27일부터 완까는 지루한 대치전으로 넘어갔다. 완까에는 여전히 동맹군 깃발이 휘날렸다. 전사자 3명과 전상자 15명을 낸 학생군 제211연대는 버마학생민주전선 깃발 아래 최초·최대 승전보를 올렸다. 곧장 완까 학생군 제211연대는 버마학생민주전선의 자부심이 되었다.

세계 게릴라 전사에 최대 격전으로 기록할 만한 이 '크리스마스 전투'를 통해 비로소 소수민족해방군이 버마학생민주전선을 진정한 동맹군으로 받아들였다. 또우흘라 대령은 까렌민족해방군 사령관 보먀Bo Mya[19]한테 학생군 용맹성을 타전하면서 무기지급을 건의했다. 늘 차갑고 무뚝뚝했던 또우흘라 대령은 그렇게 완까 학생군에게 경의를 표했다. 1948년 버마 독립

때부터 세계 최장기 무장투쟁 기록을 세워온 전설적인 게릴라 지도자 보먀는 곧장 까렌민족해방군 지역 내 모든 학생군한테 무기를 지급함으로써 완까 학생군 승리에 화답했다. 보먀의 결정이 다른 소수민족해방군한테 영향을 끼치면서 마침내 버마학생민주전선은 무장투쟁 발판을 마련했다.

상실의 계절

그러나 크리스마스 전투 승리는 곧 새로운 위기로 이어졌다. 버마 혁명사의 전통적인 불청객인 분파주의가 학생군한테도 어김없이 찾아들었다.

"버마학생민주전선이란 이름은 마땅히 학생운동가들 몫이다."

1988년 버마연방학생회ABFSU 사무총장으로 이른바 8888민주항쟁을 이끌었던 학생운동 지도자 모티준Moe Thee Zun[20]이 국경으로 빠져나와 외친 한마디로 버마학생민주전선은 발칵 뒤집혔다. 8888민주항쟁에서 연설가로 이름 날렸던 모티준은 군사정부에 쫓겨 1년쯤 지난 뒤 국경에 합류했으나 학생운동 성골 지도자란 유명세로 이내 학생군 진영을 파고들었다. 결국 버마학생민주전선은 창설 1년 만인 1989년 11월 5일 제2차 회의를 통해 모티준을 의장으로 나잉아웅을 부의장으로 뽑았다. 그러자 학생군 진영 여기저기서 모티준을 달갑잖게 여기는 소리가 터져 나왔다. 제601연대장 따이몬Tai Mon 같은 이들은 "이 조직 만들려고 모두 큰 희생 치

---

19 까렌민족해방군 최고사령관, 까렌민족연합 의장, 민족민주전선 의장, 버마민주동맹 의장 역임. 버마어에서 보Bo는 장군을 일컫고 따라서 보먀는 우리말로 '먀 장군'인 셈이다.

20 1988년 10월 신사회민주당DPNS 창당. 1989~1991년 버마학생민주전선 의장(1991~1996년 둘로 나뉜 버마학생민주전선 의장). 2001년부터 미국 거주. 현재 버마와 미국을 오가며 사회운동 참여.

총 한 번 만져본 적 없던 청년·학생들이 지하 벙커에서 쇠사슬로 서로 몸을 묶고 버텨낸 완까 기지
는 버마학생민주전선의 고향이자 명예였다. _완까 기지. 카렌민족해방군 제6여단/버마-타이 국경.
1992 ©정문태

렀다. 이제 와서 이바지한 적도 없는 모티준을 지도자로 인정할 수 없다"며 거세게 대들었다.

그렇잖아도 전국에서 모여든 청년, 학생이 복잡하게 얽힌 학생군 조직 내부는 모티준 출현 이전부터 이미 여러 갈래로 나뉘어 있었다. 버마학생운동 분열상은 대영국 독립투쟁 시절로 거슬러 올라간다. 전국을 대표하는 바까타(Ba Ka Tha, 버마연방학생회ABSFU)와 그 아래 독자조직인 야까타(Ya Ka Tha, 랑군대학학생회)가 벌여온 전통적인 힘겨루기에다 1988년 민주화 운동 기간에 태어난 마까타(Ma Ka Tha, 미얀마학생회)와 아까따(A Ka Tha, 고등학생회)까지 뒤섞여 날카롭게 부딪쳐왔다. 여기다 학생과 졸업생, 학생과 시민, 랑군 출신과 지방 출신, 늙은이와 젊은이로 나뉜 마찰층이 겹쳐 있었다. 그런 가운데 전설적인 학생운동 지도자 민꼬나잉Min Ko Naing[21]과 함께 민주항쟁을 이끌었던 모티준의 강한 자부심이 학생군 안에 우호세력과 반대세력을 또렷이 갈라놓았다. 결국 각 연대별로 자치권을 지녔던 학생군은 '친모티준'과 '반모티준' 진영으로 갈리고 말았다.

1991년 10월 초, 모에이강 기슭에 자리 잡은 까렌민족해방군 마너플로우Manerplaw 본부에는 버마학생민주전선 14개 진영 대표들이 시무룩한 얼굴로 마주 앉았다. 8월부터 두어 달 넘도록 제209연대에서 조직개편을 놓고 옥신각신했던 버마학생민주전선 제3차 회의가 까렌민족해방군 권유반 명령 반으로 회의장을 마너플로우로 옮겨온 뒤였다. 까렌민족해방군이 안전을 내세워 회의장을 막아버린 준감시상태에서 학생군 중앙위원은 의

---

21 랑군대학 출신 버마연방학생회 의장으로 8888민주항쟁 주도. 1988년 체포당해 20년형을 받고 복역 중 2004년 석방. 2005년 다시 투옥 뒤 2006년 풀려나 88세대대학생그룹88 Generation Students Group이란 조직을 만들어 민주화 투쟁. 2007년 승복혁명을 추동한 시위로 65년형을 받고 복역 중 2012년 석방. 버마 민주화운동의 상징이며 현재 가장 영향력 있는 사회운동 지도자다.

장단 선출을 놓고 골머리를 앓았다. 회의는 한없이 늘어졌다. 각 진영을 대표한 중앙위원이 의장 모티준과 부의장 나잉아웅을 지지하는 두 파로 갈렸던 탓이다. 화난 까렌민족해방군 지도부한테 쫓겨나다시피 한 학생군은 회의장을 살윈 캠프Salween camp로 옮겨 다시 거세게 부딪쳤다.

"선거로 의장단 뽑는 조직 원칙 깰 수 없다."

다수 진영으로부터 지지받아온 나잉아웅은 민주선거 원칙을 내세웠다.

"중앙위원 선출권을 달라. 2년 안에 혁명 끝낼 자신 있다."

수가 밀렸던 모티준은 의장단 선출에 앞서 중앙위원 개편을 요구했다.

처음부터 접점 없는 논쟁이었던 셈이다. 끝내 중앙위원 다수가 모티준 제안을 마다했다. 모티준이 자리를 박찼다. 적잖은 중앙위원이 모티준을 따라나섰다. 모티준을 지지한 진영이 선거불법을 선언한 가운데 다수 지지를 얻은 나잉아웅이 새 의장에 뽑혔다. 그로부터 버마학생민주전선은 둘로 찢어졌다.

그렇게 해서 학생군은 같은 이름, 같은 깃발, 같은 연대 명칭 아래 기형적인 두 조직으로 전선을 갔다. 경쟁심에 사로잡힌 두 버마학생민주전선이 제 살 파먹기 전선곡예를 벌이는 동안 국경에는 상실의 계절이 찾아들었다. 그동안 버마학생민주전선에 돈줄을 끌어대던 국제민주세력이나 재외 버마민주단체가 큰 혼란을 겪으며 하나둘씩 국경에서 발을 뺐다. 비교적 순결했던 초기 지지세력이 떠난 건 학생군 분열에 따른 배신감이었음을 국경은 잘 알았다. 그 자리를 미국 국무성과 중앙정보국(CIA, 이하 CIA)을 비롯한 온갖 정치적 배경을 깐 돈줄이 밀고 들어왔다. 고단위 정치술을 지닌 그 돈줄을 잡고자 출혈경쟁을 벌이던 두 학생군 조직은 버마를 낀 국제정치 용병신세가 된 스스로를 못 깨달았다. 학생군 지도부는 전선보다 방콕 주재 미국 대사관 쪽에 더 신경을 썼다. 그렇게 국경 혁명전선은 시들어갔다.

둘로 갈린 버마학생민주전선은 버마 안팎 민주세력 지원뿐 아니라 우호적인 언론까지 잃었다. 그동안 외신기자들은 버마 민족해방·민주혁명 단체 가운데 말이 통하고 의식이 깨인 학생군을 좋은 취재원으로 여겨왔다. 적잖은 외신기자가 버마 민주화를 지지하는 마음으로 학생군을 가려주고 키워주려고 애쓰기도 했다. 그러나 서로 삿대질과 욕만 해대는 두 학생군 조직에 실망한 외신기자들이 하나둘씩 등을 돌렸다. 학생군은 고립당한 국경 산악전선에서 자신들 존재를 알릴 수 있는 유일한 연장을 제 발로 차버린 셈이다.

그동안 뜻있는 외신기자들은 학생군을 나무라면서도 기사에서만큼은 그 분열상이 도드라지지 않도록 비켜왔다. 가난한 기자들이 버마 민주혁명에 보탤 수 있는 도덕적 지원이라 믿었던 까닭이다. 고백컨대, 한국 언론에 버마전선 기사를 날렸던 유일한 기자인 나도 1996년 버마학생민주전선이 조직을 다시 통일할 때까지 그 분열상을 대놓고 꼬집지 않았다. 학생군을 꼼꼼히 다룰 만큼 넉넉한 지면이 없는 판에 겉핥기로 독자들을 헷갈리게 하지 말자는 뜻도 있었지만, 그보다는 버마학생민주전선이 지닌 민주화 투쟁 본질에 더 가치를 둔 결정이었다.

절망이 명령했다

1993년으로 접어들자 휴전협상설이 나돌면서 국경 전선이 크게 흔들렸다. 국법질서회복평의회SLORC[22]는 밀담설을 흘리며 소수민족해방군 각개격파에 나섰다. 까렌민족연합을 비롯한 소수민족해방 세력들은 "개별 밀담 절대 없다. 버마민주동맹 깃발 아래 공개회담에만 응한다"고 거듭 밝혔다. 그럼에도 소수민족해방군이 저마다 뒷구멍으론 국법질서회복평의회와 개별 밀담한다는 소문이 꼬리를 물었다. 휴전협정 대신 무한투쟁을 선언했던 까렌민족해방군과 까레니군KA[23]마저 국법질서회복평의회와 몰래 만난다는 소문이 돌았다.

"날 믿어도 돼. 휴전협정 절대 없다. 군사정부 무너질 때까지 싸운다."
1993년 5월, 까렌민족해방군 사령관 보먀는 다 헛소리라며 타박했다.

"놈들을 떠보는 거야. 못 만날 것도 없잖아. 그래도 휴전협정은 없어."
1993년 9월, 보먀는 전보다 한층 누그러진 소리로 설득하려 들었다.

"우린 아무도 만난 적 없어. 지금은 협상하고 말고 할 상황도 아니고."
1993년 11월, 까레니민족진보당 지도자 아웅탄레이[24]는 시치미 뗐다.

"밀담이라니? 편지 들고 찾아온 정부대표를 마을지도자가 만난 거야."
1994년 1월, 아웅탄레이는 별것도 아니라고 손사래 치며 둘러댔다.

---

22 State Law and Order Restoration Council. 8888민주항쟁 과정에서 9월 18일 쿠데타로 권력을 잡은 소마웅Saw Maung 장군이 만든 버마 군사정부 최고 권력기구.

23 Karenny Army. 1948년 버마 독립 뒤부터 자치와 독립을 외쳐온 소수민족 까레니의 정치기구인 까레니민족진보당Karenni National Progressive Party의 군사조직으로 1957년 창설.

24 Aung Than Lay. 까레니군 창설 때부터 무장투쟁을 이끌었고 까레니민족진보당 부의장 겸 자치정부 총리 역임.

그러던 1994년 2월 24일, 버마민주동맹 주축인 북부 까친독립군KIA[25]
이 정부군과 휴전협정을 맺었다. 까친독립군 이탈은 연쇄작용을 일으켰다.
1995년 3월 까레니군에 이어 6월 몬민족해방군MNLA[26]이 휴전협정을 맺
었다. 1996년 1월, 이번에는 마약왕으로 불렸던 쿤사Khun Sa[27]가 몽따이군
MTA을 깨고 군사정부에 투항하면서 샨주Shan State 쪽도 무너졌다. 비록 혁
명세력과 정치적 동맹관계는 아니지만 소수민족 가운데 최대 화력과 재원
을 지녔던 몽따이군 붕괴는 국경 전선에 큰 영향을 끼쳤다. 정부군이 몽따
이군 쪽에 깔았던 대규모 병력을 휴전협정 뒤 곧장 민족해방·민주혁명 전
선 쪽으로 돌렸던 탓이다. 전력에 여유가 생긴 정부군은 소수민족해방 세
력 주축인 까렌민족해방군을 비롯해 휴전협정을 3개월 만에 깨고 전선으
로 되돌아온 까레니군을 집중공격 해댔다.

소수민족해방군 진영에 불어닥친 휴전협정 불똥은 버마학생민주
전선으로 옮겨 붙었다. 1995년 1월 26일, 까렌민족해방군 본부이자 민족
해방·민주혁명 세력 심장인 마너플로우가 정부군과 민주까렌불교도군
DKBA[28] 협공 앞에 무너진 데 이어 2월 16일 버마학생민주전선 본부 다웅

---

25 Kachin Independence Army. 1961년 창설한 소수민족 까친의 정치조직인 까친독립기
구Kachin Independence Organization, KIO의 무장조직.

26 Mon National Liberation Army. 1971년 창설한 소수민족 몬의 정치조직인 신몬주당
New Mon State Party의 무장조직.

27 버마 샨주에 뿌리를 둔 몽따이군Mong Tai Army을 이끌고 1960~1990년대 세계 최대 양귀
비 생산지대로 불렸던 버마-타이-라오스 국경을 낀 이른바 골든트라이앵글을 지배했던 마약
군주.

28 Democratic Karen Buddhist Army. 1994년 12월 기독교도가 주축인 카렌민족연합 지
도부의 불교도 차별을 주장하며 판위 대위를 비롯한 불교도 전사들이 승려 우투짜나를 지도자
로 내세워 이탈한 뒤 버마 정부군과 손잡은 무장조직.

희망보다는 절망, 1996년 통일회의를 거쳐 다시 단일조직으로 복귀한 버마학생민주전선 기운이었다. (왼쪽에 앉은 이가 의장 나잉아웅이고 오른쪽 연단에 선 이가 부의장 모티준이다) _버마학생민주전선 통일회의. 버마-타이 국경. 1996 ⓒ정문태

원Daung Gwin도 나가떨어졌다.

　버마학생민주전선은 1993년에 이어 다시 살윈강Salween River을 건너 타이 영내 산악으로 본부를 옮겼다. 비무장 조건으로 국경을 넘은 학생군은 여느 피난민과 다를 바 없었다. 혁명도 투쟁도 모조리 날려버렸다. 오직 생존을 화두로 잡은 지친 영혼들이 처량하게 남의 땅을 밟던 그날, 그 하늘은 몹시도 서러웠다. 독재타도와 민주화를 외치며 총을 든 지 6년 만에 학생군은 다시 빈털터리가 되었다. 학생군들 사이에는 저마다 빈손으로 국경을 넘던 1988년 그날의 아픈 기억이 되살아났다. 학생군은 절망했다. 그 절망은 지푸라기라도 잡고 싶은 마지막 남은 본능이었다. 그 본능은 결국 버마학생민주전선 통일을 명령했다.

　1996년 9월 5일, 살윈강을 내려다보는 타이 쪽 국경 산악 양니우에 고개 숙인 학생군 두 진영 대표 60여 명이 모여들었다. 헤어진 지 5년 만에 멋쩍은 얼굴들이 통일회의란 이름을 걸고 다시 마주 앉았다. 9월 10일 두 학생군 진영 대표들은 서먹서먹한 기운 아래 조직통일안을 의결한 뒤 의장 나잉아웅과 부의장 모티준을 뽑아 다시 단일조직으로 되돌아갔다. 버마학생민주전선 통일회의는 그렇게 모든 걸 다 잃은 뒤 지나온 길로 되돌아가는 고달픈 후회였다.

　그러나 조직통일 뒤에도 공기는 여전히 싸늘했다. 두 집 살림 5년이 서로에게 너무 깊은 생채기를 안겼던 탓이다. 중앙위원회도 바쁜 척만 했지 조직통일로 생길 법한 에너지가 끓어오르질 않았다. 학생군은 희망을 말했지만 5년 묵은 앙금은 밥상 앞에서도 편갈이로 드러났고 잡다한 파열음을 줄기차게 뿜어냈다. 껍데기는 하나였지만 알맹이는 여전히 둘이었다.

(왼쪽)버마학생민주전선은 세계학생운동사에 최장기 무장투쟁과 최대 전사자 기록을 세웠다. 버마 현대사가 청년·학생들한테 내린 가혹한 명령이었다. _살윈강. 1991 ⓒ정문태

(오른쪽)1988년 버마학생민주전선이 태어나면서부터 국경 소수민족해방구에도 비로소 '민주주의'니 '인권'이란 말이 등장했다. 학생군의 무장투쟁뿐 아니라 교육, 의료, 환경을 비롯한 대민지원 사업이 그 밑거름이었다. _몬민족해방군 지역 초등학교. 버마-타이 국경. 1995 ⓒ정문태

정글대학

티격태격 4년이 흘렀다. 그사이 국경 전선은 숙졌다. 2000년 중앙집행위원회가 의장, 부의장, 중앙집행위원을 비롯한 지도부 전면퇴진을 의결하면서 파란만장했던 버마학생민주전선은 한 세대를 마감했다. 그 뒤 나잉아웅은 민주개발네트워크NDD라는 조직을 만들어 국경 민주진영 지원 세력으로 나섰다. 모티준은 미국 콜롬비아대학원에서 국제관계학을 공부하며 새날을 닦아나갔다. 제1세대가 사라진 버마학생민주전선은 2001년 3월 17일 제6차 회의를 통해 탄케(Than Khe, 만달레이의과대학 출신)를 의장으로 뽑아 제2세대로 넘어갔다. 그로부터 학생군은 까렌민족해방군 제7여단 쪽 살윈강 기슭 웨이지Wei Gyi에 손바닥만 한 해방구를 트고 7개 연대조직으로 재편해서 전선을 갔다.

버마학생민주전선 28년, 세상도 놈들도 나도 많이 변했다. 수줍음 타던 열여덟 살 소년병들은 어느덧 후배를 호령하는 앞잡이 전사가 되었고, 꽃잎처럼 보드랍기만 하던 그 소녀들은 혁명 2세를 키우는 어머니로 부활했다. 방황하던 20대를 접을 무렵 놀란 토끼 눈으로 버마전선에 뛰어들었던 나는 어깨너머로 배운 전쟁을 밑천 삼아 40여 개 전선을 돌아다닌 끝에 이제 속절없이 휑한 50대 중반에 걸터앉았다.

그랬다. 버마학생민주전선은 내게도 놈들에게도 모두 학교였다. 놈들은 정글대학 동창이자 동지였다. 낡아빠진 독일제 G2 소총이 어떻게 작동하는지를 귀동냥으로 배우며, 87mm 포탄 한 발이 얼마나 넓은 지역을 쑥밭으로 만드는지 얼빠진 눈으로 바라보며, 발목이 날아간 이들을 부둥켜안고 지뢰의 야만성을 깨달으며, 그렇게 어설픈 군사지식에다 상상력을 보태 전황을 읽고 전선에 올랐던 그 수많은 죽음의 날들…. 영화에서나 봐왔던 전쟁이 눈앞에 펼쳐지는 현실 앞에서 우리는 목숨을 담보로 잡히고 세상을 배우는 학생들이었다.

비록 너는 혁명전사로 나는 전선기자로 가야 할 길이 서로 달랐지만 우리는 국경 산악밀림 전선에 기꺼이 청춘을 바쳤다. 때론 논쟁으로 온밤을 지새우면서 때론 정글결혼식에 들러리 서면서, 그렇게 함께 사선을 넘었다. 참 미운 놈들이지만, 너무 사랑했다.

버마학생민주전선은 나의 혁명, 나의 해방구였다.

작전명 용왕, 마너플로우를 점령하라

잠자는 개

"잠자는 개 잃으면 마너플로우 끝장난다. 마너플로우 잃으면 버마민주동맹 깨진다.
버마민주동맹 깨지면 버마 혁명 막 내린다. 잠자는 개, 조건 없이 지켜내야 한다."
나이슈웨찐Nai Shwe Kyin 몬민족해방군 최고사령관, 1993년 인터뷰.

버마민주동맹 사령관 보먀 메시지를 날리는 동맹군 스피커가 귀를
찢는다.

"여기 민족해방·민주주의 외치는 수많은 형제 있다. 우린 적이 아니
다. 시민 품으로 돌아와 함께 버마 위해 싸우…."

약 오른 정부군, 곧장 75mm 무반동총으로 대꾸한다.

…

동맹군, 버마연방민족연립정부[29] 총리 세인윈Sein Win 메시지로 응사

---

29 National Coalition Government of Union of Burma. 민족민주동맹NDL, National League
for Democracy을 비롯한 민주세력이 압승을 거둔 1990년 총선결과를 군부가 뒤엎자 1990년 12
월 18일 까렌민족해방군 본부 마너플로우에서 의원 당선자들과 버마민주동맹 그리고 버마학
생민주전선을 포함한 민족해방·민주혁명 세력이 결성한 망명정부.

한다.

"누굴 위해 싸울 거냐? 어머니와 아이들, 아니면 독재자를 위해? 독재 정권 허수아비로 시민한테 총부리 겨눈 스스로를 돌아보…"

정부군 질세라 105mm 곡사포, 84mm 로켓포로 두들긴다.
…

동맹군, 땅강아지처럼 참호로 기어든다.

정부군, 60mm, 81mm, 120mm 포로 독재자 메시지를 대신한다.
…

전방 300~400m 정부군 동선이 맨눈으로 잡히는 잠자는 개sleeping dog 고지. 동맹군 심리전 스피커가 귀를 때리는 만큼 정부군은 포격을 더했고 전선은 뒤틀렸다.

"하나, 둘, 셋, 넷, 다섯, 여섯, 일곱, 여…"

이번 포성과 다가올 포성 사이를 헤아린다. 뼈마디까지 오그라드는 기다림을 통해 아직도 살아 있음을 확인한다. 삶과 죽음은 오직 헤아릴 수 있는 수만큼 차이일 뿐, 그곳에는 심오한 철학도 거룩한 이상도 없다. 셀 수 있는 수만큼 덤을 얻어 살아가는 이들 바람은 한결같다.

'이 포성이 마지막이기를!'

수만 날뛰는 그 참호 안에서는 속절없이 손톱을 만지작거리는 일도 내일을 꿈꾸는 일도 모조리 허튼수작에 지나지 않는다. 내가 옆 사람을 쳐다보지 않듯이 옆 사람도 나를 쳐다보지 않는다. 이 포성이 멈출 때까지는 동지도 없다. 참호는 굳어버린 몸뚱어리와 멈춰버린 의식이 꾸역꾸역 토해내는 쓰레기 같은 정서로 썩어 문드러진다.

곧 포탄이 쏟아져 들어올 것만 같은 두려움, 눈알이 빠지고 내장이 튀어나올 순간을 떠올리는 괴로움, 멍멍한 귓구멍에서부터 쏜살같이 온몸을 타고 흐르는 충격, 그리고 겁에 질려 아랫도리가 젖어드는 신참을 쳐다보며 인간미를 느끼는 과장된 위안들…. 이런 것들이 나를 죽이고자 애쓰는 상대를 피해 머리를 처박고 있는 지하 1.2m 참호란 놈 정체다. 참호는 속을 발가벗기는 고문실이다. 참호는 살아 있는 영혼을 가두는 관이다. 참호는 제 발로 기어 들어가는 희한한 무덤이다. 하여, 참호는 인류 최악의 건축물이다.

잠자는 개를 사수하라

"오퍼레이션 드래건 킹Operation Dragon King, 마너플로우 점령하라!"

1992년 12월 중순, 8888민주항쟁 유혈진압으로 악명 떨친 정부군 특전사령관 마웅흘라Maung Hla 소장의 핏대 오른 명령이 동맹군 감청에 잡혔다. 정부군 남동사령부와 중앙사령부 산하 제33사단, 제66사단, 제88사단 소속 정예군 3,000여 명이 포병과 공군 지원을 받으며 잠자는 개로 쳐들어왔다. 버마민주동맹군은 라와디Lawadi 대령이 이끄는 까렌민족해방군 1,500여 명에다 까레니민족인민해방전선KNPLF [30]과 몬민족해방군 500여 명 그리고 민주혁명 세력을 대표하는 버마학생민주전선 학생군 600여 명

---

30 Karenni National People's Liberation Front. 1978년 까레니민족진보당KNPP에서 떨어져 나온 소수민족 까레니의 정치조직. 1994년 정부군과 휴전.

을 투입해 사생결단으로 맞섰다. 또 민족민주동맹-해방구NLD-LA 당원 10 여 명이 아웅산수찌의 비폭력 노선을 뿌리치고 참전해 상징성을 높였다.

　이듬해 5월 말부터 시작하는 우기 전에 끝장을 보겠다는 정부군 건기 대공세는 1993년 1월 말로 접어들면서 절정에 이르렀다.

　"1만 명 죽어도 좋다. 잠자는 개부터 점령하라!"

　마웅흘라 소장과 정부군 야전지휘관 교신이 동맹군 감청반 귀를 때 렸다.

　"잠자는 개, 단 한 뼘도 후퇴 없다. 사수하라!"

　맞선 버마민주동맹군 사령관 보먀 명령이 묵직하게 전선을 울렸다.

　날카로운 산꼭대기에 개 한 마리가 겨우 잠잘 만한 지형이라며 까렌 사람들이 불러온 뜨위빠위쪼(잠자는 개)는 영국 식민지 군대가 만든 지도 에 '포인트 4,044피트point 4,044ft'로 나오는데 그야말로 동맹군 사활이 걸 린 전략요충지자 최대 격전지였다. 정부군은 직선거리 15km 지점 민족해 방·민주혁명 세력 심장인 마너플로우뿐 아니라 10km 지점 동맹군 보급 선이 걸린 살윈강과 모에이강 합류지를 내려다보면서 때릴 수 있는 그 잠 자는 개 점령에 사력을 다했다.

　"피 냄새가 역겨워 밥도 먹을 수 없다."

　까렌민족해방군 라소우 말마따나 긴장감에다 피비린내에 절은 동맹 군 전사들 얼굴이 검붉게 타들어갔다. 먹을거리라곤 빼힌(편두로 만든 달 커 리)을 덮은 식은 밥 한 줌이 다지만 피투성이 전선은 그마저도 입에 대기 힘들 만큼 속을 뒤틀어놓았다.

"총알보다 추위가 더 무섭다."

버마학생민주전선 산아웅처럼 모포 한 장 없이 참호에 쭈그려 겨울 밤을 나야 하는 잠자는 개 전사들은 밤을 지옥이라 불렀다. 낮엔 37도를 웃돌다가 밤이 되면 1도까지 떨어지는 아열대 산악의 겨울, 잠자는 개에 밤이 오면 동맹군도 정부군도 짐승도 풀벌레도 모두 목덜미에 얼굴을 처박았다.

귀를 찢는 대포소리, 쥐어짜는 속 쓰림, 살을 에는 추위, 그 모두는 공포였다. 하여 잠자는 개에서는 그 공포를 잊고자 모두가 기도를 올렸다. 사람이 신을 만들었다고 믿어온 나 같은 이마저 잠자는 개에 밤이 오면 초자연적인 뭔가를 찾아 절로 기도가 우러났다.

"이 가난한 저널리스트를 가엾게 여긴다며 오늘 하룻밤만이라도 대포소리 없는 세상에서 편히 잠들게 하소서!"

내가 불러낸 그 정체불명 신은 으레 아무짝에 쓸모없었다. 해본 적 없는 기도가 형식에 맞지 않았든지 아니면 정성이 모자랐든지 아무튼, 대포소리는 늘 기도를 마치기도 전에 나와 그 신 사이를 갈라놓았다. 지저스, 알라, 붓다를 비롯해 바위와 나무둥치를 받드는 이들까지 별별 사람이 다 모인 동맹군의 종합기도도 영험 없긴 마찬가지였다. 올리는 기도만큼 포탄은 더 날아들었고 대지는 더 뒤틀렸을 뿐이다.

잠자는 개에 신은 없었다. 적어도, 잠자는 개에서만큼은 정치가 신을 대신했다. 모두가 '민주화' '독재타도' '민족해방'을 굳게 믿으며 산을 올랐고 주검이 되어 산을 내려갔다.

"정치는 산 아래 따뜻한 방에서 발 뻗고 편히 처자고 있을 텐데."

개머리판에 기대 눈 붙인 놈들을 향해 연민의 정이 목구멍을 타고 넘어올 때쯤이면 어김없이 대포소리가 귀를 찢고 세상은 불판이 되었다.

남이 나를 쳐다본다

잠자는 개는 겁 없이 날 뛰던 나를 주눅 들게 만들었다. 나는 기자랍시고 늘 바깥에서 벌어지는 일들을 보려고만 했지 내 속을 들여다보는 데는 게을렀다. 그러다 잠자는 개에서 숨 막히는 긴장과 공포를 겪으며 비로소 내 몸이 '몰입'과 '망각'을 갈마드는 전선리듬에 따라 움직인다는 사실을 깨달았다. 잠자는 개에서는 내남없이 공포를 잊고자 수단과 방법을 안 가렸다. 하루 종일 되풀이해 떠오르는 공포와 공포 사이 시간을 늘려보려고 갖은 애를 썼다. 잠자는 개 사람들은 그 공포와 공포 사이를 몰입으로 메워나갔다. 적을 미워하든, 아침을 그리워하든, 섹스를 떠올리든, 고향을 생각하든 저마다 주제야 다르겠지만 몰입을 통해 공포를 지웠다. 예컨대 노래나 농담은 집단적 몰입이 아니었던가 싶다. 잠자는 개에서는 틈만 나면 노래가 흘렀다. 누군가 노래를 흥얼거리면 어김없이 하나둘씩 따라 불렀고 이내 합창이 되곤 했다. 마찬가지로 잠자는 개에서는 늘 농짓거리가 판쳤다. 삼삼오오로 시작한 농담이 흔히 열 명 스무 명으로 불어나곤 했다. 그래서 잠자는 개에서는 소리꾼과 이야기꾼이 최고 영웅이었는지도 모르겠다.

총질이 그랬다. 몰입을 통해 공포를 지우겠다는 전선 몸부림이었다.

"왜 이자들은 조준사격을 안 하고 마구잡이 총질을 해댈까?"

이게 잠깐 왔다 가는 방문자이자 관찰자인 내게 든 의문이었다. 잠자는 개에서 전방을 향해 똑바로 총을 쏠 수 있다면 이미 상당한 경지에 오른 이들이었다. 적 동선을 좇아 총을 쏠 수 있다면 프로페셔널 전사였다. 이 세상에 람보 같은 놈들은 없다.

그래서 제2차 세계대전 때 러시아 정부는 군인들한테 1인당 하루 100g 보드카를 지급했고, 베트남전쟁 때 미국 정부는 15% 넘는 미군이 마약에 손댔지만 모른 체했다. 요즘도 아프가니스탄이든 이라크든 어느 전선을 가나 시뻘건 눈동자 군인들과 마주친다. 술이나 약을 했다는 뜻이다. 모두 공포를 잊고자 물리적 몰입을 동원한 경우다.

말하자면 전선리듬은 공포와 공포 사이를 채워가는 몰입을 통한 망각의 시간표 같은 것이었다. 그 주기의 길고 짧음에 따라 간 큰 놈과 겁쟁이를 나눌 수 있고, 그 주기를 조절해낼 수 있느냐 없느냐를 놓고 전사 깜냥을 가늠할 만했다. 만약 사람들한테 공포가 3분 넘게 이어진다면, 달리 사람들이 3분 넘게 뭔가에 몰입하지 못한다면 전쟁은 없었을지도 모른다. 전쟁은 그 몰입과 망각이라는 전선리듬을 통해 공포를 쫓고 승부를 가르는 행위였다.

나는 그 전선리듬이 작동하는 조건 가운데 하나가 내 몸 바깥에 있다는 사실을 깨달았다.

'남이 나를 쳐다본다.'

잠자는 개는 서로가 서로에게 '보여주기'로 버티는 전선이었다. 전투는 연극 같았다. 연출가가 작품의 정신과 의식을 백날 떠들어댄들 배우들은 결국 관객과 교통하면서 동력을 얻듯이 전사한테도 치고 박는 행위를 봐줄 관객이 필요했다. 전투는 남한테 보여줄 수 있는 가장 극단적인 행위였고 그 무대가 바로 전선이었다. 그 전선에서는 모든 전사가 배우이면서 동시에 서로를 쳐다봐주는 관객이었다. 주연이니 조연을 나눈들 무대에 오른 배우들이 제 몫에서만큼은 저마다 주인공이라 여기듯 전선에 오른 전사들도 마찬가지였다. 비록 속으로야 공포에 질려 오금이 저리고 사지가 떨릴지언정 겉보기만큼은 다들 용맹스런 전사였다. 실제로 잠자는 개 전사들은 눈빛이나 몸가짐부터 달랐다. 가장 위험하고 가장 중요한 전선을 간다는 강한 자부심이 묻어났다. 전사들 사이에도 잠자는 개에 올랐던 이들은 급수를 달리 매겼을 정도였다. 그러니 전사들은 잠자는 개란 곳이 나를 보여줄 수 있는 최고 무대란 사실을 익히 알았다. 국경에선 잠자는 개 전선에 올랐다는 사실 하나만으로도 평생 우려먹을 만한 명예를 얻은 셈이고, 곧 가문의 영광으로 통했으니까.

아침을 맞는 법

잠자는 개에 오른 이들한테 총알을 맞는다거나 죽는다는 건 남에게 나를 보여주고 난 다음에 일어날 수 있는 가상적인 미래일 뿐이었다. 남들 눈에 비친 내 부풀린 모습을 통해 서로 동력을 주고받는 전선심리, 바로 공포를 조절하는 전선리듬의 줏대였다.

나는 전선취재를 할 때마다 사지로부터 빠져나오는 피난민과 마주치면서 묘한 동력을 얻곤 했다. '보여주기' 심리가 깔려 있었던 셈이다. 잠자는 개가 그랬다. 동맹군 전사들도 죽기보다 싫어했던 잠자는 개 전선에 오른 유일한 기자라는 자부심, 그 과장된 '보여주기'를 통해 내 속에서 일어나는 공포심을 견뎌냈던 게 아닌가 싶다. 나는 그 '특별한' 나를 바라보는 전사들 눈길을 통해 동력을 얻었다. 나를 바라보는 그 모든 눈동자는 나를 지켜준 든든한 무기였던 셈이다. 전선을 가는 기자로서 내 자부심이나 명예도 모두 그 눈동자들이 준 선물이었다. 비록 이 모든 게 곡두에서 비롯된 것일지언정.

숨 막힌 어둠이 가시고 동이 트면 잠자는 개에는 새로운 세상이 열렸다. 그 아침은 살아남은 이들만이 누릴 수 있는 특권이었다. 새날 전투를 준비하는 바쁜 기운이 산악을 뒤덮는 그 짧은 아침은 어제와 오늘 그리고

"언제가는 조롱박이 가라앉고 돌이 뜰 날이 온다."

이 속담을 가슴에 품고 숱한 젊은이가 대를 이어 까렌 민족해방전선에 뛰어들었다. 그러나 돌이 뜨
기까지 60년 투쟁은 너무 짧은 세월이었는지… _카렌민족해방군 전사. 1992 ⓒ정문태

삶과 죽음을 나누는 경계선이었다. 내가 살아 있는 오늘 아침만이 의미일 뿐 전선에서 내일 따윈 없었으니까. 잠자는 개는 하루살이 판이었다.

잠자는 개 아침은 동맹군과 정부군 모두한테 공평했다. 밤새 뻣뻣하게 굳었던 목덜미로 나긋이 감겨드는 그 아침 햇살은 해동이었고 평화였다. 포성도 총성도 멎은 전선에서 이쪽도 저쪽도 모두 함께 해뜩발긋한 아침을 나눴다.

내겐 그 아침이 담배를 꼬나물고 면도를 할 수 있는 시간이었다.

"미스터 정, 누구한테 보여주려고 면도해요?"

호기심 가득 찬 까렌민족해방군 소년병은 아침마다 똑같이 되물었다.

"응, 죄를 많이 지은 몸이라 저승사자 앞에 끌려가면 잘 보이려고."

면도는 내가 전선에서 아침마다 치르는 의식 같은 것이었다. 그 면도는 더러운 꼴을 안 남기고 싶은 내가 이 세상을 위해 할 수 있는 마지막 봉사라 여겼다. 1991년 까레니군 람보전선을 취재할 때 한 전사가 닷새 동안 세수도 면도도 안 한 나를 찍은 사진을 보여준 뒤부터였다. 그로부터 나는 전선에서도 형편 되면 꼬박꼬박 면도를 했다. 어쩌면 그 전선 면도질은 지긋지긋한 전투와 상관없는 주제를 골라 잠깐이나마 나를 일상으로 되돌려놓고 싶은 마음이었는지도 모르겠다.

1993년 1월 27일 0900시, 만물을 녹여주던 따뜻한 햇살 너머로 정부군 BC-9 전투기가 나타나 15mm 속사포와 로켓을 쏘아댔다. 폭우처럼 퍼부어대던 포격도 견뎌낸 잠자는 개가 느닷없이 나타난 낡은 전투기 한 마리 앞에 난장판이 되었다. 정부군이 앞서 1월 12일과 18일 잠자는 개에서 7km 떨어진 매라따를 비롯해 메데롯, 마누, 루빠 마을을 공습해 큰 인명 피해를 냈던 터라 동맹군은 크게 긴장했다.

그러나 정부군 공습이 멍텅구리란 걸 깨닫기까지는 그리 오랜 시간이 안 걸렸다. 정부군 구식 터보프로펠러 전투기들은 소리만 컸지 목표물을 못 때렸고, G4 갈레브 전투기는 위협적이긴 했지만 산악에 묻힌 잠자는 개 지형을 뚫고 하강공습을 못 한다는 걸 이내 눈치챘기 때문이다. 잠자는 개를 못 때린 정부군 전투기들이 대신 살윈강 마을을 공습하는 바람에 대규모 난민사태가 터지면서 버마-타이 국경을 가르는 살윈강과 모에이강 둑은 아수라가 되었다.

전투, 135일

그즈음 국경이 심하게 흔들리면서 까렌민족해방군 본부이자 혁명심장인 마너플로우 소개령이 떨어졌다. 민간인을 비롯해 비무장 소수민족해방 조직과 민주혁명 단체 사람이 빠져나간 마너플로우에는 이내 짙은 패배의 그림자가 드리웠다. 외교적으로 큰 문제가 될 수 있어 쉬쉬했지만, 마너플로우 가까이 본부를 차렸던 버마학생민주전선도 1월 중순 통신장비만 꾸려 작전본부를 살윈강 건너 타이 영내 산악으로 비밀스레 옮겨갔다. 동맹군 일원으로 주력을 잠자는 개와 마너플로우 남부 노르따Nor Ta 방어선에 투입했던 학생군이 정작 자신들 본부는 독자적으로 지켜낼 수 없었던 탓이다.

2월 2일부터 전황이 돌변했다. 집중공세로도 잠자는 개를 뚫지 못한 정부군이 전선을 펼치기 시작했다. 정부군은 잠자는 개를 묶어놓고 민냔쉐인Mynn Nyan Shein 대령이 이끄는 제10보병대대를 동원해 동맹군 주 보급선이 걸린 살윈강 부두 마을 매빠Mae Pa로 치고 들어왔다. 그러자 손바닥처럼 지형을 읽고 있던 동맹군은 살윈강을 자르고 들어온 정부군을 맞받아치는 대신 산악 포위전략으로 맞섰다. 지형에 서툴렀던 정부군은 엄청난 피해를 입고 일주일 만에 후퇴했다. 매빠 점령에 실패한 정부군은 다시 잠자는 개를 집중적으로 두들겼다. 정부군은 한 달 가까이 쉬지 않고 잠자는 개를 포격했다. 동맹군이 정신력만으로 버텨내기는 불가능했다. 3월 14일, 결국 잠자는 개를 포기한 동맹군은 살윈강 쪽으로 밀려 내려오기 시작했다. 그동안 '잠자는 개 포기=마너플로우 함락=동맹군 패배'란 공식을 지녔던 동맹군은 모든 전력을 투입해 그야말로 죽기 살기로 마너플로우 방어선을 쳤다.

"까딱없어. 마너플로우 괜찮아. 저러다 제 풀에 지쳐 물러간다."

털털 웃는 보먀를 국경은 믿지 않았다. 소수민족해방군 안에서도 민주혁명 단체들 사이에도 마너플로우 함락 뒤를 걱정하는 소리가 크게 나돌았다. 그러나 머잖아 보먀 말은 사실로 드러났다. 4월 28일, 정부군 마웅흘라 장군은 라디오와 텔레비전을 통해 "소수민족과 화해하고자 까렌주 공격을 이 시간부터 전면중단한다"고 밝혔다. 정부군은 곧장 모든 전선에서 공격을 멈췄다. 정부군은 네 달 보름 동안 치고 박은 '오퍼레이션 드래건 킹'으로 505명 전사자와 2,000여 명 전상자를 냈다. 동맹군 쪽 까렌민족해방군은 전사자 150여 명과 전상자 200여 명을 기록했다. 버마학생민주전선도 25명 전사자와 50여 명 전상자를 내며 단일작전으로는 가장 큰 희생을 치렀다. 그로부터 전투는 숙졌지만 정부군이 잠자는 개에서 버티는 바람에 피 말리는 대치전이 이어졌다.

그 무렵 국제언론도 달아올랐다. 정부군 공세가 한창이던 3월 국제언론은 하나같이 '정부군 대공세, 까렌 붕괴 임박' '마너플로우 함락 초읽기' '소수민족해방군 패전 눈앞에' 같은 선정적인 제목을 뽑아 올렸다. 외신들

잠자는 개는 까렌민족해방군이 이끌었으나 아라깐해방군을 비롯한 소수민족과 버마학생민주전선
같은 민주혁명 조직이 버마민주동맹 깃발 아래 처음으로 대규모 합동군사작전을 펼친 상징적인 통
일전선이었다. _잠자는 개 전선 들머리 살윈강의 버마민주동맹군 1991 ©정문태

이 타이 국경으로 빠져나오는 난민행렬을 마치 전황처럼 해석해 '마너플로우 최후'를 갈겨댔던 탓이다. 그즈음 정부군 파상공세로 마너플로우 소개령이 떨어졌고 마너플로우 모퉁이까지 포탄이 날아들었던 것도 다 사실이다. 그러나 마너플로우 방어선은 결코 무너진 적이 없었다. 그런 기사들이 나돌던 날, 나는 까렌민족해방군 본부가 자리 잡은 마너플로우 한복판에서 발 뻗고 잤다. 잠자는 개와 마너플로우를 취재하던 내 눈에 걸린 전황은 정부군이 마너플로우 남부 방어선인 노르따 8km 지점까지 치고 들어온 게 다였다. 그 노르따는 지형으로 보나 동맹군 전력으로 보나 정부군이 쉽사리 뚫을 수 없는 한계선이었다. "어떤 놈들이 마너플로우 무너진다고 해?" 보먀가 믿는 구석이 바로 그 난공불락 노르따 방어선이었다.

그럼에도 국제언론이 그렇게 앞질러갔던 건 전선과 아주 멀리 떨어진 타이 국경도시 매솟Mae Sot이나 매사리앙Mae Sariang에 진 친 기자들이 주로 난민들 입을 빌리거나 타이 정보당국이 흘리는 쪼가리 정보를 짜맞춰 기사를 날린 탓이다. 사실은 모든 전쟁보도가 늘 그런 오보 위험성을 안고 있다. 전선이라는 특수한 현장을 확보하기 힘든 기자들이 난민을 지나치게 값진 정보원으로 여기는 버릇 때문이다. 근데 난민은 공격당할 가능성을 보고 서둘러 삶터를 빠져나오는 이들인 데다 실제 전황을 읽을 만한 전문적인 눈이 없다. 게다가 난민은 일반적으로 공황상태에서 소문과 상상력을 사실로 믿고 증언하는 공통점을 지녔다. 현장 없는 기자들이 난민 증언에서 옥석을 가리기 쉽지 않다는 뜻이다. 예컨대 1999년 미국과 나토NATO 연합군의 유고 침공 때를 볼 만하다. 그즈음 내가 만난 난민들 증언에 따르면 살해당한 주민 수가 코소보 총인구와 맞먹고 또 거의 모든 여성이 조직적 성폭행을 당한 결과가 나올 정도였다. 내가 난민 입을 빌려 전황을 읽지 않는 까닭이다. 내 발로 전선을 취재하겠다고 다짐했던 까닭이다. 모두 마너플로우의 교훈이었다.

　　돌이켜보면, 나는 마너플로우에서 혁명 읽는 법을 배웠고 잠자는 개에서 전쟁 읽는 법을 익혔다. 그 버마전선을 통해 나는 비로소 전선기자로 걸음마를 뗄 수 있었다. 버마전선은 내게 스승이자, 영원한 고향이다.

버마학생민주전선의 신화
살원강의 용

"민족민주동맹은 처음부터 비폭력 평화를 외쳐왔다.
나는 그 학생들한테 국경으로 가라고 한 적도 없고, 총을 들라고 한 적도 없다.
무장투쟁은 내 비폭력 노선과 어울리지 않는다."
아웅산수찌Aung San Suu Kyi 민족민주동맹 의장, 1994년 인터뷰.

"형, 며칠 전 꿈에…, 내가 용이 돼 살원강 깊은 물속으로…,"
순간, 나는 불길한 예감을 애써 감추며 멋쩍게 받아넘겼다.
"그래? 색시 삼을 만한 용은 없던가?"
한참 뜸들이던 놈이 되물었다.
"형, 괜찮은 꿈이지?"

정부군 포성은 쉬지 않고 귀를 때렸고, 살원강 거친 물살은 해거름 속으로 빨려 들어갔다. 꿈과 전선, 그 쓸데없는 만남 사이로 퍼렇게 질린 피투성이 들것이 아우성치며 달려갔다.

"한데, 그 용이 어디론가 끝없이 떨어지는 거야. 숨이 막히고…,"
전선에서 꿈을 입에 올리지 않는다는 걸 모를 리 없는 놈은 그렇게 자신을 향해 다가오는 운명의 시간을 읽어냈고, 그 답답함을 털어냈다.

"야, 이 개새끼, 나불거리지 마. 그런 개꿈!"

쓰린 속내를 쌍소리로 벌컥 내뱉은 나는 비상용으로 갖고 다니던 캐러비너를 부적 삼아 놈의 견장에 달아주었다.

"코끼리 매달아도 까딱없어. 꿈에서도 떨어진다 싶으면 이걸 꼭 잡아."

버마학생민주전선 깃발을 올리던 날부터 바락바락 우겨 무장투쟁 노선을 끌어냈던, 총 한 번 만져본 적 없지만 군사전략을 줄줄 꿰며 학생군을 이끌고 전선을 갔던, 갓 스물 넘긴 최연소 중앙위원으로 작전사령관이라는 심각한 자리를 꿰찼던 툰우란 놈은 그 '용꿈'을 꾼 두어 달 뒤 살윈강의 용이 되고 말았다.

작전사령관 툰우

1995년 1월 9일 정부군과 민주까렌불교도군 협공이 턱밑까지 밀어닥친 살윈강 기슭, 비전투요원 소개령을 내린 버마학생민주전선 본부 다웅윈은 사시나무처럼 떨렸다. 강 건너 타이 영내로 철수하는 중앙위원회 문서와 장비가 발길마다 차이며 어지럽게 나돌았고, 방어선을 치는 학생군 몸놀림은 뻣뻣하게 굳어갔다. 마지막 가쁜 숨을 헐떡이는 해방구에 남은 것이라곤 한없이 오그라든 긴장과 흩날리는 패배감뿐. 밀림 속 낙원을 꿈꾸며 건설했던 다웅윈도 혁명도 모두, 물 건너가고 있었다.

1400시, 학생군 지도부는 동맹군의 지원을 요청하고자 까렌민족해방군 본부 마너플로우로 떠났다. 의장 나잉아웅, 변호사인 제2비서 아웅투 Aung Htoo, 작전사령관 툰우, 작전참모 윈민테인Win Myint Thein, 정부군 퇴역대령인 군사고문 예뮌Aye Moyint을 태운 쪽배는 민주까렌불교도군 공격을 피해 타이 쪽으로 바짝 붙어 조심스레 내려갔다. 6년 넘게 전선을 오가며 손바닥 읽듯 훤했던 물길이 어쩐지 예사롭지 않았다. 쪽배엔 긴 침묵이 흘렀다.

"움직이지 마시오."

살윈강을 지나 모에이강 어귀로 들어설 무렵, 암초를 피해 뱃머리를 꺾던 학생군 키잡이의 날카로운 외침이 떠내려오던 통나무와 부딪치며 허공을 갈랐다. 통나무가 꼬리를 친 쪽배는 이내 거센 물살에 휘말리며 뒤집혔다. 다들 강기슭으로 헤엄쳐 나와 숨을 돌렸다. 툰우가 안 보였다. 버마학생민주전선은 정부군 점령지역으로 흘러가는 살윈강 물살을 넋 놓고 바라보았을 뿐, 손도 못 쓴 채 툰우를 떠나보내고 말았다.

툰우 죽음은 곧장 모든 학생군 진영으로 퍼져나갔다. 전선은 빳빳이 굳어버렸다. 학생군 애도가 국경을 뒤덮었다. 그렇게 놈은 버마학생민주전선 신화가 되었다. 1년이 지나도 10년이 지나도 학생군 사이에 툰우는 여전히 전선지도자로 살아 있다. 툰우가 전선에 오르면 학생군 사기가 하늘을 찔렀던 게 결코 우연도 과장도 아니었다는 사실을 놈은 죽음으로 거듭 확인시켰다. 나는 그 말썽 많던 버마학생민주전선을 취재하면서도 툰우 나무라는 소리를 들은 적 없고 툰우 타박하는 사람을 본 적 없다. 지도부에서부터 전사들에 이르기까지 놈에 대한 믿음은 가히 절대적이었다. 온갖 내분이나 정치에도 휘둘리지 않고 오로지 전선만 생각하며 무장투쟁 한길로만 달렸던 까닭이다. 툰우는 "아무도 없는 산악밀림에서 어떻게 정치적 발판을 마련할 것이며 어디다 대고 정치를 하겠다는 건가?"며 지도부 안에서 정치투쟁 병행론이 일 때마다 강하게 대들었다.

"골치 아프면 전선시찰 간다."

이게 툰우였다. 참 단순했다. 말만 날뛰는 정치적 판단보다는 상황이
굴러가는 전선을 늘 소중하게 여겼던 놈이다. 그러니 지도부 가운데 유일
하게 전선에 올랐던 놈을 전사들이 진정한 지도자로 여겼을 수밖에는.

몸뚱어리도 없는 툰우는 다웅윈 한 기슭, 아침이면 영롱한 햇살이 살
윈강 물결을 디디고 드는 땅에 묻혔다. 버마학생민주전선은 유례없던 추
모비를 세워 툰우한테 경의를 표했다. 독재정권을 쫓아낸 뒤 고향으로 돌
아가서 민중을 지키는 진짜 군인이 되고 싶다던 툰우, 놈은 그렇게 살윈강
의 용이 되어 지금도 분노에 찬 버마 현대사를 지키고 있다.

나자빠진 5분

툰우가 사라지고 한 달 만인 1995년 2월 16일 버마학생민주전선 본
부 다웅윈이 함락당했다. 앞서 1월 26일 마너플로우를 점령한 정부군은 타
웅와이우Thaung Wai Oo 대령이 이끄는 제331전략군을 투입해 서북쪽에서
다웅윈을 치고 들어왔다. 정부군과 손잡은 민주까렌불교도군은 살윈강을
타고 남쪽에서 밀고 올라왔다. 강 건너 동쪽이 타이 국경인 다웅윈은 완전
히 포위당했다. 2월 6일 밤, 학생군은 어둠을 타고 다웅윈 북쪽 12km 지점
우다Oo Da로 군사본부를 옮겼다. 게릴라전에 필요한 최소 인원만 남겨놓
았던 다웅윈은 결국 2월 16일 정부군과 민주까렌불교도군 협공에 나가떨
어졌다.

운명의 장난이라 했던가, 나는 그 마지막 가는 다웅윈을 놓쳤다. 12일
부터 15일까지 랑군을 취재하고 돌아온 다음 날 방콕에서 다웅윈 함락 소
식을 들었다. 속이 탔다. 안달 났다. 그러나 스리랑카 쪽 타밀타이거 취재일

"독재 타도" "민주화"를 외치며 버마학생민주전선 850여 청년·학생들이 기꺼이 살윈강에 목숨을 바쳤다. 무장투쟁을 이끌었던 랑군공대 학생 툰우도 선봉 희생으로 그 살윈강의 용이 되었다. _살윈강. 1991 ⓒ정문태

정이 잡혀 있었던 나는 마음만 국경으로 보낼 수밖에 없었다.

타밀타이거 취재를 마치고 3월 초에야 다시 부리나케 국경으로 달려갔다. 근데 살윈강을 낀 타이 쪽 국경 마을 타따팡Tha Ta Fang에 닿자마자 발걸음이 천근만근 무거워졌다. 고단했다. 느닷없이 내가 살붙여왔던 그 국경 풍경으로부터 도망치고 싶었다.

말라비틀어진 국경, 껍데기만 남은 어미 젖가슴에 매달려 우는 아이, 말라리아로 쓰러져 뒹구는 영혼들, 깨진 꿈을 원망하는 슬픈 눈동자들….

싫었다. 눈에 차오르는 모든 일상이 지루하고 짜증스러웠다. 더럽게 낡아빠진 플라스틱 컵에 담긴 텁텁한 산골 커피를 사들고 길바닥에 앉아 한참 동안 망설였다. 되돌아갈 핑곗거리를 이리저리 찾던 참에 학생군 안내조가 나타났다. "늦었으니 빨리 가세!" 희한하게도 내 몸은 자동으로 반응했다. 안내조는 안전을 내세워 살윈강 기슭을 따라 가는 세 시간짜리 지름길을 두고 산등성이로 길을 잡아 나갔다.

"우리 강둑 타고 가자. 내가 취재 왔지 등산 온 게 아니잖아."

나는 아홉 시간짜리 산 오름길도 끔찍했지만, 그보다 살윈강 둑에 묻힌 툰우와 함락당한 다웅윈이 보고 싶었다.

"부의장 쪼우쪼우Kyaw Kyaw가 형을 산길로 데려오라 했는데,"

몹시 난처해하는 안내조를 을러대고 꼬드겨 기어이 길을 틀었다.

"걱정 마! 내가 책임질게. 쪼우쪼우한테도 내가 우겼다 할 테니."

땡볕을 튀기는 살윈강은 잠결처럼 다가왔고 발길은 허공을 딛듯 흐느적거렸다. "형, 조심해. 전선기자가 총 맞아 죽는 거야 명예겠지만 물에 빠져 죽으면 남세스러우니." 살윈강을 타고 전선을 갈 때마다 헤엄 못 치는 나를 걱정했던 툰우 목소리가 환영처럼 귓가를 맴돌고 강 건너 다웅원이 아스라이 눈에 들 즈음, 날카로운 총소리가 울렸다. 현실이었다. 모두 쏜살같이 수풀로 날았다. 다웅원에 매복한 민주까렌불교도군한테 걸렸다.

"씨팔놈들!" "개새끼들!"

눈앞에 바짝 다가온 두려움을 잊고자 사내들은 비명 대신 거친 욕을 쏟아냈다. 기껏 머리나 가릴 만한 잡초덩굴을 참호 삼아 엎드리는 게 사내들한테 주어진 유일한 생존조건이었다. 나는 코를 땅에 처박으면서 왜 발걸음이 그토록 무겁고 내키지 않았던지를 떠올렸다. 그리고 10cm 상공에서 보이는 어깨둘레만 한 땅이 내겐 우주란 걸 비로소 깨달았다.

'이 칙칙한 흙 내음이 내가 돌아가 누워야 할 땅이고, 귓바퀴를 간질이는 이 풀잎들이 내가 이 세상에 남길 마지막 인연인가?'

나자빠진 5분 남짓 나는 인생을 스무 바퀴도 더 돌았지만 그래도 시간이 남았다. 지루했다. 극적인 순간이면 곧잘 사랑하는 이들을 떠올리던 영화나 소설은 내 것이 아니었다. 내 거친 숨소리를 내가 들으며, 내 의지로 생각할 수 있었던 건 오직 내 뇌가 제대로 돌아가는지 어떤지 따져보는 일뿐이었다. 나머지는 내 의지와 아무 상관없이 저절로 떠올랐다가 사라지는 만화경 같은 것들이었다.

"한 명씩 앞쪽 계곡으로 튀자."

안내조 분대장이 외쳤다. 나는 이걸 자살시도라 여겼지만 달리 대들 생각도 없었다. 살윈강을 놓고 마주 보는 버마 쪽 강둑은 멀어야 100m인데 우린 피할 데도 개뿔도 없었으니. 게다가 산으로 기어가는 짓도 강물로 뛰어드는 짓도 모두 죽음을 재촉하는 아주 번거롭고 성가신 일이었으니.

그렇다고 유탄발사기RPG 한 방이면 모조리 끝장나는 손바닥만 한 수풀 속에 하루 종일 엎어져 있을 수도 없는 노릇이었다.

안내조 네 명이 앞뒤를 돌봐주는 가운데 나는 두 번째 주자로 정해졌다.

"왜 내가 두 번째냐? 날 그렇게 죽이고 싶냐? 첫 주자는 적이 예상 못해 무사할 수도 있지만 둘째는 틀림없이 조준사격에 걸려들 텐데."

목구멍까지 뻗어 올라오는 말을 참았다. 이내 군소리 없이 명령에 따랐다. 나는 죽음 순서를 따질 만큼 이기적이었지만 그렇다고 앞뒤에서 나를 엄호하겠다는 놈들 마음을 모를 만큼 속이 좁진 않았으니.

"오냐, 간다. 이게 내가 가야 할 번호고, 내 운명이라면 가야지!"

은폐물이 전혀 없는 강둑 10m를 단 서너 발만에 날아 계곡으로 뛰어내렸다. 살았다. 강 건너 매복조 놈들은 주무시는지 사라지셨는지 총알 한 발 날리지 않았다. 뛰어내린 그 계곡 들머리 살윈강 기슭에는 반쪽 난 버마학생민주전선 '군함'이 꼬꾸라져 있었다. 2월 중순 학생군 수색조 네 명을 태우고 가다 민주까렌불교도군 유탄발사기에 걸려 격침당한 배였다. 살윈강 한가운데가 타이-버마 국경선이다. 목덜미에서 식은땀인지 그냥 땀인지, 아무튼 주욱 흘렀다.

잠깐, '버마 쪽에서 어떻게 타이 영토로 포를 쏘고 총질을 할 수 있을까?' 고개를 갸웃거릴 것까진 없다. 이런 건 정상적인 정부가 있고 국경이 평화로울 때나 품을 만한 의문이다. 버마 정부군은 툭하면 타이 국경을 넘어 소수민족을 공격했다. 1993년엔 버마 정부군 150여 명이 타이 영내로 5km나 쳐들어가서 까렌 난민을 살해한 적도 있다.

시차를 두고 날아온 안내조가 모두 계곡으로 뛰어내려 숨을 돌리는 판에 무전기가 귀를 때렸다.

"미친 새끼들, 어느 땐데 강둑 타고 다녀. 모조리 뒈지고 싶어!"

학생군 관측소로부터 상황을 보고 받은 나잉아웅이 분대장한테 불같이 화를 냈다. 하얗게 질린 안내조를 추슬러 살윈강을 오른쪽으로 내려다보는 3부 능선을 타고 두 시간 만에 양니우에 닿았다. 나잉아웅은 감정을 억누르며 손을 잡았다.

"형이 상황 잘 알잖아. 우리가 타이 국경 넘은 건 외교적으로도 매우 예민한 문젠데, 무슨 사고라도 나면…."

그랬다. 내 터무니없는 이기심 하나가 모두를 위험에 빠트린 사건이었다. 민주까렌불교도군이 전투복 걸친 학생군을 발견하고도 공격을 멈췄던 건 타이 정부와 관계 때문이 아니었던가 싶다. 버마 정부군과 달리 민주까렌불교도군은 국경을 맞댄 타이 쪽이 생존관문이었다. 민주까렌불교도군이 같은 타이 영내지만 앞서 강 위에서 학생군 배를 공격했던 것과 달리 강둑공격에는 큰 부담을 느꼈을 듯싶다. 게다가 민간인 옷을 걸친 나를 타이 사람으로 여겼을 수도 있고.

이 일은 전선을 취재하는 기자로서 '전선을 절대 어지럽히지 않는다.' '전황에 절대 개입하지 않는다'고 다짐해왔던 원칙을 깨트린 아주 부끄러운 기억으로 박혀 있다.

울지 않을 수 없었다

돌이켜보면 그동안 버마학생민주전선은 툰우 같은 수많은 살윈강의 용을 낳았다. 버마학생민주전선이 기록한 850여 전사자 하나하나는 모두 살윈강의 용들이었다. 1990년대 초 연인원으로 따져 버마학생민주전선 최대 병력이 1,500명 남짓이었고 거의 모든 희생자가 1990년부터 1994년 사이에 몰렸던 걸 놓고 본다면 단기간에 이처럼 큰 희생자를 낸 경우는 세계 게릴라 전사를 통틀어도 흔치 않다.

버마 현대사는 청년, 학생에게 그렇게 모진 명령을 내렸고 국경 전선은 늘 피투성이 공포와 씨름했다. 그러면서 전선의 죽음은 학생군에게도 내게도 체념을 가르쳤다. 나는 늘어나는 죽음들 앞에서 감정을 잃어갔다. 더 바르게 말하자면, 잃어버린 게 아니라 스스로 버렸다. 감정 따위로 나를 짓누르지 않겠다는 다짐이었다. 그게 오로지 내가 견뎌낼 수 있는 길이었다.

"그래, 네 발로 전선에 왔으니 죽는 것도 다 네 팔자다. 잘 가거라."

나는 그 많은 죽음을 모조리 팔자 탓으로 돌렸다. 그러고 둘러댔다.

"이 많은 죽음 앞에서 일일이 목 놓아 울 수도 없는 노릇이다. 그렇다고 신을 믿지도 않는 내가 무슨 주문인들 한 소절 외워줄 수 있겠는가. 그저 내 직업을 좇아 이 죽음들 의미를 기록하고 알리는 일로써 통곡과 주문을 대신하자."

나는 그 죽음을 만지작거리며 점점 더 가벼워졌다.

"너만 가는 게 아니다. 널 쏜 놈도, 또 지켜본 나도 머잖아 따라간다. 누구도 밑지고 말고 할 게 없다. 인간세상에 오직 하나 실현된 평등이란 게 있다면, 바로 죽음이니까."

나는 전선을 오르내리며 부딪쳤던 그 많은 죽음 앞에 일일이 고개 숙이지 못했다. 가슴 아린 사연도 많았고 눈물 나는 장면도 많았지만 그 죽음들은 그저 나를 앞질러 간 '순서'에 지나지 않는다고 스스로를 다그쳤을 뿐이다. 대신 나는 국경 혁명에서 사라져간 이들 모두를 "존경하는 전사"로 불렀다. 스스로 가늠한 정치적 의지에 따라 스스로 고른 자리에서 사라져가는 이들 하나하나가 모두 값진 역사라 믿었던 까닭이다. 하여 나는 그 명예로운 죽음들 앞에서 목 놓아 울지 않을 수 있었다. 내가 울며불며 온전한 감성을 지닌 사람임을 내세우기도 전에 그이들은 이미 내가 범접할 수 없는 경지에 있었으니.

그럼에도 나를 다시 '사람'으로 되돌려놓았던 죽음들이 있다. 총 들고 싸우겠다고 와서는 정작 전선에 서보지도 못한 채 병들어 죽은 시인, 전선이 걷힌 평화롭기 짝이 없던 날 말라리아로 세상을 떠난 간호사, 분노한 전선을 앞에 두고는 느닷없이 망고나무에서 떨어져 죽은 지휘관, 먹을거리가 없어 산골을 헤매다 굶어 죽은 전사들, 스파이로 몰려 동지들한테 죽임당한 전사들.

나는 그런 죽음들 앞에서 괴로워했다. 버마학생민주전선 희생자 가운데 30%에 이르는 이들이 전투와 무관하게 죽어나갔다. 바로 그 죽음들은 청년·학생이 겪었던 국경 산악밀림의 거친 환경을 말해준다. 무엇보다 먹을거리가 없었다. 학생군 진영에서는 찌들대로 찌들어 입에 대기조차 힘든 멸치만 한 말린 물고기에다 되비지 한술을 퍼 담은 밥 한 그릇이 다였지만 그나마 전선에서나 하루 세끼가 돌았다. 후방 비전투요원들은 하루 두 끼를 때우면 복 받은 날이었다. 오죽했으면 "배고픈 놈은 전선으로 가라"란 말이 유행했을까.

그렇게 먹을거리에서부터 뒤틀려버린 국경 전선은 늘 시름시름 앓았다. 갑자기 변한 환경에다 영양실조까지 겹쳐 면역체계가 무너진 학생군은 하찮은 질병에도 쉽게 나가떨어졌다. 그렇다고 쓰러진 이들을 돌볼 만한 약이나 의료시설이 있었던 것도 아니다. 무엇보다 공적 제1호는 말라리아였다. '말라리아의 고향'이라 부르는 악명 높은 살윈강 전선에는 네 종류 말라리아가 돌아다니며 수많은 청춘을 물어갔다. 버마학생민주전선 중앙집행위원으로 국경 의사 노릇을 해온 민초Myint Cho는 "세계보건기구WHO

에다 우리가 몇 년째 공들여 조사한 말라리아 보고서를 보냈더니 자신들이 직접 역학조사를 할 수 없는 지역은 인정하지 않는다는 답이 왔다"며 말라리아 '말'자만 나오면 불을 토했다. 의사인 자신이 스무 번도 더 말라리아에 걸렸던 민초는 "약 몇 알만 있어도 모든 환자를 살려낼 수 있다"며 그 샐닢이 없어 죽어가는 국경 사람들을 보며 울기도 많이 울었다.

"역학조사 한답시고 여기저기 몰려다니는 비행기 삯으로 현장 의료팀 지원하면 이 세상 말라리아 환자들 모두 구제할 수 있다."

실제로 민초가 만든 의료기록부를 들춰보면 말라리아 환자를 치료하는 데 어림잡아 3일에서 7일이 걸렸고, 그 치료비로 1인당 42알 약값 꼴인 80~100바트(2,500~3,000원)를 쓴 기록이 빼곡히 적혀 있다.

"합병증 없는 말라리아 환자는 1인당 100바트면 얼마든지 살릴 수 있다. 여태껏 제때 약을 먹인 환자 가운데는 사망자가 한 명도 없었다."

민초 말을 다듬으면 이런 결과가 나온다. 예컨대 세계보건기구 역학조사단 세 명이 유럽이나 미국에서 살윈강까지 오는 데 드는 여비를 아주 낮춰서 1만 달러만 잡아보자. 그건 1990년대 중반까지 타이 환율로 따져 25만 바트다. 그 돈만 해도 환자 2,500~3,000명을 한꺼번에 구할 수 있다. 그 밖에도 역학조사단 경비와 조사비 따위에 들어갈 수만 달러를 포함한다면 '악성 말라리아 지대' 선포를 하기도 전에 모든 환자를 구제할 수 있다는 뜻이다. 이러니 민초가 흘린 눈물에 어떤 성분이 담겨 있었는지는 상상하고도 남으리라.

'의사가 환자 때문에 눈물을 흘린다고?'

센 의사들이 넘쳐나는 대한민국에서야 낯설지 모르겠지만, 학생군 의사이면서 국경 사람들까지 돌봐야 하는 민초는 그랬다.

역할은 학생 남성처럼 조건은 짐승처럼

그러나 국경 전선이 지닌 그 모든 악조건을 진짜 온몸으로 받아냈던 이들은 따로 있다. 여성전사들이다.

"역할은 남성처럼 조건은 짐승처럼."

1992년 11월 8일 내 전선일기에 적혀 있는 한 구절이다. '국경과 여성' '혁명과 여성', 이 조합은 상상력 따위로 건드릴 로망이 아니다. 거친 사내들 바닥에 그저 긴 머리 휘날리는 아리따운 겉치레쯤으로 여성전사를 떠올릴지 모르겠으나 현실은 영화가 아니다. 제1선에서 정부군과 치고받는 일은 사내들 몫이지만 여성전사들 과업도 결코 만만찮다. 여성전사도 기초 군사훈련을 받고 통신, 행정, 선전 같은 제2선 전투에 뛰어들거나 제3선에서 교육, 의료, 환경, 인권 같은 대민지원 사업을 벌여왔다. 또 적잖은 여성전사가 정부군 점령지역으로 파고들어 정보·조직·보급 투쟁을 떠맡았다.

'혁명을 사내들만으론 죽었다 깨나도 할 수 없다.'

'혁명이 총구멍에서만 나오지 않는다.'

책에서나 봐왔던 이 단순한 사실을 나는 버마전선에서 확인했다.

그럼에도 여성전사들한테는 사내들과 달리 '여성용 전투'를 하나 더 달고 국경을 가는 괴로움이 따랐다. 때마다 치러야 하는 생리문제였다. 도시 여성인들 불편함이 없으랴마는 사내들이 우글거리는 밀림에서 위생적인 생리대도 화장실도 제대로 없는 형편을 상상해보시라.

"국경에 닿고 1년 6개월 동안 생리대가 없어 론지(버마식 전통치마)로 대신했는데 사내들 눈치 보느라 빨고 말리는 것도 전쟁이었다. 게다가 국경으로 빠져나올 때 생리대로 쓰겠다고 론지를 여러 장 챙길 여유도 없었

버마학생민주전선 여성전사들 희생이 온전히 인정받을 때 비로소 버마에 새날이 올 것이다. _북부
버마학생민주전선 본부. 까친. 2012 ⓒ정문태

으니…."

　　북부버마학생민주전선 마마뚠Ma Ma Tun만 겪었던 일이 아니다. 누구
랄 것도 없이 국경 여성들은 하나같이 "전선에서 가장 힘든 게 생리 처리
다"고 입을 모았다. 마마뚠은 "보수적인 문화 탓에 쉽사리 속내를 드러내진
않았지만 숱한 여성 동지가 강박감 탓에 생리이상을 겪어왔다"고 귀띔해
주었다.

가장 온전하게 보호받아야 할 여성의 조건인 생리의 불안은 곧장 국경의 불안으로 이어졌다. 1990년대 초 비전투원을 포함해 500여 명 넘던 버마학생민주전선 소속 여성이 1990년대 중반을 지나면서 150여 명으로 급격히 줄어들었다. 여성전사 한 명 한 명이 눈물을 뿌리며 산을 내려갈 때마다 국경은 흔들렸다.

　　그렇게 사내들한테는 없는 괴로움을 하나씩 더 달고 다녀야 했던 여성전사들에게도 죽음의 그림자는 어김없이 덮쳐왔다. 전선시인으로 이름 날리다 싸늘한 미소만 남기고 떠난 랑군대학 출신 이이툰Ye Ye Htun이나 버마여성동맹BWU 조직 책임감을 못 견뎌 스스로 목숨을 끊은 쭈쭈르웨인Kyu Kyu Lwain을 비롯해 20여 명 웃도는 이들이 거친 국경 산악에서 혁명의 딸로 살다 갔다. 남 몰래 흘리는 그 여성전사들 눈물을 훔쳐보면서 나는 세상에 대한 저주를 배웠다. 내 몸에 흐르는 냉정함이 가식이란 사실도 깨달았다.

누구를 향해 '평화'를 외칠 것인가

　　나는 전선에서 사라져가는 그 숱한 생명을 보면서 비로소 '평화'니 '비폭력'이란 말을 의심하기 시작했다. 평화는 힘센 놈들이 만들어낸 거짓말이었고, 비폭력은 그 거짓말에 쳐준 맞장구였다. 그 둘이 함께 먹고사는 공생관계 속에서 세상은 여전히 전쟁과 폭력으로 얼룩져왔다. 평화니 비폭력 같은 말들이 얼마나 위험하고도 반시민적인 속살을 지녔는지 버마전선에서 깨달았다.

　　나는 1995년 7월 19일 가택연금 6년 만에 풀려난 아웅산수찌와 마주 앉은 인터뷰에서 그 평화와 비폭력의 정체를 더 또렷하게 가슴에 담았다.

"나는 그 학생들한테 국경으로 가라고 한 적도 없고, 총을 들라고 한 적도 없다. 무장투쟁은 내 비폭력 노선과 어울리지도 않는다."

아웅산수찌는 첫 질문으로 학생군 사안을 뽑아든 나를 매몰차게 쏘아붙였다.

"모두 당신 아들이고 딸들이다. 8888민주항쟁 뒤 얼마나 많은 이가 국경에서 목숨을 바쳤는지 알고나 있는가? 당신 이름 외치면서, 그 꼴 난 민주주의 외치면서."

국경을 봐왔던 나는 얼굴을 붉히며 맞받아칠 수밖에 없었다. 나는 국경 소수민족해방·민주혁명 세력들 모두가 '민주주의 화신'이니 '민주주의 어머니'로 불렸던 아웅산수찌에 대한 기대가 남달랐다. 그이가 말이나마 따뜻하게 학생군을 받아들이리라 믿었던 나는 엄청난 충격을 받았다.

그로부터 꼭 1년 뒤인 1996년 7월 23일, 두 번째 인터뷰에서 아웅산수찌는 다시 학생군 사안을 꺼내든 내게 "투쟁엔 여러 방법이 있고 그 학생들 투쟁도 나름대로 인정한다. 만약 군사정부와 마주 앉는다면 학생들 무사귀환을 의제에 올리겠다"며 누그러진 태도를 보였지만 여전히 의식의 한계를 드러냈다. 그 학생들이 무사귀환이나 하겠다고 총을 들었던 게 아니었으니.

여기서 한 가지 짚고 넘어가야 할 대목이 있다. 군사정부가 아웅산수찌를 소수민족해방·민주혁명 세력 대표선수로 인정한 건 국경에서 아웅산수찌를 외치며 무장투쟁을 벌여온 소수민족해방군과 학생군이 있었기 때문이다. 군사정부가 두려워한 존재는 지난 20년 동안 비폭력 노선만을 앞세운 채 아무 일도 안 했던 아웅산수찌의 민족민주동맹NLD [31]이 아니라 바로 그 국경 무장투쟁 세력이었다. 말하자면 그 무장투쟁으로부터 아웅산수찌가 대표성을 얻은 셈이다. 1988년 뒤 민족민주동맹이 그 흔한 대중

시위 한 번 못 벌인 채 숨죽였던 동안에도 국경에서는 수많은 이가 독재타도와 민주주의를 외치며 목숨 바쳐 싸웠다. 국제사회도 그 국경의 희생을 통해 그나마 버마를 잊지 않고 입에 올렸다.

국경을 모르는 랑군 정치인들이 외쳐온 비폭력과 평화는 말치레일 뿐이다. 내 아들 내 딸한테 가만히 앉아서 총 맞아 죽으라고 윽박질러온 게 랑군의 평화주의였고, 학살 군사독재자들 앞에 무릎 꿇고 돌아오라는 게 랑군의 비폭력주의였다. 아웅산수찌를 비롯한 랑군 정치인들이 국경 쪽에 대고 평화와 비폭력을 외쳐서는 안 된다는 말이다. 아웅산수찌와 민족민주동맹이 제정신이라면 온몸으로 뛰쳐나가 그동안 시민을 학살해온 군인 독재자들한테 평화와 비폭력이란 말을 퍼부어댔어야 옳다는 뜻이다. 그게 바로 비폭력 평화의 본질이다. 아웅산수찌의 비폭력 평화노선은 그렇게 처음부터 길을 잘못 들었다.

국제사회도 마찬가지다. 소수민족해방군이나 학생군한테 총을 내리라고 난리 치기 전에 대규모 화력과 정규군을 동원해 시민을 학살해온 그 랑군 군인 독재자들을 다그쳤어야 옳다. 본디부터 군인 독재자들이 총을 거두면 국경은 자동으로 무장해제하는 구조를 지녀왔다. 국경은 결코 전쟁을 원한 적이 없었다. 전쟁으로 군인 독재자를 이길 수 없다는 사실을 누구보다 국경이 잘 알기 때문이다. 국경이 총을 든 건 생존을 위한 마지막 몸부림이었을 뿐이다.

---

31 National League for Democracy. 8888민주항쟁 과정에서 아웅산수찌를 비롯한 민주화 운동 세력이 만든 정당으로 1990년 총선에서 492석 가운데 394석을 얻어 압승을 거뒀으나 군부의 거부로 정부를 구성하지 못했다. 2012년 4월 1일 보궐선거에서 43석을 얻어 의회에 진입했다.

보라. 학생군은 이 순간에도 랑군에 두고 온 어머니를 그리워하며 남몰래 산악귀퉁이에 앉아 눈물을 찔끔거리고 있다. 자신들이 들고 있는 총을 저주하면서!

가장 기쁜 마음으로 총을 내릴 수 있는 이들은 군사독재 타도와 민주주의를 위해 목숨 바쳐온 이들이고, 가장 먼저 총을 내릴 수 있는 이들은 진짜 평화와 비폭력을 위해 싸워왔던 이들이다. 바로 국경 사람들이다.

살윈강에 피고 진 28년 애증은 버마학생민주전선의 역사였다.

"처음 살윈강에 닿았을 때만 해도 길어야 2년이라 여겼다."

사무총장 서니 마힌더Sonny Mahinder 말마따나 학생군은 저마다 2년 안에 독재정권을 무너뜨린 뒤 고향으로 되돌아갈 수 있다고 굳게 믿었다. 1990년대 중반까지는 그랬다. 그러나 세월은 살윈강을 따라 무심히 흘렀고 이제 누구도 그 말을 입에 올리는 이가 없다.

"혁명과 결혼했다"고 외쳤던 그 학생전사들은 국경에서 짝을 만나 하나둘씩 가정을 꾸렸고, 그 국경에는 이제 혁명 2세들이 자라고 있다. 누구도 원치 않았던 국경 정착과 혁명고착화는 이미 학생군 현실이 돼버린 지 오래다. 가족과 전선 사이에서 또 혁명과 생존 사이에서 무거운 짐을 진 학생군 모두에게 살윈강은 벗어나기 힘든 유배지가 되어가고 있다.

아는지 모르는지, 수많은 젊은이 피를 빨아 대륙을 적신 살윈강은 오늘도 그저 도도히 흘러갈 뿐이다. 거친 혁명의 강으로.

마녀플로우 최후의 날

배반의 계절

"게릴라전은 어떻게 싸우느냐보다 왜 싸우느냐에 달렸어.
게릴라전은 수보다 얼마나 오래 끌 수 있느냐에 달렸어.
게릴라전은 이기고 지고가 없어. 상대는 어차피 전쟁이니까."
보먀 까렌민족해방군 최고사령관, 1993년 인터뷰.

"자네, 책 가져왔나?"

그이는 인사 대신 책을 불쑥 꺼냈다.

"무슨 책요?"

어리둥절 되묻는 내게 그이는 나무라듯 쏘아붙였다.

"이 사람아, 지난번에 약속했던 그 책 말일세."

통역하던 까렌민족연합 외무장관 마르따Marta가 두리번거렸다.

그제야 기억났다. 1년 전쯤 그이와 차 마시며 나눴던 말이.

"핵폭탄 만드는 게 어려운가?"

"만드는 거야… 그보다 특수한 재료가 있어야… 근데 왜요?"

"(껄껄 웃으며) 랑군에 한 방 터트릴까 해서!"

"어째 그런 상상을!"

"아니, 아니, 하도 궁금해서. 볼 만한 책 같은 건 있겠지?"

까렌민족연합 사무총장 소바틴세인Saw Ba Thin Sein[32]을 비롯해 둘러앉았던 모든 이가 깜짝 놀랐다. 그 자리에서 나는 책을 구해주겠다고 약속한 기억이 없지만 어쨌든 얼버무렸다.

"아이고, 바삐 돌아다니다 보니 잊어버렸네요."

그이 앞에선 누구도 허튼소리나 빈말을 할 수 없었다. 한번 들은 말은 1년이 지나든 10년이 지나든 안 잊는 놀라운 기억력 때문이다.

반란

정부군과 민주까렌불교도군 협공이 가슴팍까지 밀어닥친 까렌민족해방군 본부 마너플로우에 큰바위 얼굴처럼 떡 하니 버텨 앉은 이가 있었으니, 바로 보먀였다. 까렌민족연합 의장, 까렌민족해방군 최고사령관, 버마민주동맹 의장, 민족민주전선 의장, 버마연방민족회의 의장….

이 많은 직함은 1949년부터 소수민족해방 투쟁에서 잔뼈가 굵은 전설적인 게릴라 지도자 보먀를 읽는 좌표들이다. 그이는 버마 소수민족해방·민주혁명 전선의 역사였다.

"어떻게 싸워야 하는지를 나보다 잘 아는 놈은 없어."

국경 전선에서 보먀의 이 말에 대거리할 만한 사람은 아무도 없다.

"아이처럼 단순해 애를 먹이기도 하지만 그이를 대신할 만한 인물은 없다."

아라간해방전선 부의장 카잉소나잉아웅Khaing Soe Naing Aung 말마따

---

32 소바틴세인(1927~2008). 보먀 뒤를 이어 2000년부터 2008년까지 까렌민족연합 의장을 지낸 제1세대 지도자 가운데 한 명.

나 보먀는 정치적 감각보다 군사적 경험으로 소수민족해방전선을 이끌어
왔다. 고집불통에다 불같은 성격을 지닌 100kg 거구인 보먀는 전사들뿐
아니라 국경 사람들 모두에게 애증의 대상이었다.

그러나 1994년 말로 접어들면서부터 전선을 보는 이 백전노장 눈길
에서 날카로움이 사라졌다.

"까딱없어! 여기가 어떤 곳인데. 놈들이 까불어봤자 소용없어."

정부군 포성이 전에 없이 가까이 다가왔고 까렌민족해방군 소속 불
교도들 이탈 소문이 꼬리 물었지만 보먀는 꿈쩍도 안 했다.

"빨리 사태를 잡지 않으면 안으로부터 뚫릴 판이야."

버마학생민주전선 의장 나잉아웅을 비롯한 동맹군 지도부 고민이 깊
어갔다. 까렌민족연합과 그 군사조직인 까렌민족해방군을 기독교도가 주
물러온 탓에 1988년 이전부터 불교도 반란 소문이 심심찮게 튀어나왔지
만 이번만큼은 누가 봐도 예사롭지 않은 상황이었다.

1993년 말, 빠안Pa-an의 먀잉지응우Myaing Gyi Ngoo에서 이름난 승
려 우투짜나U Thuzana가 마너플로우 인근 레이까이뚜Laykaytu 산 위에 사
리탑을 세우겠다고 나섰다. 까렌민족해방군 지도부는 산 위 사리탑이 정
부군한테 타격점을 준다며 반대했다. 이내 종교차별이라며 말썽이 났다.
그 과정에서 마너플로우 보안을 맡았던 월터Walter 소령이 불교도한테 행
패를 부려 사태를 키웠다. 기독교중심주의에 젖어 있던 까렌 지도부가 초
동단계에서 사태를 다잡지 못한 데다 불교도를 일방적으로 몰아붙여 화를
키운 꼴이었다. 게다가 까렌 지도부는 1994년 들어 불교도 불만을 잠재우
겠다며 까렌민족해방군 제6여단 쪽에서 승려 노퓨Nophew를 마너플로우로
데려와 일을 더 꼬이게 만들었다. 마너플로우 불교도들은 노퓨를 "사야도

버마 소수민족 해방투쟁사의 전설적인 지도자, 보먀. 까렌민족해방군 사령관이자 무장통일전선체
인 버마민주동맹 의장으로 세계 최장기 게릴라 투쟁을 이끌었던 보먀는 국경 전선의 신화였다. _까
렌민족해방군 본부 마너플로우. 버마. 1991 ©정문태

람보(람보 스님)"라 비꼬며 "계율도 안 지키고 승복 안에 총 차고 다니는 놈을 승려라 부를 수 없다"고 대들었다.

까렌 지도부는 노퓨를 내세워 마너플로우에 대형 수도원을 지었지만 이미 불교도들 마음이 떠난 뒤였다. 그 무렵 우투짜나는 불교도를 이끌고 살윈강과 모에이강 합류지점 인근 투므왜타Thu Mwae Hta에 독자적으로 수도원을 짓기 시작했다.

1994년 말, 정부군이 버마-타이 국경에 다시 대규모 병력을 투입했고 소수민족해방·민주혁명 전선은 흔들리기 시작했다. 그즈음 노퓨는 승려회의를 통해 "마너플로우 인근에서 기독교든 불교든 모든 종교행위를 금지한다. 우투짜나도 떠나라"고 다그쳤다. 불교도는 그 결정이 자신들을 겨냥한 것이라 믿고 무리지어 떨어져나갔다. 전선에서는 "보먀가 불교도를 처형했다"거나 "기독교도가 불교도 전사를 체포하고 있다"는 흉흉한 소문이 나돌면서 불교도를 더 자극했다.

12월 3일, 마침내 올 것이 오고야 말았다. 국경이 뒤집혔다. 까렌민족해방군 제1여단, 제6여단, 제7여단 그리고 제19대대, 제21대대, 제24대대 소속 불교도 전사 180여 명이 전략요충지이자 보급선이 걸린 살윈강과 모에이강 합류지점에서 반란을 일으켰다는 급전이 날아들었다.

"협상 없다. 반란자들 모조리 쓸어버려!"

보먀는 단호했다. 그러나 상황을 달리 보았던 보먀의 오른팔이자 전략사령관인 라와디 대령은 "시간을 주십시오. 지금 군을 보내면 사태가 더 어려워집니다"며 협상을 외쳤다. 반란을 일으킨 부하들에게 동정심을 지녔던 라와디 대령 호소에 결국 보먀는 마음을 누그러뜨려 협상단을 조직했다.

12월 5일, 1,000여 명으로 불어난 반란군은 살윈강과 모에이강 합류 지점을 장악한 채 까렌민족해방군 보급선을 잘라버렸다. 승려 우투짜나를 지도자로 내세워 반란을 일으킨 빤위Panwe 대위와 쪼우탄Kyaw Than 상사는 그동안 강한 반감을 지녔던 월터 소령과 승려 노퓨 면담을 요구했다. 그날 먀잉지응우로부터 우투짜나를 추종해온 승려 200여 명이 합세하면서 불교도군 상징성을 키웠다. 반란군은 공식적으로 민주까렌불교도군 이름을 내걸고 첫 성명서를 날렸다.

"모든 조직과 이권을 독점한 까렌민족연합 지도부의 비민주적이고 부도덕한 정치를 거부하며 까렌 주민의 평화열망에 따라 새로운 조직을 건설했다."

발등에 불이 떨어진 까렌민족연합은 마웅마웅Maung Maung 장군과 까렌민족방위군KNDO 부사령관 투투레이Htoo Htoo Lay 대령을 비롯해 제7여단장 테인마웅Htein Maung 소장, 제6여단장 슈웨사이Shwe Sai 소령, 불교지도자 뿌탄흘라잉Pu Than Hlaing, 승려 노퓨로 협상단을 꾸려 반란지에 급파했다.

며칠 전까지만 해도 함께 전선을 갔던 동지들인 두 진영 대표들 사이에 분위기가 무르익을 무렵 사고가 터졌다. 승려 노퓨 허벅지에서 권총을 발견한 반란군이 까렌민족연합 대표단을 가둬버리면서 협상이 깨지고 말았다. 그 뒤 노퓨는 혼자 탈출했고 나머지 대표단은 반란군 지도자 쪼탄Kyaw Than 상사의 직속상관이었던 투투레이 대령 중재로 풀려났다.

12월 셋째 주에 접어들면서 까렌민족연합은 버마민주동맹을 내세워 중립적인 새 협상단을 꾸렸다. 이번에는 버마민주동맹 사무총장 카잉소나 잉아웅, 버마학생민주전선 의장 나잉아웅, 까렌민족연합 사무총장 소바틴세인 그리고 까렌민족해방군 탐말라보Tamala Baw 장군[33] 같은 이들이 나섰다. 그러나 제2차 협상도 까렌민족해방군 지도부에 대한 민주까렌불교도군의 뿌리 깊은 불신감을 넘지 못했다.

발포할 수 없다

이제 남은 것은 어제의 동지를 향한 공격뿐. 라와디 대령도 결국 보먀 명령을 받아들였다. 살윈강을 따라 1995년 새해가 막 밝아오던 1월 3일, 까렌민족해방군은 아직 전열을 가다듬지 못한 민주까렌불교도군을 공격해서 반란지역을 탈환했다. 그러나 그 전투는 까렌민족해방군에게 마지막 승전보였다. 1월 중순 민주까렌불교도군은 정부군이 등 뒤에서 때려주는 가공할 포격과 병참지원을 받으며 마너플로우 인근 모든 전략거점을 치고 들어왔다. 민주까렌불교도군이 소수민족해방과 민주혁명이라는 대의를 저버리고 종교적 동질성을 내건 정부군과 손잡으면서 국경 전선은 그야말로 걷잡을 수 없는 소용돌이 속으로 빨려 들어갔다.

이내 마너플로우마저 비틀거렸다. 까렌민족해방군은 마너플로우 북부 9km 지점 살윈강을 낀 노데이No Day 방어선과 15km 지점 매빠 방어선 그리고 남부 13km 지점 모에이강 쪽 노르따 방어선에 각각 1,000여 병력을 붙여 배수진을 쳤다.

1월 19일, 마너플로우에 정부군 포탄이 날아들었다. 보먀 사무실 옆 구리에도 포탄이 떨어졌다. 작전사령부를 타이 영내 산악으로 옮긴 뒤여

---

33 탐말라보 장군(1920~2014년). 1948년부터 까렌 독립투쟁에 뛰어든 제1세대 게릴라로 2008년부터 2012년까지 까렌민족연합 의장을 지냈다.

서 치명타는 피했지만 그 포탄 한 발로 까렌민족해방군과 동맹군의 심리적 마지노선이 무너졌다. 1976년 까렌민족해방군이 마너플로우에 해방구를 트고 혁명본부를 건설한 이래 이날처럼 심장이 뚫린 적은 없었다.

1월 23일, 정부군 최정예 병력 1,000여 명이 마너플로우 남부 노르따 방어선을 치고 들어왔다. 동시에 북부 노데이 방어선과 매빠 방어선 쪽으로는 민주까렌불교도군 300여 명이 상륙했다. 강력한 화력을 앞세운 정부군과 민주까렌불교도군은 하루 만에 모든 방어선을 무너뜨리고 삼각 방향에서 마너플로우 5km 지점까지 압박해 들어왔다.

마너플로우 사수를 책임진 라와디 대령과 로저킨Roger Khin 대령은 최후의 일각을 외치며 전선을 독려했다.

"자동 발포명령으로 바꾼다. 전방 동체 발견 시 무조건 발포하라!"

잠자는 개 전선을 이끌었던 프로페셔널 게릴라 지도자 라와디 대령이 핏대를 높였다. 그러나 전선은 얼어붙었다. 라와디 대령의 발포명령이 먹히지 않았다. 중대, 소대 단위 지휘관들이 어제의 동지들을 향한 발포명령 전달을 거부했던 탓이다. 그로부터 25일까지 이틀 동안 마너플로우 방어선은 총 한 방 쏘지 않는 수면상태로 빠져들었다. 지형지물을 손바닥처럼 훤히 들여다보고 있던 민주까렌불교도군도 이틀 동안 공격을 멈춘 채 까렌민족해방군 움직임을 살피며 대치선만 다졌다.

'마너플로우' '보먀' '까렌민족해방군'.

결코 함락당할 수 없는 이름들이었다. 아무도 없는 마너플로우 혁명 호텔에서 짐을 꾸리며 나는 처음으로 그 이름들을 의심했다.

'버마 소수민족해방·민주혁명은 어디로 가고 있는가?'

마너플로우 들머리를 흐르는 모에이강도 기운을 잃었다. 보석처럼

까렌민족연합 본부 마너플로우 최후 방어선 가운데 하나였던 노르따의 제7여단 전사들. 1994년 말로 접어들어 까렌민족해방군 지도부가 흔들리면서 전의를 잃은 전사들 모습이 눈에 들기 시작했다._까렌민족해방군 제7여단. 버마. 1994 ⓒ정문태

곱던 물결은 온데간데없고 철수물자를 실은 배들이 질러대는 비굴한 비명만 남았다. 그 모에이강은 언제나 지친 나를 어루만져주던 참한 애인이었다. 포성이야 귀를 때리든 말든 나는 전선을 오갈 때마다 그 품에 안겨 덧없는 세상을 노래했고, 사람들이 도망쳐 나오는 곳을 향해 기어 들어가는 내 희한한 팔자를 달래기도 했다.

살윈강이 북쪽 티벳에서 대륙의 냉기를 실어 온다면 모에이강은 남쪽 열대에서 온기를 실어 날랐고, 살윈강이 깊고 거센 물살을 뿌린다면 모에이강은 허리춤에 나풀거리는 고운 물살을 흘렸고, 살윈강이 땅빛이라면 모에이강은 하늘빛이었다. 살윈강이 내게 거친 사내로 전쟁을 가르쳤다면, 모에이강은 내게 포근한 여인으로 평화를 가르쳤다. 그녀와 작별할 시간이 다가오고 있었다.

내부 적으로부터 무너진다

1월 26일 마너플로우, 밝아오는 먼동 앞에서 샛별이 안간힘으로 버텼다. 별은 운명을 읽었고, 별은 그렇게 사라져가는 마너플로우를 안타까워했다. 그러나 기어이 아침은 오고야 말았다. 0700시, 마너플로우 사수대를 이끌던 라와디 대령, 로저킨 대령, 투투레이 대령이 핏발 선 눈으로 작전사령부에 마주 앉았다. 아무도 말이 없었다. 괴롭고 긴 침묵을 비집고 보먀의 급전이 날아들었다.

"아이들 빼!"

마너플로우 포기명령이 떨어졌다. 라와디 대령은 주먹을 불끈 쥔 채 고개를 떨궜다. 로저킨 대령 눈에는 이내 이슬이 맺혔다. 투투레이 대령은 작전사령부를 나와 넋 놓고 모에이강을 바라보았다. 서쪽으로 뻗어 있던 산 그림자가 짧아지는 만큼 남·북으로 펼쳐놓았던 방어선도 서서히 마너플로우 쪽으로 쭈그러들었다. 총성 없는 후퇴, 교전 없는 패배, 전투 없는 함락으로 이어지는 마나플로우 최후의 날은 그렇게 허무하게 무너져 내렸다.

마지막 가쁜 숨을 헐떡이던 마너플로우가 해거름에 접힐 즈음, 라와디 대령이 무거운 명령을 내렸다.

"불 질러!"

1800시, 까렌민족해방군 본부건물을 사르는 불길을 신호탄으로 마너플로우는 탁한 연기에 뒤덮였다. 마너플로우는 발악했고 까렌족 해방은 재가 되어 흩날렸다. 제 손으로 다듬은 이상향을 불 지른 전사들은 감상에 빠질 겨를도 없이 후퇴 길에 올랐다. 자정이 가까워질 무렵, 모든 병력을 안전지대로 철수시킨 라와디 대령과 로저킨 대령이 불길에 휩싸인 마너플로우를 뒤로 한 채, 마지막 배를 타고 모에이강을 건넜다. 다시는 돌아올 수 없는 길이었다.

마너플로우는 '내부의 적으로부터 무너진다'는 혁명사의 고질적 전통을 곱씹으며 사라졌다.

마너플로우가 함락당하면서 국경 전선은 줄줄이 무너졌다. 버마민주동맹군도 마비되었다. 동맹군 한 축이었던 버마학생민주전선 다웅윈 본부가 2월 16일, 그리고 난공불락 요새로 불렸던 까렌민족해방군 완까 기지가 2월 20일 차례로 함락당하면서 버마 혁명사는 어두운 뒤안길로 접어들었다. 해방구 마너플로우를 잃은 소수민족해방·민주혁명 세력도 뿔뿔이 흩어졌다.

돌이켜보면, 그 무렵 동맹군 진영에서는 민주까렌불교도군 반란만 막았더라도 마너플로우를 지켜낼 수 있었다며 까렌 지도부를 향한 불만이

까렌민족해방군에서 떨어져 나와 민주까렌불교도군을 만든 주역 가운데 한 명인 칫투Chit Thu 대령
이 이끄는 특수대대는 게릴라라 믿을 수 없을 만한 화력을 지녔다. 완까 기지를 발판 삼아 타이-버마
국경 밀무역으로 벌어들인 돈줄의 힘이었다. 까렌 내부 분열의 한 원인이 드러난 셈이다. _민주까렌
불교도군 특수대대 본부. 완까 기지. 까렌 해방구. 버마. 2005 ⓒ정문태

이만저만 아니었다. 비록 정부군을 코앞에 둔 상태라 까렌 지도부를 대놓고 비난하진 않았지만 오히려 반란군인 민주까렌불교도군을 동정심으로 바라보는 이들도 적잖았다. 민주까렌불교도군 반란과 마너플로우 함락은 결국 국경의 불신감으로 이어졌다.

불신, 불만, 불안

나는 그동안 전쟁 중이라는 특수한 사정을 헤아려 동맹군 속살을 일일이 다 털어낼 순 없었지만 국경의 위기가 해묵은 불신감에서 비롯된 사실을 눈여겨봐왔다. 1948년 버마 독립 때부터 까렌과 몬을 비롯한 40여 개웃도는 소수민족해방 투쟁 단체와 정치적 이념을 내건 혁명 단체가 어지럽게 뒤섞여온 국경은 조직이문에 따라 이합집산을 되풀이했고 그 과정에서 서로 깊은 불신감이 쌓였다. 예컨대 버마민주동맹군인 까렌민족해방군과 버마학생민주전선 관계도 처음부터 불신감을 안고 출발했다. 그 둘은 군사독재 타도라는 공동목표 아래 함께 전선을 갔지만 본질적으로 한쪽은 '민족해방' 다른 한쪽은 '민주혁명'이라는 서로 다른 가치를 지닌 데다 종속관계라는 구조적 문제를 바탕에 깔고 있었다. 비록 버마학생민주전선이 독자성을 지닌 무장조직이긴 하지만 까렌 해방구에 더부살이하면서 먹을거리부터 재원과 무기에 이르기까지 까렌민족해방군 도움을 받다 보니 군사적으로나 정치적으로 대등한 관계가 될 수 없었다. 이런 현실은 까친·까레니·몬 해방구에 진영을 꾸린 학생군도 다 마찬가지였다. 그러니 겉보기와 달리 속을 파보면 소수민족해방군과 학생군 사이에도 만만찮은 불신감이 튀어나온다.

이제야 말할 수 있지만 까렌민족해방군과 버마학생민주전선 사이에 박힌 불신감은 버마 혁명사에 지울 수 없는 얼룩을 남겼다. 국경 전선의 불신감은 목숨과 맞닿아 있었다. 1988년 12월 17일 까렌민족해방군 탐말라보 장군을 비판한 따보이대학 학생회장 띤레이Tin Lay와 학생 다섯 명이 쥐도 새도 모르게 죽임 당한 데 이어 1989년 4월에는 이름난 학생운동가 출신 변호사 민테인Myint Thein과 학생 둘이 사라졌다. 1990년에는 학생군 홍보부에서 활동했던 사진가 뚠뚠아웅Tun Tun Aung이 간첩혐의를 받아 처형당했다.

"모두들 까렌민족해방군한테 간첩으로 몰려 억울하게 당했다."

그 희생자들과 같은 학생군 제201연대 소속이었던 쪼우틴Kyaw Htin 말처럼 국경에선 어처구니없는 희생이 이어졌지만 학생군은 소리조차 질러볼 수 없는 형편이었다.

그러던 1993년 3월, 까렌민족해방군 제4여단 지역에서 마침내 충격적인 사건이 터졌다.

"본부파견 통신병 포함 제201연대, 제203연대 학생군 13명, 까렌민족해방군 제4여단에서 살해당함!"

라디오를 타고 날아든 급전에 학생군 다웅윈 본부는 발칵 뒤집혔다. 이 사건은 까렌민족해방군이 지휘하는 버마민주동맹군 일원으로 정부군 기습작전에 참여했던 한 학생군이 일으킨 오발사고에서 비롯되었다. 그 오발에 대한 처벌로 무장해제당했던 학생군이 무기반환을 요구하다 모두 현장에서 사살당했다.

학생군 진영에서는 그동안 억눌렸던 분노가 폭발했다. 특히 처음부터 큰 희생을 치렀던 제201연대와 제203연대는 보복을 외치며 봉기상태로 치달았다. 두 연대가 까렌민족해방군뿐 아니라 학생군 지도부까지 싸잡아 성토하면서 걷잡을 수 없는 판국으로 빠져들었다. 의장 나잉아웅은 제2서기 아웅투가 이끄는 조사단을 까렌민족해방군 제4여단 지역에 파견했다. 그러나 조사단은 현장에서 쫓겨나는 수모를 당한 채 발길을 돌렸다. 나잉아웅 항의에 보먀는 "유감스럽지만 전선에서 벌어질 수 있는 일이다. 여긴 전쟁터다"며 냉정하게 말을 끊었다. 결국 그 사건은 제4여단 으름장 속에서 흐지부지 묻히고 말았다. 그 소식은 이내 모든 학생군 진영으로 퍼져나갔고 국경 전선은 불만과 불안으로 뒤덮였다. 그로부터 무장투쟁에 회의를 느낀 수많은 학생군이 보따리를 챙겨 국경을 떠나기 시작했다.

자가검열

그 무렵 학생군 희생을 취재하면서 나는 깊은 고민에 빠졌다. 나는 그 사건들이 모두 까렌민족해방군 제4여단 지역에서 발생했다는 공통점을 파고들다 몇 가지 중대한 사실과 부딪쳤다. 무엇보다 까렌민족해방군 안에서도 독립적 성격이 강한 정치적 외골수로 이름난 제4여단 지도부 특성이 사건의 한 원인이었다면 그 못지않게 이권문제가 드러났던 탓이다. 동맹군한테 가장 큰 돈줄 가운데 하나였던 남부 테나세림Tenasserim 어장에서 거둬들이는 세금배분을 놓고 까렌민족해방군 제4여단과 몬민족해방군 그리고 버마학생민주전선이 티격태격해온 상황이 걸려들었다. 게다가 까렌 주민이 깔끔한 태도를 지녔던 학생군을 환영하면서 까렌 전사들 심기가 틀어져버린 국경 분위기도 한몫했던 사실이 드러났다.

나는 뉴스가치와 보도 사이에서 망설였다. 한마디로 외신들이 달려들 만큼 묵직한 뉴스거리였지만 그 보도가 끼칠 영향을 안 따질 수 없었던 까닭이다. 혁명이 이미지를 먹고 사는 현실을 놓고 볼 때, 이런 뉴스는 정부군이 동맹군 내분을 선전해댈 멋들어진 무기였고 반대쪽 까렌민족해방군은 도덕성에 치명타를 입을 게 뻔했으니. 그리고 그 결과는 시민을 학살한 군사독재자들만 이롭게 할 뿐이었고.

'서푼짜리 직업을 따를 것인가, 혁명사를 따를 것인가?'

결국 나는 버마 혁명사의 불신감도 희생도 모두 자가검열로 묻어버렸다. 고백컨대 내가 버마전선을 취재해왔던 건 내 정치적 의지를 좇는 행위였고 따라서 나는 처음부터 '적'과 '동지'를 또렷이 구분해왔다. 시민을 학살하고 정치를 탈취한 군사독재는 그게 한국에서든 버마에서든 내게 적이었다. 나는 그 적을 무너뜨리는 시민으로서 임무가 전선기자라는 내 직업과 무관하다고 여겨본 적이 없다. 하여 내 기사가 군인 독재자를 이롭게 한다는 건 버마 시민에 대한 배반이라 믿었다. 하여 나는 버마전선에서 늘 자가검열로 머리를 싸맸다. 말할 나위도 없이 이 자가검열은 오로지 내 양심에 따른 선택이었을 뿐, 결코 권력이나 금력 같은 제3세력 앞에 고개를 숙였다는 뜻이 아니다.

말이 난 김에 전선취재와 자가검열을 잠깐 짚고 넘어가자. 무엇보다 취재원 목숨과 맞닿는 전선취재에서는 자가검열을 안 할 수 없다. 자가검열은 전선기자의 기본양식이자 원칙 같은 것이다. 내 기사가 전황이나 취재원 생명에 끼칠 영향을 걷어내고 취재원의 적을 이롭게 할 대목을 지워버리는 일들을 일컫는다. 내 글 한 줄이 취재원의 적에게 타격점을 제공할 수도 있고, 내 기사 한 쪽이 취재원의 적에게 선전도구로 둔갑할 수도 있는 까닭이다. 예컨대, 이 책에 기록한 민주까렌불교도군 반란내막이나 마녀 플로우 최후의 날 그리고 학생군 희생 같은 이야기들은 그 시절 모두 자가검열로 묻어버렸던 뉴스들이다. 그리고 오랜 세월이 지나 이 책을 통해 비

로소 세상에 내놓았다. 아무도 취재 못 한 뉴스를 혼자 쥐고 묵히며 산다는
건 그리 신나는 인생이 아니지만 대신 그 자가검열을 명예로 여겨왔으니
밑진 건 없는 셈이다.

심장 잃은 국경, 마너플로우 함락으로 국경도 쓰러졌다. 정부군은 국
경 전략지역을 모조리 점령했고 까렌민족해방군은 산발적인 게릴라전으
로 이름만 이어갔다. 소수민족해방·민주혁명 전선은 무장투쟁이 시들면
서 정치투쟁 강화로 전략을 바꿔나갔다.

패배감에 젖어 있던 까렌민족해방군과 그 상위 정치조직인 까렌민
족연합도 전환기를 맞았다. 2000년 1월 27일, 세계 최장수 게릴라 지도자
보먀(당시 73세)는 까렌민족연합 제10차 회의를 통해 미련 없이 의장 자리
를 훌훌 털었다. 그 회의는 버마 소수민족해방전선에서 최초로 민주선거
를 통해 지도부를 뽑았다. 보먀는 최다득표자인 소바틴세인 사무총장한테
의장직을 넘기고 부의장으로 강등당하는 현실을 기꺼이 받아들였다. 국경
전선에서는 비록 마너플로우를 잃었지만 여전히 까렌민족해방군 최고사
령관 직함을 지닌 보먀의 정치적 퇴진을 상상했던 이가 아무도 없었다.

'마너플로우'와 '보먀', 이제 그 국경의 상징들은 혁명사 저편으로 넘
어갔다. 전선을 호령했던 보먀는 노환으로 병원 신세 지는 일이 잦아지더
니 2006년 12월 23일 세상을 떠났다. 보먀 뒤를 이었던 소바틴세인 의장
도 2008년 노환으로 숨졌다. 후임 의장 탐말라보 장군은 2012년 12월 무
뚜새뿌Mutu Sae Poe 장군한테 의장직을 넘긴 뒤 2014년 숨졌다.

마너플로우 사람인 로저킨 대령과 투투레이 대령은 퇴역한 뒤 까렌
민족연합 중앙집행위원으로 일하고 있다. 잠자는 개와 마너플로우 최후를

온몸으로 맞섰던 라와디 대령은 술타령이 늘고 사고를 자주 쳐 중령으로 강등되는 수모를 겪은 뒤 2002년 5월 한 맺힌 세상을 떠났다. 라와디 대령이 왜 술주정꾼이 되고 말았는지 모두 입을 굳게 다물지만 국경은 잘 알고 있다.

나는 마지막 가는 버마 혁명사 한 귀퉁이에 쭈그려 앉아 내일을 의심하고 있다.

03

폐허

네 손금들 안에
그이들은 태양의 운명을 썼다
일어나라,
네 손을 들어올려라 -
긴 밤이 나를 숨 막히게 한다

카불
6월, 1994년

-파르토 나데리
(Partaw Naderi, 아프가니스탄 시인)

끝없는 전쟁

카불. 1993 ⓒ정문태

신이 버린 전쟁

카불, 1993년

"냉전 시절 아프가니스탄은 미국 대신 러시아와 싸웠고, 미국 대신
전쟁터가 되었고, 미국 사람 대신 아프가니스탄 사람들이 죽었다. 근데 러시아군이
철수하자 미국은 사회복구와 경제지원 약속을 모조리 팽개치고 발을 뺐다.
아프가니스탄내전 책임은 모두 미국한테 있다."
부르하누딘 라바니Burhanuddin Rabbani 아프가니스탄 대통령, 1997년 인터뷰

인디아 델리를 떠난 아리아나항공 727제트기가 비비 꼬며 몸을 낮췄다.
1993년 7월 10일, 황톳빛 카불이 45도로 뒤집혀 눈에 차올랐다.
열두어 남짓 승객들 얼굴이 굳어졌다.

'불 폭풍, 파편, 한 점 한 점 천천히 떨어지는 갈가리 찢긴 몸뚱이.'
어깨걸이 지대공 스팅어미사일이 상상 속으로 날아들었다.
알 수 없는 나직한 기도소리가 들렸다.
"신이 저이들을 지켜준다면 이 몸도 무사하겠지!"
남의 신에 무임승차했다.

잿빛 먼지바람이 몰려간 활주로,
그 끝에는 한물간 소비에트러시아 역사가 엎어져 있었다.

'USSR', 토막 난 일류신수송기[34] 꼬리날개에 박힌 채 천덕꾸러기로.

AK-47 소총을 움켜쥔 군인들 눈초리가 사납게 달려들었다.

"저런 눈빛이라면 부딪치지 않는 게 몸에 이롭다."

카불공항에 내린 승객들은 저마다 본능적으로 군인들 눈길을 피했다.

뻥 뚫린 천장, 무너진 벽, 깨진 창문, 참새떼가 드나드는 공항터미널.

총부리와 마주 선 입국심사대, 막대기로 짐을 휘적거리는 세관.

만만찮을 카불을 예고했다.

"저먼클럽German Club으로 가세."

"코리아? 남쪽, 북쪽? 저널리스트? 종교? 몇 살? 결혼?…,"

택시기사는 한국 사람 처음이라며 쉬지 않고 캐물어댔다.

한때 카불 사교장으로 이름 날렸던 저먼클럽, 살아 있는 유일한 잠자리.

인터콘티넨탈호텔은 병영으로, 카불호텔과 스핀잘호텔은 사무실로,

쓸 만한 호텔은 죄다 각 정파가 삼켜버렸으니.

우거진 잡풀, 박격포 맞아 깨진 수영장, 퀴퀴한 방.

"물도 전기도 없는 이게 외신기자들 파라다이스라고?"

투덜댄들 달라질 것도 없지만, 아무튼.

이틀 먼저 짐 푼 〈슈피겔Spiegel〉 사진기자한테 커피로 신고식을 때웠다.

"좋은 사진 좀 건졌나?"

---

34 1992년 무자히딘(Mujahideen, '이슬람 전사')이 카불공항에서 로켓포로 파괴한 이 초대형 일류신수송기Ilyushin Ⅱ-76MD는 1990년대 내내 대소비에트 항쟁 승전기념 상징처럼 나뒹굴었다.

"그림 없어."

"카불은 어때?"

"위험해."

겉돌았다. 전선기자들끼리 주고받는 '보신용' 정보마저 안 풀었다.
전선경험 없는 '초짜'든지 협력과 거리 먼 '나 홀로'든지.

저먼클럽을 나서자마자 제법 가까이서 포 소리가 이방인을 맞았다.
"미스터 정, 기자증부터 챙깁시다. 외신기자 등록해야 하니."
통역 아흐메드가 닦달했다.
"이 무법천지에 기자증은 뭐고 등록은 뭐죠, 어디다 쓰게요?"
끌리다시피 외무부로 갔다. 바깥세상과 딴판, 외무부는 평온했다.
눈을 뗄 수 없을 만큼 예쁜 직원들이 친절하기까지!
한동안 넋 놓고 놀았다.

카불의 그림자, 파키스탄, 미국, 러시아, 이란

1989년, 꼭 10년 만에 소비에트 침략군이 떠났다. 1992년, 무자히딘
이 소비에트 괴뢰정부를 이끈 대통령 모하마드 나지불라Mohamad Najibullah
를 쫓아냈다. 이어 자미아티 이슬라미[35]를 비롯한 여러 정파가 부르하누딘
라바니Burhanuddin Rabbani[36]를 대통령 삼아 연립정부를 세웠으나 곧 아프
가니스탄은 내전으로 빨려 들어갔다.

35　Jamiat-e Islami. '이슬람 사회'란 뜻을 지닌 타지크족Tajiks 중심 정당. 1968년 아프가니스
탄 북부와 서부를 거점 삼았던 가장 오래된 정당으로 대소비에트 항쟁 시절 가장 강력한 무자
히딘으로 꼽혔다.

"헤즈비 이슬라미 본부로."

급해졌다. 오후 5시, 총리 헤크마티아르 인터뷰가 걸렸으니.

"내일 아침에 가는 게 좋겠는데!"

운전기사가 꽁무니 뺐다.

"내 인생에 내일은 없다!"

도심을 벗어나 남부로 접어들면서도 운전기사는 뒤를 힐끔거렸다.

"지금 가면 돌아올 때 해 지고 위험해서."

뉘엿거리는 해를 옆구리에 끼고 달리는 남부 길은 한없이 더뎠다.

각 정파 점령지마다 늘어선 검문소가 자동차를 물고 늘어졌다.

처음 보는 한국 놈, 재미난 구경거리가 생긴 셈.

운전기사는 애간장을 태웠다. 담배 한 개비라도 던져야 길이 열렸고.

풀 한 점 없는 민둥산을 끼고 달리는 남부는 잿빛 죽음만 흩날렸다.

산자락마다 수북이 쌓인 돌무덤이 길고 긴 전쟁을 증언했다.

그즈음 카불은 군벌 압둘 라시드 도스텀Abdul Rashid Dostum [37]의 줌비시 밀리, 국방장관 아흐마드 샤 마수드Ahmad Shah Massoud [38]의 자미아티

---

36 이슬람 학자로서 자미아티 이슬라미를 창설했고 1992년부터 1996년까지 대통령을 했다. 2001년 미국이 아프가니스탄을 침공한 뒤 세운 하미드 카르자이 대통령 정부에서 탈리반Taliban과 협상을 이끌었던 고위평화위원회HPC 의장을 맡았다가 2011년 9월 20일 탈리반 자살공격조한테 암살당했다.

37 우즈벡족Uzbeks으로 소비에트 침공 시절 괴뢰정부를 지원한 북부지역 민병대 사령관으로 소비에트 철군 뒤 아프가니스탄국민이슬람운동Jumbish-i-Milli Islami Afghanistan을 만들어 아프가니스탄내전의 한 축이 된 군벌. 1996년 카불을 점령한 탈리반에 맞서 흔히 북부동맹군이라 불렀던 아프가니스탄구원연합이슬람전선UIFSA 일원으로 참여했고, 미군 침공 뒤 카르자이 정부에서 국방차관을 했다.

이슬라미, 총리 굴부딘 헤크마티아르Gulbuddin Hekmatyar[39]의 헤즈비 이슬라미, 압둘 알리 마자리Abdul Ali Mazari[40]의 헤즈비 와흐닷 이슬라미를 비롯한 10여 개 정파가 지역을 나눠 점령했다.

밭을 따라 지뢰와 불발탄이 널브러진 헤즈비 이슬라미 본부 들머리.
한 발짝 한 발짝이 한평생처럼 길었다.
땅꾼처럼 바닥만 보고 걷다 정문 앞에서야 비로소 하늘을 쳐다봤다.
"근데 저 괴물은 또 뭔가?"
뻣뻣했던 목덜미가 풀리면서 온몸에 힘이 쭉 빠졌다.
본부 옆구리 산자락에 소비에트제 미그-21 전투기가 앉아 있었으니.
활주로도 없는 산자락에 올려둔 멀쩡한 전투기.
아프가니스탄내전은 그렇게 알 수 없는 길을 가고 있었다.

오후 5시 정각, 총리 헤크마티아르는 본부에 없었다.
한 전사를 따라간 외딴 민가, 점잖은 사나이가 앉아 있었다.

---

38 타지크족으로 라바니 대통령과 함께 자미아티 이슬라미를 이끌었던 대소비에트 항쟁의 전설적인 게릴라 지도자. 1992년 국방장관을 거쳐 북부동맹군을 이끌었다. 9·11사건 발생 이틀 전인 2001년 9월 9일 정체불명 암살자한테 살해당했다.

39 파슈툰족Pashtuns으로 1977년 헤즈비 이슬라미(Hezb-i Islami, '이슬람당')를 만들어 파키스탄과 미국의 지원을 받아 대소비에트 항쟁에 참여했고, 1993년 라바니 정부에서 총리직을 맡았다. 1990년대 중반 탈리반을 지지했던 헤크마티아르는 2001년 미국의 아프가니스탄 침공에 맞섰다. 현재 테러리스트로 찍힌 헤크마티아르는 파키스탄 국경에 숨어 지낸다.

40 하자라족Hazaras으로 대소비에트 항쟁에 참여했고 1989년 소수 시아파 무슬림 정당인 헤즈비 와흐닷 이슬라미(Hezbe Wahdat-e Islami, '이슬람단결당')를 창설해 소비에트 철군 뒤 내전의 한 축이 되었다. 1995년 탈리반에게 살해당했다.

움직임 없는 깊은 눈동자가 무쇠 같은 신념을 뿜어냈다.

한눈에 헤크마티아르를 알아챘다.

엄격한 계율과 당 중심을 외쳐온 그이 첫인상은 상상대로였다.

다만 한 가지 예상이 빗나갔다.

기자들 사이에 악명 떨쳐온 그이는 뜻밖에도 아주 정중했다.

찻잔을 받아들면서 언론관을 넌지시 떠보았다.

한 인물을 재빨리 읽기엔 그보다 좋은 게 없으니까.

"왜 그동안 기자들한테 그토록 적대감을 보였는가?"

그이는 천천히, 무겁게 입을 뗐다.

"언론이 이슬람 정신을 짓밟았고 기자들이 스파이짓 했으니!"

한때 헤크마티아르한테 공개 사형선고를 받았던 아프가니스탄통 파키스탄 기자 아흐메드 라시드Ahmed Rashid 말을 들어보자.

"헤크마티아르는 카불대학 이슬람청년조직을 발판 삼아 파슈툰족 출신 중산층, 군인, 공무원을 파고들어 방대한 정보망을 꾸렸다. 그게 카불 같은 대도시에서 효과적인 대소비에트 항쟁을 할 수 있었던 힘이다."

말하자면 헤크마티아르의 배타적 언론관이 대소비에트 항쟁 시절 파키스탄 군정보국ISI과 CIA 지원을 받으며 비밀정보전에 매달렸던 경험에서 비롯된 것으로 볼 만하다.

1992년 4월, 페샤와르 협정Peshawar Accord에 따라 모든 무자히딘 정파가 모여 라바니를 대통령으로 아프가니스탄 연립정부를 세웠다. 이어 각 정파는 페샤와르 협정 서명을 유일하게 거부한 헤크마티아르를 총리로 추대해 정치적 통합에 나섰다. 그러나 아프가니스탄 통치자가 되기를 바랐던 헤크마티아르는 이내 120만 시민이 잠든 카불을 향해 로켓포를 날렸다. 아프가니스탄내전의 신호탄이었다. 1993년 들어 국방장관 마수드가 이끈 자미아티 이슬라미 전사들한테 밀린 헤크마티아르는 카불 남부로 철수한 뒤 결국 총리직을 받아들였다. 그럼에도 헤크마티아르는 안전문제를 내세워 단 한 번도 청사에 안 나타나 정부기능을 마비시켰다.

인종분포로 볼 때 아프가니스탄 최대 지분을 지닌 남부 파슈툰족 맹주로 자타가 공인해왔던 헤크마티아르는 "북부 소수 타지크족인 라바니와 마수드한테 파슈툰 300년 수도 카불을 넘겨줄 수 없다"고 밝혔다. 가장 직설적이고 정직한 내전의 뿌리였다.

그러나 한꺼풀만 벗겨보면 이 내전을 내전이라 부를 수 없는 까닭이 튀어나온다. 냉전이 막바지를 향해 가던 소비에트러시아 침공시절 (1979~1989년) 미국의 대리전쟁터 노릇을 했던 아프가니스탄은 1990년대 초부터 새로운 국제대리전으로 빨려들고 있었다. 국제세력들은 제 입맛에 따라 골라잡은 아프가니스탄 각 정파한테 비밀스레 손길을 뻗었다. 이웃 파키스탄은 전통적으로 파슈툰족 한 혈통인 헤크마티아르를 지원하면서 지역 맹주를 꿈꾸었고, 미국은 러시아의 남하정책 봉쇄와 중앙아시아를 낀 정치적·경제적 이권을 노려 마수드를 밀었다. 러시아는 철군 뒤에도 여전히 중앙아시아와 남아시아를 잇는 전략지대 아프가니스탄에 미련을 못 버려 우즈벡족 군벌 도스텀을 도왔다. 이란은 같은 시아파 무슬림인 마자리의 뒤를 받쳤다. 국제대리전이 그렇게 어둠 속에서 자라나고 있었다.

취재인가 안전인가

저녁 7시 30분, 남은 일은 되돌아갈 밤길.

운전기사 눈가에는 일찌감치 짙은 어둠이 깔렸다.

운전기사와 한참 얘기를 나누던 통역이 근심스레 물었다.

"차라리 여기서 자고 아침 일찍 돌아가는 게 어떻겠소?"

나는 쪼들리는 일정 탓에 안달 나 있었다.

"통금이 10시부터니, 까짓 1시간 길 그냥 달리세."

상황 발생가능성을 따지며 시간을 죽일 수 없었다.

게다가 카불의 밤도 취재거리였다.

이미 어둑해진 길을 따라 카불 도심으로 접어들었다.

심심찮게 총소리가 울렸다. 총잡이들이 뛰어다녔다.

잠깐 잊어버렸던 전쟁이 다시 되살아났다.

그 긴장이 싫었다. 그 공포가 괴로웠다.

"밤엔 빨리 달리면 죽어요. 무조건 쏴버리니."

눈이 뻘겋게 달아오른 운전기사는 기다시피 차를 몰았다.

모퉁이마다 검문소, 낮보다 더 촘촘히 검문소가 들어섰다.

총잡이들 태도도 낮과 달랐다. 아주 날카로웠다.

자동차를 세우기 무섭게 창문으로 총부리부터 들이댔다.

그렇다고 다 비관적이진 않다!

세상엔 괜찮은 일도 있다. 그게 전쟁터일지라도.

"어어어, 일본? 중국?"

한국이야 알 리도 없지만, 아시아계 황인종 색깔 덕을 좀 봤다.

총잡이들이 이내 경계를 푼 걸 보면.

"저널리스트? 불교, 기독교? 신문, 잡지? 결혼은? 아이는?"

쏟아지는 질문을 재주껏 받아넘길 수만 있다면.

나는 수많은 전쟁터를 취재했지만 1993년 카불처럼 도시 하나를 9개 정파가 점령한 채 사방으로 서로 치고받는 전선은 여태 어디서도 본 적이 없다. 그 지옥 속에 사람이 산다는 건 기적이었다. _자미아티 이슬라미 전사들. 데 마장 로터리. 카불. 1993 ⓒ정문태

이슬람 사회를 취재하다 보면 아시아 사람이란 게 제법 먹힐 때가 있다. 아시아가 미국이나 유럽처럼 대놓고 이슬람을 해코지 안 한 까닭도 있겠지만 아무래도 세계사에서 비주류로 함께 겪었던 동병상련 같은 게 깔려 있지 않은가 싶다. 뭐, 그렇다고 아시아 기자한테 무슨 특종 기회를 더 준다는 뜻은 아니다. 죽어라고 "반미" "반제"를 외쳐대다가도 특종거리는 모조리 미국 CNN에 영국 BBC에 넘겨주고 마는 실정이니. 하기야 아시아 언론이란 게 국제사회에서 영향력도 없고 동시다발로 온 세상에 뉴스를 퍼트릴 재주도 없으니 그쪽 사람들만 나무랄 수도 없는 노릇이지만, 아무튼 현실은 그렇다는 말이다.

이건 이슬람 사회가 아시아 기자를 괜찮은 친구감으로 여길지는 몰라도 좋은 뉴스배달원으로는 안 본다는 뜻이다. 그러니 아시아 기자는 무슬림 취재원과 차 마시고 노는 일은 그럴싸한데 결국 뉴스는 늘 미국이나 유럽 기자한테 한 수 접히곤 했다. 실제로 국제뉴스 현장을 뛰다 보면 한국 언론이고 아시아 언론이기 때문에 밀려나는 느낌을 받을 때가 적잖다. 해서 나는 한동안 양놈 기자보다 몇 갑절 무거운 모래주머니를 달고 현장을 뛴다는 강박감에 사로잡혔던 적이 있다. 일이 틀어질 때마다 취재원이 한국 언론을 무시한 탓이라고 주절거리며. 그런 강박감에서 벗어나는 데 꽤 오랜 시간이 걸렸다. 비록 어려움이 없진 않지만 한국이나 아시아 기자도 '뛰는 만큼 통한다'는 매우 단순한 사실을 깨달을 때까지 흘린 시간이었다.

카불의 밤길, 움직이는 것이 없었다.

암흑천지에서 '움직임'은 곧 과녁이 된다.

살아 있는 모두가 14년 전쟁을 통해 익힌 생존철학이었다.

도심엔 검문소가 따로 없었다. 총잡이들은 아무데서나 차를 세웠다.

"총 든 놈들은 모조리 도둑이고 강도야!"

샐닢이라도 건네야 길이 열리니 운전기사 불만은 이만저만 아니었다.

카불, 그 땅에는 법도 규칙도 없는 공상적인 해방공간이 펼쳐졌다.

"돈벌레들, 돈만 내면 죽은 놈도 살려낼 수 있다."

통역은 부정부패가 판치는 카불에서 "돈이 황제다"고 투덜댔다.

카불, 지하드(Jihad, '성전')의 영웅은 온데간데없었다.

저먼클럽이 눈에 들자 운전기사와 통역 얼굴이 환해졌다.

"밤늦도록 안 돌아와서 무슨 사고가 난 줄 알았어요."

애태우던 저먼클럽 일꾼들이 문밖까지 뛰어나와 반겼다.

"못 믿겠지? 남부에서 밤길 달려왔단 말이야!"

통역은 일꾼들한테 밤길 무용담을 자랑스레 늘어놓았다.

"여러 외신기자를 통역했지만 밤길은 처음이었….."

순간, 천지가 뒤틀렸다.

로켓RPG이 저먼클럽 언저리를 때렸다.

모두 머리를 숙였다. 잘 훈련받은 무용수들마냥 똑같이.

이어 저먼클럽 뒷골목 쪽에서 사나운 총소리가 울렸다.

10여 분 동안 날카로운 함성들이 몰려다녔다.

저먼클럽 도착과 교전 사이는 5분 남짓 차이가 났을 뿐이다.

취재가 먼저가 안전이 먼저가? 총소리가 숙질 즈음, 흔히 전선기자들 사이에 나도는 해묵은 논쟁거리가 떠올랐다. 나는 이 바닥에 들어서면서 부터 또렷한 결론을 갖고 있었다. '죽으려고 전선에 가는 게 아니라 취재하러 간다.' 전선에서 취재와 안전 사이의 거리는 얼마쯤 될까? 늘 붙어 다니

1993년 카불은 숨이 넘어가고 있었다. 경제가 죽어버린 카불의 대왕은 미국달러였다. 어디서 흘러
드는지 알 수도 없는 미국달러를 손에 쥐고자 아침마다 500여 환전꾼들이 카불강가 스라이 샬자바
드에 모여들었다. _스라이 샬자바드 환전시장. 카불. 1993 ⓒ정문태

는 이 둘을 따진다는 건 쉬운 일이 아니다. 의미 없을지도 모르겠다. 다만
취재를 노름으로 여기지 말자는 뜻이다. 비록 위험한 카불 밤길을 달렸지
만, 나는 취재를 했다. 그리고 '5분 차이'는 그저 내 팔자였을 뿐.

　　그러니 나는 스스로 용감한 기자라 여겨본 적 없다. 간이 크고 작고
따위로 기자의 품질을 매긴 적도 없다. 그 흔해빠진 무용담 한 토막이 내게
없는 까닭이다. '전선에서 사라지는 걸 가장 값진 명예로 여기자.' 늘 가슴
한편에 지니고 다닌 이 말도 사실은 위험한 내 직업을 안심시키고자 했던
주절거림인지도 모르겠다.

카불의 아침, 폐허 속 평화

밤새 사나운 꿈자리에 시달리고 가물거리는 눈으로 맞은 아침,

카불은 평화로웠다.

도심을 가르는 카불강가 라비다리아시장은 이른 아침부터 북적였다.

나도, 남들도 살아 있음을 서로에게 보여주고 싶었던 모양이다.

비록 초라한 푸성귀가 다였지만 그 어떤 장터보다 생동감이 넘쳤다.

맞은편 스라이 샬자바드는 400~500명 환전꾼으로 북새통을 이뤘다.

무너진 금융기능을 암시장이 떠안은 셈이다.

1달러에 1,300아프가니Afghani, 저먼클럽 일꾼 월급 6,000아프가니.

과연 카불 대왕은 미국달러였다.

총질 없는 카불의 아침은 본능을 일깨웠다.

어제 점심부터 굶었던 위장이 아우성쳤다.

"잠깐, 물이든 뭐든 먹을거리는 함부로 사지 마시오!"

내 출출한 배와 구멍가게 흥정 사이에 통역이 뛰어들었다.

"얼마 전, 누군가 독약을 풀어 많은 사람이 죽었어요."

낯선 이방인 곁을 기웃거리던 사람들이 맞장구쳤다.

수박과 물을 사먹은 시민이 죽어나가는 카불,

그 아침은 착각이고 부조리였다.

그로부터 카불은 허기로 다가왔다.

독약 탓만이 아니었다.

둘째 날부터 저먼클럽이 보급불능 상태에 빠졌다.

아침은 커피 한 잔, 점심은 건너뛰고, 저녁은 빵 한 쪽 달걀 한 알.

셋째 날 물마저 바닥났다. 1리터짜리 한 통에 6달러!
파키스탄제 수입 광천수를 사서 끓여 마시게 될 줄이야!
이 기막힌 사정이 내겐 일주일이면 끝날 일이지만,
카불 시민한테는 일상이었다.

카불은 폐허였다.
정부청사, 공공시설, 살림집, 어디를 둘러봐도 성한 데가 없다.
이렇게 속속들이 깨진 도시는 어떤 전쟁판에서도 본 적 없다.
전기·수도·교통·의료 기능은 마비되었다. 일터도 일자리도 없다.
120만 시민이 버틴다는 게 기적일 뿐이었다.

"무슨 일이 생기면 칼테세로 보내달라."
카불 사람들이 입버릇처럼 달고 살아온 말마따나,
살아보겠다는 이들의 마지막 바람이 칼테세병원으로 뻗어 있었다.
보건부가 국제적십자ICRC 도움을 받아 겨우 굴려온 하나뿐인 병원,
칼테세는 다룰라만 궁과 옛 소비에트 대사관 사이에 움츠려 있다.
카불 최대 격전지로 잘 알려진 곳이다.
칼테세병원도 이미 50여 발 넘는 포탄세례를 받았다.
포탄이 날아드는 병원, 모래주머니로 둘러친 병원, 부서진 병원,
새삼스레 놀랄 일도 아니었다. 온 세상이 지옥인데 병원인들!
부상자 216명 입원 중. 시민 80%, 각 정파 소속 군인 20%.
그러나 고통에도 비명에도 평등은 없었다.
실려 온 군인들은 고래고래 소리치며 아픔을 토해냈다.
같은 포탄을 맞고 실려 온 시민은 겁에 질려 숨소리도 못 냈다.

"아침에 병원으로 박격포 쏜 놈이 저녁에 총 맞아 실려 오고."

"제가 쏜 박격포에 맞아 죽은 아들을 살려내라고 떼쓰질 않나."

칼테세 의사들이 숨죽여 쏟아낸 "미친 전쟁"이었다.

10여 개 정파가 사방으로 날려대는 타격점 없는 포탄,

아무 데서나 시가전을 벌이는 전선 없는 전선,

적도 동지도 부모도 형제도 못 가리는 야멸스런 살육전,

그리하여 시민은 피할 곳도 숨을 데도 없었다.

아프가니스탄전쟁의 속살이었다.

시가전

1993년 카불,

원칙도 규칙도 없는 전쟁이 시민을 제물 삼아 자라고 있었다.

박격포에 옆구리 맞아 내장이 쏟아진 아홉 살 파티마의 아픔도,

지뢰를 밟아 두 발목을 모두 잃은 열한 살 라이라의 비명도,

로켓포에 갓 망울 오른 고추를 잃은 열두 살 자히드의 눈물도,

모두 종착역 없이 달려온 아프가니스탄전쟁,

그 14년이 낳은 비극의 기록이었다.

세상에 태어나 단 한 번도 평화를 못 느껴본 아이들,

전쟁 속에 나고 자란 그 아이들을 저버린 채

신을 좇는 성전은 인간을 배반하고 말았다.

칼테세병원을 나서 카불 동물원 쪽으로 접어들었다.

옛 소비에트문화관 쪽에서 폭음과 함께 검은 연기가 올랐다.

"다룰라만 궁, 다룰라만 궁으로 차 돌려!"

주춤거리는 운전기사를 윽박질러 자동차를 돌렸다.

소비에트문화관 앞 데마장 로터리,

흥분한 자미아티 이슬라미 전사들이 뛰쳐나와 길을 막았다.

이내 소비에트문화관 쪽에서 총소리가 울렸다.

자동차를 버리고 로터리 왼쪽 4층 건물로 뛰어 올라갔다.

300m 전방, 헤즈비 와흐닷 이슬라미 전사들이 총질을 해댔다.

로터리 쪽 자미아티가 점령한 모든 건물로 총알이 날아들었다.

자미아티 진영에서도 불꽃이 튀어나갔다.

눈 깜박할 새 도심 한복판에 치열한 전선이 펼쳐졌다.

내가 전방관측소로 잡은 4층 건물에도 총알이 날아들었다.

이어 거센 발소리가 4층으로 몰려왔다.

핏대 오른 자미아티 전사들이었다.

다짜고짜 건물 뒤쪽 비상계단으로 나와 통역을 잡아끌었다.

로터리 뒤편 민가 쪽으로 빠지면서 한 전사가 버럭 소리쳤다.

"미쳤어. 여기가 어디라고!"

나는 끌려 내려온 불쾌감에 비꼬듯 되받았다.

"어디 긴 어디야, 내 직장이지."

다른 전사가 달려들었다.

"야, 이 개새끼야. 전투지역은 취재금지란 거 몰라!"

극한 긴장은 사람을 미치게도 한다.

"시팔, 시가전에 전투지역이 어디 따로 있냐?"

나는 놈을 확 밀쳤다.

"니네 사령관 마수드가 취재허락 했으면 된 거 아냐?"

상스런 욕이 오가며 험악해지자 분대장쯤 되는 이가 나섰다.

"우리가 당신 보호하려고 왔는데, 이러면 안 되지?"

맞는 말이었다. 나는 곧장 사과했다.

"어이, 미안해. 담배나 한 대 하세."

전쟁터는 그랬다.

모두한테 숨어 있던 야성이 마구 흘러나오는 하수구였다.

이성도 논리도 모조리 감정 다음에 따라붙는 노리개일 뿐.

난타전을 벌이는 로터리 건물 뒤 200m 지점,

사람들이 다 떠나버린 폐가에 쭈그려 앉아 담배를 꼬나물었다.

좌우로 난 길은 로터리까지 훤히 뚫려 빠질 수도 없었고,

전방은 건물에 가려 시야가 전혀 나오지 않았다.

취재도 대피도 아닌 어정쩡한 상황에 갇힌 꼴이 되고 말았다.

필름 보존 불능

포를 맞아 앙상한 뼈대만 남은 흙담집들 사이로 말라비틀어진 카불의 태양도 헐떡이며 뛰어들었다. 그 태양과 포성이 겹쳐지는 틈으로 로켓포를 맞아 속을 희멀거니 드러낸 모스크가 나뒹굴었다. 인간과 신 사이에서로 말 못 할 허물을 가려주던 모스크가 깨지면서부터 겁날 것도 뉘우칠 것도 없는 세상이 되어버렸나 보다. 제 손으로 만든 신을 팽개친 인간들이 벌여온 이 전쟁의 끝은 어디일까? 얼마나 많은 이를 죽이고, 얼마나 긴 시간이 흘러야 이 무너진 신과 인간의 관계를 되돌릴 수 있을까?

포탄을 맞고 쓰러진 모스크는 끝나기 힘든 아프가니스탄전쟁을 예고
했다.

"이제 나는 떠난다. 부디 싸움들 그만하시게!"
카불공항으로 달리면서 검문소마다 한마디씩 던졌다.
도스텀이 점령한 카불공항은 쌀쌀하게 여행객을 맞았다.
아리아나제트기는 제시간에 안 왔다. 연착안내도 없었다.
그래도 괜찮았다. 나는 아직 취재가 안 끝났으니.
쪼가리로 널브러진 'USSR' 수송기를 찍는 일이 남았다.
터미널 창문에 기댔으나 총잡이들이 도무지 눈길을 안 거뒀다.
세 시간쯤 뒤 터미널 문이 열리고 탑승신호가 떨어졌다.
비행기까지 걸어가는 50m가 마지막 기회였다.
가슴팍에 카메라를 안고 셔터를 잽싸게 끊었다.
10여 컷이 자동으로 넘어가는 사이 누군가 어깨를 잡았다.
총잡이였다. 보안관과 사복이 달려왔다. 필름을 요구했다.
능청 떨고 시치미 떼는 나를 10여 명이 둘러쌌다.
분위기가 심상찮았다. 필름 보존 불능 판단이 섰다.
그렇다고 취재용 필름을 고분고분 넘길 수야 없는 노릇.
카메라를 열고 필름을 쫙 풀어 허공에 날렸다.
내 일에 대한 자존심이고 내 직업에 대한 예의였다.
그러고는 뒤도 돌아보지 않고 비행기에 올랐다.
풀어 헤쳐진 기다란 필름을 들고 사라지는 보안관 뒷덜미,
1993년 카불의 마지막 풍경이었다.

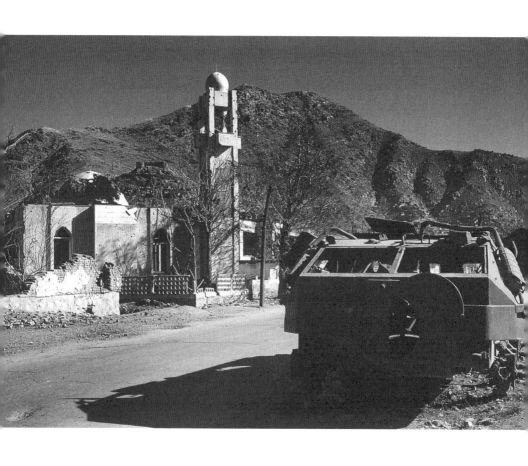

사람과 신 사이에 서로 말 못 할 허물을 가려주던 모스크가 깨지면서부터 겁날 것도 뉘우칠 것도 없는
세상이 되어버렸나 보다. 포탄을 맞고 쓰러진 모스크는 끝나기 힘든 아프가니스탄전쟁을 예고했다.
_카불. 1993 ⓒ정문태

초강대국 소비에트러시아에게 패전을 가르치며 세계 게릴라 전사에 가장 빛나는 승리로 기록된 아프가니스탄전쟁, 그러나 그 땅에는 결코 쉽사리 끝나지 않을 전쟁의 그림자가 짙게 드리워져 있었다.

무슬림이 아니면 이슬람을 말할 수 없다

"탈리반의 목표는 세상에서 가장 순결한 이슬람 국가 건설이다.
어긋나는 장애물은 모조리 제거한다. 이슬람의 이름으로!"
아미르 칸 무타키Amir Khan Mutaqi 탈리반 문화공보장관, 1997년 인터뷰.

"학교 언제 열고, 아이들은 언제쯤 학교에 갈 수 있나?"
"율법에 따라 연날리기 금지했다. 공부나 해야지 놀아서야."
"여성 외출금지, 가족 딸린 전쟁미망인 어떻게 먹고사나?"
"전쟁 끝났다. 평화다. 전기도 보내고 공무원들 월급도 줬다."

난생처음 외신기자를 만나 인터뷰하는 아미르 칸 무타키,
그이는 왼 다리를 책상에 올린 채 코를 후벼댔다.

그래도 한 나라 문화공보장관이고 대변인인데….
이해하려고 애썼지만 죽을 맛이었다.
지루한 동문서답 끝에 자리를 털면서 참았던 말을 꺼냈다.
"당신이 말한 근본의 시대는 '이슬람의 황금시대' 아닌가?"
무타키는 물끄러미 쳐다보기만 했다.

"예언자 모함마드도 여성을 존중하라고 가르쳤던 그 시대?"

무타키는 여전히 말이 없었다.

"대체 코란 어디에 아이들 놀이까지 금지한 구절이 있나?"

무타키 얼굴이 사나워졌다.

"무슬림이 아닌 놈은 이슬람을 말할 자격 없어!"

통역 베스멜라가 쭈뼛거리며 내 옆구리를 찔렀다.

자리를 뜨자는 신호였다.

돌아 나오는 뒤통수에 대고 무타키가 소리쳤다.

"여성 찍으면 안 돼! 남자든 뭐든 생명체는 다 안 돼!"

'예외없음' '절대금지'

1997년 1월 9일, 탈리반이 카불을 점령하고 꼭 104일째 되는 날 유엔 특별기를 타고 카불에 내렸다. 온 천지가 얼어붙었다. 힌두쿠시산맥 눈바람에다 극단적 계율을 앞세운 탈리반이 함께 몰아닥친 탓이었다.

공항에서부터 쪼아대는 탈리반 등살에 뒷골이 뻐근했다.

"저널리스트?"

"응. 근데?"

"따라와!"

아주 무뚝뚝한 총잡이 보안관은 고개를 돌린 채 명령했다.

"1. 반드시 인터콘티넨탈호텔에 투숙. 예외 없음.

2. 호텔 체크인 즉시 외무부에 도착신고. 예외 없음.

3. 언론담당관에게 취재지역과 내용신고. 예외 없음.

4. 외무부 발급 기자증과 공식 통역자 인수. 예외 없음."

인터콘티넨탈, 도심을 내려다보는 카불 최고급 호텔.
별명 고스트하우스Ghost house, 귀신이 들끓는다고.
로켓포를 맞아 곳곳에 시커먼 구멍이 뚫렸고
군용차량이 들락거리고 총잡이가 돌아다녔다.
이 병영호텔에 손님이라곤 어쩌다 찾아드는 기자뿐.
난방은 없다. 온수도 밥도 없다. 전기는 저녁 나절 딱 두 시간.
온 벽은 포고문과 경고문으로 도배.

외무부, 꼴난 외신기자 신고와 등록이 반나절이나 걸렸다.
그게 다가 아니다. 언론담당관 일장훈시가 떨어졌다.
"여성 촬영 절대금지" "군사시설 접근 절대금지"
"민가 방문 절대금지" "이슬람 계율 절대존중"
그리고 최후통첩.
"어기면 이슬람법에 따라 처벌함. 기자도 예외 없음!"
으르고 매달려도 보았지만 억장 무너지는 말만 돌아올 뿐.
"그건 당신 사정이고 취재 못 하겠으면 돌아가시오. 끝!"

취재고 뭐고 정나미가 떨어져버렸다.
보다 보다 이런 지옥은 처음이었다.

'문화예술 행위 금지.'
비디오, 텔레비전, 카메라는 탱크로 밀어버렸고.

전쟁터 시민에게 오직 하나 오락거리였던 극장엔 대못을.

아이들 전통놀이인 연날리기는 적한테 타격점 준다며 금지.

'여성 사회활동 금지.'

카불의 모든 학교에서 여학생 7만여 명 추방.

가족 먹여 살려야 하는 2만 5,000 전쟁미망인 생존 위협.

남자들이 들여다볼 수 없도록 살림집 창문 모조리 못질.

'모이자 공설운동장으로.'

범죄자 공개처형을 알리는 안내문이 어지럽게 나붙었다.

20달러짜리 시계를 훔친 사내는 손목이 잘려나갔다.

간통혐의로 끌려온 여성은 수천 군중 앞에서 총살당했다.

'훌륭한 여성 무슬림은 바른 옷차림에서부터.'

온몸을 가리는 부르카burka 착용 명령문이 담벼락을 덮었다.

총과 몽둥이 든 종교경찰이 날뛰는 거리엔 비명이 울렸다.

손목을 드러낸 여성은 피가 나도록 매를 맞았다.

라디오 샤리앗Radio Shariat은 하루 종일 계율과 극형을 퍼트리며

추위와 굶주림에 지친 시민을 공포로 몰아넣었다.

카불은 숨이 넘어가고 있었다.

'경고: 정문태 앞'

카불의 공포는 이미 1996년 9월 26일 새벽녘에 예고되었다. 카불에 무혈입성한 탈리반 선발대는 1992년부터 유엔건물에 숨어 지내던 소비에트 괴뢰정부 대통령 나지불라[41]를 개처럼 끌고 나와 교통망루에 목매달며 새날을 맞았다. 이른 아침 '해방군'을 보려고 몰려들었던 시민은 그 예사롭지 않은 풍경 앞에서 발길을 돌렸다. 카불을 점령한 탈리반은 첫날부터 초강력 이슬람근본주의를 바탕 삼아 온갖 포고령을 쏟아냈다. 시민 희망은 한나절이 채 지나기도 전에 공포로 바뀌었다. 4개 수니학파Sunni school 가운데 가장 자유로운 계율로 소문난 하나피테Hanafite school 전통을 쫓아왔던 카불 사람들은 느닷없이 창살 없는 감옥에 갇힌 꼴이 되고 말았다.

AP 카불 기자 압둘라 자히루딘Abdullah Zaheeruddin은 "탈리반이 치안을 손본 것까진 좋았는데 극단적인 계율 때문에 숨 막혀 견딜 수 없다"며 카불 현실을 "무덤 속 평화"라 했다. 사람들이 평화와 자유를 따로 떼어 선택적 가치로 받아들일 수 없다는 뜻이었다. 오랜 전쟁에 시달린 시민 앞에 탈리반은 그렇게 '안전'과 '억압'이라는 어울리지 않는 두 연장을 함께 들고 나타났다.

카불과 바깥세상을 잇는 통신망도 외교망도 모조리 끊겼다. 탈리반의 아프가니스탄은 외따로 흘러가고 있었다. 언론마저 비켜나버렸다. 국제언론의 현장 취재기사는 아예 씨가 말랐다. 기껏 카불에 지국을 둔 뉴스에이전시들이 현지 기자를 통해 날리는 기사가 다였다. "탈리반 비판기사 띄

---

41   파슈툰족으로 카불대학에서 의학박사 학위를 받은 뒤 아프가니스탄인민민주당PDPA 중앙위원 역임. 1980년대 국가정보국KHAD 국장을 거쳐 1987년부터 1992년까지 대통령을 했다.

울 수 없다. 곧 죽음이다." 자히루딘 말마따나 현지 기자들은 몸을 사릴 수밖에 없었고.

외신기자들은 취재를 하고 싶어도 비자부터가 골칫거리였다. 아프가니스탄 대사관을 각 주재국 입장에 따라 서로 다른 정파가 차지해버린 탓이다. 예컨대 탈리반이 카불을 점령하자마자 합법정부로 추인한 파키스탄과 사우디아라비아 주재 아프가니스탄 대사관은 탈리반이 틀어쥐었고, 반대로 탈리반을 인정 안 한 미국과 영국 주재 아프가니스탄 대사관은 쫓겨난 대통령 라바니 진영이 쥐고 있었다. 한 국가를 상징하는 대사관이 각 정파 연락사무소 꼴이 되고 말았으니 워싱턴이나 런던에서 아프가니스탄 비자를 받은들 카불로 입국도 할 수 없는 형편이었다.

그러니 탈리반이 인정하는 유일한 비자발급 창구인 파키스탄의 이슬라마바드 주재 아프가니스탄 대사관엔 외신기자 수백 명이 몰려들어 북새통을 이뤘다. 매일 아침 아프가니스탄 대사관은 문도 열기 전부터 달려드는 외신기자들로 난리 났다. 누가 비자를 받기라도 하면 박수와 비아냥거림이 한꺼번에 쏟아졌다. 그로부터 외신기자 품질을 가늠하는 잣대는 기사가 아니라 비자가 되었다. 제아무리 좋은 기사를 쓸 만한 기자라도 비자를 못 받으면 허탕이었으니.

그 난장판 속에 아프가니스탄 취재경험이 있는 기자들이야 재주껏 탈리반을 구워삶아 비자를 챙겼지만 그렇지 않은 이들은 정공법을 좇아 몇 주씩 기다리다 발길을 돌리곤 했다. 탈리반이 카불을 점령하고부터 100여 일 동안 국제언론을 통틀어 아프가니스탄을 취재한 기자가 딱 27명뿐이었다. 그게 104일째 되는 날 카불 외무부에 외신기자 등록할 때 받은 내 번호 27번이기도 했다.

어렵사리 비자를 손에 넣은 기쁨도 우쭐댐도 잠시, 그 비자가 지옥행이었음을 깨닫는 데는 그리 많은 시간이 걸리지 않았다. 카불에 닿은 외신 기자들은 내남없이 취재를 할 수 없다고 아우성쳤다. 기자들은 적군 다루 듯 달려드는 탈리반과 곳곳에서 부딪쳤다. 특히 그림을 찍어야 하는 사진 기자와 방송기자는 죽을 맛이었다. 그나마 나는 큰 탈 없었던 경우다. 그저 외무부 앞에서 담배를 피운다고 나무라는 탈리반과 옥신각신했던 게 부 풀려져 외신판에서 "문태가 탈리반한테 맞았다"는 헛소문이 나돈 게 다였 으니. 그마저도 사실이 아니었다. 실랑이 뒤에 그 탈리반 전사와 차 마시며 인터뷰까지 했으니.

군이 탈리반과 악연을 따지자면 미국이 토마호크미사일로 아프가니 스탄을 공격했던 1998년 취재 때가 아닌가 싶다. 그즈음 하일하나공동묘 지에서 장례식을 몰래 찍고 인터콘티넨탈호텔로 돌아온 내게 '공개경고 장'이 날아들었다.

'경고: 정문태 앞. 한 번 더 사람을 찍으면 손목을 잘라버리겠다.'

그렇잖아도 탈리반이 CNN 기자 크리스티안 아만포Christiane Aman-pour 를 폭행하고 현지 통역과 운전기사를 감방에 처넣은 뒤라 그 공개경 고장은 현장에 있던 외신기자들을 공황상태에 빠트렸다.

어머니가 안 통하는 세상은 없다

인터콘티넨탈호텔 1997년 1월 10일,

귀를 찢는 85mm 대공포 소리로 아침이 열렸다.

언 몸을 쭈그리고 커피 한 잔으로 아침을 때웠다.

밤새 내린 눈이 전쟁의 상처들을 뒤덮었다.

아름다운 카불에 젖어 들 즈음, 다시 대공포가 불을 뿜었다.

곧장 현실로 되돌아왔다. 여긴 전쟁터였다.

북부로 후퇴한 마수드의 전투기가 카불 공항 쪽을 때렸다.

사람들은 하루 종일 탈리반이 날려대는 대공포에 시달렸다.

문제는 취재였다. 공습이나 대공포야 몇 차례 겪고 나면 이내 몸에 익지만 성가시게 구는 탈리반 눈초리를 따돌리는 게 만만찮았다. 함께 간 타이 카메라맨 피 짤라워룩스Phi Chalawlux는 "뭘 찍지를 못하겠어. 방법이 없다"며 이만저만 고민이 아니었다. 파괴된 도심 찍겠다고 풀샷full shot을 걸어놓아도 여성만 지나가면 어디선가 탈리반이 달려들어 난리 쳤으니. 게다가 통역이란 놈은 카메라만 걸면 까탈 부렸고. 하니 탈리반 눈치 보랴 통역 속이랴 온 종일 뛰어도 도무지 쓸 만한 그림이 안 나왔다.

카불 4일째 아침, 결심했다.

"피, 시간만 죽일 수 없으니 오늘부턴 여자든 뭐든 다 찍어."

"그러다 걸리면?"

"추방당하면 그만이야. 그림 못 찍으면 결과 마찬가지야."

시간이 지나면서 탈리반 따돌리는 솜씨는 늘었지만 여전히 그림자 같은 통역을 비껴갈 수 없었던 탓이다. 이른 아침 호텔로 들어서는 통역 베스멜라를 앉혔다. 이놈을 구워삶는 수밖에!

"아침은 먹었나?"

베스멜라는 그냥 웃었다.

"왜, 탈리반 사무실 들렀다온다고 밥 먹을 시간 없었나?"

베스멜라 눈이 뚱그레졌다.

"날마다 다 일러바친다면서?"

"아뇨. 보고하라는데 저는 특별한 일 아니면…."

열여덟 먹은 베스멜라는 아직 아이였다.

"저 스파이 아니에요. 파키스탄 가서 공부하려고."

"근데 왜 탈리반 공식 통역자로 일해?"

"학비도 벌고 외국 기자들 통해 세상도 배우고 싶어서."

신호가 왔다. 놈을 파고들 틈이 보였다.

"베스멜라, 우릴 좀 도와줘! 진짜 시민 소리를 듣고 싶어."

"어떻게요?"

"네 어머니는 뭐라더냐? 우린 네 어머니 같은 시민 편이야."

"(쭈뼛거리다가) 어머니는 탈리반이 좋긴 한데, 너무 무섭대요."

"편히 말해봐. 탈리반이 옳은 건 옳고 아닌 건 아닌 거야."

어머니는 세상 공용이다. 어머니가 안 통하는 세상은 없다.

베스멜라한테 어머니 드리라며 비누와 스카프를 챙겨주었다.

신난 베스멜라는 그로부터 든든한 '앞잡이'가 되었다.

이제 남은 건 운전기사 아하메드였다.

"춥지? 이 장갑 껴봐. 그 윗도리 벗고 안에다 이 셔츠 입어."

아하메드한테는 내가 걸치고 있던 옷과 장갑을 벗어주었다.

체온을 전하는 물리적 교통법이었다.

아하메드는 그 셔츠와 장갑을 2주 동안 매일 걸쳤다.

그리고 대탈리반 '전방관측소' 노릇을 톡톡히 해주었다.

그렇게 나는 아주 귀한 현지 스텝을 얻었다. 베스멜라와 아하메드는 손발에다 눈귀 노릇까지 해주었다. 사진 한 장도 찍기 힘들다고 난리 치던 아사히티브이Asahi TV를 비롯한 외신 친구들한테 큰 부러움을 샀다.

여성 사회활동 도우면 극형

그즈음 나는 KBS 아프가니스탄 특집 방송용으로 60분짜리 두 편을 만드는 큰 취재를 하고 있었다. 세 달 동안 아프가니스탄 전역을 훑으면서 카불 취재는 탈리반의 여성정책에 초점을 맞췄다. 그러나 여성 촬영금지령이 떨어진 카불에서 여성정책을 취재한다는 건 쉬운 일이 아니었다. 기자들한테 민가방문까지 금지해버린 터라 카메라 앞에 나서줄 여성을 찾기조차 힘들었다. 알음알이 파고든 끝에 세계식량계획WFP이 꾸려온 '전쟁미망인 지원프로젝트'와 선이 닿았다. 어림잡아 120만 카불 시민 가운데 40여만이 세계식량계획 도움으로 끼니를 때우는 판에 여성 사회활동 금지령은 무엇보다 2만 5,000 전쟁미망인과 그에 딸린 10만 웃도는 식솔한테 치명타를 입혔다.

전쟁미망인 지원프로젝트 취재도 만만찮았다. 아예 스파이 작전처럼 해치웠다. 카불 취재에서 처음으로 베스멜라와 아하메드를 따돌렸다.

"베스멜라, 급히 호텔로 돌아가 탈리반 성명서 번역해줘. 오늘 밤에 꼭 필요해. 나는 인터뷰 마치면 이쪽 요원한테 호텔까지 태워달라고 할 테니 걱정 말고. 저녁 같이 먹자."

그렇게 속였다. 세계식량계획 요원들이 탈리반 공식 통역자를 안 믿었던 탓이다. 현장으로 가기 전 세계식량계획 사무실에서 워크숍 지도요원 알레미와 계획을 짰다. 이어 알레미가 경비원 둘을 불러 커피를 대접하는 사이 나와 피는 뒷문을 통해 유엔자동차에 올라 엎드렸다. 운전대를 잡은 알레미는 잡지를 던져주며 정문 경비원 눈길을 돌려놓고 건물을 빠져 나왔다. 탈리반이 유엔요원까지 몽둥이질하고 쏘아 죽이는 카불에서 달리 방법이 없었다.

카불 변두리 민가에 자리 잡은 워크숍은 카메라를 메고 들이닥친 낯 선 이방인으로 술렁였다. 스무 남짓한 여성 가운데 여남은 슬그머니 자리 를 떴다. 알레미가 한참 동안 설명을 한 뒤에야 차분해졌다.

"구호물자로는 턱도 없다. 굶더라도 아이들 공부는 시켜야⋯."

카불대학 교수였던 남편이 죽은 뒤 여섯 아이를 먹여 살리고자 베 짜 기를 배운다는 한 여성 흐느낌에 워크숍은 이내 눈물바다가 되었다. 방송 용 카메라 앞에서 대놓고 탈리반을 나무랄 수 없는 여성들은 저마다 눈물 로 대신했다. 그 눈물은 원망이고 증오였다.

그 무렵 유엔을 비롯한 국제구호단체들은 "아이들 딸린 전쟁미망인 만이라도 예외를 인정하라"고 탈리반한테 호소했다. 그러나 탈리반은 오 히려 더 냉혹한 경고장으로 대꾸했다.

'개인이든 단체든 포고령 어기고 여성 활동 도우면 극형에 처한다.'

알레미는 "굶어 죽어가는 사람부터 살려놓고 탈리반이 옳은지 그른 지 따져도 안 늦다. 시간 없다. 미국 비롯한 국제사회가 당장 탈리반과 협 상테이블에 앉아야 한다"며 세상 무관심을 타박했다. 굶주린 자식을 두고 목 놓아 울어본 적 없기는 탈리반도 국제사회도 마찬가지였으니.

세상의 반인 여성을 가둬버린 탈리반의 정책은 바로 탈리반 자신들 정체성이었다. 내 눈에 걸려든 탈리반의 반여성정책은 '인종차별'과 '여성 성 부재'에서 비롯된 강박감이었다. 탈리반은 카불을 비롯한 점령지역에서 여성 사회활동과 교육을 금지했지만 정작 자신들 본거지는 손대지 않았다. 지금껏 세상에 알려졌던 '탈리반이 아프가니스탄 전역에서 여성의 사회활동을 금지했다'는 건 사실이 아니다. 그 시절 파키스탄과 국경을 맞댄 동남부 파슈툰족 지역의 600여 개 학교는 여전히 문을 열었고 3만 넘는 여학생이 아무 탈 없이 학교에 다녔다. 이건 탈리반이 자신들 혈통인 파슈툰족과 자신들 종파인 수니파가 어우러진 지역에서는 결코 여성을 해코지하지 않았다는 뜻이다. 탈리반이 인종혼합지역인 카불을 비롯해 북부 타지크족과 우즈벡족 지역 그리고 중부 하자라지역 같은 점령지에서만 여성을 차별했다는 증거다.

돌이켜보면 1989년 소비에트군대가 철수하고 1992년 무자히딘 정파들이 아프가니스탄 새 정부 틀을 짤 때부터 파슈툰중심주의가 장애물로 등장했다. 대소비에트 항쟁을 이끌었던 소수민족 타지크 출신 마수드 국방장관과 라바니 대통령이 정부를 꾸리자 헤크마티아르 총리를 비롯한 다수민족 파슈툰 출신 정파들이 대놓고 불만을 터트렸다. 300년 동안 아프가니스탄 왕실을 지배해온 파슈툰이 자신들 수도인 카불을 소수민족한테 빼앗겼다고 믿은 탓이다. 그게 아프가니스탄내전의 뿌리였다. 그사이 같은 파슈툰 혈통인 파키스탄은 군정보국을 동원해 아프가니스탄 파슈툰 맹주를 자처했던 헤크마티아르를 비밀스레 지원했으나 권력장악에 실패했다.

그러다 1994년 파키스탄 국경 난민촌을 발판 삼은 탈리반운동Taliban Islamic Movement이 "파슈툰의 영광"을 외치며 아프가니스탄 동남부 이른바 파슈툰벨트Pashtun Belt에서 무장투쟁을 선언했다. 인종차별과 종교차별은 그렇게 탈리반의 출현과 함께 예고된 일이었다.

신이 탈리반을 깨부수고 그 전쟁을 끝내리다.
그자들이 아프가니스탄 여성을 홀어미로 매춘부로 만들었으니.
…

당신은 나를 늙은이한테 팔아먹었다. 아버지여.
신이 당신 가정을 깨부수리다 ; 나는 당신의 딸이었다.
…

자매들은 둘러앉으면, 늘 형제들을 추어올린다.
형제들은 둘러앉으면, 자매들을 남한테 팔아먹는다.
…

여성 현실을 고발해온 아프가니스탄 전통 시 란다이 Landay **가운데 _카불. 1997 ⓒ정문태**

탈리반은 왜 학교 문을 닫았을까

그러나 국제사회는 탈리반이 내세운 이슬람근본주의만 탓했을 뿐 인종·종교 차별을 바탕에 깐 파슈툰의 광적 민족주의를 눈여겨보지 않았다. 그러니 세상은 탈리반의 정책을 놓고 헷갈릴 수밖에 없었다. 예컨대 여성 사회활동과 교육금지가 좋은 본보기였다. 이슬람근본주의는 교육을 부정한 적 없다. 근데 탈리반은 왜 학교 문을 닫았을까? 결론부터 말하자면, 탈리반이 점령한 소수민족 지역에서 여성 사회활동과 교육을 금지했던 건 '여성정책'이 아니었다. 더 본질적인 소수민족 말살정책이었다.

애초 이슬람근본주의 교리에서 교육금지의 근거를 못 찾은 탈리반은 대신 '여성보호'를 내세웠다. 탈리반 외무차관이자 대변인인 모하마드 스타닉자이Mohammad Stanikzai는 "우리는 여성 사회활동과 교육을 금지한 적 없다. 치안이 잡힐 때까지 여성을 보호하기 위한 일시적 조치일 뿐이다"고 몇 번씩이나 내게 강조했다. 실제로 탈리반이 포고령으로는 떠들었지만 공식적으로 여성 사회활동과 교육금지령을 명문화한 적이 없다. 교육장관 사예드 기아수딘Sayed Ghiasuddin도 인터뷰에서 "여학생 등교금지는 남·녀 구분 시설을 마련할 때까지 한시적 조치다"며 여성 사회활동 금지가 정책이 아니라 주장했다.

그러나 탈리반이 주장하는 '여성보호'에 따라 여선생이 45%를 웃돌고 여학생이 50%를 차지하는 카불 교육이 저절로 마비되었다. 여성보호를 내세웠을 뿐인데 교육이 무너졌다. 이건 근본주의 교리와 충돌을 피하면서 교묘하게 소수민족을 말살시켜나가는 아주 고단위 기만정책이었다.

탈리반이 여성을 소수민족 말살정책 연장으로 삼은 건 여성성 부재라는 자신들의 경험에 뿌리를 둔다. 그동안 탈리반을 취재해온 내 눈에 비친 그 여성성 부재는 지독한 열등의식 같은 것이었다.

"여자는 남자를 꼬드겨 썩게 만드니 밖으로 나돌게 할 수 없다."

내가 만난 탈리반 지도자 가운데 가장 속 시원히 여성관을 털어놓았던 종교계율부 최고 지도자 마울위 카라무딘Maulvi Qaramuddin 말이다. 이게 나이나 지위에 상관없이 여성관을 키울 수 없는 닫힌 환경 속에서 자란 일반적인 탈리반의 의식이다.

탈리반 최고 지도자 물라 모하마드 오마르Mullah Mohammed Omar를 비롯한 핵심지도부 모두가 고립된 파슈툰 전통사회에서 태어나 엄격한 마드라사(Madrassa, '이슬람식 서당') 교육을 받고 자란 탓에 여성성을 느낄 기회가 없었다. 파슈툰 전통사회에서는 여성이 집안일만 보았고 어쩌다 문밖을 나설 때도 온몸을 가리는 풍습을 대물림해왔다. 그러니 탈리반 지도부가 보고 자란 여성이란 건 오직 파슈툰 풍습을 따르던 어머니뿐이었고, 그 어머니를 최고 여성상으로 흠모하면서 '집단 마마보이' 증상을 드러낸 셈이다. 카불을 점령한 탈리반이 첫날부터 모든 여성한테 머리부터 발끝까지 가리는 부르카를 뒤집어쓰도록 명령했던 건 우연이 아니다. 부르카는 이슬람 계율이 아니다. 파슈툰 전통문화고 어머니에 대한 환영일 뿐이다.

탈리반 전사들도 지도부와 전혀 다를 바 없는 환경에서 자랐다. 탈리반의 주력인 16~22세 젊은이들은 주로 파키스탄 국경 난민촌에서 태어난 전쟁고아로 여성과 마주칠 기회조차 없었다. 난민촌에서는 각 정파들이 딸린 머릿수만큼 돌아오는 지원금을 받고자 도덕성을 앞세운 근본주의 경쟁을 벌였다.

남자아이들만 모아놓은 마드라사에서 자란 무슬림 학생Taliban들은 오직 이슬람만 익혔을 뿐 세상 돌아가는 꼴을 배울 수 없었다. 그곳엔 여성성이 없었다.

그렇게 남성 속에서 태어나 남성이 다라 여기며 자란, 그래서 여성을 느껴보지 못한 정신적 미숙아인 탈리반은 결국 여성에 대한 극단적인 강박감을 반여성정책으로 쏟아낸 셈이다.

그런 탈리반이 꿈꾸는 세상은 지금으로부터 1,400년 전인 예언자 무함마드의 시대로 되돌아가자는 것인데, 어이할까나 예언자 무함마드는 여성해방을 첫 번째 과업이라 가르쳤으니!

현장은 역사다

1월 17일 점심나절, 베스멜라가 숨을 헐떡이며 달려왔다. "탈리반이 바그람Bagram 공군기지까지 쳐들어갔대요." 남북을 잇는 바그람은 최대 전략요충지며 최고 격전지였다. 카불을 포기한 마수드가 최후방어선을 친 곳이었고, 카불을 점령한 탈리반의 북진이 막힌 곳이었다. 모든 취재계획을 접고 곧장 바그람으로 달렸다.

카불에서 북부 바그람까지는 55km.

카불을 벗어나자 탈리반 탱크들이 거칠게 내달렸다.

논바닥에서는 다연장로켓포가 바그람을 향해 불을 뿜었다.

차리카르Charikar 들머리에서 길이 막혔다.

전상자를 싣고 내려오는 탈리반 구급차와

카불에서 병력을 올리는 픽업트럭들이 뒤섞였다.

하루 전부터 격전을 벌여온 차리카르는 유령판 폐허였다.

탈리반 포격을 등에 업고 닿은 바그람엔 거친 전사들이 몰려다녔다.

공군기지 앞에서 탈리반 탄약수송 차량을 붙들었다.

승리를 보여주고 싶었던지 군말 없이 차를 세웠다.

화물칸 로켓포탄 위에 걸터앉았다.

탈리반 선발대 200여 명을 따라 공군기지로 진입했다.

뜻밖에 마수드 진영의 저항은 없었다.

탈리반은 최대 전략요충지 바그람 공군기지에 무혈입성했다.

텅빈 활주로를 보는 순간 숱한 의문이 꼬리 물었다.

'왜 마수드가 카불 재탈환과 보급선이 걸린 바그람을 버렸을까?'

'마수드한테 풋내기 탈리반이 말려든 건 아닐까?'

헷갈리는 긴장 사이로 회오리 광풍이 몰아쳤다.

동공 풀린 탈리반 전사들이 날뛰었다.

허깨비를 보는 듯.

탈리반의 바그람 공군기지 점령을 따라 들어간 유일한 기자였으나 위성전송 장비가 없는 취재였다. 국제뉴스판과 선을 못 단 아쉬움을 달래며 카불로 되돌아오는 길, 쓸쓸한 겨울바람에 휘둘린 창백한 해가 저물고 있었다.

다음 날부터 바그람 공군기지 함락을 놓고 외신은 탈리반과 마수드 진영의 선전에 말려들어 어지러운 뉴스를 쏟아냈다. AFP는 이미 끝난 차리카르 전투를 진행형으로 보도했다. 이란이슬람공화국방송IRIB은 마수드를 인용해 바그람 공군기지 건재 소식을 전했다. 모두 현장 없는 취재가 날린 오보였다. 하여 바그람 공군기지 함락현장을 쥐고도 뉴스를 못 날린 나는 두고두고 아쉬움을 씹었다.

그러나 나는 바그람에서 무엇보다 값진 선물을 받았다.

'현장은 역사다.'

비록 보도는 못 했지만 역사가 굴러가는 현장을 내 눈으로 봤다. 내 직업을 스스로 존경해온 까닭이다. 그날 바그람은 아프가니스탄 지배자가 바뀌는 역사의 전환점이었다. "바그람을 쥔 자가 아프가니스탄을 지배한다." 이게 아프가니스탄 현대사의 증언이다. 소비에트 침공부터 내전에 이르기까지, 그리고 오늘까지 모든 정파가 바그람에 목을 맸던 까닭이다. 1979년부터 1989년까지 소비에트가 그랬던 것처럼, 1989년부터 1996년까지 마수드가 그랬던 것처럼, 1996년부터 2001년까지 탈리반이 그랬던 것처럼 바그람을 쥔 자들이 아프가니스탄을 호령했다. 오늘은 미군이 그 바그람 공군기지를 차지하고 있다. 2001년부터 벌써 15년이 넘었다. 누가 아프가니스탄의 지배자인지 말해준다.

1997년 초, 카불엔 날뛰는 탈리반과 주눅 든 시민 그리고 그 둘 사이에 끼어든 몇몇 이방인 외신기자가 있었을 뿐이다. 그 땅엔 서로가 서로를 노려보는 아주 불편한 공기가 흘렀다.

"어떤 놈이 찔렀는지, 한국 기자 앞에서 웃었다고 경고받았어!"

AP 카불 기자 자히루딘이 치를 떨었다.

나는 여태 탈리반처럼 언론을 철저하게 내쳐버린 자들을 어디서도 본 적 없다. 아무리 극단적인 정치집단도 언론을 선전도구로 삼을 줄은 안다. 또 아무리 극단적인 정치집단도 이념이나 인연에 따라 동정심을 지닌 기자가 있기 마련이다. 근데 탈리반은 그 모든 상식에서 벗어났다. 진보든 보수든, 좌파든 우파든, 이슬람이든 기독교든, 유럽이든 아시아든, 언론이란 언론은 모두 탈리반한테 몰매를 퍼부었다. 평생 아프가니스탄 쪽으로 고개 한 번 돌려본 적 없던 기자들도 저마다 탈리반 때리기에 사력을 다했다.

탈리반, 해방군인가 점령군인가

1994년 탈리반이 태어날 때부터 취재해온 나는 그동안 '탈리반 다루는 법'을 제법 몸에 익혔다. 촬영금지령이 내린 가운데 아무도 찍지 못한 탈리반 지도부를 방송용 카메라 앞에 앉혀 인터뷰도 했고 전선사령관들과 어울리면서 뉴스를 캐기도 했다. 숱한 전사를 꼬드겨 사진도 찍었다. 이게 탈리반과 부딪치지 않았다는 뜻은 결코 아니다. 그 과정에서 누구보다 깊이 탈리반의 반언론관을 체험했다. 탈리반이라면 이를 갈 만큼 취재 때마다 애도 먹었다.

다 내 경험일 뿐, 그렇다고 얼굴 한 번 마주친 적 없는 탈리반을 온갖 편견과 선입견으로 다뤄온 국제언론을 인정한다는 건 아니다. 광적 민족주의로 무장한 탈리반을 편집광이라 부른다면 대이슬람 적개심과 증오로 똘똘 뭉친 국제언론도 똑같은 편집광이었다.

그 시절 아프가니스탄 취재경험이 많은 기자들은 무엇보다 똑같은 논조로 똑같은 내용을 하나같이 흘려대는 국제언론을 보면서 "틀림없이 가이드라인을 주는 제3세력이 있다"고 입을 모았다. 그동안 탈리반을 취재했던 기자 수가 지구를 통틀어도 손가락으로 꼽을 만한데, 어떤 경로로 그 엄청난 탈리반 뉴스가 쏟아져 나왔는지부터가 수상했던 탓이다.

'현장 없는 취재' '취재 없는 보도' '보도 없는 논평.'

예나 이제나 탈리반을 다루는 국제언론 태도였다. 그러니 국제언론은 가장 기본적인 탈리반의 성격규정조차 못 한 채 마구잡이 기사를 날려왔다. 어제는 '해방군'으로 오늘은 '점령군'으로 어지러운 용어들이 나돌았을 수밖에는.

언론이 이러니 유엔을 비롯한 국제사회도 헷갈렸다. 유엔은 1996년 탈리반한테 쫓겨난 대통령 라바니를 여전히 아프가니스탄 합법정부로 우기다 전쟁종식을 위한 어떤 대안도 못 내놨다. 그즈음 내가 북부 탈로간 Talogan에서 만난 라바니는 당나귀 몇 마리를 지녔을 뿐이었다. 탈리반이 언론이나 국제사회 입맛에 맞고 안 맞고는 중요하지 않다. 유엔이 아프가니스탄 영토 94%를 장악한 탈리반을 '점령군'으로 본다면 라바니 대통령 정부의 원상회복을 돕는 게 원칙이었다. 반대로 '해방군'이라 여긴다면 곧장 합법성을 추인해야 옳았다. 근데 이러지도 저러지도 못 한 게 유엔이고 국제사회였다. 언론에서도 외교에서도 용어는 성격을 규정하는 연장이다. 탈리반 정체를 먼저 규정해야 옳았던 까닭이다. 그 용어 하나가 아프가니스탄 시민한테는 삶과 죽음이 달린 문제였다.

내 눈에는 탈리반이 점령군이었다. 수도 카불을 비롯해 영토 94%를 손에 쥐었지만 이슬람 해석과 정책에 정당성이 없었고 포고령으로 시민을 억눌렀던 탓이다. 세계시민사회는 총과 포고령을 앞세운 집단을 해방군이라 부른 적 없다. 무엇보다 탈리반 정체는 아프가니스탄 시민이 결정할 몫이다. 시민이 해방군이라면 해방군이고 점령군이라면 점령군일 뿐이다. 근데 아프가니스탄 시민이 탈리반을 점령군이라 여겼다. 이게 결론이다.

파키스탄과 사우디아라비아 정부는 부패척결과 안전확보를 내세워 탈리반을 해방군이라 부르며 합법정부로 추인했고, 적잖은 무슬림 진보논

164

객이 탈리반의 반미성향을 내세워 해방군이라 불렀다. 모두 시민의 소리가 빠진 치명적 결함을 지녔다.

아프가니스탄을 취재해온 내 발에는 부패척결도 안전확보도 결코 밟힌 적이 없었다. 내가 탈리반을 점령군이라 불러온 까닭이다. 탈리반의 부패척결은 선전이었다. 탈리반 최고 지도자 물라 오마르는 1994년 출발 때부터 엄청난 미국달러를 뿌려댔다. 무급 구세군이라 우기던 탈리반 전사들은 빳빳한 미국달러를 자랑스레 흔들고 다녔다. 성전을 외친 탈리반이 점령지역 살림집들을 헤집고 다니며 강도짓도 했다. 탈리반은 아편을 팔고 국경 밀무역에서 불법으로 뜯은 통과세를 각 지역 군벌한테 나눠주며 전투 없는 승전 끝에 카불로 무혈입성했다. 오히려 부정부패는 탈리반과 태생적 동반자였다. 탈리반이 오늘날 반미를 외치든 말든, 그 탈리반은 미국의 부패한 창작물일 뿐이다. CIA가 이란 혼란조성용 자금 가운데 2,000만 달러를 불법으로 빼내 파키스탄 군정보국을 거쳐 물라 오마르한테 건네주면서 탈리반이 태어났다. CIA는 러시아의 남하정책 봉쇄라는 미국의 전통적인 대중앙아시아 전략과 함께 가스와 원유를 낀 경제적 잇속을 헤아리며 아프가니스탄에 눈길을 꽂아왔다. 1980년대 내내 무자히딘의 대소비에트 항쟁을 비밀스레 지원한 CIA는 1989년 소비에트 군대가 떠난 뒤 내전으로 치닫는 아프가니스탄에서 미국한테 이문을 안겨줄 대안세력을 꿈꾸며 탈리반을 설계했다. 그리고 미국의 이슬람 맹방인 사우디아라비아가 뒷돈을 대고 파키스탄이 병참기지 노릇을 하며 탈리반을 키워냈다. 부정부패와 불법은 탈리반의 젖줄이었다.

안전확보라고? 이건 코미디다. 전쟁이 벌어지는 땅에서 그 전쟁주범한테 갖다 붙일 수 있는 말이 아니다. 카불을 비롯한 탈리반 점령지역에서

"아프가니스탄을 향한 어떤 공격도 이슬람을 향한 공격으로 여길 것이다. 당신은 결코 우리들 신앙심을 깨트릴 수 없을 것이다. 우리가 지닌 건 오직 전능한 신과 성스러운 코란에서 비롯된 신앙심뿐이다."

탈리반 최고 지도자 물라 오마르가 1998년 미국 대통령 빌 클린턴한테 이 편지를 보낼 즈음 정작 탈리반은 아프가니스탄에서 이슬람 시민을 학살하고 있었다. _탈리반 대공포. 카불. 1997 ⓒ정문태 밤길이 고요했던 건 틀림없다. 그러나 20년 전쟁에 시달려온 시민한테 종로네거리 깡패소탕 같은 말로 안전을 우길 수 없다. 탈리반이 튀어나오고 얼마나 많은 비무장 시민이 목숨을 잃었는지를 따져봐야 그 안전의 실체를 알 수 있다. 큰 사건들만 꼽아보자. 1995년 초 칸다하르Kandahar에서부터 승승장구 무혈 북진해 북서부 헤랏Herat을 점령한 탈리반은 마수드 전사들한테 걸려 처음으로 3,000여 명이 전사했고, 3월 들어 카불 남부를 점령하고 있던 하자라족 헤즈비 와흐닷 이슬라미한테 역공당해 500여 명 웃도는 희생자를 냈다. 그로부터 탈리반은 보복전을 벌여 4월 한 달 동안만도 866발에 이르는 로켓포를 카불 도심으로 날려 시민 180명을 살해했고 550명에게 중상을 입혔다. 1997년 5월, 북부 마자리샤리프Mazr-e-Sharif로 쳐들어갔던 탈리반은 다시 하자라한테 역습당해 3,000여 명 사상자를 냈으나 9월 중순 기어이 마자리샤리프를 점령했다. 그리고 시민 5,000~6,000명을 보복 학살했다. 이어 10월 들어 하자라 본거지 바미얀Bamiyan을 점령한 탈리반은 시민 2,000여 명을 학살했다. 1998년 2월에는 파르얍Faryab에서 우즈벡계 시민 600여 명, 7월에는 마이마나Maimana에서 800여 명을 학살했다. 탈리반은 그해 8월에서 10월 사이에만도 북부 점령지역에서 8,000여 명 웃도는 시민을 학살했다. 그렇게 탈리반은 자신들 고향인 남부 파슈툰 벨트를 제외한 모든 점령지역에서 타민족계 시민을 보복학살했다. 이런 학살을 숨긴 채 안전을 입에 올렸다. 새빨간 거짓말이었다는 뜻이다.

세상에서 가장 순결한 이슬람 국가 건설을 외친 탈리반은 그렇게 삿된 출생의 비밀을 감춘 채 시민을 윽박질렀다. 세상에서 가장 완벽한 교정일치를 이뤘다는 탈리반은 그렇게 보복학살로 시민사회를 짓밟았다. 1997년 아프가니스탄의 겨울은 숨죽인 공포였다.

바미얀, 천년전쟁
눈 덮인 산악에서 메마른 사막을 보다

"역사적 정당성을 지녔지만 하자라잣Hazarajat 독립을 외치지 않는 건
아프가니스탄 평화를 위해서다. 그러나 하자라 사람들이 억압받는 한
아프가니스탄에서 전쟁은 결코 끝나지 않을 것이다."
카림 할릴리Karim Khalili 헤즈비 와흐닷 이슬라미 최고 지도자, 1997년 인터뷰.

눈이 오고 아주 춥고 사람들이 산에 기대 살아가는 땅. 늘비한 절,
넘치는 승려들, 백성도 관리도 임금도 삼보三寶를 받들고….
《왕오천축국전往五天竺國傳》

727년, 붓다를 쫓아 서역 길에 오른 신라인 혜초는 힌두쿠시Hindu
Kush 깊은 계곡 바미얀에 닿자마자 대석불 아래 엎드려 가누기 힘든 감동
으로 불심을 기록했다. 그러나 혜초가 스쳐간 몇 년 뒤, 바미얀 왕자가 이
슬람으로 개종하면서 3~4세기에 건설했던 불국토는 아스러지고, 바미얀
은 천년전쟁 속으로 빠져들었다.

"탈리반 민간보급로 차단, 피난민 5,000여 명 고립,
동부 쉐발Shebal 고개 전투 중, 대석불 위 대공포 난사."

그로부터 1,270년이 지난 1997년 겨울, 취재길에 오른 나는 추위에 시달리며 공포에 질린 바미얀에 닿자마자 대석불 아래 쭈그려 앉아 가눌 수 없는 증오로 전쟁을 기록했다.

혜초의 시대는 속절없이 사라져버렸고, 오직 대석불만 알고 있을 그 시간의 틈새로 나는 혜초와 덧없는 교통을 시도했다.

당신이 불심 좋는 순례자였다면 나는 떠돌이 전쟁배설물
당신이 황금의 시대였다면 나는 쇠쪼가리 전쟁의 시대
당신이 불국토를 꿈꿨다면 나는 하루살이 개꿈을 좇고….

혜초가 죽비를 내려쳤다.
"눈앞을 보라!"

얼어붙은 돌산으로 돌산으로, 날마다 아이들은 길을 나섰다.
재수 좋은 날, 돌틈 나물이라도 건진 그 모진 기억을 따라
마음을 달래주는 바람개비를 돌리며 돌산을 뒤지고 다녔다.
"아즈라 로찌 아즈 상 파이다 모나."
(하자라는 돌에서 빵을 찾는다.)
굶주린 바미얀 아이들은 그렇게 속담을 좇아 헤매고 다녔다.

자연이 깎아지른 병풍바위 속에 인간이 다듬어 세운 세계 최대 석불 한 쌍, 들쭉날쭉한 돌무더기와 시린 한줄기 강, 띄엄띄엄 웅크려 앉은 흙집들, 그 사이를 마치 신기루처럼 나타났다 사라지는 사람들. 나는 눈 덮인

산악에서 메마른 사막을 보았다.

해발 2,500m 바미얀, 걸음마다 숨을 헐떡였다. 힌두쿠시를 타고 중앙
아시아 대륙을 몰아치던 칼바람이 머물렀다 가는 바미얀은 영하 20도를
밑돌았다. 옛 수도자들이 면벽했던 수백 개 암벽동굴에는 굶주림과 추위
를 화두로 잡은 5,000여 피난민이 가냘픈 목숨을 붙여가고 있었다.

'헬리콥터의 무덤'을 지나

1997년 1월 23일, 카불 취재를 마친 나는 자동차로 열 시간이면 닿을
만한 바미얀을 코앞에 두고 멀고 먼 길을 돌았다. 시아파 헤즈비 와흐닷 이
슬라미가 본부를 차린 바미얀을 동·서·남 삼각 방향에서 쳐들어가던 탈
리반이 모든 길목을 막아버린 탓이다. 그나마 두드려볼 구멍은 오직 하나,
북부 마자리샤리프에서 힌두쿠시산맥을 넘는 길뿐이었다.

카불에서 파키스탄 이슬라마바드로 되돌아가서 다시 아프가니스탄
비자를 받아 유엔특별기를 잡아타고 마자리샤리프까지 들어가는 데만도
꼬박 닷새가 걸렸다. 마자리샤리프는 우즈벡족 전쟁군주 도스텀 장군과
하자라족 모하킥 그리고 타지크족 마수드가 결성한 반탈리반 아프가니스
탄구원연합이슬람전선UIFSA[42]이 본부를 차린 최대 전략요충지였다. 그해
1월 17일 마수드가 쥐고 있던 바그람 공군기지가 탈리반한테 함락당한 뒤
부터 마자리샤리프는 연합전선이 유일하게 전투기를 띄울 수 있는 군용비
행장을 지닌 곳이기도 했다.

---

42 United Islamic Front for the Salvation of Afghanistan. 1996년 반탈리반을 내걸고 마
수드, 모아킥, 도스텀을 비롯한 각 정파가 조직한 연합전선. 2001년 미국이 아프가니스탄을 침
공할 때 미군과 함께 탈리반을 공격하면서 흔히 북부동맹군이라 불렸던 조직.

1월 28일, 마자리샤리프에 닿았다. 또 장애물을 만났다. 마자리샤프에서 힌두쿠시를 넘어 남쪽으로 내려가는 산길 하나에 겨우 숨통을 단 바미얀이 폭설로 뒤덮인 데다 곳곳에 전선이 펼쳐지면서 고립당해버렸다.

"육로는 안 돼. 상황 봐가며 헬리콥터 띄울 테니 기다리게."

헤즈비 와흐닷 이슬라미 사령관 하지 모하마드 모하킥Haji Mohammad Mohaqiq[43]한테 약속을 받아놓고 와흐닷 숙소에 짐을 푼 뒤 연합전선을 취재하면서 오늘내일하는 헬리콥터를 애타게 기다렸다.

연합전선은 소문보다 훨씬 더 느슨했다. 비록 각 정파가 탈리반에 맞서 군사동맹을 맺었지만 정치적으로는 해묵은 적대감을 못 걷어내 여전히 긴장감이 돌았다. 특히 마자리샤리프를 나눠 점령한 도스텀과 모하킥 진영은 서로 불신감을 숨기지 않았다. 모아킥은 "늘 도스텀 배반을 대비한다"며 불편한 동침을 털어놓았다. 도스텀은 "마자리샤리프는 우리 땅이다. 하자라든 누구든 아무도 손 못 댄다"며 동맹의 한계를 또렷이 드러냈다.

"미스터 정, 지금 떠나시게!"

2월 4일, 아침나절 모하킥 결정이 떨어졌다. 지루한 기다림 일주일 만에 하늘이 열렸다. 도스텀이 점령한 마자리샤리프공항으로 달렸다. 하자라의 소비에트제 Mi-17 헬리콥터가 시동을 걸어놓고 기다렸다.

'과연 이 고물이 뜰 수나 있을까?'

불안한 의심 속에 힌두쿠시산맥 허리를 아슬아슬 기어오른 헬리콥터

---

43 대소비에트 항쟁에 참여한 헤즈비 와흐닷 이슬라미의 북부지역 지도자이며 반탈리반 연합전선 사령관 가운데 한 명. 2001년 탈리반이 쫓겨난 뒤 아프가니스탄 임시정부 부통령을 했으나 카르자이 대통령과 정책충돌로 밀려났다. 현재 자신이 만든 민중이슬람통일당PIUPA 대표이자 국회의원.

는 탈리반 대공포를 피해 먼 길을 돌았다. 놈은 심심찮게 엔진파열음을 냈고 몸통을 심하게 흔들어댔다.

"원시 간직한 힌두쿠시, 정말 놀랍지요?"

조종사는 더 잘 볼 수 있도록 곡예비행으로 대접했다. 근데 오금이 저려 그 아름다움이 눈까지만 차오를 뿐 가슴으로 이어지지 않았다. 그보다는 헬리콥터에 실린 포탄으로 자꾸 눈이 갔다. '헬리콥터의 무덤', 잊을 만하면 떠오르는 지긋지긋한 별명, 1980년대를 통틀어 800여 대 넘는 소비에트 헬리콥터가 아프가니스탄에서 꼬꾸라지며 얻은 악명이었다. 심장 뛰는 만큼 흔들렸던 헬리콥터가 고도를 낮출 즈음 대석불이 발밑으로 다가왔다.

"문 쪽에 카메라만 대고 있어요. 내가 그림 만들어줄 테니."

조종사는 낄낄대며 10여 분 동안 대석불 근접촬영을 도왔다.

"세계 최초 대석불 근접 항공촬영이요. 당신이 최초 기록!"

빈말이 아니었다. 나는 누구도 갖지 못한 그림을 얻었으니.

헬리콥터가 바미얀을 굽어보는 나지막한 둔덕에 내려 앉았다. 힌두쿠시와 대석불에 이어 놀라운 풍경이 눈에 차올랐다.

'첩첩산골 바미얀에 1.5km짜리 활주로라!'

믿을 수 없지만 현실이었다. 비록 관제탑이나 공항 보조시설은 없지만 러시아제 An-26이나 미국제 C-130 같은 중대형 수송기가 화물 20톤을 싣고 얼마든지 뜨고 내릴 만했다. 앞선 1월 초 탈리반 외교부가 "이란이 바미얀에 군용비행장을 건설했다"며 이란과 하자라를 싸잡아 욕할 때만 해도 현장을 볼 수 없던 외신기자들은 "계곡에 비행장은 무슨 비행장, 기껏 헬리포트아니겠나"며 비웃었다. 나도 그랬다.

하자라 형제들

'이란 형제로부터'

활주로 한구석에 버텨선 간판은 그동안 아프가니스탄내전이 국제전이었다는 사실을 또렷이 증명했다. 1994년 탈리반 출현은 아프가니스탄내전이 국제대리전으로 옮겨가는 전환점이었다. 그로부터 아프가니스탄은 적도 동지도 없는 어지러운 국제 전쟁터가 되었다. 미국은 러시아의 남하정책 봉쇄와 원유를 낀 중앙아시아 패권을 노리며 탈리반을 설계했고, 사우디아라비아는 한계에 이른 왕실을 지키고자 미국에 목 매달며 탈리반에 뒷돈을 댔다. 파키스탄은 아프가니스탄을 장악해서 중앙아시아 진출 교두보로 삼고자 같은 파슈툰 혈통인 탈리반을 지원했다. 이란은 수니파 근본주의 탈리반 팽창을 막고 사우디아라비아를 견제하고자 같은 시아파인 하자라 뒤를 받쳤고, 인디아는 탈리반을 쥐락펴락한 파키스탄의 확장을 막고자 마수드를 밀었다. 육질민족주의도 크게 한몫했다. 탈리반식 근본주의 유입을 두려워한 우즈베키스탄은 도스텀을 그리고 타지키스탄은 마수드라는 같은 핏줄을 도왔다. 터키는 중앙아시아 일대를 포함하는 이른바 대터키Great Turkey 건설을 꿈꾸며 핏줄이 닿아 있는 우즈벡계 도스텀을 지원했다. 아프가니스탄에 미련을 못 버린 러시아는 한때 꼭두각시 노릇을 했던 도스텀뿐 아니라 적이었던 마수드까지 도우며 부활을 꿈꾸었다. 프랑스는 중앙아시아 천연자원에 눈독을 들이며 전통적으로 가까웠던 마수드를 돌봤다. 중국은 이슬람 분리독립을 외치는 신장·위구르 무장조직과 탈

1997년 2월 아침, 바미얀은 머잖아 닥칠 절멸의 시간을 기다리고 있었다. 머잖아 그 땅에서 살아남은 건 아무것도 없었다. 사람도, 대석불도, 탱크도 모조리. _바미얀. 1997 ©정문태

리반 접속을 차단하고자 마수드한테 힘을 보탰다.

아프가니스탄에 개입한 이 모든 나라는 군자금과 군수품은 말할 나위도 없고 비밀스레 군사고문관까지 각 진영에 파견했다. 아프가니스탄전쟁을 국제대리전이라 부를 수밖에 없는 까닭이다.

"반갑다. 형제여!"

바미얀 한복판에 자리 잡은 헤즈비 와흐닷 이슬라미 숙소, 짐을 풀기

무섭게 구경꾼이 몰려들었다. 저마다 뜨겁게 손을 잡았다. 이토록 집단적인 '형제애'는 평생 처음이었다. 근데 겉보기도 아주 닮은 데다 습성도 비슷하니 한 핏줄이 아니라고 잡아떼기도 어려웠다.

스스로 몽골리안 후예라 믿는 하자라 사람들이 처음 본 한국 놈을 형제라 여기는 것까지는 좋았는데 한국을 향한 너무 큰 기대에 가슴이 철렁했다. 부끄럽고 남세스러웠다. 한국에서는 아무도 모르는 하자라 형제들인데!

"중국, 일본은 여러 피가 섞였으니 진짜 형제는 한국뿐이야."

숙소책임자 압둘 사마드는 칠십 평생 바미안에 살았지만 한국 형제는 처음 본다며 잡은 손을 놓질 않았다.

"한국도 순종 몽골리안 아니다. 바다 건너 온 남방계도 있고."

제법 심각하게 늘어놓았지만 아무도 곧이듣질 않았다. 이미 마음속에 단단한 형제관이 박힌 사람들이었으니. 손바닥만 한 동네다 보니 이내 소문이 퍼졌다. 사람치레로 일을 못 할 형편이었다. 구경꾼이 쉴 없이 찾아들었고 길을 나서면 아이들이 쫓아왔다. 누구와 인터뷰라도 할라치면 어김없이 형제타령으로 빗나갔고.

"웃자!" 결심은 했지만 속맘은 울고 싶었다. 취재란 게 시간싸움이다 보니. 뭐 그렇다고 짜증은 아니었다. 없는 살림에 찾아온 형제한테 따뜻한 차라도 한 잔 먹이겠다는 마음을 봤으니. 그랬다. 아무도 안 쳐다보는 산악에서 얼마나 외로웠으면 꼴난 한국기자 하나에 온 동네가 들썩였을까!

이건 바미안에서 겪은 일일 뿐 결코 투정질이 아니다. 나는 1997년 겨울 아프가니스탄 북부 취재 때 하자라 '형제들'한테 엄청난 신세를 졌고 또 결정적 도움을 받았다. 도스텀 진영과 악연에서 나를 건져준 것도 하자라 형제였다. 함께 간 타이 카메라맨 피 짤라워룩스가 유엔특별기 창을 통해 마자리샤리프 공항을 찍은 게 탈 나면서 마자리샤리프에 닿자마자 나는 도스텀 정보부로 끌려갔다. 그 시절 마자리샤리프 공항은 도스텀 진영이 쥐고 있었다. 촬영테이프를 놓고 "스파이"니 "체포"니 온갖 험한 말이 오가던 판에 하자라 사령관 모아킥을 팔아 두어 시간 만에 풀려났다. 그로부터 도스텀 진영이 붙여준 통역자가 24시간 따라붙고 호텔까지 감시당하던 나를 헤즈비 와흐닷 이슬라미 숙소로 불러 재워주고 먹여주며 자유롭게 취재할 수 있도록 도와준 것도 모아킥이었다. 그이는 한국에서 온 '형제'한테 바미얀 접근과 취재를 허락했을 뿐 아니라 그 비싼 연료를 써가며 헬리콥터를 띄워주기까지 했다.

그즈음 아무도 못 들어가는 바미얀을 내가 취재할 수 있었던 건 하자라 '형제애' 말고는 달리 설명할 길이 없다. 아프가니스탄을 뛰는 외신기자들 사이에 시샘 반 부러움 반으로 나돌았던 그 '바미얀 헬리콥터 취재' 소문의 배경이기도 했다. 게다가 마수드와 통화가 안 돼 애태우던 나를 위성전화로 어렵사리 연결해준 이들도, 전선을 뚫고 마수드 진영까지 길을 잡아준 이들도 모두 하자라 '형제'들이었다.

사실이야 어떻든, 동종교배 의식에서 나온 핏줄에 대한 믿음은 그렇게 셌다. '혈통'이니 '민족'이니 '인종' 같은 말만 나오면 체질적으로 거부반응부터 일으켜온 나는 그 하자라가 보여준 '형제주의' 앞에서 적잖은 혼란을 겪기도 했다. 어쨌든 고마움 한마디쯤은 여기 적어두는 게 옳을 듯싶다.

하자라는 누군가? 왜 그이들은 한국 사람을 형제로 여길까?

이 물음에 속 시원히 답할 수 있는 사람은 아무도 없다. 아프가니스탄 중부와 서부에 흩어져 살아온 400여만 하자라족 뿌리를 캐기 힘든 탓이다.

여태껏 연구자들은 하자라 핏줄을 크게 세 갈래로 더듬어왔다. 하나는 본디 아프가니스탄 중부에 뿌리박고 살아왔다는 '원주민론'이고, 다른 하나는 서방 원정길에 올랐던 칭기즈칸 전사들과 원주민이 피를 섞었다는 '몽골리안론'이다. 나머지 하나는 타지크족, 터키족, 몽골리안이 함께 어우러졌다는 '혼혈론'이다.

그러나 이 모든 가설은 영국과 러시아 학자가 책상머리에 앉아 정치적 잇속을 두드린 유사언어 비교 수준일 뿐이다. 예컨대 고대 한반도어를 전혀 몰랐던 일본과 서양 학자가 조선말을 우랄알타이어 계통에 올리자 그 아래 밥줄을 매단 한국 학자들이 고스란히 물려받았던 것처럼. 그리하여 8,000km 떨어진 터키와 한국이 서로를 형제처럼 여기게 되었고.

실제로 하자라 사람 가운데는 한국 사람과 빼닮은 이들도 많지만 달리 인디아나 이란 쪽에서 흔히 볼 수 있는 아리안계Aryans 얼굴도 적잖다. 겉모습만으로도 여러 피가 뒤섞였다는 사실을 한눈에 알 수 있다. 대륙에서 온 북방계와 바다에서 온 남방계가 어지럽게 얽힌 한국 사람 얼굴을 하나로 뭉뚱그릴 수 없는 것과 같은 이치다. 이 세상에 단일인종이니 단일민족이 존재할 수 없는 것처럼.

결국 하자라의 핏줄 문제는 학설보다 하자라 사람들 믿음이 중요하다는 뜻이다. 그러니 그 답을 아는 사람도 오직 하자라뿐이다. 현장에서 만났던 하자라 사람들은 저마다 스스로를 몽골리안이라 믿었다. 연구자도 아닌 내가 맞장구쳐주었던 건 혈통보다 그이들이 지닌 사회적 신념을 더 존중해주고 싶었던 까닭이다. 오랜 세월 동안 제 몸에 흐르는 피를 몽골리안이라 믿어왔고 그 믿음이 집단생존의 동력이었다면 굳이 인정 안 할 까닭이 없을 테니.

온 세상이 눈을 감았다

내겐 핏줄문제보다 소수민족인 하자라 역사가 아리게 다가왔다. 코이바바Koh-i Baba 산맥과 힌두쿠시산맥이 만나는 아프가니스탄 중부 바미얀을 중심으로 이란과 파키스탄 국경에 흩어져 살아온 하자라 사람들은 19세기 말까지 고립된 부족중심 사회를 꾸려왔다. 하자라는 3∼4세기부터 이슬람으로 개종한 7세기 말까지 인디아의 마우리아왕조Maurya Dynasty와 쿠샨왕조Kushan Dynasty한테 침략당한 데 이어 13세기 칭기즈칸에게 심장이었던 바미얀을 점령당했다. 하자라 사람들의 독립적인 영토와 인종 개념으로 알려져온 하자라잣Hajarajat이란 말은 16세기 무굴제국 왕 바브르Babur가 처음 기록으로 남겼다. 하자라잣은 1893년 카불 지배자인 파슈툰족 왕 압둘 레흐만Abdul Rehman한테 침략당하면서 막을 내렸다. 바미얀을 점령한 레흐만은 하자라 사람 수천을 학살한 뒤 숱한 이를 카불로 끌고 가 노예로 부리며 하자라 말살정책을 펴기 시작했다. 그로부터 하자라는 다수 파슈툰족이 지배하는 아프가니스탄 역사에 말려들어 박해받는 소수민족이 되고 말았다. 오랫동안 짓밟혀온 하자라한테 1980년대 대소비에트 항쟁은 정치적으로 눈뜨는 계기가 되었다. 반외세 기운을 통해 자신들의 정체성을 되찾은 하자라는 헤즈비 와흐닷 이슬라미라는 정치조직을 건설해 아프가니스탄 현대사에 뛰어들었다. 소비에트 철군 뒤에는 다수 수니파 틈에서 소수 시아파로 생존투쟁을 벌이며 내전의 한 축이 되었다.

1994년 파슈툰족 탈리반이 등장하면서 하자라한테는 100년 전과 빼닮은 비극이 되살아났다. 파슈툰 왕 레흐만이 그랬던 것처럼 탈리반도 하자라 학살을 몰고 왔다. 탈리반은 1995년 하자라 최고 지도자 압둘 알리 마자리Abdul Ali Mazari를 납치해서 살해한 데 이어 1998년 8월 마자리샤리프에서 5,000여 명 그리고 같은 해 9월 바미얀에서 2,000여 명에 이르는 하자라 사람들을 학살했다. 탈리반은 그 과정에서 400여 하자라 여성을 강제로 끌고 가 첩으로 삼는 아주 전근대적이고 야만적인 짓을 했다. 그러나 국제사회는 탈리반의 하자라 학살에 입을 닫았다. 돌고래 몇 마리만 자빠져 죽어도 대문짝만한 사진과 기사를 올리던 언론도 하자라 학살에는 눈을 감았다. 온 세상이 그랬다. 그 흔해빠진 항의성명서 하나 날리는 정부가 없었다. 하자라와 같은 시아파인 이란 정부가 기껏 '학살자 탈리반'을 비난한 게 다였다. 그것도 1998년 마자리샤리프를 점령한 탈리반이 이란 영사관을 공격해 외교관과 기자를 비롯한 이란인 11명을 죽인 사건과 겹쳤기 때문이다. 그 무렵 이란 최고 지도자 아야톨라 알리 하메네이Ayatollah Ali Khamenei는 대탈리반 전면전을 선포하고 중화기를 동원한 최정예 혁명수비대 7,000여 명을 아프가니스탄 국경에 투입했다. 이란 정부도 20여만 정규군을 아프가니스탄 국경에 전진배치해 사상 최대 군사훈련으로 대탈리반 무력시위를 벌였다.

사태가 걷잡을 수 없는 위기로 치닫자 탈리반 최고 지도자 물라 오마르는 이란 국경 헤랏에 깔았던 병력 5,000을 뺀 뒤 유엔특사 라흐다르 브라히미Lakhdar Brahimi를 만나 이란인 사체송환과 외교관례 존중을 약속하며 꼬리를 내렸다. 물라 오마르가 브라히미를 통해 처음 국제사회와 선을 달았으나 그 자리에서 유엔과 탈리반은 하자라 학살건은 입에도 안 올렸다. 지금껏 이란은 같은 시아파인 하자라를 형제라 불러왔지만 사실은 파슈툰족 못잖게 하자라를 짓밟았고 노예처럼 다뤄왔다. 이란 국경에 얹혀 사는 하자라 난민은 걸핏하면 이란 사람들한테 맞아죽었다. 그래도 이란 정부는 꿈쩍도 안 했다. 이란 국경 난민촌은 지옥이었다.

먼지 속에 날려버렸다

"쉬샤 케 마이다 숏, 티즈타르 무샤."

(잘린 잡초가 더 날카로워진다.)

하자라는 지난 천년 동안 갖은 박해에도 이 금언 하나를 안고 잡초처럼 견뎌왔다. 2007년 겨울, 한때 중국과 중앙아시아를 거쳐 로마제국을 잇는 실크로드가 지나던 바미얀의 황금시대는 저물고 짓밟힌 땅 위로 쓸쓸한 노을이 지고 있었다.

"사방에서 황금빛이 튀고 눈이 내뿜는 빛은 사람을 압도했다."

혜초보다 100년 앞선 630년에 바미얀을 거쳐 간 당나라 순례자 현장 玄奘이 보았다던 그 찬란한 대석불은 온데간데없고 얼굴 없는 바위덩이만 한 맺힌 세월을 전하고 있었다. 병풍바위를 뚫어 세운 55m 대석불도 38m 소석불도 모두 마지막 가는 숨을 헐떡였다.

나무를 붙여 만들었다던 석불 얼굴과 팔은 13세기 칭기즈칸 전사들이 불태워버렸고 다리는 무굴제국 아우랑제브Aurangzeb가 깨트려버린 탓에 '인디아풍'으로 알려져온 석불생김새를 짚어보기도 힘들었다. 다만 '그리스풍' 예복을 걸친 몸통만 그럭저럭 살아 있었다. 그리스Helios, 사사니안 페르시아Mithra, 인디아Surya 양식을 섞은 벽화를 둘렀다는 두 석불 안쪽 벽감壁龕도 깨지고 떨어져 나가 가늠할 수 없긴 마찬가지였다. 게다가 바미얀 유적은 이미 몇 차례 지진으로 지반이 뒤틀린 데다 1920년대 프랑스 유적조사단과 1960년대 인디아 유적보수단이 부스러지기 쉬운 사암의 특성을 무시한 채 새는 물을 막는답시고 유적에 물길을 뚫고 계단을 만들어 망쳐놓았다.

"이 석불을 지켜야 한다. 종교와 상관없이 인류 문화유산이다."

헤즈비 와흐닷 이슬라미 최고 지도자 카림 할릴리Karim Khalili[44]는 대석불이 내려다보는 바미얀 본부에서 한나절짜리 긴 인터뷰를 마친 뒤에도 두어 시간 넘도록 국제사회를 향해 석불보호를 호소했다.

"불심으로나 경제력으로나 도와줄 나라는 한국 형제뿐이다."

그의 입에서도 '한국 형제'가 어김없이 흘러나왔다. 그러나 불행히도 할릴리가 상상해온 한국과 내가 아는 한국은 너무 멀기만 했다. 한국은 바미얀 불교유적을 모를 뿐 아니라 인류 문화유산 보호에 나설 만한 의지도 용기도 없었으니까!

할릴리가 호소한 인류 문화유산 보호는 바미얀 현실과도 너무 멀었다. 대석불은 바로 발밑에 만든 유류·탄약 저장고를 디딘 채 머리 위에는 대공포 진지를 이고 있었다. 그 대석불 발바닥 아래 15톤 트럭을 바짝 들이대고 군수품을 실어 나르며 일으키는 진동만큼 내 심장도 뛰었다.

"유적보호하자며 오히려 타격 목표물로 만든 꼴인데?"

"근데, 이 허허벌판 어디에다 군수물자를 저장하겠어."

"그렇다고 대석불 바로 발밑에 유류·무기 저장고까지?"

"군수물자를 맨 땅에 세워놓고 폭격해달랄 순 없잖아."

할릴리의 안타까운 심정이 어색한 미소에 묻어나왔다.

"이게 전쟁이야. 우리 보고 다 죽으라는. 석불만 못한."

"하기야, 사람이 죽어나가는 판에 까짓 석불이 뭔가?"

---

44   헤즈비 와흐닷 이슬라미 최고 지도자로 대소비에트 항쟁에 참여한 뒤 1990년대 무자히딘 정부에서 재무장관을 지냈다. 미국의 아프가니스탄 침공으로 탈리반을 몰아낸 2002년 카르자이 대통령 정부에서 부통령을 했다.

그로부터 얼마 뒤 그 석불들은 숨지고 말았다. 우상을 거부한다며 여덟 번이나 석불 둘레를 공습해댄 탈리반이 1998년 바미얀을 점령하자마자 소석불에 돌이킬 수 없는 상처를 입혔다. 그나마 반쪽 남아 있던 소석불 얼굴을 다이너마이트로 깨뜨리고 그 사타구니에 로켓포를 쏘아 흉물로 만들어버렸다. 그리고 2001년 3월, 탈리반은 기어이 대석불과 소석불 모두를 폭파했다. 그렇게 두 석불은 1,500년 동안 온갖 해코지를 당하더니 결국 돌 부스러기로 되돌아갔다. 이미 사라져버린 석불을 놓고 옳네 그르네 따진들 무슨 쓸모가 있을까만 그 불온했던 과정만큼은 여기 기록에 남긴다.

탈리반이 원한 것

첫 번째 물음. "국제사회는 석불유적을 지킬 뜻이 있었던가?" 답. "눈곱만큼도 없었다." 1998년, 그동안 석불파괴를 입에 달고 다녔던 탈리반은 바미얀을 점령하자 보란 듯이 소석불을 깨뜨린 뒤 대석불 파괴까지 들먹였다. 국제사회는 들은 척도 안 했다. 2001년 2월 26일, 탈리반 지도자 물라 오마르 교령이 떨어졌다.

"이슬람 율법은 우상을 인정 안 한다. 석불을 모조리 박살내라."

카불 점령 뒤 5년 동안, 바미얀 점령 뒤 3년 동안이나 석불파괴 으름장을 놓은 뒤끝이었다.

그제야 매우 '문화적'인 국제사회가 발칵 뒤집혔다. 유네스코 사무총장 마쓰우라 고이치로松浦晃一郎가 "이 놀라움, 이 무기력함을 말로 다 표현할 수 없다"며 성명서를 날리자 각국 정부와 문화단체가 떠들썩하게 뒷북을 쳐댔다. 미국 정부는 "인류 문화유산을 파괴하지 마라. 반드시 책임 물을 것이다"며 입 발린 소리를 질렀다. 불교국 스리랑카 정부는 "인류와 역사의 이름으로 용서하지 않을 것이다"고 그럴듯한 수사를 날렸다. 대영박물관, 미국 메트로폴리탄박물관, 대만 고궁박물관은 입이라도 맞춘 듯 "석불유적을 파괴하느니 차라리 팔아라"고 희한한 말을 쏟아냈다. 세상 눈길이 석불유적으로 쏠리자 다시 미국 정부는 "석불이 무슬림 눈에 안 띄게 장벽을 만들어주겠다"며 거들고 나섰다.

그 무렵 나는 바미얀을 취재하려고 갖은 애를 썼지만 실패했다. 탈리반이 바미얀 접근을 원천봉쇄해버린 탓이었다. 나는 비록 현장은 못 밟았지만 탈리반이 석불을 폭파하기 전 일찌감치 '석불사망' 기사를 날렸다. 장난 수준인 국제사회 대응을 보면서 흥정판도 펼 수 없겠다는 확신을 한 데다 그동안 물라 오마르가 교령을 단 한 번도 뒤집은 적이 없다는 사실을 근거로 삼았다. 결국 기사를 내보내고 한 달 뒤 그 석불들은 끝장났다.

돌이켜보면 1998년 바미얀을 점령한 탈리반은 국제사회를 향해 3년 동안 끊임없이 석불유적을 흥정거리로 디밀었다. 국제사회가 의지만 있었다면 석불유적을 구조할 만한 시간과 기회가 넘치고 넘쳤다. 탈리반 외무장관 모하메드 하산Mohammed Hassan은 "석불을 살리고 죽이는 건 모두 국제사회에 달렸다"며 대놓고 흥정판을 열었다. 물라 오마르 최측근 비서로 대변인 노릇을 했던 와킬 아흐메드Wakil Ahmed도 "이슬람은 어떤 우상도 인정 안 하지만 국제환경에 따라 석불은 달리 해석할 수도 있다"는 말을 입에 달고 다니며 흥정 가능성을 흘렸다. 탈리반은 그렇게 흥정판을 펼쳐놓고 3년 동안 시간을 끌었다. 안으로는 이슬람 교리를 지키며 밖으로는 실리를 챙길 수 있는 길을 찾아 헤맸던 셈이다. 그래서 그 3년 동안 탈리반은 끊임없이 석불파괴 으름장을 놨지만 정작 물라 오마르는 단 한 번도 입을 안 댔다. 물라 오마르 말은 교령이고 그 교령은 절대 뒤집을 수 없다는 사

대석불 발밑을 파고든 군수물자 저장고는 일찌감치 비극적 운명을 예고했다. 대석불은 2001년 탈
리반이 폭파하기 훨씬 전부터 이미 돌이킬 수 없는 상처를 입은 상태였다. _바미얀 대석불. 1997년
ⓒ정문태

실을 탈리반이 누구보다 잘 알았던 까닭이다. 이건 물라 오마르가 값을 손에 쥐고 마지막 순간까지 흥정을 지켜보았다는 뜻이다.

나는 그 3년 동안 탈리반의 유적파괴설이 종교적 배경보다는 정치적 흥정이라 여겼다. 결과는 그렇게 드러났다. 유엔이 아프가니스탄 봉쇄를 결정하고 꼭 한 달 만에 물라 오마르가 교령을 내려 석불을 파괴했다. 그래서 탈리반이 자폭적 도박을 하기까지 벼랑 끝으로 몰아붙인 국제사회도 석불파괴 책임에서 자유로울 수 없다는 뜻이다.

"아프가니스탄 영토 94% 점령한 탈리반을 합법정부로 인정해달라."

탈리반이 그 3년 동안 석불과 맞바꾸자며 들고 다닌 흥정거리가 바로 이 대목 하나였다. 그러나 국제사회는 눈길 한 번 안 줬다. 유엔이 조건이라도 내걸고 미리 탈리반과 대화를 했더라면 결과는 달라질 수 있었다. 탈리반의 옳고 그름은 아프가니스탄 시민이 판단할 일이고 그 과정을 거칠 때까지 영토 94%를 장악한 탈리반을 적어도 대화상대쯤으로는 인정했어야 옳았다는 말이다. 그렇다고 유엔이 탈리반을 점령군으로 규정해 아프가니스탄 정부 원상회복을 돕고 나선 적도 없다. 한마디로 탈리반을 거들떠보지도 않던 유엔은 물라 오마르가 석불파괴 교령을 내리고 나서야 부랴부랴 대표단을 보내며 호들갑 떨었다. 결국 유엔이 막판에 탈리반을 대화상대로 인정한 꼴이지만 이미 때는 늦었다. 유적도 잃고 명분도 잃은 유엔이 얻은 건 굴욕뿐이었다.

그럴 바에야 3년이라는 긴 시간이 있었는데 왜 유엔이 일찌감치 안 나섰냐는 말이다. 유엔을 비롯한 국제사회는 마지막 순간까지 헛짚었다. 2월 26일, 물라 오마르가 교령을 내리고도 탈리반은 또 2주 동안이나 뜸 들였다. 다이너마이트 몇 다발이면 날려버릴 수 있는 석불을 놓고 탈리반이 주춤거린 건 마지막 흥정판을 기대했다는 뜻이다. 그 2주 동안에도 유엔과 국제사회는 아무런 흥정안 없이 말장난만 쳤다. 유엔은 기껏 유니세프 직원을 협상대표랍시고 아프가니스탄에 파견했다. 물라 오마르는 그이들을 본 체도 안 했다. 유엔협상 대표단은 물라 오마르 근처에도 못 가본 채 발길을 돌렸다. 탈리반이 원했던 건 정치협상단이지 문화대표단이 아니었다.

미국은 성공했다

내가 아프가니스탄을 취재하면서 처음부터 그 바미얀 석불을 물고 늘어졌던 건 미국의 아프가니스탄 침공전략과 선이 닿는다고 본 까닭이다. 미국 정부는 탈리반이 카불을 점령한 이듬해인 1997년부터 CIA를 동원해 비밀리에 아프가니스탄 침공작전 카드를 만지작거렸다. 그리고 빌 클린턴 대통령 정부는 1998년 케냐와 탄자니아 주재 미국 대사관 폭파사건 배후로 찍은 오사마 빈 라덴Osama Bin Laden이 숨어 지낸 아프가니스탄을 토마호크미사일로 난타하면서 무력침공 가능성을 시험했다. 이어 미국은 2001년 들어 유엔을 앞세워 대아프가니스탄 봉쇄결정을 내리고 딱 한 달 만에 가히 '바미얀의 선물'로 부를 만한 대어를 낚았다. 그 무렵 유엔이 봉쇄결정을 내리면 탈리반이 바미얀 석불을 대거리로 들고 나오리란 것쯤은 동네 고서방도 다 알았다. 왜냐하면 현실적으로 탈리반이 지닌 흥정거리라곤 오직 바미얀 석불뿐이었기 때문이다.

이건 뒤집어보면 석불유적을 파괴한 탈리반이 미국의 전략에 말려들었다는 뜻이다. 그 석불파괴를 통해 미국은 국제사회로부터 탈리반 박멸을 내건 아프가니스탄 침공 명분을 한껏 쌓을 수 있었다. 미국은 전통적인 유럽 기독교 동맹국뿐 아니라 스리랑카, 타이, 네팔 같은 아시아 불교국가들을 비롯해 인도네시아, 이집트, 이란 같은 이슬람 국가들까지 반탈리반 전선에 끌어들여 지구적 규모로 아프가니스탄 '침공면허장'을 챙겼던 셈이다.

때맞춰 국제언론도 마치 통일전선마냥 한목소리로 광전주의자 미국을 화끈하게 밀어주었다. '역사파괴자 탈리반' '반문명적 탈리반' '문화유산 파괴자 탈리반' '반인륜적 탈리반' 같은 수식어가 붙은 탈리반이 날마다 머리기사로 지면과 화면을 뒤덮었다. 그 국제언론 통일전선은 탈리반의 파괴적 광신을 때리는 일에만 사력을 다했을 뿐, 미국의 속셈과 국제사회의 무관심에는 하나같이 입을 닫았다.

그렇게 탈리반이라는 전근대적 교정일치 집단은 '적'을 먹고 사는 미국에 사로잡혀 얼빠진 먹잇감이 되었다. 국제사회는 '집단광분'상태로 미국식 세계전략을 북돋우는 정신 나간 박수꾼으로 나섰다. 국제언론은 자본권력 눈치를 보며 미국식 침략주의에 기꺼이 앞장서는 넋 잃은 나팔수 노릇을 했다.

미국이 악마로 여긴 탈리반, 탈리반이 마귀로 여긴 미국, 그 둘은 자신들과 아무 상관없는 불교유적을 제물삼아 푸닥거리를 한 셈이다. 국제사회는 그 굿판에서 영문도 모른 채 영혼 없는 소리만 질러댔다. 미국과 탈리반, 이 태생적 패륜관계인 모자는 태어나지 말았어야 할 저주였다.

2001년 3월 초 탈리반이 석불을 폭파하고 꼭 여섯 달 뒤인 9월 11일, 월드트레이드센터가 무너져내렸다. 그리고 한 달 만인 10월 7일 미국은 아프가니스탄을 무력침공했다. 1997년부터 꿈꾸었던 미국의 아프가니스탄 침공 작전은 성공했다. 미국은 오늘도 아프가니스탄을 손아귀에 쥐고 있다.

그렇게 바미얀 석불은 살해당했다. 기뻐도 바람개비 슬퍼도 바람개

기뻐도 슬퍼도 바람개비를 돌리던 이 아이들은 1년 뒤인 1998년 9월 탈리반한테 모두 살해당했다.
_바미안. 1997 ⓒ정문태

비를 돌리던 그 1997년 바미얀의 겨울 아이들도 모두 살해당했다. 이제 바미얀에는 천년전쟁에서 살아남은 이들, 다시 천년왕국을 건설하겠다는 꿈을 안고 먼 길을 떠나는 이들의 애달픈 노래만 남아 있다.

오늘 밤이 보름인데,
내 님은 아직 오지 않았네.
새벽까지 님을 기다렸네, 뜬눈으로
새벽까지 님을 기다렸네, 뜬눈으로.
동이 텄지만 님은 오지 않았네.
– 하자라 노래 〈차하르바이티Chaharbaiti〉

"늑대들 새끼는 늑대가 될 것이다"

하자라 속담처럼 짓밟히고 또 짓밟혀도 바미얀 사람들은 할아비의 할아비가 그랬던 것처럼 아들의
아들로 대를 이어 소수민족해방 투쟁에 나설 것이다. _쉐발전선. 바미얀. 1997 ⓒ정문태

판쉴의 사자

"아프가니스탄에서 외세가 사라질 때를 해방이라 부른다. 그날까지 싸울 것이다.
외세 몰아내는 길이라면 누구와도 손잡을 수 있다. 그러나 미국은 절대 아니다.
미국은 아프가니스탄을 두 번 죽였고, 머잖아 세 번째 죽일 것이다."
아흐마드 샤 마수드 아프가니스탄 전 국방장관, 1997년 인터뷰.

판쉴Panjshir 계곡을 뚫어지게 바라보던 그이가 묵상에 들었다.
긴 침묵이 흘렀다. 헬리콥터 창을 비집고 든 햇살에 불거진,
주름 잡힌 그이 얼굴에서 아프가니스탄 항쟁사가 묻어났다.

"마수드가 있는 한 아프가니스탄 점령은 절대 불가능하다."
소비에트러시아 지휘관들이 그이한테 달아준 '훈장'이었다.

1979년 12월, 아프가니스탄을 침공한 소비에트군은 판쉴계곡에 진
친 마수드한테 걸려 모진 대가를 치렀다. 그로부터 아프가니스탄 남북을
잇는 최고 전략요충지였던 살랑고개Salang Pass와 바그람 사이에 버틴 판쉴
계곡은 "소비에트군의 무덤"으로 불리기 시작했다.

1982년 소비에트군은 작전명 '판쉴Ⅴ(4~5월)'와 '판쉴Ⅵ(9월)' 아래
대규모 병력을 투입했으나 마수드한테 거푸 패하자 휴전안을 내놨다. 모
스크바는 1년 넘도록 마수드 암살과 판쉴계곡 점령에 머리를 싸맸다. 1984

년 4월, 소비에트군은 모스크바 작전참모본부에서 온 지휘관들이 "날아다니는 크렘린"이라 부르는 An-12에서 직접 '판쉘Ⅶ' 작전명령을 내렸다. 개구리발(Su-25 폭격기)과 오소리(TU-16 전략폭격기)가 판쉘계곡을 불바다로 만들었다. 암사슴(Mi-24 헬리콥터)이 쥐 잡듯 바닥을 쑤셔댔고 나비(PFM-1 공중살포용 대인지뢰)가 온 천지를 뒤덮었다. 이어 탱크와 장갑차 수백 대를 앞세운 소비에트군 최정예 제103, 104, 105공수사단과 제108중화기 사단 2만여 명이 카불 괴뢰정부 제38특공여단, 제8사단, 제20사단 6,000여 명과 함께 판쉘로 쳐들어갔다. 그러나 남북으로 협공하던 소비에트군은 판쉘계곡 들머리에서 마수드 게릴라한테 걸려 수많은 사상자를 낸 뒤, 이미 주력을 빼버린 마수드 전략에 말려들어 텅 빈 판쉘계곡에서 유령과 싸웠다. 그 무렵 마수드는 카불과 바그람 공군기지를 공격하고 있었다. 500여 전사자를 낸 소비에트군은 전열을 가다듬어 9월부터 '판쉘Ⅷ 작전'으로 다시 밀어붙였으나 판쉘계곡 북부 개구멍을 통해 치고 빠지는 마수드 게릴라한테 비웃음거리만 되고 말았다. 그렇게 최정예 병력과 중화기를 동원해 판쉘계곡을 아홉 번 공격했던 세계 최강 소비에트군은 아홉 번 대패했고 마수드는 '판쉘의 사자'라는 전설적인 별명을 얻었다.

이 최전선에 마수드 가족이 산다고?

1997년 2월 16일, 아프가니스탄 북부 탈로칸Taloqan 마수드의 자미아티 이슬라미 숙소에서 기다린 지 5일, 정치회담에서 돌아온 마수드와 한 안가에 마주앉았다.

"오래 기다렸지. 판쉘 취재하겠다고, 언제쯤 가려고?"

"내일, 무기 싣고 갈 헬리콥터 띄운다고 기다리는데."

"그래 잘됐구먼. 그럼 나하고 오늘 판쉘 같이 가세."

마수드는 이내 통역하던 압둘라 압둘라Abdullah Abdullah한테 헬리콥터를 준비시켰다. 그렇게 해서 판쉘행 길이 열렸다.

1500시, 탈로칸 한복판에 자리 잡은 공설운동장.
마수드의 전용 헬리콥터 Mi-17이 시동을 걸었다.
탈리반 대공포를 피해 산기슭을 야트막이 날았다.
산 그림자에 가려 어두컴컴한 힌두쿠시를 넘었다.
곡예비행 45분 만에 판쉘계곡에 흙먼지를 날렸다.

마수드가 이끄는 대로 산비탈을 숨 가쁘게 올라갔다.
반쯤 무너진 채 아스라이 버틴 흙담집이 나타났다.
"이 집이 역사가 있어. 대소비에트 항쟁 시절부터."
그이가 자랑스레 여기는 흙집에 들어서며 놀랐다.
'어, 이 집이 자미아티 이슬라미 작전사령부라고?'
'어, 최전선 이 집에 마수드 가족이 살고 있다고?'
그랬다. 앞쪽은 작전사령부로 전사가 들락거렸다.
안쪽은 마수드 아내와 여섯 아이들 살림집이었다.
"왜 가족을 여기, 안전한 탈로칸이나 다른 곳에?"
마수드는 눈을 둥그렇게 뜨고 한참 동안 웃었다.
"내가 죽으면 가족도 다 죽게 돼. 어디 있든 다!"

그러고 보니, 나는 여태 가족을 전선에 데리고 다니는 지도자를 본 적이 없다. 대소비에트 항쟁 시절부터 '단 한 명 가족도 외국에 피신 안 시킨 유일한 지도자'로 알려진 마수드, 바로 그 전설을 초라한 흙집이 증명한 셈이다.

저녁을 기다리는 동안 마수드는 한국 경제를 입에 올렸다. 대우니 현대를 캐물으며 자동차 산업에 큰 관심을 보였다. 한국형 경제개발이 아프가니스탄에 어울릴지를 깊이 재보기도 했다. 마수드는 화제가 넘쳤다. 어느덧 그이는 프랑스 혁명을 거쳐 샤를 보들레르Charles Pierre Baudelaire로 넘어갔다. 경제와 역사와 문학을 넘나드는 마수드를 보면서 크게 놀랐다. '이이가 과연 일생을 게릴라전에 바친 인물인가!'

저녁이 들어왔다. 문가에 앉았던 마수드가 밥통을 받았다. 열서너 전사들 그릇에 손수 밥 퍼 담는 솜씨가 보통 넘었다. 전사들은 웃고 떠들어댈 뿐 누구 하나 나서 거들지 않았다. 밥을 다 돌리고도 마수드는 제 입 돌볼 겨를이 없었다. 전사들한테 양고기 찢어 올리랴, 찻잔 건네랴, 반찬 넘기랴. 마수드는 "나야 뒤에 천천히 먹어도 되잖아. 저이들은 바쁘다"며 대수롭잖게 받아넘겼다. 그 밥상머리에서 나는 비로소 해묵은 의문을 풀었다.

왜 전사들이 "마수드"를 외치며 적진으로 돌격했는지?

왜 전사들이 죽어가면서도 오직 "마수드"를 외쳤는지?

1997년 2월 16일, 내 취재노트에는 이렇게 적혀 있다.

"카리스마만으로는 결코 신화가 태어날 수 없다고 믿었던 그 의문이 풀렸다. 가장 마수드다운 마수드를 본 곳은 잘랄라바드Jalalabad전선도 카불 국방장관실도 아닌 판쉬르계곡 밥상머리였다."

날이 밝자 마수드를 따라나선 전사들 모습에서는 어제 저녁이 자취

마수드 전용 헬리콥터를 내려다보는 왼쪽 산등성이 흙집이 전략사령부 겸 마수드 가족이 사는 집이다. 투쟁과 일상이 하나였던 마수드를 잘 보여준다. _판쉴계곡. 아프가니스탄. 1997 ⓒ정문태

판쉴계곡 곳곳에는 침략자 소비에트러시아, 그 패배의 역사가 널브러져 있다. 사람들은 소비에트러시아에게 패배를 가르친 마수드를 '판쉴의 사자'라 불렀다. _판쉴계곡. 아프가니스탄. 1997 ⓒ정문태

도 없이 사라졌다. 마수드는 섬뜩한 냉혈한 기운을 튕겼고 전사들 눈동자엔 시퍼렇게 날이 섰다. 판쉴계곡 곳곳에는 바로 그 사나이들한테 뒤집힌 소비에트 역사가 처참히 널브러져 있었다. 러시아제 T-54A 탱크, T-62E 탱크, BRT-70 장갑차, BMP-1E 장갑차, Mi-17 헬리콥터, Mi-8 헬리콥터가 길가에도 강물 속에도 산등성이에도 엎어져 사나웠던 판쉴계곡 10년 전쟁을 증언했다.

마수드가 나타나자 전사들 사기가 하늘을 찔렀다. 전사들은 알고 있었다. 자신들 지도자는 늘 최전선에서 함께 싸우고 함께 전선을 누비다 언젠가는 함께 사라질 것이라는 사실을.

'판쉴의 사자'는 그렇게 붙여진 이름이었다.

판쉴강에서 전쟁을 잊다

2월 17일, 판쉴계곡에서 아프가니스탄전쟁을 내전으로 부를 수 없는 까닭을 확인했다. 그 전쟁은 국제대리전이었다.

"당신이 여기 첫 기자니 직접 외국군 참전을 확인해보시게."

마수드는 탈리반 병력 2만 가운데 8,000여 명을 파키스탄 정부군과 자원병으로 헤아렸다. 그 수치는 미국 국무부가 탈리반 병력 2만 5,000 가운데 20~40%에 이르는 최대 8,000여 명을 파키스탄 군인으로 꼽은 것과 비슷했다.[45] 그동안 전투경험 없는 탈리반이 대소비에트 항쟁을 승리로 이끈 무자히딘 정파들을 모조리 물리치고 2년 만에 영토 94%를 점령하자 많

---

45 *Documents Detail Years of Pakistani Support for Taliban, Extremists*, George Washington University, 2007.

은 군사전문가는 파키스탄 정부의 군사·정보·병참 지원을 의심해왔다. 물론 파키스탄 정부는 길길이 뛰면서 잡아뗐지만.

그날 마수드 허가로 판쉴계곡에 자리 잡은 바하락Baharak 형무소가 처음으로 외신기자한테 열렸다. 무장군인들한테 둘러싸인 채 산중턱에 걸 터앉은 바하락 형무소는 마치 요새 같았다. 그러나 겉보기와 달리 형무소 안은 자유로웠다. 모든 감방 문이 열려 있었고 전쟁포로들은 편하게 돌아 다녔다. 모퉁이마다 웅크려 햇살을 쬐는 포로들 얼굴엔 지루함이 묻어났다.

그 무렵 반탈리반 연합전선은 전쟁포로 1,000여 명을 일곱 개 형무소 에 가두고 있었다. 바하락 형무소에는 탈리반 201명과 파키스탄 군인(자원 병 포함) 40여 명이 잡혀 있었다.

바하락 형무소 소장 알림Alim은 "누구든 마음대로 만나 이야기해보 라"며 아예 안내원도 없이 형무소 안을 돌아다닐 수 있게 허락했다. 파키스 탄 군인과 자원병은 떳떳이 신분을 밝혔고 인터뷰도 마다하지 않았다. 저 마다 군은 신념을 드러냈다. 파키스탄군 운전병이라는 아흐마드 살렘(24 세)은 "군인으로서 소속은 말할 수 없다. 물자운송하다 바그람 북부에서 잡 혔다"며 "명령에 따랐고 무슬림으로서 의무 다했다"고 밝혔다. 파키스탄 라 호르 출신으로 탈리반에 자원한 뒤 두 달 만에 카불 북부에서 잡혔다는 압 둘 말릭(21세)은 "무슬림이라면 누구든 탈리반을 도와야 할 의무가 있다. 탈리반은 신의 군대다"고 했다. 페샤와르 출신 모하마드 압둘라(19세)는 "붙잡힌 것도 죽는 것도 두렵지 않다. 여기서 풀려난다면 다시 탈리반으로 돌아가서 마수드 군대와 싸울 것이다"며 주먹을 불끈 쥐었다.

과연 신은 위대했다. 모두가 신의 아들이라 우겼고 모두가 그 신을 위 한 성전이라 외쳤다. 그곳에는 오직 신의 나라만 있었다. 쉽사리 끝나지 않 을 아프가니스탄전쟁을 예감했다.

늦은 오후, 마수드와 판쉴강 기슭에 앉았다.
터키석 알맹이가 툭툭 튀어 오를 듯한 강물,
차가운 쪽빛 하늘이 뚝뚝 떨어질 듯한 계곡,
나는 판쉴에 취했고 전쟁도 일도 다 잊었다.
책에서나 봤던 그 역사의 현장에 있는 것도
그 역사의 주인공과 한 공기를 마시는 것도
모두, 꿈결마냥 아른거렸다. 먼 혹성이든가.

"전선기자라면 멋도 좀 부릴 줄 알아야지?"
난데없는, 마수드 말에 정신이 번쩍 들었다.
"자, 이걸 써야 판쉴에서 멋쟁이 대접받아."
마수드는 아프간 모자 파콜을 씌워주었다.
삐딱이 눌러 쓴 파콜, 마수드의 상징이었다.

그와 나 사이에 마지막 사연은 파콜이었다.
그리고, 4년 뒤 마수드는 영원히 사라졌다.
미국이 아프간을 세 번째 죽이기 바로 전,
현대사를 떠받친 그이는 판쉴을 남겨둔 채
다시는 돌아올 수 없는 길로 떠나고 말았다.

증거가 없으면 의문이라도 남긴다

2001년 9월 9일, 동티모르 총선 취재를 마치고 발리에서 숨을 돌리던
나는 '마수드 사망' 소식이 담긴 AP 이슬라마바드 지국 이메일을 받았다.

곧장 선이 닿는 이들을 찾았다. 영국에 있는 마수드 동생 아흐마드 왈리 마수드Ahmad Walli Massoud는 "얼굴과 다리에 중상 입었지만 괜찮다"고 했다. 아프가니스탄 타하르Takhar에 있는 대변인 잠시드Jamsid는 "타지키스탄으로 옮겨 치료 중인데 중상은 아니다"고 했다. 모두 마수드 사망설을 부인했다. 그러나 저녁나절 이란뉴스에이전시IRNA가 거듭 마수드 사망을 확인했다. 외신은 그 하루 동안 마수드 사망설과 중상설을 어지럽게 쏟아냈다.

9월 11일, 러시아·프랑스·미국·파키스탄 정보기관이 마수드 사망을 확인했다. 그러나 타지키스탄 주재 반탈리반 연합전선 외무책임자로 마수드의 친척이기도 한 살레 레기스타니Sale Registani가 "마수드는 경상을 입었고 이제 괜찮다"고 되박아 다시 혼선을 빚었다.

그리고 그날 뉴욕 월드트레이드센터 폭파라는 충격적인 사건이 터지면서 마수드 사망 뉴스는 뒷전으로 밀려났다. 나는 아무 단서도 증거도 없었지만 이틀 사이에 벌어진 마수드 암살과 월드트레이드센터 폭파를 단일 음모로 보면서 아프가니스탄에 닥칠 엄청난 비극을 예감했다.

"머잖아 미국이 아프가니스탄을 세 번째 죽일 것이다."

마수드가 판썰계곡에서 내게 했던 말이 떠나질 않았다.

"벨기에 위조여권을 지니고 저널리스트로 위장한 모로코와 튀니지 출신 범인이 카메라에 숨긴 폭탄으로 마수드를 죽였다. 범인 가운데 한 명은 현장에서 폭사했고 한명은 체포했으나 도망치려고 해 사살했다."

이게 지난 15년 동안 연합전선이 밝힌 마수드 암살사건 전모다.

'누가 마수드를 죽였는가?'

그 답은 역사의 미제로 남을 가능성이 크다. 그러나 언젠가 진실이 밝혀지리란 희망을 품고 여기 물음표를 남긴다. 증거가 없으면 의문이라도

판쉬르계곡 바하락 형무소에 갇힌 파키스탄 정부군과 탈리반 자원병은 아프가니스탄전쟁이 국제대리
전이란 사실을 또렷이 증명했다. _바하락 형무소. 판쉬르계곡. 아프가니스탄. 1997 ⓒ정문태

남겨야 하는 기자로서 구실을 다하고 싶은 까닭이다.

내가 마수드 암살소식을 듣자마자 괴이쩍게 여겼던 건 아주 단순한 의문에서 비롯되었다. 마수드 진영이니 연합전선이니 관련국 정부가 밝힌 내용이 내 경험과 어긋났던 탓이다. 연합전선 발표를 하나씩 따져보자. 애초 연합전선은 "두 범인이 타지키스탄 수도 두샨베Dushanbe를 거쳐 남부로 가서 군용비행기를 타고 아프가니스탄 국경을 넘었다. 마수드를 암살한 곳은 타하르주 홋자바하우딘Khodja Bahauddin이다"고 밝혔으나, 얼마 뒤 "암살자가 카불에서 육로로 홋자바하우딘까지 갔다"고 말을 뒤집었다. 연합전선은 왜 경로가 바뀌었는지 아무런 설명도 못 했다. 사건을 읽는 가장 중요한 밑감인 암살자들 잠입경로를 놓고 오락가락하면서 일찌감치 의혹이 불거졌다.

첫 번째 잠입경로, 이건 한마디로 영화적 상상력이다.

"암살자가 방송용 카메라와 배터리에 폭탄을 숨겨서 왔다."

어떻게 폭탄을 숨겨 두샨베국제공항과 남부 군용비행장을 빠져 다녔을까? 분쟁지역이나 정세가 불안한 지역을 취재해본 기자라면 다 안다. 방송용 카메라 장비는 어디 공항 할 것 없이 엑스레이를 지나고도 걸핏하면 렌즈와 배터리를 뽑아 육안검색까지 당하는 물건이다. 게다가 암살자가 거쳤다는 타지키스탄 국경 군용비행장은 마수드 진영의 사활이 걸린 보급창 노릇을 해온 곳으로 러시아군이 장악하고 있었다. 그 무렵은 러시아 정부가 무기까지 흘려주며 마수드를 지원하던 때였다. 그 타지키스탄과 아프가니스탄 국경지역은 탈리반과 손잡은 타지키스탄 반군들 거점이었다. 그래서 타지키스탄 정부 요청에 따라 러시아군이 그 국경을 통제하면서 까다로운 검문검색으로 악명 떨쳐온 곳이다. 더구나 폭탄 숨긴 카메라가 러시아군이 쥐고 있는 군용비행장의 검문검색을 피했다고? 〈007 시리즈〉 영화를 너무 많이 본 게 틀림없다. 누가 들어도 말 같잖다. 그러니 연합전선이 잠입경로랍시고 부랴부랴 발표해놓고는 슬그머니 거둬들였을 수밖에.

두 번째 잠입경로, 이건 한마디로 소설이다. 그즈음 탈리반은 타하르주 거의 모든 지역을 점령하고 판쉴계곡마저 포위한 상태였다. 마수드 진영은 홋자바하우딘을 비롯해 타지키스탄과 국경을 맞댄 몇몇 지역을 사수하며 판쉴계곡과 겨우 선을 달고 있었다. 그렇게 전선이 펼쳐진 곳에 외국인이 폭탄을 감추고 자동차로 달린다는 건 지나친 상상이다. 탈리반 쪽이 길을 열어줬더라도 마수드 쪽이 보면 적진에서 들어오는 자동차인데 아무 의심 없이 호락호락 받아들일 수 있을까? 전선이 펼쳐지면 현지인한테도 두 진영이 합의해야만 길이 열린다. 전선에서 외국 기자 편의를 봐주고자 적과 협상하는 일 따위는 죽었다 깨나도 없다. 기자들이 전선돌파를 못 해 코앞에 둔 지역을 몇 날씩 돌아가야 하는 게 아프가니스탄 취재다.

두 암살자

그 시절 홋자바하우딘 접근로가 타지키스탄 국경에서 마수드의 군용비행기를 타거나 카불에서 육로로 올라가는 두 갈래뿐이란 건 누구나 다 안다. 두 암살자가 진짜 '외부인'이라면 마땅히 그 둘 가운데 한길로 갈 수밖에 없었던 건 맞다. 그러나 연합전선은 암살자의 카불 육로 통과과정을 전혀 설명하지 못했다. 내 경험에 비춰보면 기자가 폭탄 안고 국제공항과 군용공항을 거쳐 군용기 타고 국경을 넘었다는 것도, 자동차를 타고 전선을 지났다는 것도 모두 너무 잔인한 농담이다. 말장난이거나.

여기서 눈여겨볼 대목이 하나 나온다. 연합전선은 "두 암살자가 죽어버려 조사도 수사도 할 수 없다"고 우겼는데 오직 그 잠입경로만은 마수드 사망발표와 거의 동시에 밝혔다. 수사도 없이 범인 잠입경로를 미리 밝힐 수 있는 경우는 딱 두 가지뿐이다. 사건발생 전부터 범인을 추적해왔거나 아니면 잘 짜맞춘 음모거나. 뭘까?

"1년짜리 파키스탄 비자가 찍힌 벨기에 위조여권을 지닌 모로코와 튀니지 출신 두 암살자는 마수드 인터뷰를 기다리며 3주 동안 홋자바하우딘에 묵었다."

연합전선 발표대로 날아갔든 기어갔든 두 암살자가 홋자바하우딘까지 검문검색을 피해 폭탄을 지고 들어갔다 치자. 그 손바닥만한 동네 홋자바하우딘은 마수드가 병영을 차린 곳이다. '외부인'이라면 일거수일투족이 모조리 드러날 수밖에 없는 환경이다. 근데 두 아랍 출신 저널리스트가 1년짜리 파키스탄 비자 찍힌 벨기에 여권을 지녔는데 아무도 의심하지 않았다는 게 더 수상하다. 마수드 진영은 파키스탄을 적으로 여겨왔다. 게다가 파키스탄 정부는 이슬라마바드에 지국을 둔 공식 특파원 아니면 절대 1년짜리 저널리스트비자를 안 준다. 달리 말하면 파키스탄 정부에서 누군가 두 암살자를 도왔다는 뜻이다. 연합전선은 그 의문조차 안 달았다. 그때 홋자바하우딘에 있었던 몇몇 기자는 "마수드 인터뷰를 기다린다는 두 아랍 저널리스트가 게스트하우스 문밖에도 잘 안 나오고 아무 취재도 안 해 이상하게 여겼다"고 증언했다. 그걸 마수드 정보요원만 몰랐다고? 마수드 정보조직은 그렇게 호락호락하지 않다. 온갖 음모와 배신이 판친 20년 전쟁에서 정보를 목숨처럼 여기며 살아남은 자들이다.

"아랍 저널리스트가 카불에서 탈리반 취재하고 홋자바하우딘에 왔다."

이것도 연합전선 발표다. 탈리반이 점령한 카불을 취재하고 왔다는 아랍 기자, 이건 누가 봐도 의심받을 만한 조건이다. 마수드 진영은 본디부터 아랍 사람을 가장 경계하고 의심했다. 알카에다Al-Qaeda를 비롯해 3,000여 명 웃도는 아랍 출신 자원병이 탈리반과 함께 마수드를 공격하던 시절이었다.

"이테하디 알이슬라미Ittehad-al-Islami 지도자 압둘 라술 사야프Abdul al-Rab Rasul Sayyaf가 두 아랍 저널리스트를 마수드한테 소개했다."

이건 연합전선 대변인 압둘라 압둘라 말이다. 라술 사야프는 모하메드 자히르 샤Mohammed Zahir Shah 국왕 시절 이슬람 운동 개척자란 칭송을 받았으나 무자히딘 지도자로서 평판은 별로 안 좋은 인물이다. 파키스탄과 미국 정보기관 커넥션을 지녀 늘 탐탁찮은 소문을 몰고 다녔던 탓이다. 라술 사야프는 마수드와 같은 정파인 라바니 대통령과 가까웠던 게 사실이지만 마수드의 적인 헤크마티아르나 빈 라덴과도 아주 친했다. 탈리반을 지원해온 사우디아라비아 정부가 가장 가까이했던 인물도 라술 사야프다.

마수드가 그런 라술 사야프를 달갑잖게 여기고 싫어했다는 걸 알 만한 이들은 다 안다. 근데 암살자가 라술 사야프를 통해 마수드한테 접근했다는 건 애초 아귀가 안 맞다. 기자한테 인터뷰 선을 다는 일만큼 중요한 게 없다. '누구를 통해 선을 달 것인가?' 그 답을 찾는 게 취재승패를 가르는 일이다. 마수드가 싫어한 인물을 통해 마수드한테 접근했다고? 암살자가 아주 아마추어거나 기획자가 뇌가 없거나 아니면 발표자인 연합전선이 돌았거나 그 셋 가운데 하나인 건 분명하다. 그렇게 미국·파키스탄·사우디아라비아 정보기관과 가까운 라술 사야프가 난데없이 등장하면서 의문을 더 키워놓았다.

암살현장

이쯤에서 9월 9일 마수드 암살현장을 살펴보자. 마수드는 20년 넘는 전쟁에서 늘 암살표적이었다. 마수드 진영의 본능적인 지도자 경호와 보안이야 새삼 말할 것도 없다. 더구나 그 무렵은 탈리반이 공개적으로 마수드 제거를 선언한 뒤라 경호수준을 최대로 높인 상태였다.

"인터뷰 시작하자마자 카메라에서 폭탄이 터졌다. 마수드는 괴로워하며 내 무릎에 쓰러졌다. 나도 중상 입고, 정신 잃어 그 다음 기억은 없다."

암살 현장에서 통역했다는 인디아 주재 아프가니스탄 대사 마수드 할릴리Masoud Khalili 말이다. 암살자가 홋자바하우딘에 묵은 3주 동안 아무런 검문검색을 당하지 않았고, 폭탄 숨긴 카메라를 들고 인터뷰 장소마저 무사통과했다. 그 많은 경호원과 그 까다롭던 검문검색은 다 어디로 사라져버렸을까?

"범인 가운데 한 명은 현장에서 폭사했고 한 명은 체포했으나 도망치려고 해 사살했다."

연합전선 발표다. 그러고는 수사도 없이 사건을 덮어버렸다. 범인은 어디로 어떻게 도망치려 했을까? 체포한 범인을 왜 사살해버렸을까? 오죽했으면 마수드 전사들이 그 발표를 믿을 수 없다며 난리 쳤겠는가?

사건열쇠를 쥐고 있는 자를 죽여버렸다는 건 마수드 암살사건 본질을 읽는 가장 중요한 단서다. 누군가 입막음이 필요했다는 뜻이다. 정체가 밝혀지면 안 되는 제3세력이 있었다는 말이다. 마수드 암살을 덮어버리겠다는 음모의 출발지가 바로 여기다. 왜 하나뿐인 증거를 없애버렸을까? 누가 한 짓일까?

"마수드 통역을 했던 이는 현장에서 사망했다."

연합전선은 갈팡질팡했다. 사건현장에서 자신이 통역했다는 할릴리와 입조차 못 맞췄다. 그동안 마수드 인터뷰 통역은 늘 압둘라 몫이었다. 왜 그날 압둘라는 현장에 없었고, 왜 느닷없이 인디아 주재 대사가 통역을 맡았으며, 또 연합전선이 밝힌 그 사망한 통역자는 뭔가?

앞서 암살범 잠입경로를 놓고 헷갈렸던 연합전선은 그렇게 암살현장 상황조차 오락가락했다. 누군가한테 발표문까지 조종당한 냄새를 강하게 풍겼다. 연합전선을 쥐락펴락한 제3세력 존재를 의심하는 까닭이다. 아프가니스탄 안에는 연합전선을 휘두를 만한 세력이 없다. 연합전선은 반탈리반 최고 군사동맹체고 마수드가 이끌었던 조직이다.

연합전선은 마수드의 언론담당자 "아심 소헤일Asim Soheil도 현장에서 사망했다"고 밝혔다. 할릴리를 빼고 나면 공식적으로 암살현장에 있었던 모든 입이 사라졌다. 연합전선은 안 밝혔지만 사실은 현장에서 살아남은 인물이 하나 더 있었다. 마수드와 가까웠던 아프가니스탄 언론인 모하마드 파힘 다슈티Mohamad Fahim Dashty다. 그러나 다슈티도 입은 죽었다. 입막음에 성공했다는 뜻이다.

폭탄까지 말썽이었다. "폭탄이 카메라에서 터졌다"는 할릴리 말과 달리 현장 가까이 있었던 마수드 경호원은 "사무실 안에 숨겨둔 폭탄을 누군가 원격조종으로 터트렸다"고 증언했다. 연합전선은 마음만 먹으면 얼마든지 조사할 수 있는 이런 대목조차 수수께끼로 넘겨버렸다. 왜 캐보지 않았을까? 연합전선은 "수사기술이 없다"고 했다.

마수드 암살 전부터 CIA 요원들이 연합전선에 드나들었고, 암살 한 달쯤 뒤에는 아프가니스탄을 침공한 미군이 현장에 득실거렸다. 이 중대한 사안을 왜 연합전선과 미군은 수사하지 않았을까? 연합전선은 독자적

수사가 힘들면 미국 도움을 얼마든지 받을 수도 있었다. 그런 수사쯤이야 식은 죽 먹기다. 수사를 못 한 게 아니라 안 했다는 말이다.

폭탄문제는 아무도 건드리면 안 되는 뇌관이었다는 뜻이다. 이건 암살자가 카메라에 폭탄을 숨겼든 사무실에 폭탄을 달았든, 그런 따위가 중요한 게 아니다. 사건고갱이는 그 폭탄출처다. 수사를 안 했다는 건 그 폭탄출처가 홋자바하우딘 현지일 가능성을 크게 높여놓았다. 여기서 그동안 암살범이 기적처럼 검문검색을 피할 수 있었던 까닭을 되새겨볼 만하다. 암살범이 바깥에서 폭탄을 들고 오지 않았다면 모든 의문이 풀린다. 마수드 진영의 누군가가 사건에 개입했거나 아니면 범인이 내부자한테 도움받았을 가능성에 눈길을 꽂는 까닭이다. 그것도 마수드 최측근 도움이 아니면 절대 불가능한 일이다. 연합전선이 자신들 지도자가 암살당한 사건을 곧장 덮어버렸다는 건 절대 건드리면 안 되는 대상이 따로 있었다는 증거다.

이런 게 마수드 경호다

마수드 암살기도는 어제오늘 이야기가 아니다. 지난 26년 동안 "마수드만 해치우면 아프가니스탄을 삼킬 수 있다"고 믿었던 모든 적이 들고 다닌 단골메뉴다. 현대사에서 마수드만큼 많은 정파한테 암살표적이 되었던 인물도 흔치 않다. 소비에트러시아, 무자히딘 정적, 탈리반, 파키스탄 군정보국까지 숱한 이가 마수드 목숨을 노렸다.

마수드는 1975년부터 정적이었던 헤크마티아르와 파키스탄 군정보국한테 암살표적이 되었다. 이어 1979년 아프가니스탄을 침공한 소비에트군은 드러난 것만 꼽아도 17번이나 마수드 암살을 기도했다. 1984년 소비에트군의 '판쉴Ⅶ 작전' 때는 러시아정보국KGB이 마수드 친척과 판쉴계곡 출신 무자히딘 23명을 포섭해 암살조로 투입하기까지 했다. 그 23명 모두가 판쉴계곡으로 되돌아가자마자 마수드한테 투항해버려 미수에 그친 아주 유명했던 사건이다. 그러니 마수드 진영에서는 애초 마수드 경호를 전략이고 전술처럼 여겨왔다. 마수드 경호는 그렇게 태어났다.

아프가니스탄을 취재해온 기자들이 "마수드 잡기가 하늘의 별 따기"라 했던 건 괜한 말이 아니다. 대소비에트 항쟁 때부터 온 세상 언론이 마수드를 띄웠지만 정작 마수드를 만난 기자는 기껏 손가락으로 꼽을 만했다. 마수드를 만난 기자들도 까다로운 접선과 경호와 보안 앞에 모두 혀를 내둘렀다.

내 경험이 좋은 본보기거리다. 나는 1996년 9월 말 탈리반에 밀려 카불을 포기하고 다시 판쉴계곡으로 들어간 마수드를 이듬해 2월 16일 국제언론 가운데 처음 인터뷰했다. 그즈음 나는 마자리샤리프에서 헤즈비 와흐닷 이슬라미 사령관 모하킥 도움을 받아 위성전화로 마수드와 약속을 잡고 탈로칸으로 가서 닷 새 동안 자미아티 이슬라미 숙소에 묵으며 그이를 기다렸다. 그 닷새 동안 나는 마수드 진영에서 발가벗었던 셈이다. 정보요원이 숙소를 들락거리며 방송용 카메라를 신기하다며 이리저리 만져보는 건 그나마 순진한 '검문'이었다. 외출 때 정보요원이 숙소를 뒤지고 장비와 가방을 훑는다는 것쯤이야 이 바닥 상식이었고.

2월 16일을 보자. 아침 8시, 약속도 없이 경호원들이 와서 안가로 안내했다. 인터뷰 준비를 마치고 기다리던 11시 무렵, 다시 경호원들이 장소를 옮겼다. 비록 멀지 않은 곳이었지만 다른 안가로 가는 모든 길을 전사들이 차단했다. 마수드 수행경호원들은 인터뷰 직전 카메라 몸통에서 렌즈를 빼 샅샅이 살핀 뒤 작동상태까지 확인했다.

"탈로칸에서도 이렇게까지 해야 하나?"

"이게 이자들 일이니 이해하게."

인터뷰 뒤에 지나친 보안과 경호를 놓고 마수드와 주고받은 말이다. 본디 나는 그 인터뷰 다음 날 아침 마수드 진영의 보급물자 수송용 헬리콥터를 얻어 타고 판쉴계곡으로 갈 계획이었다. 그러다 마수드가 그날 동행을 제안해 하루 앞당겨 판쉴로 가게 되었다. 헬리콥터가 기다리던 탈로칸 공설운동장에서 나는 또 털렸다. 헬리콥터가 시동을 거는 동안 또 다른 경호원들이 카메라와 장비를 풀어헤쳤다. 몰려든 사람들한테 둘러싸여 인사 주고받느라 정신없었던 마수드는 헬리콥터에 오르면서 보안검사에 지친 내 어깨를 툭 치는 걸로 이해를 구했다. 어쨌든 나는 마수드와 함께 전용 헬리콥터를 타고 판쉴계곡을 난 유일한 기자라는 기록을 하나 얻게 되었다.

이런 게 마수드 경호다. 마수드를 취재한 기자들은 다 안다. 나를 탈로칸으로 초대한 이도 마수드였고, 나를 판쉴계곡으로 데려간 이도 마수드였다. 그래놓고는 나를 못 믿어 나한테만 유독 까다롭게 굴었을까? 마수드 경호대의 공식 절차였다는 뜻이다. 물론 판쉴로 들어간 뒤에는 아무도 까탈 부리지 않았다. 마수드와 함께 날아온 기자를 경계할 까닭이 없었을 테니까.

범인이 되려면 증거를 대라

다시 마수드가 암살당했던 2001년 9월로 돌아가보자.
아프가니스탄에 개입한 모든 정파가 성명서를 날렸다.
"암살자 둘은 알제리 사람이고 빈 라덴과 관련 있다."
미국 정부는 수사조차 안 한 상태에서 결과부터 내놨다.
"암살은 탈리반, 빈 라덴, 파키스탄 군정보국 공모다."
연합전선 대변인 압둘라는 증거도 없이 범인을 찍었다.
"마수드가 죽었다면 좋지만, 우린 암살과 관련 없다."
탈리반 외무장관 와킬 아흐메드는 무관함을 강조했다.
"아프간 민족화해를 바라며 폭력과 테러에 반대한다."
파키스탄 정부는 아무 알맹이도 없는 성명서를 돌렸다.
"이슬람의 의무를 다하고자 우리가 마수드를 죽였다."
알카에다는 발표자도 책임자도 없는 성명서를 흘렸다.

이게 마수드 암살 뒤에 나온 성명서들이다. 숱한 의문 속에서 틀림없는 게 하나 있다. 이 성명서를 날렸던 정부나 조직 가운데 범인이 있다는 사실이다. 이들이 아프가니스탄전쟁 주인공들이기 때문이다. '누가 마수드를 죽였는가?'란 의문은 '누가 마수드 암살로 이문을 챙길 수 있는가?'란 의문을 좇는 일과 같다.

이건 먼저 자신들이 마수드를 죽였다는 정체불명 알카에다 성명서에 대한 믿음과 미련을 버리는 일에서부터 출발한다. 지금껏 알카에다는 주요 사안을 밝힐 때면 으레 빈 라덴이나 제2인자였던 아이만 알자와히리Ay-man al-Zawahiri 이름을 단 성명서를 내놨다. 그 시절 언론을 상대하고 성명서를 날린 책임자는 알자와히리 딱 한 명뿐이었다. 근데 마수드 암살이라

누가 마수드를 죽였는가? 영원한 미제로 남을 가능성이 크다. 나는 증거가 없다면 의문이라도 기록
으로 남겨야 하는 기자로서 역할을 다하고 싶었다. _판쉬르계곡. 아프가니스탄. 1997 ©정문태

는 중대한 사건을 놓고 발표자나 책임자 이름이 없는 성명서를 낸다는 건 한마디로 장난이다. 그런 짓은 아무나 할 수 있다. 그래서 그 성명서 진위를 놓고 큰 말썽이 일었지만 후속성명서 하나 안 나왔고, 알카에다 지도부 가운데 공식적으로 마수드 암살을 인정한 이도 없었다.

한 사건을 놓고 범인이 아니라고 우기는 데 알리바이가 필요하듯이, 범인이라고 나설 때도 증거를 댈 수 있어야 한다. 그러나 알카에다는 그 정체불명 성명서 하나만 날렸을 뿐 아무런 증거도 못 내놨다. 누가 날린 성명서인지도 알 수 없지만, 아무튼.

빈 라덴 생존마저 흐릿했던 판에 정체불명 알카에다 성명서를 곧이 믿으라고? 좀 더 따져볼 만하다. 미국은 9.11사건 한 달 뒤 아프가니스탄을 침공했고 빈 라덴과 알카에다는 토라보라Tora Bora 산악으로 쫓겨났다. 그리고 두어 달 뒤부터 외신은 빈 라덴 사망설을 내놓기 시작했다. 이집트 신문 〈알와프드Al-Wafd〉 2001년 12월 26일치는 빈 라덴 장례식에 참석했다는 탈리반 고위 지도자 인터뷰를 따서 '10일 전 빈 라덴의 죽음과 장례식 뉴스'란 기사를 날렸다. CNN은 2002년 1월 19일 "빈 라덴은 신장병으로 이미 죽었다"는 페르베즈 무샤라프 파키스탄 대통령 인터뷰를 내보냈고, BBC는 2002년 6월 18일 미국 연방수사국FBI 안티테러리즘 책임자 데일 왓슨Dale Watson 인터뷰를 통해 "빈 라덴은 죽었을 것이다. 그는 이 세상에 없지만 증거를 내놓을 순 없다"며 죽음을 확인했다.

그러나 미국 정부는 여전히 빈 라덴이 살아 있다며 아프가니스탄 침공 핑곗거리로 삼았다. 그러더니 2011년 5월 2일, 미국 정부는 "해군 특수전 요원들이 파키스탄 아보타바드에 숨어 살던 빈 라덴을 사살했다"고 밝혔다. 증거랍시고 누군지 알아보기도 힘든 동영상을 내보이며 "빈 라덴 주검은 곧장 인도양에 던져버렸다"고 덧붙였다. 그게 다였다. 미국 정부는 10년 동안 잘 써먹었던 빈 라덴 유효기간 만료를 선언한 셈이다. 미국 정부 말대로라면 빈 라덴은 9.11사건 주범이고 아프가니스탄 침공 원인을 제공한 인물이다. 미국은 10년 동안 그 빈 라덴을 잡겠다고 난리쳤다. 그런 중요한 인물을 현장에서 사살해버리고는 그 주검마저 곧장 바다에 던져버렸다면 누가 믿을까?

알카에다라고?

그사이 미국 정부는 빈 라덴이 날린 35번 동영상과 음성 메시지를 생존 증거라 우겼다. 근데 빈 라덴 메시지가 뜰 때마다 전문기관과 언론은 음성분석 자료를 내놓으며 조작 가능성을 고발해왔다. 예컨대 2002년 BBC가 "9.11사건 1주년에 맞춰 다시 공격할 것이다"고 밝힌 빈 라덴 음성 메시지를 정체불명이라 밝혔듯이.

그런 마당에 발표자도 책임자도 없이 "우리가 마수드를 죽였다"고 우기는 알카에다의 정체불명 성명서 따위를 믿으라는 건 아주 질 낮은 고문이다. 그즈음 탈리반과 관계를 보더라도 그 알카에다 성명서를 곧이 믿을 수 없긴 마찬가지다. 탈리반은 처음부터 자신들이 마수드 암살사건과 무관하다는 사실을 꾸준히 밝혀왔다.

아프가니스탄에 더부살이해온 빈 라덴과 알카에다는 애초 탈리반과 경쟁적 협력관계였다. 하여 초기엔 탈리반과 알카에다가 전략이나 군사적 주도권을 놓고 심심찮게 부딪쳤다. 그러나 1998년 8월 20일 미군이 토마호크미사일로 아프가니스탄 호스트Khost의 알카에다 훈련장을 폭격한 뒤로는 상황이 달라졌다. 미군의 호스트 폭격은 2주 앞선 8월 7일 알카에다가 케냐와 탄자니아 미국 대사관을 공격한 데 따른 보복이었다. 그 일로 국제테러리즘을 전략 삼았던 빈 라덴과 아프가니스탄에만 매달렸던 탈리반 지도자 물라 오마르가 크게 틀어졌고 결국 탈리반이 알카에다를 통제하기 시작했다. 아프가니스탄에서 알카에다가 숙지는 전환점이었다. 그로부터 알카에다가 아프가니스탄에서만큼은 탈리반 지휘와 허락 아래 움직였다. 아프가니스탄에서 알카에다는 독자적인 군사작전권을 잃었다는 말이다. 그러니 탈리반 몰래 알카에다가 마수드 암살 같은 중대한 일을 저질렀다는 건 상상하기 힘들다. 달리 탈리반이 마수드 암살에 개입했다면 곧장 승전보를 울려야 마땅했다. 탈리반한테 적장 마수드 죽음은 승리했다는 뜻이다. 탈리반이 숨길 까닭이 없었다. 더구나 탈리반은 두어 달 전쯤 공개적으로 마수드 제거를 선언한 상태였다.

누가 마수드 이후를 꿈꾸나

이쯤에서 연합전선 안쪽을 들여다보자. 미국이 아프가니스탄을 침공한 뒤부터 흔히 북부동맹군이라 불러온 연합전선은 대소비에트 항쟁을 이끌었던 무자히딘 정파들이 1996년 카불을 점령한 탈리반에 맞서 결성한 느슨한 군사동맹체였다. 연합전선 세 축인 타지크족 라바니 대통령과 마수드 국방장관, 시아파 하자라족 지도자 할릴리, 우즈벡족 전쟁군주 도스텀은 음모와 배반과 분열의 아프가니스탄 현대사를 꾸려온 주인공들이기도 하다. 1992년 도스텀은 헤크마티아르와 손잡고 카불 입성에 성공한 마수드를 공격했고, 1995년엔 마수드와 하자라가 충돌했다. 군사동맹을 맺은 뒤에도 1997~1998년에 도스텀과 하자라는 마자리샤리프에서 학살전을 벌이기도 했다. 그러니 연합전선은 상징성과 대중성을 지닌 마수드를 최고사령관으로 추대했으나 실질적인 군사작전은 각 정파가 자신들 해방구에서 독자적으로 펼쳐왔다. 그렇게 해묵은 적대감을 못 걷어낸 연합전선은 늘 내분에 시달렸다.

　　마수드가 암살당하기 전 연합전선 중심축인 자미아티 이슬라미 안에는 심상찮은 기운이 흘렀다. 1996년 탈리반한테 쫓겨나고부터 대통령 라바니는 정치적 상징성을 잃었고 권력이 자연스레 반탈리반 전선을 이끄는 마수드 쪽으로 쏠렸다. 전쟁이라는 특수한 상황 속에서 군사를 쥔 쪽으로 권력이 기울다 보니 상실감을 느낀 라바니 쪽에서 반마수드 연기를 피워 올렸다. 돌이켜보면 자미아티 이슬라미 내분설은 대소비에트 항쟁 시절부터 따라다녔지만 늘 마수드가 해결사 노릇을 하며 위기를 넘겨왔다. 그동안 카불대학 스승이자 자미아티 이슬라미 창설자인 라바니를 떠받쳐온 인물이 마수드이기도 했다. 라바니가 권력을 쥘 수 있었던 것도 마수드가 본디부터 정치와 거리를 두었기 때문이다. 사람들이 마수드 없는 라바니를 허수아비로 여겼던 까닭이다.

　　그러나 대통령 복귀를 꿈꾼 라바니가 권력분점을 놓고 탈리반과 비밀스레 협상한 사실이 드러나면서 마수드 전사들을 크게 긁어놓았고 그게 권력투쟁설로 번졌다. 그러고 몇 달 뒤 마수드가 암살당했다. 이어 라바니와 라술 사야프가 아랍 암살자한테 마수드 소개장을 써줬다는 소문이 나면서 마수드를 따르던 전사들이 라바니를 암살배후라며 거세게 몰아쳤다.

　　9월 16일 마수드 장례식이 끝나고 라바니가 곧장 후임 최고사령관으로 마수드의 정보책임자였던 모하마드 파힘Mohammad Fahim[46]을 임명하자 전사들이 또 난리 쳤다. 전사들은 라바니도 파힘도 모두 인정 못 한다고 대들었다. 실제로 파힘은 할릴리, 모하킥, 도스텀 같은 거물들 틈에서 연합전선을 이끌 만한 인물감이 아닌 데다 마수드의 카리스마에 길들여진 전사들이 받아들이기 힘든 인물이었다. 라바니 입장에서는 최대 후원자이면서 동시에 불편한 동지이기도 했던 마수드가 사라진 뒤 부리기 편한 인물을 최고사령관에 앉힘으로써 정치적 야망과 운신 폭을 넓힌 셈이다.

자미아티 이슬라미 안에서는 마수드 이후를 꿈꾼 압둘라도 지나칠 수 없다. 무자히딘 시절부터 고문으로 주치의로 비서로 통역으로 마수드와 가장 가까이했던 자가 압둘라였다. 많은 사람이 그런 압둘라를 마수드의 대리인쯤으로 여겼다. 마수드가 죽은 뒤 압둘라가 라바니에 기대지 않고 정치적으로 홀로 설 수 있었던 뒷심이다. 압둘라는 미국이 아프가니스탄을 침공하자 연합전선 대변인으로 미군 손발 노릇을 하더니 미국이 심은 카르자이 대통령 정부에서 외무장관 자리를 꿰찼다. 압둘라는 2010년 대통령 선거에 무소속으로 출마해 카르자이한테 졌다. 2014년 압둘라는 다시 대통령 선거에 뛰어들어 모하마드 아슈라프 가니Mohammad Ashraf Ghani와 맞붙었다. 그러나 두 진영은 서로 부정선거를 탓하며 재검표로 석달을 보낸 뒤 결국 아슈라프 가니가 대통령을 맡고 압둘라는 추후 개헌을 통해 총리직을 신설할 때까지 임시직인 집행위원장 자리를 차지하며 권력을 나눠 가졌다.

---

46 2001년 미군이 아프가니스탄을 침공한 뒤 카르자이 대통령 정부에서 2004년까지 국방장관을 거쳐 2009년부터 2014년 사망할 때까지 부통령을 했다.

아주 잘 짠 시나리오처럼

이제 미국을 보자. 미국은 1997년 빌 클린턴 정부 때부터 CIA를 동원해 비밀스레 아프가니스탄 침공 계획을 세웠다. 이어 1998년 토마호크미사일 100여 기로 알카에다가 훈련장을 차린 아프가니스탄 호스트를 공습하면서 무력실험을 했다. 2001년 1월 미국은 유엔을 윽박질러 대아프가니스탄 봉쇄결정을 내렸다. 아프가니스탄 침공 준비를 끝낸 셈이었다. 그리고 9월 9일 마수드가 암살당했다. 이틀 뒤인 11일 월드트레이드센터가 무너져 내렸다. 미국 정부는 마수드 암살과 마찬가지로 월드트레이드센터 공격자도 곧장 알카에다라고 밝혔다. 수사도 조사도 안 한 시점에 범인을 단정할 수 있는 경우는 두 가지뿐이다. 두 사건을 발생 전에 이미 알았거나 아니면 두 사건을 스스로 기획했거나. 이도 저도 아니면 거짓으로 아무 말이나 닥치는 대로 갖다 붙였거나.

이어 10월 7일 미군은 아프가니스탄을 침공했다. 9.11사건과 아프가니스탄이 아무 상관도 없지만 "탈리반이 빈 라덴을 숨겨주었다"는 한마디 말을 앞세웠다. 물론 아프가니스탄에 선전포고도 안 했다. 유엔도 미국의 대아프가니스탄 무력침공을 승인한 바 없다. 미국은 오직 '테러와 전쟁'이라는 추상적인 단어에 대고 선전포고를 했을 뿐이다. 원천적 불법침공이었다.

이렇듯 미국의 아프가니스탄 침공 과정을 보면 아주 잘 짠 시나리오처럼 척척 맞아 떨어진다. 무엇보다 9.11사건이 터지고 단 26일 만에 아프가니스탄을 전면 침공했다는 사실을 눈여겨볼 만하다. 그런 대규모 전면전을 준비하는 데 기껏 26일밖에 안 걸렸다는 건 공상소설에나 나올 법한 이야기다. 미국 정부가 9.11사건 전부터 아프가니스탄 침공 시나리오를 갖고 있었다는 사실을 증명한 셈이다. 지구 곳곳을 돌아다니며 전쟁을 창조해온 '미국답게' 아프가니스탄 침공은 일찌감치 기획하고 준비해온 전쟁이었다는 뜻이다.

15년이 지났다. 마수드 암살과 9.11사건은 여태 숱한 의문만 남긴 채온갖 음모론에 휩싸여 있다. 할리우드 영화판에서조차 상상할 수 없었던 일을 텔레비전 생중계로 지켜본 9.11사건 뒤부터 세계시민사회에는 아주 새로운 인식법이 생겨났다.

'이 세상엔 어떤 일이든 벌어질 수 있다.'

이건 인류사를 9.11사건 이전과 이후로 나눌 만한 엄청난 변화였다. 이제 사람들은 어떤 일이 일어나더라도 더 이상 '놀라지 않고' '믿지 않고' 살아가는 방법을 익혀나가고 있다.

그사이 미국 정부는 2004년 9.11사건조사위원회 최종보고서란 걸 뿌렸지만 세계시민사회 물음에 어느 것 하나 속 시원한 답을 못 내놨다. 마수드 암살사건도 그랬다. 탈리반과 알카에다를 카불에서 쫓아낸 뒤 미국 꼭두각시 정부가 꾸린 마수드사망조사단(2003년)은 해온 말만 되풀이했을 뿐 새로운 사실을 못 내놨다. 그 아프가니스탄 정부조사단한테 '건드릴 수 없는' 대목이 있었다는 뜻이다. 한 정부마저 손댈 수 없는 대상이 있다는 건 그 정부를 짓누르는 또 다른 권력이 있었다는 말이다. 누굴까?

마수드 암살사건 재판에도 그 그림자 권력이 드리웠다. 알제리와 튀니지 출신이라는 두 아랍 암살자가 벨기에 위조여권을 사용했다는 이유로 벨기에에 법정을 열었다. 위조여권은 위조여권일 뿐이다. 범죄 발생국가나 범인 체포국가나 범인 출신국가에 법정을 연다는 건 상식이다. 벨기에는 미국이 이끄는 나토 본부가 있고 미군이 클라인 브로겔Kleine Brogel 공군기지에 핵무기까지 배치한 곳이다. 미국 정부의 유럽 운영 심장부란 뜻이다.

그래서 처음부터 국제관계 전문가들은 재판 공정성을 의심하며 제3국에 국제법정을 차리라고 요구했다. 씨도 안 먹혔다. 그 결과 2년 동안 끈 재판은 아무것도 못 밝혀냈다. 벨기에 법정은 기껏 위조여권을 구해준 이들만 기소하고 사건을 덮어버렸다.

마수드가 살아 있었다면

미국이 탈리반을 쫓아내고 아프가니스탄 정부 틀 짜는 과정을 보면 적어도 마수드 암살사건 성격만큼은 드러난다. 애초 미국은 라바니 전 대통령 복귀설을 흘렸다. 미국과 유엔은 탈리반이 아프가니스탄 영토 94%를 점령했을 때도 라바니 대통령을 합법정부로 인정해왔다. 그러면 라바니 정부 원상복귀가 순서고 상식이고 법이다. 그러나 미국 정부는 원칙을 고집하는 라바니를 탐탁찮게 여겨 다수민족 파슈툰 출신인 늙고 병든 자히르 샤 전 국왕 옹립설을 내밀었다. 그러자 탈리반을 쫓아내는 데 큰 공을 세운 타지키족과 하자라족을 비롯한 소수민족이 강하게 대들었다. 결국 미국 정부는 얼토당토않은 인물인 파슈툰족 출신 카르자이를 대통령에 앉혔다. 카르자이는 오래전부터 미국에 살면서 CIA와 협력해온 인물이다. 미국 정부가 노렸던 건 오직 하나, 말 잘 듣는 대리정부란 사실이 드러났다. 외국 군대가 한 나라 정부를 마음껏 골라 세울 수 있는 건 '침략'뿐이다. 그런 외국 군대를 '점령군'이라 부른다. 미국의 정체였다.

여기에 마수드를 끼워 넣어보자. 결론부터 말하자면, 개혁적 민족주의자로 강한 독립성을 지닌 마수드는 본디부터 미국의 선택이 될 수 없었다. 미국과 파키스탄 정보기관은 1989년 소비에트군이 철수한 뒤부터 전략과 전투력을 지닌 저항의 상징인 마수드를 쫓아내려고 갖은 애를 썼다.

게다가 마수드는 암살당하기 전 러시아, 중국, 프랑스를 비롯해 유럽연합 EU의 강력한 지원을 받고 있었다. 마수드는 미국의 중앙아시아 정책에 큰 걸림돌이었던 셈이다.

"마수드가 살아 있었다면 미국 정부가 입맛대로 카르자이 같은 자를 대통령으로 세울 수 없었을 게 뻔하다." 아프가니스탄 출신 영화감독 타리크 마르즈반Tariq Marzbaan 말을 굳이 따지 않더라도 세상이 다 아는 이야기다. 미국 정부만 모를 리 없다.

"이 땅에서 외세 몰아내는 길이라면 누구와도 손잡을 수 있다. 한때 적이었던 러시아와도. 단, 미국은 절대 아니다. 미국은 냉전 시절인 1980년대 아프가니스탄을 반공방파제로 써먹고는 소비에트군이 철수하자 모든 약속을 팽개친 채 발 뺐다. 그러다 1994년 탈리반을 창조해서 다시 이 나라를 전쟁판으로 만들었다. 머잖아 미국이 아프가니스탄을 세 번째 죽일 것이다."

1997년 마수드가 내게 한 말이다. 미국이 마수드를 원치 않은 까닭이다.

"마수드 암살은 탈리반, 빈 라덴, 파키스탄 군정보국 공모다."

2001년 9월 14일 연합전선이 뿌린 성명서를 다시 보자. 마수드 암살을 '공모'로 본 것까지는 그럴듯했는데 그 몸통이 빗나갔다. 연합전선이 꼽은 탈리반, 빈 라덴, 파키스탄은 그저 자신들이 적으로 여긴 대상일 뿐이다. 사실이라면 수사를 통해 진실을 못 밝힐 까닭도 없었고 그동안 헷갈릴 까닭도 없었다. 더구나 그 셋이 공모한 증거를 아무것도 못 내놨다.

마수드 암살을 공모로는 볼 만한데 그 눈길을 달리해볼 필요가 있다. 9.9마수드 암살사건과 9.11사건 앞뒤로 어떤 일이 벌어졌는지 따라 들어가보자. 무엇보다 마수드 진영 정보담당자들과 CIA가 바삐 돌아갔다. 마수드가 암살당하기 전인 9월 초, 마수드 정보요원들은 두 아랍 기자가 카불에서 연합전선 쪽으로 온 사실을 CIA 카운터테러리스트 센터Counterterrorist Center에 보고했고, 빈 라덴 담당 부서에서는 그 두 아랍인 동선을 추적한 것으로 밝혀졌다.[47] 이건 마수드 정보요원과 CIA가 3주 동안 홋자바하우딘에 머문 두 아랍인 정체를 이미 파악했다는 뜻이다. 근데 어째서 마수드 진영에서는 그 두 아랍인을 검문검색도 하지 않았을까? 어떻게 두 아랍인이 카메라에 폭탄을 숨겨 인터뷰 장소에 들어갈 수 있었단 말인가?

9월 9일 마수드가 암살당하자마자 마수드의 정보담당자 암룰라 살레Amrullah Saleh가 곧장 CIA의 빈 라덴 담당자한테 상황을 보고하며 지원요청을 했다. 이건 마수드 정보요원들이 보고하고 지시받은 라인이 마수드 말고 따로 있었다는 뜻이다.

9월 10일 아침 CIA는 조지 워커 부시한테 마수드 사망사실을 보고하며 빈 라덴 제거를 위해 연합전선 지원을 건의했다. 백악관의 최종 결정을 기다린 연합전선은 마수드 사망을 은폐하며 시간을 끌었던 셈이다. 애초 연합전선이 마수드 사망사실을 곧장 밝히지 못했던 까닭이 드러났다.

CIA는 앞서 빈 라덴을 없애고자 마수드가 판쉴계곡으로 후퇴한 1997년 초부터 현지에 정보요원을 파견했다. 비록 마수드가 CIA를 안 믿어 군사적 협력은 못 했지만 두 쪽은 서로 통신선을 열고 정보를 주고받았다. 이건 CIA가 마수드 진영까지 다 들여다봤다는 뜻이기도 하다. 그사이 강한 반외세 민족주의 성향을 지닌 마수드를 경계해온 백악관과 마수드 이용 가치를 내세운 CIA는 '마수드 활용법'을 놓고 혼선을 빚었다. 빌 클린턴과

---

47   Steve Coll, "Ahmad Shah Massoud links with CIA," *Washington Post*, 2004.2.23.

222

조지 워커 부시 두 정부는 그동안 CIA가 요청했던 마수드 지원을 늘 거부했다. 그러더니 마수드가 암살당하자마자 미국 정부는 곧장 연합전선한테 막대한 돈줄과 무기를 흘려주었다.

미국은 그 어떤 '불편함'도 선택한 적이 없다

한편 9월 4일부터 13일까지 파키스탄 군정보국 국장 마흐무드 아흐메드Mahmud Ahmed 중장은 워싱턴에서 국빈대접을 받으며 콜린 파월Colin Powell 국무장관과 조지 테넷George Tenet CIA 국장을 만났다. 그사이 9.9마수드 암살사건과 9.11사건이 터졌다. 우연일까? CIA와 파키스탄 군정보국은 소비에트 침공 시절부터 아프가니스탄 음모의 원천이었고, 탈리반을 낳고 키운 부모였고, 아프가니스탄 침공 동업자였다. 그리고 파키스탄은 미국이 아프가니스탄을 침략하는 동안 전진기자 노릇을 했다.

같은 시간, 카르자이는 마수드를 다시 만나겠다며 파키스탄에 머물고 있었다. 두어 달 전인 7월 초 카르자이는 마수드를 만나 남부지역을 조직해 북부연합전선을 돕겠다고 제안했다. 아프가니스탄 정치와 아무 상관없이 미국에서 유노칼석유에 다녔던 카르자이라는 인물이 이미 암암리에 개입하고 있었다는 증거다. 시카고의 아프가니스탄 식당에서 일하며 마약거래 혐의를 받아온 카르자이의 동생 아흐메드 왈리 카르자이Ahmed Wali Karzai가 아프가니스탄에 등장한 것도 그 무렵이었다. 왈리 카르자이는 오래전부터 CIA한테 돈을 받으며 정보원 노릇을 해온 인물이다. CIA와 선을 단 카르자이 형제가 아프가니스탄과 파키스탄을 오가며 움직이기 시작한 시점이 마수드 암살 직전이었다.

아직껏 그 둘이 어떤 역할을 했는지 드러난 건 없다. 다만 미국한테 받은 엄청난 대가로 볼 때 아주 치명적인 일을 해낸 것만큼은 틀림없다. 미국은 탈리반을 몰아낸 뒤 카르자이를 대통령에 앉혔고, 왈리 카르자이한테 파슈툰족 최대 지분을 지닌 칸다하르Kandahar 주의회 의장을 맡겼다. 그러나 오바마 정부로 넘어와서 왈리 카르자이의 CIA 활용과 마약거래 문제로 워싱턴 정가에서 큰 말썽이 났다. 그 얼마 뒤인 2011년 6월 12일 왈리 카르자이는 자신의 경호원 총에 맞아 의문스레 살해당했다. 국제스파이 조직들이 입막음에 써먹어온 아주 전통적인 수법이다. 왈리 카르자이 유효기간이 끝났다는 뜻이다. 여기서 분명한 사실이 하나 드러난 셈이다. 이름 없던 카르자이 형제가 난데없이 아프가니스탄에 등장했다는 건 미국이 9.11사건 전부터 침공을 준비해왔다는 뜻이다.

　　미국은 어떤 종류의 '불편함'도 국제전략으로 택한 적이 없다. 미국은 그 불편함을 제거하는 것으로 국제사회를 주물러왔다. 미국은 그걸 세계 평화를 위한 일이라 우겨왔다. 틀림없는 사실 하나, 마수드는 미국의 대중앙아시아 정책에 아주 불편한 존재였다. 마수드 없는 아프가니스탄이 그 사실을 증명했다. 마수드 암살 한 달 뒤, 미국은 아프가니스탄을 침공했다. 미국이 아프가니스탄을 침공하는 동안 어떤 장애물도 없었다. 마수드 후임 사령관 파힘이 이끈 연합전선은 미국이 부실공습으로 시민 4,000여 명을 살해하는 동안에도 찍소리 없이 협조만 했다. 카불에서 탈리반을 쫓아낸 미국은 얼토당토않은 하미드 카르자이를 대통령에 앉혔다. 간까지 다 내준 연합전선은 외무장관 압둘라, 참모총장 도스텀, 국방장관 파힘, 부통령 할릴리까지 모조리 한자리씩 꿰찼다. 그사이 외세에 짓밟힌 땅, 아프가니스탄에서 아무 잘못도 없는 시민 1만 2,000여 명이 또 목숨을 잃었다. 마수드 없는 아프가니스탄은 그렇게 쉽사리 무너졌다.

왜 연합전선이 마수드 사망발표를 엿새 동안 늦췄던가?

왜 연합전선이 마수드 사망을 놓고 그토록 헷갈렸던가?

왜 미국 정부는 곧장 빈 라덴을 암살배후라 밝혔던가?

왜 연합전선과 미국 정보기관은 암살수사를 안 했던가?

왜 파키스탄 정부는 살인범한테 1년짜리 비자를 줬던가?

왜 미국 정부는 하미드 카르자이를 대통령에 앉혔던가?

그 막혔던 의문을 풀어가는 몇 갈래 길은 나온 셈이다.

국제적 암살 기획력과 실행력을 지녀온 조직은 누굴까?

어떻게 미군과 연합전선이 공동작전을 펼 수 있었을까?

연합전선, 파키스탄, 미국의 공모를 의심하는 까닭이다.

누가 마수드를 죽였는가?

미국 중앙정보국,

파키스탄 군정보국,

하미드 카르자이,

압둘라 압둘라,

대답할 수 있는 자들이다.

2001년 9월 16일 마수드 주검은 판쉴계곡 한 모퉁이에 자리 잡은 고향 장가락Jangarak으로 옮겨졌다. 헬리콥터가 장가락에 내리자 판쉴 사람 2만 4,000이 달려들어 서로 그 관을 지키겠다며 난리를 피웠다. 판쉴 전사 수천 명은 눈물을 뿌리며 마수드의 마지막 길을 따라갔다.

"마수드, 아메르 사헵(위대한 지도자), 우리는 영원히 당신을 따르리다!"

마수드는 전사들 손에 들린 사진으로, 탱크에 걸린 사진으로 여전히

게릴라 투쟁사의 산 역사였던 마수드를 만나는 일은 늘 큰 즐거움이었다. 전선기자로서 영감을 얻고
는 했으니. _탈로칸. 아프가니스탄. 1997 ⓒPhee Chalawlux

전선을 달렸다. 대소비에트 항쟁의 전설적인 게릴라 지도자, 판쉴의 사자 마수드는 그렇게 떠났다. 이제 아프가니스탄에 남은 건 마수드가 적이라 여겼던 그 외세뿐이다. 마수드가 내게 했던 말은 4년 뒤 현실이 되었다.

"미국은 머잖아 아프가니스탄을 세 번째 죽일 것이다."

04

오늘은 노래 않으리

오늘은 노래 않으리,
않으리
장미와 지빠귀
붓꽃과 히야신스의 노래를
않으리
취하고 황홀한
감미롭고 졸린 눈동자의 노래들은
이제 내 곁을 떠났다
오늘은 그런 노래 않으리
전쟁의 먼지 구름은
붓꽃 빛깔을 앗아가버렸다
천둥 같은 총소리에
지빠귀는 입을 닫았다
사슬은 짤랑거리며
모든 히야신스의 삶터를 뒤덮었다
안개는 번개의 눈을 멀게 했고,

언덕과 산은 두려움에 사로잡혔고,
그리고 검은 죽음
모든 어둠의 우두머리들을 끌어안고,
오늘은 노래 않으리.
탄띠를 찬 교활한 전쟁광에 맞서
내 조국을 위해 매복하리다.

-디나 나트 나딤
(Dina Nath Nadim 1916-1988, 카슈미르 시인)

멀고 먼 전선

과거 속으로 사라진 예멘전쟁
홍해를 넘어

"그동안 북예멘은 1990년 통일협정을 지키지 않았고 남예멘 시민한테는
제헌 국민투표 기회마저 안 줬다. 그리고 앞선 5월 5일 북예멘 군이 남예멘을 무력
침공했다. 1994년 5월 21일, 우리 예멘민주공화국은 북예멘과 분리를 선언한다."
알리 살림 알베이드Ali Salim al-Beidh 남예멘인민민주공화국 대통령, 1994년.

58도 넘는 갑판 밑, 화물칸 한 귀퉁이에 드러누웠다.
바람 한 점 없다. 숨이 콱 막혔다. 견디기 힘들었다.
맡겨둔 컴퓨터와 카메라를 핑계 삼아 선장실로 갔다.
냉방기가 도는 낙원이었다. 그냥 소파에 드러누웠다.
"오 공짜승객, 이젠 아예 선장실까지 점령하는구먼!"
프랑스계 케냐인 조스 앙투안Joss Antoine 선장은
냉장고에서 깡통맥주를 꺼내 휘익 던지며 째려봤다.
그이는 한마디로 정 넘치는 화끈한 바다사나이였다.
고래고래 소리치는 다혈질이지만, 몸소 밧줄을 엮고
물통을 나르고 거리낌 없이 손에 기름때까지 묻혔다.
케냐 선원들은 조스를 볼 때마다 엄지를 추켜세웠다.

"너나 나나 전쟁 팔아먹고 살 묘한 팔자 타고났어."

조스 말이 마음 깊이 숨어 있던 동지애를 끌어냈다.
"이번에 한몫 잡고 유럽 가서 두어 달 재미 보려고."
"그렇게 오래 놀아버리면 일자리 안 끊겨, 괜찮아?"
"돈 떨어지면 키 잡지 뭐. 전쟁항로 지천에 깔렸어."
'뱃사람과 전선기자는 닮았다.' 괜한 말이 아니었다.
"케냐 오면 내가 멋들어지게 한잔 살 테니, 연락해."
30년 배를 탔지만 조스는 아직도 빈털터리라 했다.
조스 얼굴에서 내 미래가 겹쳐졌다. 좀 불행하게도!

선장 조스가 모는 네덜란드선적 150톤급 본셀라는
국제적십자가 계약한 남예멘 행 물자 보급선이었다.
1140시 지부티 항구를 떠나 네댓 시간 달릴 즈음,
본셀라가 홍해 한복판에 멈췄다. 조스, 핏대 올렸다.
"해적들 우글거리는 판에 어디서 어떻게 찾으라고."
화가 난 조스는 무전기를 내던지며 웃통을 벗었다.
"왜 기자란 놈들은 늘 그렇게 말썽만 부리는 거야?"
"느닷없이 배는 왜 세우고, 기자는 왜 나무라는데?"
"프랑스 기자 실종이래. 국제적십자가 구조하라고!"

돌고래들이 본셀라 옆구리에 붙어 재롱떠는 해거름,
비로소, 나는 홍해가 붉은 바다라는 사실을 알았다.
다들 갑판에 나와 노을을 보며 인생길을 곱씹었다.
누구도 입을 떼지 않았다. 꿈틀거리는 이도 없었다.
홍해의 낮과 밤, 그 경계는 담배 한 대보다 짧았다.

해가 바다를 넘어가는 순간 곧 칠흑 같은 밤이었다.

그 경계 너머로 가물거리는 불빛 한 점이 다가왔다.

1930시, 손바닥만 한 모터보트가 본셀라에 붙었다.

거센 물결에 흔들리고 뒤뚱거리며 실랑이 10여 분,

본셀라에 오른 젖은 머리 여자는 담배부터 찾았다.

국제적십자가 구조 요청했던 〈르몽드 Le Monde〉

기자 프랑수아즈 시포 Francoise Chipaux였다.

1994년 5월 30일, 예멘전쟁을 좇아 홍해를 넘었다.

예멘, 통일과 분열

1990년 5월 22일, 북예멘의 예멘아랍공화국 Yemen Arab Republic과 남예멘의 예멘인민민주공화국 People's Democratic Republic of Yemen이 통일 예멘공화국 Republic of Yemen을 선포했다. 북예멘 대통령이었던 알리 압둘라 살레 Ali Abdullah Saleh를 대통령으로 남예멘 대통령이었던 알리 살렘 알베이드 Ali Salem al-Beidh를 부통령으로 내세운 예멘공화국은 독일식 흡수통일과 달리 상호체제를 인정하는 '1국 2체제' 모습을 갖춰 국제사회에서 큰 박수를 받았다. 예멘 통일은 한반도에도 좋은 본보기감이었다.

그러나 1993년 부통령 알베이드가 정치·경제·사회 모든 부문에 걸친 불평등을 탓하며 통일 수도 사나에서 남예멘 아덴으로 철수했다. 이어 대통령 살레가 1994년 5월 5일 군대를 동원해 남예멘을 공격하자 알베이드는 5월 21일 남예멘에 예멘민주공화국 Democratic Republic of Yemen을 선포했다. 그렇게 4년 만에 통일이 깨지면서 남북 예멘은 전쟁터가 되고 말았다.

그즈음 예멘 통일과 분열을 둘러싸고 한반도 기류도 심상찮게 움직였다. 서울과 워싱턴에서는 한동안 수그러들었던 극우 강경파가 보란 듯이 '예멘식 평화통일'을 때려대며 대북 '무력통일론'까지 들먹였다. 나는 한반도 통일을 가늠해보는 잣대로서뿐 아니라 '분열과 통합'으로 세계사를 봐온 개인적 관심까지 겹쳐 급히 예멘으로 달려갔다. 1990년대 초 소비에트러시아와 동구 사회주의권 해체를 보면서 20세기 말을 분열기로 여긴 내게 아주 짧은 주기로 통합과 분열을 되풀이해온 예멘은 귀한 학습현장이었던 셈이다.

예멘전쟁은 제3세계 모든 분쟁과 마찬가지로 식민주의에 뿌리를 둔다. 1839년 영국 식민주의자들이 남부 예멘을 삼킨 데 이어 1849년 오토만Ottoman이 북부 예멘을 공격하면서 예멘에는 남과 북이라는 정치적 지형이 생겼다. 그 뒤 북예멘에는 1962년 민족주의를 내건 압둘라 알살랄Abdulla al-Sallal이 쿠데타로 마지막 왕이라 부를 만한 종교지도자 이맘 무함마드Imam Muhammad를 살해하고 예멘아랍공화국을 선포했다. 그러나 북예멘은 사우디아라비아가 뒤를 받친 왕당파와 이집트가 도운 공화파로 갈려 내전과 군사쿠데타로 유혈전복을 거듭한 끝에 1978년 쿠데타로 등장한 살레가 통일 때까지 대통령으로 장기집권했다.

한편 영국 식민통치를 받았던 남예멘에는 1967년 독립투쟁을 성공적으로 이끈 마르크스주의 민족전선NF의 카탄 모하메드 알사하비Qahtan Mohammed al-Sahaabi가 초대 대통령으로 예멘인민공화국을 건설했다. 이어 1969년 예멘사회주의당YSP이 집권한 남예멘은 국호를 예멘인민민주공화국으로 바꿨다. 그리고 지난한 내부 권력투쟁 끝에 1986년부터 1994년 통일 때까지 헤이다르 아부 바크랄 아타스Haydar Abu Bakral-Attas가 국가수반 노릇을 했으나 실질적인 권력은 알리 살렘 알베이드 서기장이 쥐고 있었다.

남과 북 예멘은 1971년과 1978년 두 차례 전쟁을 거쳐 1990년 5월 22일 통일했다. 그러나 속살을 파보면 예멘은 통일 1년도 채 지나지 않아 이미 분열낌새를 드러냈다. 1991년 미국의 제1차 이라크 침공이 치명적 영향을 끼친 탓이다. 자주외교를 선언했던 통일 예멘공화국은 미국에 군사기지를 제공한 사우디아라비아를 강하게 비난하며 이라크를 지지해 미국과 그 동맹국들 눈 밖에 났다. 사우디아라비아 정부는 그 보복으로 8만 5,000여 예멘 노동자를 쫓아내버렸다. 그러자 예멘 사회는 곧장 흔들렸다. 예멘 정부는 유일한 '현금카드'였던 노동자 귀국에 따라 경제적 타격을 입은 데 이어 사회 내부에 도사렸던 북남 불균형과 불평등 문제가 도지면서 정치적 혼란에 빠져들었다. 결국 통일 예멘 정부는 사회통합 능력에 한계를 드러내며 1994년 전쟁으로 치달았고 남예멘이 분리를 선언하고 말았다.

'서약서'를 쓰고 가라

1994년 5월 말, 나는 방콕에서 예멘전쟁 소식을 듣자마자 곧장 남예멘으로 향했다. 그즈음 북예멘 수도 사나에는 이미 외신기자 300여 명이 몰려가 북새통을 이뤘지만 남예멘 쪽은 외신기자 없는 사각지대로 남아 있었다. 그러니 전황뉴스는 모조리 사나에서 쏟아져 나왔다. 국제언론이 남예멘을 버린 건 통일 예멘공화국 정치·경제·사회 중심이 북쪽이었던 탓도 있지만, 사회주의 체제였던 남쪽을 얕잡아본 편견 탓도 컸다. 게다가 취재 환경이 만만찮았던 것도 사실이다. 무엇보다 남예멘은 기자들한테 접근로가 안 나왔다. 출입국이 자유롭고 위험 부담이 없던 북쪽 사나와 달리 전선이 펼쳐진 남쪽 아덴은 모든 길이 막혀버린 상태였다. 전쟁이 터지자마자 60년 동안 국경선을 놓고 예멘과 실랑이 벌여온 이웃 사우디아라비아나 전쟁불똥이 튈 것을 걱정한 오만이 국경을 닫아버려 육로접근은 원천적으로 불가능했다. 그 국경 지역은 '개구멍' 하나 없는 사막이었다. 항공로도 바로 끊겼다. 북예멘 전폭기가 때려대는 남예멘 아덴공항은 개전과 동시에 폐쇄되었다.

길은 오직 하나, 남예멘과 마주 보는 아프리카 지부티에서 배를 타고 홍해 들머리 쪽 아덴만Gulf of Aden을 가로지르는 바다뿐이었다. 그러나 뱃길마저 끊긴 그 바다도 호락호락하지 않았다. 전쟁터로 배를 몰고 들어갈 만큼 간 큰 뱃사람을 찾기도 쉽지 않지만, 상황이 상황이고 보니 뱃삯도 부르는 게 값이었다. 손바닥만한 모터보트도 편도 2만 5,000~4만 5,000달러를 불러대는 판이니 선뜻 나설 만한 언론사도 많지 않았다. 더욱이 접근로 못지않게 비상철수로가 전혀 나오지 않아 위험부담도 너무 컸다. 그러니 남예멘 취재를 생각했던 기자들은 지레 손을 들고 말았다. 5월 말에서 7월 말까지 예멘전쟁 두어 달을 통틀어 남예멘을 취재한 기자가 10여 명에 지나지 않았던 사실이 그 형편을 잘 보여준다. 오죽했으면 기자 하나가 남예멘으로 들어갈 때마다 외신이 주요 뉴스로 띄우기까지 했을까. 지금도 전선기자들 사이에 접근이 가장 힘들었던 전선으로 남예멘이 꼽히는 까닭이다.

'조건 없고 핑계 없다. 아덴으로 들어간다!'

뱃삯도 없고 달 만한 선도 없는 나는 오로지 결심 하나만 들고 방콕을 떠났다. 방콕에서 몇몇 외신지국과 이야기를 나눠봤지만 전선 접근 가능성마저 흐릿한 마당에 그런 뱃삯을 댈 만한 언론사가 없었다. 지부티에서 결판내겠다고 마음먹은 나는 에티오피아 아디스아바바를 경유지로 잡았다. 아디스아바바에 짐을 풀고 지부티 비자와 비행기표를 챙기는 동안 길바닥에서 만난 '날라리' 프랑스 기자 도움을 받아 케냐의 나이로비 국제적십자와 선을 달았다. 그러고는 지부티로 날아가 현지 국제적십자에 매달렸다. 이틀 동안 국제적십자를 오가며 난리 친 끝에 "서약서를 쓰면 받아주겠다"는 책임자 말이 떨어졌다.

'발생 가능한 모든 위험으로부터 사망을 포함한 신체와 재산 손실에 대한 어떤 책임도 국제적십자에 묻지 않겠다. 그 모든 책임은 내가 진다.'

유언장이 될 수도 있는 서약서를 휘갈기고 본셀라 승선허가를 얻었다.

돌이켜보면 예멘 취재는 내게 두 번씩이나 그런 서약서를 쓰도록 했다. 국제적십자가 요구한 서약서 따위야 수천 번 쓴들 아무런 감흥이 없지만 나머지 한 장은 한동안 좀 아픈 기억으로 남았다. 그 한 장은 창간한 지 얼마 안 된 〈한겨레21〉에 남긴 서약서였다. 언론사가 요구하는 그런 서약서는 전쟁취재를 떠나는 기자한테 내미는 철 지난 관습인데, 한국이나 일본 쪽에서는 아직도 그런 게 좀 남아 있다. 이건 기자가 취재하다 죽든 말든 회사가 책임지지 않겠다고 못 박는 무시무시한 풍습쯤으로 보면 된다. 아주 전근대적인!

나는 여태 제 발로 전선에 오르는 기자 가운데 뒷일을 생각하거나 무슨 일이 터지면 회사에 책임을 묻겠다고 각오하는 이를 결코 본 적이 없다. 전선을 취재하는 기자는 그런 따위를 생각할 겨를이 없다. 전선이란 곳은 도시처럼 계산기나 두드릴 만큼 그리 한가한 곳이 아니다. 하여 나는 언론사가 요구하는 그런 서약서가 전선기자들 기를 꺾고 자존심을 짓밟는 아주 못난 짓이라 여겨왔다.

좋은 본보기가 하나 있다. 베트남전쟁은 팀 페이지Tim Page라는 빼어난 전쟁사진기자를 낳았다. 1960년대 초 발길 닿는 대로 아시아를 떠돌던 스무 살짜리 팀은 1965년 라오스 쿠데타 사진으로 이름을 내민 뒤 사진기자들이 득실대던 베트남에 뛰어들었다. 팀은 곧장 유명해졌다. 훌륭한 사진기자가 아니라 중상을 입은 사진기자로 먼저 이름을 날렸다. 1966년 불교도 봉기 취재 중 머리와 가슴에 중상을 입었던 팀은 다시 1967년 미군 B-57 폭격에 걸려 12번이나 대수술을 받는 치명상을 입었다. 그러나 상처가 아물기도 전에 다시 전선으로 달려갔던 팀은 1969년 지뢰를 밟아 5cm가 넘는 파편이 뇌에 박혔다. 사경을 헤매던 팀은 도쿄와 워싱턴 미군 병원을 거쳐 뉴욕 재활의학연구소에 이르기까지 열여덟 달 동안이나 병원신세를 졌다. 소식을 들은 〈라이프Life〉와 〈타임Time〉 같은 잡지들이 발 벗고 나서 그이가 남긴 모든 사진을 구입했고 그 시절 천문학적 돈이었던 13만 6,000달러에 이르는 치료비까지 떠맡았다. 프리랜서 사진기자였던 팀을 그 언론사들이 책임져야 할 까닭이라곤 없었다. 결국 죽음에 이른 프리랜서 사진기자를 언론사들이 일으켜 세워 팀 페이지라는 빛나는 전쟁사진기자를 언론사言論史에 남겼다. 대한민국 언론사들이 깊이 고민해봐야 할 대목이다.

'버러지 같은 기자들'

말이 난 김에 한 대목을 더 짚어보자. 따지고 보면 〈한겨레21〉 서약서는 회사가 강요했다기보다 사실은 내가 아이디어를 내고 내가 썼다고 보는 게 더 정확하다. 그때까지만 해도 대한민국 언론사가 프리랜서 저널리스트와 기사계약을 맺고 전쟁터나 국제정치판을 취재한다는 건 상상도 못하던 시절이었다. 그래서 예멘 전쟁취재를 놓고 상의하던 〈한겨레21〉이 지나친 걱정을 하기에 안심시키고자 국제언론에선 그런 서약서 같은 것도 있다고 귀뜸해주었는데 그게 진짜 서약서를 쓰는 일이 되고 말았다.

바로 여기에 잘 알려지지 않은, 그러나 대한민국 언론사言論史에 기록할 만한 중요한 대목이 하나 숨어 있다. 〈한겨레21〉이 한국 언론사에서 처음 프리랜서 저널리스트를 전쟁취재에 투입했다는 사실이다. 그로부터 〈한겨레21〉과 〈한겨레〉는 한국 언론사에서 최초로 프리랜서 저널리스트한테 문을 열고 취재비를 제공하며 기사계약을 맺기 시작했다. 나와 〈한겨레〉 관계는 그렇게 출발해서 오늘까지 이어지고 있다. 〈한겨레〉가 더 통 크게 프리랜서 저널리스트들을 못 받아들이는 현실은 안타깝지만 문을 열었다는 사실만큼은 대한민국 언론사의 중대한 진전임이 틀림없다.

그렇게 〈한겨레21〉이 본보기를 만들고 20년도 더 지난 오늘, 과연 대한민국 언론은 어떤 상태일까? 불행히도 〈한겨레〉를 빼고 나면 아직껏 프리랜서 저널리스트한테 취재비를 제공하고 기사계약을 맺었다는 언론사 소식은 들려오지 않는다. 대한민국 언론의 폐쇄성을 아주 잘 보여준 셈이다. 대한민국 언론이 입만 떼면 교범으로 삼는 미국이나 유럽 언론사는 이미 오래전부터 문을 열고 프리랜서 저널리스트들과 함께 일해왔다. 국제 언론사들은 프리랜서 저널리스트를 통해 전쟁이나 정치뿐 아니라 자사 기자들이 다룰 수 없는 외신이나 전문영역으로 지평을 넓혀왔다. 대한민국 언론사들이 가야 할 길은 이미 나와 있다는 말이다. 다만 우기고 버티며 그 길을 가지 않을 뿐. 그래서 발생하는 손해는 돈 내고 기사를 구입하는 소비자인 독자나 시청자 몫으로 고스란히 돌아가고 만다.

어쨌든 뱃삯을 서약서 한 장으로 때운 나는 본셀라에 올라 24시간 항해 끝에 남예멘 수도 아덴에 닿았다. 짐을 푼 아덴호텔은 군인들판이었다. 아덴에서 최고급 호텔이라곤 하지만 민간인은 구석마다 떼 지어 앉아 한숨 쉬는 호텔 일꾼들뿐이었다. 군인들이 호텔을 점령해버린 탓이다. 나보다 며칠 먼저 아덴에 들어온 기자들은 로비 커피숍에 모여 앉아 벌써부터 철수를 고민하고 있었다.

6월 2일, 북군이 아덴 북부 30km 지점까지 치고 내려왔다는 소식이 전해지면서 BBC가 철수했다. 그로부터 아덴에는 〈르몽드〉, 이탈리아 신문 〈라 레푸블리카La Republica〉, 러시아 신문 〈이즈베스티야Izvestia〉, 영국 잡지 〈이코노미스트Economist〉, 쿠웨이트뉴스에이전시KUNA와 나를 포함한 기자 여섯 명에다 로이터티브이Reuters TV와 AFP티브이AFP TV 카메라맨 셋을 합해 아홉만 달랑 남았다.

전쟁이 고빗길로 접어든 6월 3일 아침, 북군 미그-27 전폭기가 아덴 상공에 나타났다. 남군 대공포를 뚫은 북군 전폭기가 기자들이 묵는 아덴호텔로 날아들며 공습했다. 북군이 아덴호텔을 타격목표로 삼았던 건 남군 정보부와 공보부가 선전기지로 삼았던 탓이다. 게다가 아덴공항과 아덴항 사이 허허벌판에 우뚝 솟은 16층짜리 아덴호텔은 북군 전폭기한테 더 할 수 없이 좋은 타격좌표감이 되었다. "북군 전폭기가 아덴호텔을 보고 쏘아 짧으면 공항이고 길면 항구다." 기자들 사이에 나돈 말이 우스개만은 아니었다.

저녁나절 기자들은 호텔 커피숍에 둘러앉아 타격점이 된 아덴호텔을 포기할 것인지 말 것인지를 놓고 난상토론을 벌였다. 기자 아홉이면 뭘 던져놓아도 쉽게 결론 날 일이 없다!

사실은 그보다 아덴에서 문을 연 호텔을 찾기 힘든 데다 무엇보다 통신선이 살아 있는 유일한 곳이 아덴호텔이다 보니 이러지도 저러지도 못하는 신세였다. 안전을 택하면 일이 안 되고 일을 택하면 안전이 문제고, 그래서 다들 말만 하다 지치고 말았다.

　　6월 4일부터 상황은 더 나빠졌다. 북예멘 라디오가 "버러지 같은 외신기자들이 묵는 아덴호텔"이라며 기자들까지 싸잡아 욕해댔다. 북군이 일방적으로 몰아붙이는 전황 속에서 아덴호텔 기자들이 남쪽 어린이와 여성을 비롯한 민간부문 피해실태를 집중보도한 까닭이다. 북쪽과 남쪽 정부가 서로 '피해자' 이미지를 얻겠다고 선전에 열 올리면서 아덴호텔이 좋은 먹잇감이 되었던 셈이다.

　　북쪽 라디오는 "남군 사령부가 들어선 아덴호텔은 병영이다"고 몰아붙였고 남쪽 라디오는 "북군이 외신기자들 숙소인 아덴호텔까지 공격한다"며 맞받아쳤다. 한마디로 아덴호텔 기자들 입장만 난처해진 꼴이었다.

그 '중립'이란 말

　　그즈음 남예멘에 기자를 못 보낸 언론사들 사이에는 보도의 중립성을 놓고 말이 많았다. 남군 쪽에서 취재하는 기자들을 놓고 "남예멘 정부에 기운 편향적 보도를 한다"느니 "남군한테 이용당하고 있다"느니 희한한 소문이 돌았다. 북군이 퍼트린 일방적 선전을 언론사들이 실어 나른 탓이었다. 그런 되먹지 못한 소문은 외신을 타고 이내 아덴까지 들려왔다. 오히려 남군 감시와 비협조 탓에 애먹던 아덴 취재기자들이 경악했을 수밖에는.

　　"기자가 중립을 지켜야 한다."

나는 이런 따위 말을 믿지도 않을뿐더러 관심도 없다. 그 '중립'이란 말은 백인, 기독교, 자본주의, 서양중심주의로 무장한 나라 안팎 주류언론사가 떠받드는 신줏단지일 뿐이다. 그 중립을 앞세워 덩치를 키워온 국제공룡언론사는 제 입맛에 안 맞으면 어김없이 '중립성' 논란을 일으켜 몰매를 퍼부어댔다.

내가 죽기 살기로 남예멘에 들어갔던 건 그런 중립 따위나 지키겠다는 뜻이 아니었다. 이미 북예멘에는 국제 주류언론사들이 파견한 기자 300여 명이 진 쳤고, 예멘전쟁보도는 모조리 북예멘 중심으로만 쏟아졌다. 그러니 남예멘발 보도가 절실했던 때다. 내가 소외 당한 뉴스현장인 남예멘을 택했던 까닭이다. 사정이 반대였다면 나는 두말할 것도 없이 북예멘을 택했을 것이다. 나는 그게 기자의 중립이고, 그곳이 내가 서야 할 자리라 믿어왔다. 예컨대 내가 보지도 못한 북예멘 상황을 어떻게 남예멘에서 조립해 중립적인 기사를 쓸 수 있겠는가? 기자는 소설가가 아니다. 전선기자로서 내가 따를 중립은 오로지 내 발에 차이는 사실뿐이다.

전쟁은 밤새 불을 뿜었고 잠 못 이루는 아덴의 밤이 이어졌다. 북군 전폭기가 쏜 미사일은 마침내 아덴호텔 정원까지 파고들었다. 6월 5일 이른 아침부터 아덴호텔 군인들 몸놀림이 눈에 띄게 거칠어졌다.

"북군이 아덴 북서쪽 25km 라히즈Rahij까지 밀고 왔어!"

아덴뉴스에이전시ANA 기자 압둘라 타베트가 흥분했다. 아덴이 북군의 야포 사정거리 안에 들어갔다는 뜻이다. 기자들은 군 대변인을 닦달해 10시쯤 라히즈전선 취재허가를 받은 뒤 낡은 도요타 두 대를 나눠 타고 부리나케 북진했다. 휑한 사막 길을 따라 라히즈 전방 12km 지점에 닿자 북군 포탄이 길바닥 위로 쏟아졌다. 앞서 라히즈 전방 17km 지점에서 남군

북예멘 정부군의 남예멘 아덴정유소 폭격. 나는 이 사진을 찍으면서 전선에서 동료를 먼저 생각해야 한다는 원칙을 다시 배웠다. _아덴. 남예멘. 1994 ⓒ정문태

라히즈전선 남예멘군의 120mm 포격. 남예멘 정부는 로이터티브이가 전송한 이 포격 현장 사진을 빌미 삼아 모든 외신기자들 사진과 기사를 검열하기 시작했다. 라히즈전선. _남예멘. 1994 ⓒ정문태

포격을 취재했던 기자들은 북군과 남군의 포격전이 벌어지는 허허벌판 한 가운데 묶인 신세가 되고 말았다. 오도 가도 못 하는 기자들은 기껏 자동차 뒤꽁무니에 허리를 숙인 채 운명을 기다릴 수밖에 없는 꼴이었다. 고집 센 기자 일곱 명, 포탄이 머리 위를 날아다니는 판에도 올라갈지 내려갈지 결론이 안 났다.

"북상 금지! 취재금지! 빨리 아덴으로 되돌아가!"

몰려온 남군이 신경질 부리며 대신 결론을 냈다.

호텔로 되돌아온 13시, 북군 전폭기가 아덴을 공습했다. 항구 쪽 유류 저장고에서 거센 불길이 치솟았고 검은 연기가 아덴 하늘을 뒤덮었다. 〈이즈베스티야〉, 로이터티브이와 한 조를 이룬 나는 10여 분 만에 폭격현장에 닿았다. 불지옥이었다. 유류저장고에서 50m 떨어진 둔덕을 따라 방화선을 친 소방대원들이 방화제를 뿌려대며 갖은 애를 썼지만 미사일 직격탄을 맞은 대형 유류저장고 둘에서 흘러나오는 불길을 못 잡았다.

급히 둔덕을 기어오르는 순간 다시 북군 전폭기가 유류저장고를 때렸다.

"빨리 내려와!"

〈이즈베스티야〉 고함을 등지고 방화선에 올라서자 열풍이 온몸을 휘감았다. 얼굴을 들기도 힘든 상태에서 20mm 렌즈를 꽂아 현장을 찍었다. 기다시피 둔덕을 내려오며 열 받은 카메라를 만지던 나는 소스라쳤다. 필름감도계가 'ISO 400'을 가리켰다. 나는 몇 분 전 유류저장고 들머리에서 'ISO 64' 새 필름을 꽂았다. 나는 전문적인 사진기자가 아니지만 북군이 남예멘의 아덴 유류저장고를 공습한 그 상징성이 큰 그림을 놓칠 수 없었다.

"먼저 떠나라. 나는 알아서 호텔로 돌아갈 테니."

로이터티브이한테 말하고는 다시 둔덕을 기어올랐다. 그리고 몇 커트를 친 다음 급히 뛰어내려오기까지 한 5분쯤 걸렸다. 근데 〈이즈베스티야〉와 로이터티브이가 기다리고 있었다.

"야, 이 개새끼, 모두 뒈지는 꼴 보고 싶어!"

〈이즈베스티야〉 입에서 거친 욕이 튀어나왔다. 나는 곧장 사과했다. 자동차에 올라서도 다혈질 〈이즈베스티야〉는 흥분을 못 삭였다.

"사진은 한 지점 3분으로 약속했잖아!"

맞는 말이었다. 나는 거듭 사과했다. 레바논내전에서 잔뼈가 굵은 로이터티브이가 상황을 진정시켰다. 나는 그렇게 욕을 먹으면서 전선에서 동료와 함께 뛰는 방법을 배웠고, 동료들 안전을 먼저 생각하는 정신을 배웠다.

또 한 전선을 넘었다

오후부터 전기가 끊긴 아덴은 암흑천지로 변했다. 그리고 남군 정보부 태도가 아주 사나워졌다. 남군 정보부는 로이터티브이가 송출한 라히즈전선 남군의 150mm 야포 사격장면을 트집 잡아 모든 기사와 사진을 검열하기 시작했다. 기자들은 전기와 통신이 끊긴 상태에서 정보부가 쥔 군용통신선을 거치지 않고는 송고할 길이 없었다. 전쟁판에서 포격그림쯤은 아무것도 아니라 믿었던 기자들이 강력히 항의했으나 씨도 먹히지 않았다. 오히려 남군은 기자들한테 적대감을 드러내기 시작했다.

포성이 더욱 가까워진 저녁나절, 기자들은 다시 호텔 커피숍에 둘러앉았다. 이번에는 숙소 안전문제가 아니라 철수를 놓고 난상토론을 벌였다. 이미 북군이 남군의 최후방어선 격인 라히즈를 점령했고 아덴 20km

지점까지 치고 들어온 상태라 아덴 함락은 시간문제였다. 남군 정보부 군인들마저 아덴 함락을 하루 이틀거리로 판단했다.

기자들 고민이 깊어졌다. 촛불로 버티던 밤 10시 무렵 철수결정을 내렸다. 북군이 아덴호텔 기자들한테 극심한 반감을 지닌 상태에서 남군마저 기자들한테 등을 돌렸다는 건 아덴 함락시 취재는 둘째 치고 신변 안전부터가 문제였던 탓이다. 그러나 남예멘으로 들어올 때부터 비상철수로를 확보할 수 없었던 기자들은 온갖 아이디어를 내놨지만 또렷한 길을 못 찾았다. 하늘도 땅도 바다도 모조리 닫힌 판에 아홉이 다 같이 안전하게 떠날 수 있는 묘안이 없었다. 게다가 전선에서 무리가 커질수록 위험부담이 그만큼 커진다는 사실도 무시할 수 없었고.

"두세 명씩 조를 짜 철수 일정과 방법은 알아서 결정하기로."

자정 무렵 그렇게 결론이 났다.

6일 아침부터 기자들은 철수방법을 찾아 나섰다. 가장 먼저 쿠웨이트 뉴스에이전시와 〈이즈베스티야〉가 한 조를 이뤄 정오쯤 떠났다. 〈라 레푸블리카〉와 짝지은 나는 그동안 공습에 발이 묶였다가 16시 지부티로 출항하는 시리아 화물선 이스마일엠Ismail-M을 확보했다.

"인연 있으면 다시 만나겠지!"

짧았지만 같은 하늘 아래 함께 뒹굴었던 기자들은 그렇게 헤어졌다. 살아 있으면 언젠가 다시 만날 것이라 믿으며 서로 연민의 정을 품고 또 한 전선을 접었다.

만남과 헤어짐, 그 일상적인 행위가 전선을 뛰는 내겐 늘 괴로움이었다. 정에 약한 나는 '만남이 곧 이별'이라는 이 바닥 생리에 익숙해지기까지 적잖은 어려움을 겪었다. 나는 냉정함을 배워야 했고 사람보다 일을 먼

저 생각하는 기계적 습성을 익혀야 했다. 그러면서 나는 그 전선의 냉랭함
이 내가 살고 남을 살릴 수 있는 길임을 깨달았다. 그렇게 시간이 흐르면서
거친 전선에 익숙해져갈수록 도시 친구들이 하나둘씩 떠났다. 내 몸에 흐
르는 찬 기운을 누구한테도 설명할 수 없고 이해를 구할 수도 없었던 나는
떠나는 도시 친구들을 못 붙들었다. 그래서 나는 말 없이도 나를 이해해주
는 친구들이 있는 전선으로 기꺼이 달려갔는지도 모르겠다.

16시 정각, 이스마일엠에 올랐다. 아침나절 북군 전폭기가 이스마일
엠이 정박 중인 아덴항을 공습했던 터라 선원들은 공포에 질려 있었다. 17
시, 이스마일엠이 아덴항을 벗어나고도 선원들 얼굴에는 짙은 긴장이 묻
어났다. 선실 한쪽에 쪼그리고 누운 〈라 레푸블리카〉 기자 마르코 안살도
Marco Ansaldo도 나도 굳게 입을 다물었다.

예멘전쟁은 이미 깊은 과거의 바닷속으로 사라져가고 있었다. 예멘
은 이미 관심사에서 벗어났다. 누가 이기든 말든, 누가 죽든 말든, 어떤 놈
이 흉계를 꾸몄건 말건, 어떤 놈이 이문을 챙겼건 말건, 내가 떠난 예멘은
이제 내 것이 아니었다. 내 품에 안겨 죽은 다섯 살짜리 아덴 소녀 파테마
에 대한 기억도 매몰차게 내던져버렸다. 지부티를 향한 그 물살 속에 모조
리 수장시켜버렸다. 작은 내 몸뚱어리 하나로는 이 세상 모든 전쟁을 다 안
고 다닐 수 없었던 까닭이다. 예멘을 떠난 순간부터 내겐 또 다른 전선이
기다릴 뿐이었다. 내가 뛰어들 그 다음 전선이 이제부터 내 일이고 내 삶일
뿐. 그 전선에서 나는 다시 울고 웃고 화내며 또 짧은 한순간 내게 주어진
시간을 바칠 것이고.

눈을 감았다. 파도도 잦아들었다. 손가락마저 까딱이기 싫은 피로가
몰려왔다.

불법입국자 둘

7일 아침, 햇살이 스며드는 선실에는 고민거리가 생겼다. 남예멘 철수에만 신경 썼던 우리는 미처 지부티 비자 생각을 못 했다. 생각했던들 전쟁판에 비자를 받을 수도 없었겠지만, 아무튼. 선장도 그제야 자신이 불법입국자 둘을 태운 사실을 깨달았다.

"여기는 이스마일엠, 이스마일엠." "이탈리아, 한국 시민 아덴항에서 구조." "저널리스트 두 명 비상탈출, 비상탈출." "16시 30분, 지부티 입항예정. 16시 30분." "영사 지원 부탁, 영사 지원 부탁!"

선장이 정신없이 무전을 때리는 사이 이스마일엠이 지부티항에 닻을 내렸다. 곧장 무장보안관 네 명이 이스마일엠으로 뛰어올라 여권 두 개를 압수해갔다. 모든 선원 발도 묶였다. 지루한 기다림 끝에 19시 30분, 다시 무장보안관이 이스마일엠으로 뛰어올랐다.

"마르코는 짐 챙겨 하선하시오. 영사가 기다리니."

마르코가 소리치며 우겼다.

"혼자는 절대 못 가. 한국 친구와 함께 가야 해!"

"한국 기자는 하선 허가받을 때까지 여기서."

마르코는 부두에 서 있는 영사를 확인하고 돌아왔다.

"문태, 걱정 마. 내가 어떻게든 길을 찾아볼 테니."

나는 하선한 마르코가 손짓 발짓해가며 영사와 이야기 나누는 걸 잠깐 바라보고는 선실로 되돌아와 드러누웠다. 한 20여 분 지났을까, 무장보안관이 다시 들이닥쳤다.

"당신도 짐 챙기시오."

선실 밖으로 나오니 먼저 내린 마르코가 웃으며 손을 흔들었다. 하선

한 나는 마르코와 해방의 기쁨을 함께 나눴다.

"외교관 15년쨴데 외국인 보증 서긴 처음이야. 국제법 위반이고!"

이탈리아 영사 얼굴에도 아주 큰일한 듯 뿌듯함이 묻어났다.

그랬다. 얼굴 한 번 본 적 없는 대한민국 여권을 지닌 나를 이탈리아 영사가 신분보증을 해주는 희한한 일이 벌어진 셈이다. 아무튼 나는 마르코와 이탈리아 영사 도움으로 불법입국자 신세를 면했다.

술 한잔을 걸치고 새벽녘에 잠자리에 들자마자 벨이 요란하게 울렸다. 문을 열자 한 지부티 사나이가 뛰어들어 덥석 손을 잡았다.

"당신이 미터스 정이요? 나는 한국 영사 동생이오."

"근데 한국 영사는 뭐고, 동생은 또 무슨 말이오?"

사나이는 어쩔 줄 몰라 하며 자초지종 늘어놓았다.

"미안해요. 형이 사우디아라비아에 출장 중이라서."

사연을 들어보니 이랬다. 이스마일엠에서 급전을 때렸을 때 지부티 외무부가 한국 명예영사관으로 연락을 했으나 명예영사가 출장 중이라 항구에서 나를 접수하지 못했다는 말이다. 나중에 알게 되었지만, 지부티 외무부가 한국 명예영사와 연락이 안 닿자 지부티 대사관을 겸임해온 에티오피아 한국 대사관으로 연락하는 과정에서 한국 기자가 남예멘 취재 중 실종된 것으로 잘못 알려져 난리를 피웠다고 한다. 그렇게 많은 이한테 도움을 받으며 또 주변을 시끄럽게 하면서 예멘 전쟁취재를 끝냈다.

예멘전쟁은 공식적으로 1994년 5월 4일 시작해서 7월 7일 북예멘의 승리로 끝났다. 그 결과 북예멘은 군인과 시민 931명 사망에다 5,000여 중상자를 냈고, 남예멘은 군인 6,000여 명과 시민 513명이 사망했다. 그러나 국제사회는 북예멘 정부발표와 달리 남과 북 희생자 수를 최소 1만여 명으로 헤아렸다. 그 예멘전쟁 뒤 남과 북은 다시 북예멘 대통령 살레가 이끄는 예멘공화국으로 통일했다. 그리고 1994년 예멘전쟁 뒤부터 집권했던 살레는 2011년 튀니지와 이집트를 비롯한 중동의 장기집권 세력들이 무너지는 과정에서 압박을 받아 2013년 2월 27일 사임했다. 그즈음 이른바 남예멘운동South Yemen Movement이 튀어나오면서 오늘까지 남예멘에서는 분리독립 기운이 이어지고 있다.

카슈미르, 분단의 비극

접선

"평화로운 이 땅에서, 우리가 총을 들 수밖에 없도록 만든 게 누구였나?
인디아가 평화적 해결책 마련하고 실행하면 우린 곧장 총 내린다.
카슈미르 사람들이 자결권을 지닐 때, 우리 투쟁도 끝난다."
시에드 살라후딘Syed Salahuddin 히즈불 무자히딘 사령관, 지하드연합회의 의장, 1999년 인터뷰.

"아무도 믿지 마! 택시기사, 호텔 일꾼, 통역, 모두를."

"형, 그렇게 해서 일이 될까?"

"그건 네 능력이고. 실수하면 너뿐 아니라 여럿 다쳐!"

"그러면 어디서 어떻게 만나?"

"나도 몰라. 연락해놨으니 그쪽에서 알아서 할 거야."

"아예 스파이 영화 찍으라고!"

"그러고 무슨 일 생기면, 죽어도 관광객이라 우기고."

인디아 기자 친구가 게릴라와 선을 달아주며 신신당부했다. 1989년
모하메드 아잠 인킬라비Mohammed Azam Inquilabi가 창설한 카슈미르의 첫
번째 무장게릴라 조직이란 것만 알려졌을 뿐 철저히 장막에 가려온 오퍼레
이션 발라코트OPBKT [48] 취재는 그렇게 '불신'이라는 화두를 안고 출발했다.

일꾼? 도둑? 군정보원?

1993년 7월 26일, 스리나가르Srinagar 하늘은 맑았다.
눈부시게 빛나는 카슈미르계곡이 줄줄이 튀어 올랐다.
"카슈미르의 아름다움을 시샘한 신들이 분쟁 일으켰다."
옳았다. 카슈미르 사람들 말이 결코 틀린 게 아니었다.

한갓진 스리나가르공항은 쓸쓸했다. 인적마저 끊겼다.
내겐 넘어야 할 시간이 왔다. 목덜미 쪽이 빳빳해졌다.
인디아 정부가 내린 '외신기자 카슈미르 취재 금지령',
나는 빈손이었다. 외신등록증도 취재허가증도 없었다.
"왜 무슨 일로 스리나가르에 왔어? 만날 사람이라도?"
보안관이 다가와 여권을 훑으며 퉁명스럽게 캐물었다.
"세상에서 가장 아름답다고 델리 관광청이 추천해서."
나는 관광청을 드나들며 여행가로 신분세탁을 해뒀다.
관광청 공식에도 없는 '여행추천서'도 하나 받아놨고.
"그래? 여기 요즘 관광객 없는데. 아무도 안 오는데."
보안관은 믿기 힘든 듯 눈을 치켜뜨고 고개를 저었다.
"아무튼, 조심해!"
"어쨌든, 고맙다!"
뭘 조심하고, 왜 고마운지 뜻 모를 말을 주고받았다.

---

48 Operation Balakote. 1977년 소피 모하메드Sofi Mohammed Akbar가 카슈미르 자결권 투
쟁을 위해 친파키스탄 성향을 지닌 무슬림 정치조직으로 창설한 마하제 아자디Mahaz-e-Azadi의
군사조직.

사람 냄새 없는 공항 안을 두리번거리며 문을 나섰다.

스무 살쯤 될까, 말끔한 젊은이가 가이드라며 붙었다.

"어디 묵을 거예요? 제가 멋진 선상호텔 잘 아는데."

정중한 데다 통역까지 자청한 그이가 마음에 들었다.

공항에서 스리나가르 도심까지 16km, 모퉁이마다 기관총 건 초소와 참호가 이어졌다. 쓸 만한 호텔과 건물은 모조리 병영으로 둔갑한 도심 곳 곳엔 군인과 경찰들 부라린 눈동자만 날뛰었다. 전선이었다. 밤 9시~아침 7시 통행금지. 그러나 대낮에도 거리는 텅텅 비었다. 불탄 건물들 사이로 드문드문 나타났다 총총걸음 사라지는 사람들, 스리나가르는 좀비영화에 서나 봐왔던 유령도시였다.

도심을 지나 달호수Dal Lake로 곧장 달렸다. 하우스보트houseboat를 꾸며 만든 선상호텔에 짐을 풀었다. 하늘도, 물도, 산도, 호텔도, 배도 모두 감청색뿐인 달호수, 뻣뻣하게 굳은 내 정서에 묘한 단색의 조화로 뛰어들 었다. 현란한 빛으로 꼬드기지 않으면서 애간장을 녹게 만든 감청색, 어쩌 면 카슈미르 사람들의 감정이고 현실인지도.

담배연기는 겁에 질린 내 초라한 사색을 안고 커피 잔을 넘어 달호수 로 스멀스멀 번져나갔다.

다음 날 아침, 어제 공항에서 만난 가이드 자화르가 찾아왔다.

"오늘 어디 좀 둘러볼 계획이라도? 무굴가든 같은."

관광객이 아닌 내 신세를 알 턱 없으니.

"잠자리 바뀌어 좀 설쳤더니 고단하군. 그냥 푹 쉴까 하는데."

취재랍시고 왔지만 내 손엔 이름 하나 연락처 하나 없었으니! 스리나

가르에서 내가 할 수 있는 일이라곤 아무것도 없었다. 델리 친구한테 내 숙소를 알려주고, 마냥 기다리는 일 말고는. 하루 종일 하늘을 보거나 호수를 쳐다봤다. 다음 날도 그랬다. 물가에 나가 앉아 발이나 튀겼다. 지치면 침대에 드러누웠다가.

사흘째부터는 마주치는 사람마다 붙들고 캐물었다.

"나를 찾는 사람 아무도 없었나?"

답답한 마음에 델리로 전화질만 해댔다.

"형, 아직 아무 연락이 없는데, 어떻게 된 거지?"

"조금 더 기다려봐. 휴가라고 여기고 푹 쉬면서."

"내일까지는 기다려볼 건데, 시간도 없고 해서."

나흘째, 달호수에 어둠이 깔릴 즈음 자화르가 문을 두드렸다. 자화르와 함께 스카프로 얼굴을 가린 사람 셋이 밀어닥쳤다.

"이쪽은 오퍼레이션 발라코트 스리나가르 책임자 모하메드."

자화르가 그이들을 소개했다.

"그럼 너도? 왜 공항에서부터 말 안 했어?"

"처음부터 미스터 정 알았어요. 여기 보안 탓에, 미안해요."

자화르는 겸연쩍은 얼굴로 사과했다.

"델리 전갈 받았는데 이쪽 상황이 너무 나빠 일찍 못 왔소."

모하메드 한마디에 지루했던 기다림이 곧 감동으로 변했다.

"아무튼 와줘서 고맙고. 그 복면이나 내리고 이야기합시다."

망설이던 이들은 복면을 풀고 가슴팍에서 문서들을 꺼냈다.

"당신이 첫 기자니 카슈미르 상황을 세상에 잘 알려주시오."

악수와 쌍소리

악명 높은 인디아 국경보안부대BSF와 중앙예비경찰대CRPF가 장악한 스리나가르 한복판에서 카슈미르 게릴라와 접선하는 걸 미친 짓으로 여기던 시절이었다. 지금도 별로 다를 바 없지만, 어쨌든. 삼류영화에나 나올 법한 이 이야기는 이른바 통제선Line of Control 남쪽 인디아가 점령한 잠무카슈미르Jammu and Kashmir 상황이었다.

영국 식민주의자들의 분할통치divide and rule라는 패악에 뿌리를 둔 카슈미르의 비극은 결국 1947년 인디아와 파키스탄 분리과정에서 영토분쟁으로 불거졌다. 두 나라는 본디 군주국이었던 카슈미르를 서로 차지하고자 1947년에 이어 1965년과 1999년까지 세 차례나 전면전을 벌였다. 1972년 심라 협정Simla Agreement에 따라 통제선을 긋고 남쪽 잠무카슈미르를 인디아가 그리고 북쪽 길깃-발티스탄Gilgit-Baltistan과 아자드카슈미르Azad Kashmir를 파키스탄이 각각 통제하는 지역으로 나눴다.

견줘보면 통제선 북쪽 카슈미르 취재도 만만찮긴 마찬가지다. 아예 외신기자 출입을 금지한 인디아 점령지역보다는 나은 편이지만 카슈미르를 실질적으로 지배해온 파키스탄 정부를 거쳐야 하는 탓이다. 무엇보다 저널리스트 비자 받기가 쉽지 않은 데다 그다음엔 공보국과 군정보국 허가받는 일이 또 아주 고달프다. 거기서 취재허가증과 여행허가증을 손에 넣을 수만 있다면 취재는 으레 기자들 재주에 달렸을 테고. 현장에서는 파키스탄 정부군을 얼마나 잘 구워삶느냐와 카슈미르 무자히딘과 어떤 선을 다느냐가 승패를 가르겠지만.

그러나 다른 게 하나 있다. 카슈미르를 놓고 인디아 쪽 군인과 경찰이 외신기자를 아주 거칠게 대한다면 파키스탄 정부군은 차 한잔쯤 내놓을

인디아와 국경 통제선LoC이 지나는 카슈미르 쪽 차코티전선의 파키스탄 정부군. 이 사진이 인디아와 파키스탄에 볼모로 잡힌 카슈미르 현실을 잘 보여준다. _차코티전선. 카슈미르. 1999 ⓒ정문태

줄 안다는 차이다. 물론 여기도 정치적 배경이 깔려 있다. 카슈미르 사안을 놓고 인디아 정부가 공세적이라면 파키스탄 정부는 늘 '카슈미르 형제'를 내세우며 보호자니 피해자 태도를 보여왔다. 그게 외신기자를 대하는 모습에서도 그대로 드러난 셈이다. 그동안 카슈미르 보도를 놓고 인디아 정부가 "국제언론이 늘 우리만 깐다"며 심심찮게 불만을 터트렸는데, 두 쪽을 모두 취재해본 기자는 그게 무슨 뜻인지 잘 안다.

예컨대 온 신경이 곤두서는 전선을 취재하다 보면 누가 담배 한 개비만 줘도 감정이 북받칠 때가 있다. 근데 한쪽 군인은 악수라도 청한다 치자. 다른 쪽 군인은 총부리를 들이대며 쌍소리를 질러댄다. 그러면 결론은 뻔하다. 취재를 도와주는 군인한테 비수를 꽂거나, 반대로 총으로 으름장 놓는 군인한테 장미꽃을 안겨줄 만큼 '용감한' 기자는 흔치 않을 것이다. 그러니 내가 볼 때 카슈미르 보도가 기자들 체험에 따라 뒤틀릴 위험성이 없진 않다. 뭐 그렇다고 정신 나간 기자가 아닌 다음에야 정치적 해석이나 전황 보도까지 왜곡하진 않겠지만 뉴스선택이나 기사 몇 단쯤 키우고 줄이는 건 현장에서 마음만 먹으면 얼마든지 할 수 있기 때문이다. 아무튼, 내가 겪어본 바로는 카슈미르뿐 아니라 세상 어디서든 기자한테 총을 들이대는 군대치고 시민 편인 군대는 결코 없었다.

그 끔찍한 아이들 눈동자

8월 1일 아침 8시 정각, 모하메드가 약속한 대로 오퍼레이션 발라코트 산악훈련장으로 데려갈 자동차가 왔다. 그러나 지역 축제가 있는 그날 "무장단체가 인디아 정부군을 공격할 것이다"는 소문이 나돌면서 스리나가르로 통하는 모든 길을 탱크가 막아버렸다. 점심나절까지 기다렸지만 길이 안 열렸다.

오후 들면서 스리나가르 남부 길 하나가 열렸다. 검문검색이 느슨해진 틈을 타 동네 택시한테 웃돈을 얹어주고 관광객 흉내를 내며 도심을 빠져나갔다. 스리나가르를 벗어나 아반띠뿌르Avantipur, 비즈비하르Bijbihar, 하나발Khanabal을 거쳐 1990년 최초 학살지였던 아난뜨낙Anantnag에 이르는 길은 어디 한구석 성한 데가 없었다. 처참하게 불탄 마을들이 줄줄이 이어졌다. 특히 일주일 전 히즈불 무자히딘Hizbul Mujahideen 공격으로 군용버스에 타고 있던 정부군 40여 명이 사망한 비즈비하르는 여전히 긴장감이 돌았다. 택시 창으로 총구부터 들이대는 군인들 눈동자에는 굵은 핏발이 서 있었다. 검문이 아니라 아예 공격이었다. 현지인이고 외국인이고 가림 없이 눈에 띄는 모든 생명체를 적으로 규정한 전투행위였다.

아난뜨낙의 히랄바히 마을에 이르자 아주머니 예닐곱이 몰려들어 "일주일 전 경찰이 집 54채를 불태웠고, 교사와 아이 셋을 죽인 뒤 여성 넷을 집단 성폭행했다"며 울부짖었다. 얼마나 답답했으면 낯선 '관광객'한테라도 하소연해서 카슈미르 현실을 알리려고 했을까! 이건 그 무렵 카슈미르가 철저히 버림받은 사각지대였다는 뜻이다. 국제언론은 말할 나위도 없고 인디아 언론조차 눈길을 안 줬다. 과연 이게 인디아 정부의 언론통제와 취재금지령만 탓할 일일까? 언론이, 기자들이 역할과 책임을 저버린 시대를 살고 있다는 증거였다. 권력에 빌붙어 '애국주의 언론' '민족주의 언론'을 외치며 자본을 키워온 언론사 아래서 기자들이 돌격대 노릇을 하면서부터 벌어진 일이다.

학교를 비롯해 거의 모든 집이 불타버린 시르 마을에서는 겁에 질린 아이들이 담벼락에 숨어 이방인을 노려봤다. 분노 서린 그 끔찍한 아이들 눈동자를 언론이 보듬어 안았어야 옳았다.

그러나 1980년대 말부터 폭발적으로 늘어난 카슈미르 시민학살과 인권유린은 실태조사마저 제대로 못 했다. 정부도 언론도 모조리 입을 닫았다. 그러다 보니 카슈미르 시민 희생자 수부터가 큰 논란거리였다. 인디아 정부는 4만 7,000여 명(1989~2008년)이라 우겼고, 카슈미르 독립운동 연합체 후리얏컨퍼런스APHC는 최소 10만을 꼽았다. 게다가 조직적인 성폭행은 카슈미르 사회를 뿌리부터 흔들어놓았다. 그동안 유엔이나 인권단체가 알음알이 조사한 보고서에 따르면 1992년 한 해 동안에만도 카슈미르 여성 882명이 인디아 군인한테 성폭행당했다.[49] 무슬림이 주류인 카슈미르 사회에서 여성이 성폭행 피해를 쉽사리 입에 올릴 수 없는 데다 보복 두려움까지 겹쳐 그 희생자 수를 정확히 꼽긴 힘들다. 다만 2005년 국경없는의사회MSF가 "인터뷰에 응한 여성 가운데 11.6%가 성폭행당했고 7명 가운데 1명이 성폭행을 목격했다"고 밝혀 그 치명적 피해를 가늠해볼 수는 있다.

　　"합법적 국민투표를 거쳐 카슈미르 사람들이 인디아와 갈라서겠다면 우리는 그 뜻을 받아들일 것이다. 비록 가슴 아픈 일일지언정 군대를 동원해 카슈미르를 공격하지 않을 것이다."

　　1952년 6월 26일, 인디아 초대 총리 자와할랄 네루Jawaharlal Nehru는 의회에서 감동적인 연설을 했다. 애초 인디아 정부가 카슈미르 독립을 인정한다는 뜻이었다. 그러나 말장난이었을 뿐이다. 인디아 정부가 1990년대 초부터 카슈미르에 투입한 병력이 60만을 넘었다. 이건 카슈미르 집집

---

49 "Preliminary report submitted by the Special Rapporteur on violence against women" United Nation Publication E/CN.4/1995/42.

자신들 땅에서 국내실향민IDPs으로 살아온 카슈미르 사람들. 돌아갈 땅이 없는 이 사람들을 버려
둔 채 외치는 세계평화는 장난일 뿐이다. 70년째 접어드는 카슈미르 분쟁을 이제라도 끝내야 한다.
파키스탄과 인디아에 맡겨둘 수 없다. 국제사회가 나서야 하는 까닭이다. _차코티. 카슈미르. 1999
ⓒ정문태

마다 인디아 군인 한 명이 주둔하는 꼴이다. 인디아 정부가 우겨온 '국내분쟁'에 투입한 병력이 인도차이나반도 국가인 타이, 말레이시아, 라오스, 캄보디아, 싱가포르 다섯 나라 정규군을 합친 것보다 많다.

종전 발표, 그러나 전쟁 중

카슈미르 무장화의 심각함은 인디아 쪽만도 아니다. 1999년 7월 나는 파키스탄 쪽 카슈미르 통제선 지역을 취재하면서 파키스탄이 배치한 거대한 군사력을 보았다. 카슈미르 전체가 병영이고 전선이었다. 인디아군 60만과 파키스탄군 30~40만이 카슈미르 통제선에서 서로 치고받던 시절이었다. 쌍방 핵무기를 지닌 100만 정규군이 전면전을 벌인 인류 최초의 경험이었다. 흔히 카르길전쟁Kargil War이라 불렸던 그 무력충돌은 1999년 초부터 파키스탄 정부군 지원을 받은 카슈미르 무자히딘이 통제선을 넘어 인디아 점령지역인 카르길을 공격하면서 도화선을 깔았다. 이어 파키스탄 정부군이 개입해 5월 초부터 7월 말까지 세 달 가까이 인디아 정부군과 난타전을 벌였다. 1970년대 이후 카슈미르를 낀 최대 충돌로 기록된 그 전쟁에서 인디아군 3,000여 명과 파키스탄군 2,000여 명이 전사했다. 그 전쟁에서 두 나라 정부는 공개적으로 핵무기 사용까지 들먹였다.

"핵무기 저장하려고 만든 게 아니다. 위기 땐 핵폭탄 쓴다."

파키스탄 종교장관 자파룰 하크Raja Jafarul Haq처럼.

"인디아가 핵공격받을 상황이면 선제 핵공격도 할 수 있다."

인디아 총리 아딸 비하리 바즈빠이Atal Bihari Vajpaee처럼.

그즈음 많은 전문가가 두 극우 광신 정부의 핵무기 사용 가능성을 아주 높이 보았다. 핵무기 논란이 걷잡을 수 없는 위기로 치닫자 미국이 중재자로 나섰다. 파키스탄과 인디아는 그해 7월 4일 워싱턴 선언Washington Declaration을 통해 휴전에 합의했다. 그 휴전은 평화를 출구로 삼았지만 속 살을 파보면 서로 물량투입전을 감당할 수 없는 절박한 사정이 깔려 있었 다. 앞서 파키스탄은 핵실험 끝에 경제제재를 당해 이미 위기였고, 인디아 는 하루 최소 350만 달러 전비지출로 재정이 바닥난 상태였다.

그렇게 군사적·경제적 패자만 남은 그 전쟁에서 두 정부는 7월 26일 공식적인 종전발표를 했다. 그리고 서로 승리를 선언했다. 국내 정치용으 로는 그럴듯했다. 인디아 총리 바즈빠이는 카슈미르전쟁을 통해 과도정부 한계를 뛰어 넘어 9월 선거에서 유리한 고지를 점령했고, 파키스탄 총리 나와즈 샤리프Nawaz Sharif는 워싱턴 선언을 통해 카슈미르 사안을 국제화 시키면서 정치적 입지를 다졌던 셈이니. 말하자면 이건 국가를 희생시켜 정치인만 이문을 챙긴 대표적 악질전쟁이었다.

앞서 인디아와 파키스탄 정부는 워싱턴 선언에 맞춰 7월 중순 통제선 을 따라 펼쳤던 전선을 걷었다고 밝혔다. 그러나 그 무렵 파키스탄 쪽 카슈 미르를 취재했던 내 눈에 잡힌 통제선은 여전히 전쟁 중이었다. 비록 전투 규모는 작았지만 휴전상태로 볼 수 없을 만큼 지속적이고 치열한 공방전 을 벌였다. 파키스탄 정부군은 오히려 병참지원을 늘리고 있었다. 카슈미 르 무자히딘은 "카르길전선 철수는 큰 실수였다"고 재탈환을 다짐하며 통 제선을 넘나들었다.

워싱턴 선언에서 합의한 "무자히딘이 인디아 쪽 통제선에서 철수한 다"는 핵심조항마저 작동하지 않았다. 그런 가운데 카슈미르 15개 무장 지 하드(성전) 조직연합체인 지하드연합회의MJC 안에서도 워싱턴 선언을 거 부하는 소리가 높았다. 알바드르 무자히딘Al-Badr Mujahideen 의장 압둘 가니 바트Abdul Ghani Bhatt는 "통제선으로부터 철수, 누구 결정인가? 우리와 상관없는 일이다"며 파키스탄 정부를 대놓고 타박했다. 카슈미르를 형제로 불러왔던 파키스탄 시민도 워싱턴 선언 폐기를 외치며 날마다 거리로 뛰쳐나왔다.

그즈음 워싱턴 선언과 상관없이 인디아와 파키스탄 정부 사이에는 설전이 이어졌다. 바즈빠이 총리는 "파키스탄이 정부군을 카르길전선에 투입했다"며 파키스탄 정부군 참전을 비난했다. 샤리프 총리는 "파키스탄이 무자히딘을 지원한 적도 없고 조종할 수도 없다"고 되풀이했다. 그 두 총리 말이 카르길전쟁 핵심어였다. 그동안 파키스탄 정부군의 무자히딘 참전설은 어제오늘 이야기가 아니었다. 워싱턴 선언이 나오자마자 파키스탄 정부가 무자히딘이라 밝혔던 그 군인이 카르길전선에서 곧장 철수했다. 이건 카르길전선 군인들이 파키스탄 정부군이거나 아니면 파키스탄 정부가 무자히딘을 조종한다는 또렷한 증거였다. 실제로 치고 빠지는 게 릴라전에 길들여진 무자히딘이 영하 48도까지 떨어지는 5,000m 산악고지 카르길을 점령해서 육군과 공군을 동원한 인디아를 상대로 정규전을 치를 수 없다는 것쯤이야 모두가 다 아는 사실이었다. 그런 고지전은 특별한 무기와 병참 지원 아래 특수한 훈련을 받은 군인만 가능하다는 말이다.

한반도가 떠올랐다

그 워싱턴 선언으로 카르길전쟁은 끝났지만 카슈미르는 미국의 21세기 국제질서 재편이라는 속셈에 가려 평화정착 기회를 잃어버렸다. 워싱턴 선언이 나오기까지 과정을 눈여겨볼 만하다. 미국 정부는 카르길전쟁 중재자로 나섰지만 처음부터 "카슈미르 사안에 개입하지 않는다. 해결책은 오직 파키스탄과 인디아의 평화적 대화뿐이다"고 못 박아 카슈미르 사안의 국제화를 거부해온 인디아 손을 들어주었다. 인디아 정부는 "인디아와 파키스탄은 서로 말이 통하는데 굳이 미국 통역이 필요 없다"며 겉으로는 미국 정부 중재를 마다하면서 파키스탄과 협상을 지연시켰다. 결국 경제적·군사적 한계에 이른 파키스탄 정부가 먼저 워싱턴으로 달려가면서 협상테이블을 차렸다. 그리고 미국은 발등에 불이 떨어진 파키스탄을 내리눌러 "통제선에서 카슈미르 무자히딘의 철수"라는 인디아의 요구조건을 받아주었다. 그렇게 인디아의 요구조건으로 채워진 워싱턴 선언은 미국이 인디아 대신 파키스탄한테 항복을 받아준 꼴이었다. 카슈미르뿐 아니라 파키스탄에서도 큰 불만이 터져 나왔던 까닭이다.

미국은 북으로 러시아와 동으로 중국 그리고 남으로 인디아를 낀 카슈미르의 전략적 가치에 눈독을 들여 냉전 기간 내내 파키스탄을 통해 카슈미르 무자히딘을 지원했다. 특히 CIA는 소비에트러시아가 아프가니스탄을 침공했던 1980년대 카슈미르를 비밀 군사훈련장으로 써먹기도 했다. CIA는 아프가니스탄, 파키스탄, 카슈미르의 이슬람근본주의 세력을 모아 훈련시킨 뒤 아프가니스탄의 대소비에트 항쟁에 투입했다.

따라서 미국 정부는 전통적으로 "유엔결의안(1948/1949년)에 따라 국민투표로 카슈미르 사안을 해결하자"는 카슈미르와 파키스탄 입장을 지지해왔다. 그러나 1990년대 들어 냉전이 무너지자 미국은 "더 이상 국민투표를 밀어붙이지 않는다"는 카슈미르 현상유지 정책으로 갈아타면서 인디아에 미소를 흘렸다. 미국이 중국의 팽창을 막기 위한 이른바 중국포위 encircle China 전략의 핵심방파제로 인디아에 눈길을 주기 시작한 시점과 맞아떨어진다.

2016년 오늘도 그 카슈미르 산악에는 인디아와 파키스탄, 그리고 미국의 야심 찬 전쟁놀음에 볼모로 잡힌 고단한 사람들이 살고 있다. 그 땅에는 아직도 포탄이 날아다니고 사람들이 죽어나가고 있다. 인디아한테 점령당한 통제선 남쪽 카슈미르 사람들이 무력통치에 짓밟혀 온갖 박해를 받아왔다면, 파키스탄에 이용당해온 북쪽 카슈미르 사람들은 굶주리고 헐벗은 채 전쟁에 시달려왔다. 그 세월이 벌써 69년이다.

카슈미르 사람들이 모두 온전한 시민으로 살 수는 없을까? 사실은 아주 간단한 길이 있다. 이미 1948년 유엔이 결의한 대로 국민투표를 하고 그 결과에 따라 독립을 하든 인디아로 가든 파키스탄으로 가든 카슈미르 사람들 스스로 운명을 결정하면 된다. 인디아 정부는 1952년 네루 총리가 했던 말대로 무력공격을 멈추고 국민투표 약속만 지키면 된다. 세계시민 모두가 마땅히 누려야 할 자결권이다. 카슈미르 사람들만 예외로 버려둘 수 없다. 이게 카슈미르 평화를 위한 오직 하나뿐인 길이기도 하다.

그러나 국제사회는 카슈미르의 비명에 귀를 막았고, 카슈미르의 권리에 눈을 감았다. 돈줄이 흐르는 전쟁에는 모두가 빛나는 명분을 앞세웠지만 그렇지 못한 평화에는 더러운 변명만 늘어놓았을 뿐.

카슈미르를 취재하는 내내 한반도가 떠나지 않았다. 일본 식민통치와 전쟁을 거쳐 휴전선으로 남과 북이 잘린 채 강대국 노리갯감이 되어온 한반도는 그렇게 카슈미르와 아주 빼닮은 '슬픈 쌍둥이'였으니.

내 눈에 밟힌 카슈미르가 그래서 더 애처롭고 안타까웠는지도 모르겠다. 허리 잘린 아픔을 함께 겪어온 카슈미르를 우리가 더 눈여겨봐야 하는 까닭이다.

저격수

"팔레스타인 사람을 학살한 이스라엘은 용서하면서, 팔레스타인의 정당한 독립투쟁을 저주하는 이 현실을 당신들은 정의라 부르는가? 한국에서는 일본제국주의 침략자에 맞서 독립투쟁했던 이들을 테러리스트라 불러왔던가? 나를 테러리스트라 부른다면, 나는 그걸 가장 명예로운 훈장으로 받아들이겠다."

아흐마드 야신Ahmad Yasin 하마스 최고 지도자, 2000년 11월 인터뷰.

가장 비열했던 전선은 문타르 국경 건널목이었다.
가장 위험했던 전선은 문타르 국경 건널목이었다.
가장 분노했던 전선은 문타르 국경 건널목이었다.

이스라엘군 총성이 울릴 때마다 아이가 쓰러졌다.
이스라엘군 총성이 울릴 때마다 기자가 도망쳤다.
이스라엘군 총성이 울릴 때마다 이성이 무너졌다.

2000년 11월 2일, 가자Gaza 허허벌판에 자리 잡은 문타르Munthar 국경 건널목은 불길한 노을로 뒤덮였다. 2000년 9월 말부터 폭발한 제2차 인티파다(Intifada, '봉기')[50]가 팔레스타인 전역을 휘몰아치던 그날, 그 하늘 아래는 인간의 탈을 쓴 흡혈귀들이 핏빛 혓바닥을 날름거렸다.

철조망으로 둘러친 문타르 국경 검문소 옆구리에 나타난 이스라엘군 중무장 탱크는 먹잇감을 고르듯 이리저리 포신을 돌리며 조준과 해제를 되풀이했다. 언제든 발포할 수 있는, 시민을 향해 늘 발포해온 그 탱크 포신과 정면에서 눈이 마주치는 그 땅은 이미 저승이었다. 그 발치에는 짱돌든 팔레스타인 고사리 손들이 모였다 흩어지기를 거듭했다. 사막을 가로지른 2차선 도로 위, 몸을 숨길 데라곤 없다. 아이 마흔과 기자 열댓이 뒤엉컸다. 날카로운 총소리가 울렸다. 아이 하나가 꼬꾸라졌다. 아이들은 쓰러진 동무를 질질 끌고 뒷걸음질 쳤다. 그리고 살아남은 아이들은 다시 검문소로 쳐들어갔다. 고사리 손을 떠난 짱돌이 검문소 어귀에도 못 미쳐 떨어질 즈음, 다시 어김없이 총성이 울렸다. 또 아이 하나가 피 흘리며 쓰러졌다. 아이들은 고꾸라진 동무를 부둥켜안고 다시 물러났다. 살아남은 아이들은 다시 검문소로 쳐들어갔고.

40~50m 남짓한 공간에서 아이들을 향해 조준사격하지 않고는 절대 불가능한 일이 문타르에서 벌어졌다. 아이들과 뒤엉킨 기자들 발밑에도 총알이 꽂혔다. 더욱이 도로를 50m쯤 벗어난 벌판에다 삼각대를 받치고 한 줄로 늘어서서 현장을 담던 예닐곱 방송 카메라맨들 앞으로도 총알이 날아들었다. 과녁인 아이들한테서 3시 방향으로 총부리를 틀어 쏘지 않는 다음에야 불가능한 일이 문타르에서 벌어졌다. 100m 뒤쪽 벌판에 대기하던 구급차들도 총알세례를 받았다. 10시 방향으로 틀어 쏘지 않고는 절대 불가능한 일이 문타르에서 벌어졌다. 그렇게 악마들 사냥터에서 아이든 기자든 구급대든 살아 있는 것들은 모조리 과녁이 되었다.

---

50 1987년 이스라엘 점령에 저항하는 팔레스타인 사람들의 제1차 인티파다에 이어 2000년 9월 28일 제2차 인티파다가 터졌다. 제2차 인티파다는 종료시점을 놓고 이견이 있지만 흔히 2005년 2월 8일 팔레스타인 대통령 마흐무드 압바스와 이스라엘 총리 아리엘 샤론의 샴 엘셰이크 정상회담을 통한 휴전선언일을 종료일로 꼽아왔다.

끝까지 바라보자

해거름 속에서 뒷걸음질 치는 기자들, 한 뼘이라도 낮은 곳을 찾아 웅크리는 기자들, 그 가련한 모습은 나였고 또 동료 기자들이었다. 팔레스타인 분쟁 현장에서 잔뼈가 굵은 간 큰 현지 기자들도, 숱한 전선을 누볐던 〈타임〉 사진기자 제임스 나트웨이James Natwey도 모두 오리걸음으로 기어다니는 수모를 겪었다. 경험도 강심장도 50m 코빼기 앞 조준사격에는 아무 쓸모가 없었다. 맥이 빠졌다. 불빛 하나 없는 어둠 속에서 촬영은 물 건너갔다. 그러나 기자들은 아무도 그 자리를 뜨지 않았다. 분노한 기자들 사이에 말 없는 신호가 오갔다.

"끝까지 바라보자. 눈알 속에라도 이 학살현장을 담자."

마지막 돌팔매질을 마친 아이들이 피투성이 동무를 끌고 구급차로 달려오면서 전선은 잦아들었다. 아이들이 모두 떠나고 장비를 챙겨 철수하는 기자들 등 뒤로 또 한 번 총성이 울렸다. 기자들은 엉거주춤 또 허리를 숙일 수밖에 없었다. 참, 더러웠다.

"야, 이 미친 개새끼들!"

100m나 떨어진 이스라엘군 검문소까지 들릴 리 없겠지만 그렇게 소리라도 치지 않고는 견딜 수 없었다. 웃고 있을 이스라엘 군인들 얼굴이 떠올랐다. 피곤함이 몰려왔다. 그 이성 잃은 총질 앞에서 나는 한없이 허물어졌다.

"신의 아들이라는 저놈들은 무엇으로 만들어진 짐승일까?"
혼잣말을 중얼거리며 한참 이스라엘 검문소를 노려보았다.
"근데, 자네는 왜 헬멧도 방탄조끼도 안 걸쳤어? 조심해!"
한 팔레스타인 기자가 내 어깨를 툭 치며 웃고 지나갔다.

헬멧? 방탄조끼? 참 낯선 말이었다. 내가 방탄조끼를 안 걸쳤다는 걸 그제야 알았다. 둘러보니 제임스를 빼고는 열댓 명 기자들이 모두 중무장 철갑을 둘렀다. 근데 내가 왜 방탄조끼를 걸쳐야 하는가? 온몸이 드러나는 벌판에서 돌 던지는 아이들과 기자들을 또렷이 구분할 수 있는 데다 기껏 10~50m쯤 되는 거리를 놓고 훈련받은 군인들이라면 실수하고 말고 할 일도 없지 않은가? 그보다 왜 시민한테 총질을 하는가? 나는 이미 숱한 기자가 이스라엘군 총에 맞아 쓰러진 사실을 익히 알았지만 그래도 현실을 받아들일 수 없었다.

더구나 나는 방탄조끼를 한 번도 걸쳐본 적이 없다. 어떤 전선이든 어떤 현장이든 내겐 셔츠 한 장이 다였다. 간이 크거나 겁이 없어서가 아니다. 본디 거추장스러운 걸 딱 싫어하는 데다 무엇보다 부끄럼 타는 성격 탓이었다. 혼자 살겠다고 방탄조끼에 헬멧을 걸친 철갑인형 꼴로 겁에 질린 전선 사람들 눈을 똑바로 쳐다볼 만한 용기가 없었으니. 그래서 이런저런 핑곗거리를 짜냈고, 아예 속 편하게 방탄조끼란 게 나를 지켜줄 장비라고 안 믿었다. 권총쯤이 등장하는 범죄현장이라면 모를까, 온갖 중화기가 득실거리는 전쟁판에 방탄조끼가 다 무슨 소용이겠는가? 총알이 왜 얼굴과 목과 팔다리를 다 빼놓고 오직 가슴과 배만 가릴 수 있는 방탄조끼에 와서 맞겠는가? 어차피 내가 죽고 살 확률은 어디에서든 반반인데 꼴 난 방탄조끼한테 구걸할 것까지야 있겠는가, 이 지구는 그 결판이 날 때까지 잠깐 머물렀다 가는 곳 아니던가?

'시위진압'이라고 받아 적었다면 공범이다

피투성이 아이들을 병원으로 실어 나르는 마지막 구급차를 뒤쫓으

Israeli Peace ~~mean~~ means killing
children.
Palestinian Liberation
Front.
جبهة التحرير الفلسطينية

"이스라엘의 평화는 아이들 살해다."

2000년 제2차 인티파다부터 2016년까지 이스라엘군은 팔레스타인 어린이 2,146명을 살해했다. 그 아이들을 총으로 쏘아 죽였다. 그 아이들을 폭탄으로 죽였다. 침묵해야 옳은가? _가자. 팔레스타인. 2000 ⓒ정문태며 문타르 국경 건널목의 그 마귀들 짓이 영원히 지워지지 않도록 가슴속 깊이 박아 넣었다. 제2차 인티파다가 한 달째를 막 넘어서던 11월 초, 팔레스타인 전역에서는 헬리콥터, 전폭기, 탱크, 군함을 동원한 이스라엘군 공격으로 사망자 210명과 중상자 4,000여 명이 발생했다. 그 희생자 가운데 25%가 14살 미만 아이들이었다는 사실을 문타르 국경 건널목이 증명했다. 그 아이들 희생을 놓고 이스라엘 정부와 팔레스타인 자치정부 사이에는 험악한 말이 오갔다.

이스라엘 공보부는 "아이들 앞세워 국제사회 동정심 끌겠다는 술책이다. 아라파트가 책임져야 한다"며 팔레스타인 자치정부에 모든 책임을 떠넘겼다. 야세르 아라파트Yaser Arafat 팔레스타인 대통령 언론비서인 무하마드 에드완은 "총질로 아이들 죽인 게 누군가? 이스라엘 부모는 자식을 기계처럼 내던지고 깨져도 좋고 여기는가?"며 설전을 벌였다.

그사이 가자에서도 서안West Bank에서도 중무장 이스라엘군에 돌팔매로 맞서는 아이들 전투가 일상이 되면서 희생자는 더 늘어만 갔다. 그 아이들 희생이 제2차 인티파타 항쟁일지가 되다시피 했다.

"이스라엘군이 미워요! 팔레스타인이 독립할 때까지…."

문타르 국경 건널목에서 총상을 입고 시파 병원으로 실려가 마지막 남은 힘으로 주절거리던 열네 살짜리 아브라힘 레제크는 다음 날 숨졌다. 팔레스타인의 수많은 '아브라힘 레제크'는 어른들을 저주하며 그렇게 전선에서 산화했다.

시위진압이라고? 시위현장이라고?

그건 학살이었다! 그건 전쟁터였다!

나는 제2차 인티파다를 취재하면서 팔레스타인 아이들 돌팔매질을

'시위'로 또 그 장소를 '시위현장'으로 불러 얍삽하게 본질을 비틀어버린 국제언론에 침을 뱉었다. 고백컨대, 나도 〈한겨레21〉에 첫 현장발 기사를 날릴 때까지만 해도 아무 생각 없이 시위라는 용어를 썼다. 그러나 상황을 들여다보면서 단어 하나가 지닌 엄청난 왜곡에 눈떴다.

'중무장 군인이 비무장 시민을 죽였다면, 그건 학살이다.'

'군대를 동원해 상대국 영토를 공격했다면, 그건 전쟁이다.'

이스라엘군은 팔레스타인과 그 시민을 상대로 그런 짓을 했다. 그러나 나라 안팎 모든 언론은 '학살'과 '전쟁'이라는 용어 대신 이스라엘 정부가 공격행위를 감추려고 택한 '시위진압'이라는 용어를 그대로 받아 적었다. 세상 언론이 알고 받아썼든 모르고 베꼈든 그 결과는 같다. 결국 이스라엘의 전쟁범죄에 공범 노릇을 한 셈이다.

보라. 어떤 시위대한테 최정예 M-60 탱크가 불을 뿜고, 어떤 시위현장에 공격용 아파치 헬리콥터AH-64A가 로켓포를 쏘아대고, 어떤 시위진압에 F-16 전폭기를 띄워 공습하고, 어떤 시위지역에 군함이 함대지 미사일을 발사한 적이 있었던가?

이런 공격용 무기들은 정규군을 동원한 전면전에서나 쓰는 것들이다. 이런 무기들은 사고팔 때부터 '국내 분쟁에 쓸 수 없다'는 계약조건까지 따라붙을 만큼 치명적인 것들이다. 이스라엘 정부가 이런 무기들을 투입했다는 건 역설적으로 팔레스타인을 국가로 인정했고 전쟁을 벌였다는 뜻이다.

나는 이스라엘 말고는 '시위진압'에 이런 공격용 대량살상무기를 동원했다는 말을 결코 들어본 적 없다. 그렇게 뒤틀린 용어 탓에 팔레스타인 시민은 늘 두 번 죽임 당했다. 그래서 이스라엘은 늘 '시위진압'만 하는 정당한 주체였고 팔레스타인의 독립투쟁은 늘 '테러'로 몰려왔다. 여기서 견줘볼 만한 게 하나 있다. 9.11사건으로 월드트레이드센터가 허물어진 현장을 놓고 미국 언론은 저마다 '이어 제로Year Zero'란 용어를 썼다. 미국 언론은 잿더미가 된 핵폭발 현장을 뜻하는 그 군사용어로써 지구적 규모로 동정심을 부추기며 미국식 국제질서에 온 인류를 한 줄로 세웠다. 대한민국 언론도 정신없이 그 용어를 베껴 썼다. 그 부풀린 미국식 '이어 제로'와 그 쪼그린 이스라엘식 '시위진압'이라는 두 용어 사이에 흐르는 국제적 음모를 대한민국 언론은 고민해보았을까?

기자 사냥

그렇게 제2차 인티파다를 취재했던 기자들은 내남없이 용어선택에 실패하면서 이스라엘을 도운 꼴이 되고 말았다. 그럼에도 이스라엘 정부와 군은 기자들을 무차별 공격했다.

"이스라엘은 언론자유를 존중하고 자유로운 취재를 보장한다."

이스라엘 정부 대변인과 군 대변인이 번갈아가며 소리치는 동안에도 숱한 기자가 길바닥에서 피를 흘렸다. 현장을 뛴 기자 가운데 이스라엘군 공격이 실수였거나 우연이라고 믿었던 이는 아무도 없다.

"외국언론이 이스라엘만 트집 잡는다. 지나치게 편파적이다."

이스라엘 외무부 공보 담당자가 외신기자한테 줄기차게 틀어놓던 그 불만이 기자 공격과 무관하지 않다는 사실을 모르는 이가 없었다.

이스라엘군은 치밀하고 조직적으로 기자들을 공격했다. 제2차 인티파다가 터지고 하루 만인 9월 29일부터 기자들이 나가떨어지기 시작했다. 그날 이스라엘군은 본때라도 보이듯 팔레스타인 전역에서 기자들을 공격했다. 특히 예루살렘의 알아크사Al-Aqsa사원은 기자 사냥터였다. 오른손에 총을 맞은 APTN 카메라맨 하젬 바데르Hazem Bader는 "모든 기자가 팔레스타인 시위대와 상당한 거리를 두고 취재했다"며 이스라엘군의 조준사격을 증언했다. 그이가 총을 맞고 5분 뒤 같은 자리에서 이스라엘 군인들한테 집단폭행당했던 로이터티브이 카메라맨 할레드 제그하리Khaled Zeghari는 머리와 다리에 총을 맞고 쓰러졌다. 이어 NBC 기자 아메르 알자바리Amer Al-Jabari, 프랑스 2TV 카메라맨 나지 다나Naji Dana, AFP 사진기자 아와드 아와드Awad Awad가 줄줄이 총을 맞고 꼬꾸라졌다. 로이터 사진기자 마후즈 아부 투르크Mahfuz Abu Turk는 왼쪽 허벅지에 총을 맞고 부축받아 나가다 다시 오른쪽 다리에 총을 맞았다. 마후즈는 치료를 받고 3일 만에 같은 현장으로 되돌아갔다가 손에 또 총을 맞아 한 자리에서 세 번이나 총상을 입는 대기록을 세우기도 했다.

그렇게 9월 29일은 기자한테 지옥이었다. 같은 날 알와탄티브이Al-Watan TV 카메라맨 라에드 아와드Raed Awad는 헤브론에서 총상을 입었고, PBS 기자 라미 노팔Rami Nopal은 베들레헴에서 이스라엘 군인들한테 집단폭행당했다. 10월 1일 헤브론에서 왼쪽 다리에 총을 맞았던 로이터티브이 카메라맨 마젠 다나Mazen Dana는 10월 2일 다시 같은 장소에서 또 왼쪽 다리에 총을 맞았다. 이스라엘군은 자국 기자도 공격했다. 10월 4일 예루살렘에서 팔레스타인 희생자 장례식을 취재하던 〈줌77Zoom 77〉 사진기자 아타 오웨이삿Atta Oweisat은 이스라엘 보안요원들한테 집단폭행당했다.

국제언론단체와 언론사가 들고일어났지만 이스라엘군 공격은 멈추지 않았다. 10월 9일 라말라를 취재하던 〈매그넘Magnum〉 사진기자 뤼크 들라예Luc Delahaye는 카메라에 총알이 박혔다. 하루 뒤엔 총알이 그이 머리를 스치더니 일주일 뒤엔 기어이 이마를 때려 쓰러뜨렸다. 10월 21일 프랑스 〈파리 마치Paris Match〉 기자 자크 마리 부흐제Jacques Marie Bourget와 〈리베라시옹Liberation〉 기자 브호노 스티븐스Bruno Stephens는 라말라에서 총상을 입고 중태에 빠졌다. 10월 31일 문타르 국경 건널목에서 취재를 마치고 철수하던 CNN 기자 벤 위드맨Ben Wedeman은 등 뒤로 날아온 총알을 맞고 실려 갔다. 11월 11일 알비레에서 취재하던 일본 프리랜서 사진기자 리오카히 야마Riokahi Yama는 눈에 총을 맞았고, 베들레헴에서 취재하던 프리랜서 여성 사진기자 욜라 모나코프Yola Monakhov는 아랫배에 총상을 입었다. 이건 이스라엘군이 팔레스타인 기자, 이스라엘 기자, 외국 기자, 여기자, 남기자, 사진기자, 방송기자, 신문기자 가릴 것 없이 기자라면 눈에 띄는 대로 공격했다는 뜻이다. 결코 우발적 사건이 아니라는 증거들이다.

이게 내가 현장을 취재했던 제2차 인티파다 초기에 벌어졌던 일들인데, 그 뒤로도 이스라엘군은 끊임없이 기자를 공격했다. 2002년 4월까지 통계에 잡힌 것만 해도 180여 건을 웃돈다. 그 가운데 6명이 숨졌고 59명이 중상을 입었다. 그렇게 해서 팔레스타인 제2차 인티파다 현장은 기자들한테 지옥전선으로 악명 떨쳤다.

이스라엘군은 기자뿐 아니라 취재와 보도에 이르는 전 과정을 공격하며 대언론전쟁을 벌였다. 프레스Press 마크를 붙인 취재차량 공격쯤이야 장난처럼 여겼고, 걸핏하면 기자들의 현장 접근을 원천봉쇄했다. 이스라엘 정부는 '비우호적'이라며 BBC 송출을 차단한 데 이어 아부다비티브이Abu Dhabi TV, 〈알아자위Al-Azzawi〉 특파원들 추방으로 보도기능을 마비시켰다. 게다가 이스라엘군은 라말라에 자리 잡은 알자지라 지국, 나일티브이 지국, 아부다비티브이 같은 외신지국에 총질을 해대며 진입하기도 했다. 그 과정에서 가장 치명적인 탄압을 받았던 이들은 말할 나위도 없이 팔레스타인 기자와 언론사였다. 이스라엘 정부는 외신지국에서 일하는 팔레스타인 기자들한테 취업증 발급을 거부하는 아주 야비한 방법으로 숨통을 끊었다. 또 이스라엘군은 취재현장에서 주로 팔레스타인 기자들을 과녁으로 삼았을 뿐 아니라 언론사들까지 공격했다. 아파치헬리콥터로 로켓포를 쏘아 보이스 오브 팔레스타인Voice of Palestine 라디오 송출탑을 파괴했고, 팔레스타인 대통령 공관에 나란히 붙은 팔레스타인티브이Palestine TV를 미사일로 폭파했다. 이스라엘군은 아이들 교육프로그램을 방송해온 알쿠드스교육방송Al-Quds Education TV까지 점령해서 장비를 깨트렸고, 알와탄티브이를 점령해서 대낮에 포르노를 내보내는 만행을 저지르기도 했다.

개만 잡아먹어도 펄펄 뛰는 국제사회는!

이스라엘 정부와 군은 그 많은 기자 공격사건을 놓고 조사를 한 적도 없다. 사과 따위를 한 적은 더욱 없다. 이스라엘 정부와 군이 계획적이고 조직적으로 기자들을 공격했다는 증거다. 그렇게 제2차 인티파다를 취재했던 기자들 목숨은 개 값만도 못 했다. 아, 그러고 보니 개만 잡아먹어도 펄펄 뛰던 국제사회 아니던가!

그즈음 현장을 뛴 기자들이 느꼈던 배신감도 기록으로 남긴다. 돈벌이에만 눈이 먼 언론사를 향한 분노였다.

"전시기자를 포함해 민간인을 보호해야 한다."

세계인권선언 제19조, 제29조.

"분쟁지에서 위험하고 전문적인 일을 하는 기자를 존중하고…."

부칙의정서 제79조.

기자가 총 맞아 죽어나가는 판에 언론사는 쓰레기나 다름없는 이런 국제법 따위를 들이대며 이스라엘 정부한테 기자보호를 요청했다. 그게 다였다. 자사 기자가 취재현장에서 총 맞아 쓰러져도 '요청'이나 해댈 뿐 항의조차 제대로 한 언론사가 없었다. 알쿠드스교육방송 국장으로 이스라엘과 팔레스타인 두 감옥을 모두 드나들었던 언론자유 투쟁 챔피언 다우드 쿠탑Daoud Kuttab은 "기자를 보호하지 못한다는 건 언론사이기를 포기했다는 뜻이다. 그러니 이스라엘 정부가 더 날뛸 수밖에 없다"며 이스라엘 정부와 국제언론사를 '공범'으로 못 박았다.

그날 현장기자들은 자신이 한 번 쓰고 버릴 일회용이라는 사실을 깊이 깨달았다. 기자들은 바람막이 하나 없는 거친 광야에 홀로 선 꼴이었다. 현장에서 기자들이 그날처럼 초라했던 적은 없다.

"무인도라 불러라!"

2000년 10월 18일 총 맞았던 사진기자 패트릭 바즈Patrick Baz 말마따나, 팔레스타인에는 '사람'이 없었다. 그 땅엔 오직 총질을 해대는 마귀들만 날뛰었다.

팔레스타인티브이 카메라맨 암자드 알 알라미Amjad Al Alami, 프리랜서 기자 이마드 아부 자흐라Imad Abu Zahra, 보이스 오브 팔레스타인 기자 이삼 함자 틸라위Issam Hamza Tilawi, 이탈리아 기자 라파엘리 치리엘로Raffaele Ciriello, 영국 다큐멘터리 카메라맨 제임스 밀러James Miller, 이들은 모두 그 무인도에서 마귀들 총에 맞아 숨졌다.

그리고 제2차 인티파다가 끝나기 한 달 전인 2005년 1월 15일까지 팔레스타인 땅에서는 이스라엘군 공격으로 3,135명이 목숨을 잃었다. 그 가운데 627명이 아이들이었다.[51] 또 2만여 명 웃도는 중상자가 났다.[52] 수천 년 동안 대물려 살아왔던 제 땅에서 제 나라 독립을 외친 대가였다. 오늘도 그 팔레스타인에서는 나와 같고 당신들과 같은 시민이 죽어가고 있다.

51 "Intifada toll 2000-2005", BBC, 2005.2.8.

52 United Nation Office for the Coordination of Humanitarian Affairs (OCHA) 31 August 2007.

코소보전쟁은 유고 침공이었다

"인도주의 폭격"

"코소보 위기 해결하는 유일한 방법은 나토가 조건 없이
곧장 지상군을 투입하는 길뿐이다. 공습만으로는 절대 안 된다."
레제프 메이다니Rexhep Meidani 알바니아 대통령, 1999년 인터뷰.

1999년 3월 24일 미국이 이끄는 나토연합폭격대가 유고슬라비아를
공습했다. 나토는 6월 10일까지 78일 동안 공습으로 유고와 코소보를 쑥
밭으로 만들었다. 세상은 나토의 그 유고 침략을 코소보전쟁Kosovo war이
라 불렀다.

그 전쟁터에 대한민국 기자는 단 한 명도 없었다. 신문이니 방송 할
것 없이 대한민국 언론은 그 전쟁 두 달 보름 동안 처음부터 끝까지 외신만
베껴 먹었다. 그러니 대한민국 언론에서는 그 침략전쟁 실상도 본질도 볼
수 없었다. 국제뉴스를 다루는 대한민국 언론수준을 고스란히 드러낸 사
건이었다. 연간 수천 명도 넘는 기자가 별 희한한 주제를 다 들고 온 세상
을 누벼온 대한민국 언론이고 보면 참 놀랄 만한 일이었다.

1998년 2월, 코소보해방군UCK과 유고 정부군 무력충돌.
"내전으로 가는 판이니 더 늦기 전에 취재해야 옳을 듯."

"…"

1999년 2월 23일, 랑부예 협정Rambouillet Agreement
유고와 유럽연합 '코소보 평화와 자치정부 설립안' 협상.
"이젠 진짜 취재해야 할 때, 더 늦으면 결국 후회할 것."
"…"

1999년 3월 초, 유고 의회가 랑부예 협정안 통과 지연,
나토는 유고 공습 들먹이며 공격 가능성 흘려대기 시작.
"오늘내일하는 상황이니 곧장 현장 취재 들어가야 함."
"…"

1999년 3월 24일, 나토연합폭격대가 기어이 유고 공습.
"취재 결정하든 말든 나는 지금 현장으로 떠남. 이상."
"오케이. 그럼 빨리 현장으로 가서 빨리 기사 송고…."

그제야 〈한겨레21〉이 취재결정을 내렸다. 코소보를 놓고 1년이나 끌었다. 이미 군사적 충돌 가능성이 눈앞에 성큼 다가와 있던 그런 세계적 규모 고강도 전쟁high intensity war을 최초 폭격 뒤에야 결정할 만큼 느렸다. 별 관심이 없었다는 게 옳을 듯. 더 기막힌 건 그렇게 느러터졌던 〈한겨레21〉 판단이 그나마 대한민국 언론사 가운데는 가장 빠른 결정이었다는 사실!

그로부터 나는 방콕-로마-부다페스트-유고 국경까지 60시간 동안 땅바닥에 허리 한 번 못 붙인 채 달려가면서 이를 갈았다. 대한민국 기자

가운데 가장 빠른 파견이라는 허울 좋은 말이 '취재불가'와 같은 뜻이 될 수 있다는 직감 탓이었다.

"근데 왜 코소보가 아닌 유고로?"

"이건 미국의 유고 침략전쟁이고, 주 타격점이 베오그라드니까."

그만큼 급했다. 나는 〈한겨레21〉과 부다페스트에 닿고서야 취재 지역과 개념을 놓고 이야기를 나눴다. 그러나 유고 정부는 이미 헝가리 쪽 국경을 폐쇄해버렸고 외신기자 입국금지령까지 내린 뒤였다. 루마니아 국경도 사정은 마찬가지였다. "이틀만 빨랐어도." 아쉬운 한숨만 국경을 홀홀 넘어갔다. 이틀 차이로 나는 뜻했던 전선접근에 실패했다. 첫 경험이었다. 내게 유고 진입실패는 취재실패와 같은 뜻이었다.

난민

결국 나는 제2전선 꼴인 코소보로 길을 틀었다. 그리스 아테네로 날아가서 육로로 국경을 넘어 알바니아 수도 티라나Tirana를 거쳐 3월 28일 자정 무렵 코소보와 국경을 맞댄 모리나Morina에 닿았다. 미군이 이끄는 나토연합폭격대의 유고 공격 4일째, 베오그라드 공습 뉴스가 흘러나오는 판에 나는 코소보 국경이나 기웃거리는 처량한 신세가 되고 말았다. 그 시간 나토연합폭격대한테 무차별 공습당하던 코소보마저 국경을 폐쇄해버려 그야말로 옴짝달싹할 수 없었다.

3월 29일 새벽 1시, 대규모 알바니아계Albanian 코소보 난민행렬이 국경을 넘어 모리나를 덮쳤다. 국제구호요원들이 초저녁에 철수해버린 모리나는 갈팡질팡하는 난민들로 북새통을 이뤘다. 매서운 눈바람에 휘둘린

알바니아 국경을 넘어온 코소보 사람들은 저마다 세르비아계를 욕했을 뿐, 정작 왜 자신이 난민 신세가 되었는지 몰랐다. 미국과 나토의 유고 침략을 이해하기에는 너무 순수한 사람들이었는지도 모르겠다. _모리나 국경. 알바니아. 1999 ©정문태

난민들은 언 몸으로 남의 땅에서 새벽을 맞았다. 첫 번째 난민가족을 내 손으로 받았으나 허허벌판에서 달리 도울 길이 없었다. 그 가족 넷을 자동차로 데려가 몸을 녹이게 하고는 우선 난민유입부터 취재했다. 급히 현장을 담고는 그 가족을 40분쯤 떨어진 국경 도시 쿠커스Kukes로 옮겨 현지 주민 집에 맡기고 다시 모리나로 달려갔다.

　　“마을들을 불 지르고 닥치는 대로 죽였고….”하이데(45세, 농부)
　　“집집마다 돌며 돈이든 뭐든 다 훔쳐갔고….”버네라(21세, 대학생)

"여성들을 따로 모아서 집단 성폭행했고…." 자리페(55세, 주부)

겁먹은 알바니아계 난민들은 저마다 세르비아계 군인을 성토했다. 그러나 난민 가운데는 나토 공습을 나무라는 이들도 적잖았다. 노모를 업고 국경을 넘은 카스트리오(37세, 농부)는 "나토 공습 전만 해도 세르비아 군인이 우리를 조직적으로 공격하진 않았다. 공습 뒤 세르비아계가 알바니아계를 보복공격하면서 사태가 커졌다"고 털어놓았다. 이처럼 난민들 증언이 잇따르면서 미국과 나토의 부당한 전쟁놀음 실상이 하나씩 드러나기 시작했다.

새벽 4시, 1만 5,000여 난민을 토해낸 모리나 국경으로 외신기자가 하나둘 몰려들 무렵 나는 거꾸로 수도 티라나를 향해 달렸다. 나는 코소보 난민 대량유입 현장을 최초로 잡았지만 국경 도시 쿠커스에서는 사진과 기사 전송을 할 수 없었던 탓이다. 내 기억에 디지털 전송장비가 전선에 처음 등장했던 때가 그 무렵 아닌가 싶다. 그날 쿠커스에서 AP나 AFP 같은 몇몇 뉴스에이전시 사진기자들이 디지털카메라로 찍은 사진을 컴퓨터에 올려 위성전화로 날리는 걸 보면서 부러워했으니. 어쨌든 나는 그때까지 기계식 카메라로 찍은 필름을 현상해서 스캔받은 뒤 이메일로 전송하는 고대를 살고 있었던 셈이다.

3월 30일 새벽, 나는 티라나에서 기사를 전송한 뒤 눈 붙일 겨를도 없이 다시 쿠커스로 올라갔다. 방콕을 떠난 뒤 제대로 자리에 누워보지 못한 채 144시간째 이동이었다. 하루 사이 3만여 난민이 밀어닥친 인구 2만 산악도시 쿠커스는 숨이 넘어가고 있었다. 쿠커스 사람들이 집집마다 난민을 받아들이며 한 핏줄의 힘을 보여주었으나 그마저 한계에 닿았다. 그로부터 45만 웃도는 알바니아계 코소보 난민이 쿠커스를 거쳐 알바니아 전역으로 퍼져나갔다. 인구 400만 알바니아는 졸지에 난민한테 점령당한 꼴이 되고 말았다.

전쟁을 취재하려고 갔다가 뜻하지 않게 난민만 쫓던 나는 이틀 뒤 다시 티라나로 되돌아와 코소보 잠입을 준비하면서 한편으로는 국제정치판을 취재했다. 나토연합군의 병참기지와 전진기지 노릇을 하면서 갑작스레 국제외교판 심장으로 떠오른 알바니아의 대통령 레제프 메이다니 인터뷰부터 시작했다.

"알바니아 정부 입장에서는 나토의 코소보 군사작전을 어떻게 보나?"
"곧장 지상군 투입해야 옳다. 공습은 해결책 아니다. 피해만 키운다."
메이다니는 과학자 출신답게 외교적 수사 없이 직설법으로 맞받았다.
"발칸 지역 마피아였던 코소보해방군도 문제 많다. 어떻게 할 건가?"
"랑부예 협정에서 그들 합법성 인정했으니 알바니아 정부도 돕는다."
"유고나 주변국들이 대알바니아 Great Albania 개념을 의심하는데?"
"개념도 실현 가능성도 없다. 누군가 정치적 의도로 꾸며낸 말이다."
메이다니는 코소보해방군, 대알바니아처럼 예민한 사안도 안 비켰다.

CIA 스파이지?

대알바니아란 건 코소보에 사는 200만 알바니아계가 코소보를 해방시킨 뒤 마케도니아 Macedonia 서부지역에 흩어져 사는 40여만 알바니아계와 합쳐 현 알바니아공화국을 발칸의 대국으로 키운다는 야심 찬 개념이다. '대알바니아'가 사람들 입에 오르내린 건 사실이지만 또렷한 개념도 정체도 없는 희망일 뿐이었다. 그럼에도 이 '대알바니아' 유령은 세르비아계가 다수인 유고(세르비아), 몬테네그로Montenegro, 마케도니아를 자극하며 인종분쟁에 불쏘시개 노릇을 해왔다.

티라나에서 일주일 넘게 알바니아 정부군을 비롯해 코소보해방군까지 물고 늘어지며 코소보 잠입을 시도했지만 알바니아와 코소보가 상호국경을 폐쇄해버려 도무지 길이 안 나왔다.

"알바니아 국경 통해서는 절대 못 넘어간다. 지뢰밭인 데다 세르비아 군대가 깔려 당신 목숨도 우리 해방군 목숨도 보장할 수 없다."

코소보해방군 정치국 책임자 자빗 할리티Xhavit Haliti는 펄쩍 뛰었다. 그이는 대신 마케도니아 쪽을 제의했다. 베오그라드든 코소보든 어디든 들어가려고 안달 났던 나는 달리 선택하고 말고 할 여유가 없었다. 그러나 마케도니아에서 국경을 넘어 코소보로 들어가는 길도 만만찮았다. 비록 유럽연합 회원증을 꿈꾸는 마케도니아 정부가 나토군 주둔을 승인했지만 세르비아계 한 핏줄인 유고를 형제국으로 여기면서 알바니아계에 강한 적대감을 지녀왔기 때문이다. 마케도니아 정부는 코소보해방군을 아예 적으로 여기며 자국 내 알바니아계 사람들을 철저히 감시해왔다.

4월 12일, 아침 7시 40분 티라나를 떠나 마케도니아로 향했다. 자동차로 네 시간쯤 달려 알바니아-마케도니아 국경 트레비쉬트 자피쉬트Trebisht – Xhepisht를 넘었다. 마케도니아 국경 검문소에는 코소보해방군에서 보낸 최신형 벤츠가 기다렸다. 연락관 베초를 따라 다시 자동차로 세 시간쯤 달려 수도 스코페Skopje의 알바니아계 거주지역인 차일 찬카Cair

Canka에 닿았다. 커피로 숨을 돌린 뒤 코소보해방군 조직원 집에 짐을 풀었다. 그리고 기다림이 시작되었다. 오늘내일하던 기다림이 나흘째로 접어들었다. 온 가족이 친절했고 잠자리도 먹을거리도 편했지만 속은 타들어갔다.

"오늘 국경 넘자. 길을 못 놓겠다면 알바니아로 돌아간다."
시간만 죽이던 나는 코소보해방군 연락관 베초를 닦달했다.
"그렇잖아도 오늘 떠날 준비 시켜놨어. 안내조 곧 올 거야."
4월 16일 오후, 코소보해방군 안내조 둘을 따라 스코페에서 두어 시간 달려 코소보 국경에 닿았다. 17시 20분, 마케도니아 국경 수비대 눈을 피해 트랙터로 옮겨 타고 국경 산악 위에 자리 잡은 타누세비치Tanusevci 마을로 숨어들었다. 산 위에서 내려다본 코소보 평원은 곳곳이 불길에 휩싸여 짙은 연기를 뿜었다. 어둠을 기다리며 민가에 몸을 숨긴 30여 분 동안 마케도니아 국경 수비대가 두 번씩이나 안마당까지 순찰을 돌았다. 그사이 안내조는 또 기약 없는 기다림을 예고했다.
"지금 코소보 현지 사령관과 연락이 안 되니 기다려야 할 듯."
"얼마나 더? 이 동네는 라디오도 없나? 어떻게 전쟁하겠다고."
"내일쯤 전령 보내면 오고 가는 데 4~5일, 넉넉잡아 일주일쯤."
"눈에 빤히 보이는 전선을 두고 일주일씩이나 숨어 지내라고?"
나는 알바니아에서부터 쌓인 짜증을 기어이 터트리고 말았다.
"큰 소리만 치더니, 기자 다리도 못 놓는 놈들이 혁명한다고!"

그 길로 나는 곧장 취재를 접었다. 그러고는 민가를 나와 트랙터에 오르는 순간, 국경 수비대가 뒷덜미를 당겼다. 마케도니아 군인 둘은 무슨 월척이라도 낚은 양 번갈아가며 무전기에 대고 핏대를 올렸다. 10여 분 뒤 지원군 7~8명이 몰려왔다. 총부리를 겨눈 거친 군인 10여 명에 둘러싸여 두어 시간 산길을 걸어 사령부로 끌려갔다. 사병과 달리 아주 정중한 태도를 지닌 대위가 나타나 내 몸과 짐을 샅샅이 훑고는 스코페 경찰본부로 넘겼다.

4월 17일 새벽 2시, 스코페 경찰본부.

술판이 돌았던지, 질펀한 분위기에 충혈된 눈동자들이 뒹굴었다.

옷깃까지 훑는 정밀검색, 경찰은 국경 쪽 군인들과 사뭇 달랐다.

그리고 두 조로 나뉜 취조팀이 같은 질문을 끝없이 퍼부어댔다.

"CIA 스파이지?"

"아니. 기자."

"한국 내무장관 이름은?"

"박지원."

"한국 정보부 이름은?"

"KCIA."

"한국 전통음식은?"

"달걀말이."

얼토당토않은 물음에 아무 말이나 내키는 대로 되받았다.

"출신 초등학교 이름은?"

이쯤에서 나는 입을 닫았다.

"마음대로들 해. CIA든 러시아정보국 스파이든. 잠이나 좀 자자."

새벽 4시, 이번에는 자다 연락받고 달려온 듯한 아리따운 여경이 들어왔다. 그녀는 심문 대신 내 취재수첩을 샅샅이 파고들었다. 영어, 한글, 한문을 마구 섞어놓은 취재수첩을 마치 암호해독이라도 하겠다는 양 따지고 들었다. 심심풀이로 그렸던 개미와 악어까지 물고 늘어졌다. 그러더니 메이다니 대통령 인터뷰 받아 적은 페이지들에 한참 동안 눈을 박았다. 기자들이 인터뷰 받아 적은 난필에 속기를 어이 쉽사리 이해하리오! 결국 여경은 문장마다 꼬치꼬치 따지더니 "진짜 당신이 인터뷰 한 것 맞나?"고 수도 없이 되물었다.

"거기 전화번호도 있으니 직접 확인해봐."

근데 뒷장으로 넘어가면서 실레이만 셀리미Sylejman Selimi 코소보해방군 사령관과 자빗 할리티 정치국 책임자 연락처가 쏟아지면서 다시 분위기가 굳어져버렸다.

"이건 뭐지? 코소보해방군과 한패? 스파이구먼?"

"여봐요. 스파이가 그걸 수첩에 적어 다니겠어?"

여경은 헷갈린 듯 한동안 머리를 계속 매만졌다.

"키로 글리고로프Kiro Gligorov도 그거 있지?"

"어, 우리 대통령 연락처와 번호 어디서 났어?"

"당신 대통령도 인터뷰하려고. 내 직업이니까."

"우리 대통령과 인터뷰, 근데 왜 등록 안 하고?"

분위기가 달라졌다. 사실 인터뷰 계획이 없었다.

"알바니아 외신등록 없어 여기도 그런 줄 알고."

취조 끝. 유치장행. 창 없는 지하 두 평짜리 방, 아침 11시가 되도록 오랜만에 늘어져 푹 잤다.

정오, 제법 높은 사복경찰과 둘이 마주 앉았다.

"법정으로 넘길 수밖에는. 출입국법 위반 혐의."

"스파이라며? 법정으로 넘길 것까지 뭐 있나?"

"그건 없던 일이고 불법 월경은 어쩔 수 없어."

"그 무슨 개소리! 코소보 국경도 안 넘었는데?"

"당신이 간 국경은 외국인 출입금지 구역이야."

"국경 넘었어야 출입국법 위반이지. 법령 보자."

"영어판 없어. 법정 넘어가면 최소 3~6달이야."

사복은 슬슬 비즈니스 냄새를 풍기기 시작했다.

"입국금지 5년이야. 잘 아는 변호사 소개할까?"

사실은 나보다 앞서 벨기에 기자와 독일 기자가 코소보 국경을 넘으려다 마케도니아 국경 수비대한테 걸려 한 달 넘게 감방에 처박혀 있는 상태였다. 전쟁취재하겠다고 온 마당에 이런 시답잖은 일로 감방에서 시간을 죽일 수 없었던지라 그 흥정을 받아들였다. 경찰이 변호사한테 얼마나 받아먹는지야 알 수 없지만, 아무튼 '궐석재판'과 '출입국 자유'를 조건으로 내걸고 변호사를 선임했다. 곧장 칙사대접을 받았고 그로부터 마케도니아 취재에 아무런 방해를 안 받았다.

오성급 난민들

흔히들 코소보전쟁이라 불러온 그 유고침공 취재는 그렇게 현장으로 들어가보지도 못한 채 알바니아와 마케도니아에서 주변 정치만 훑다가 허무하게 끝나고 말았다.

6월 12일, 나토 코소보군KFOR이 코소보에 진입했다. 그사이 인도네시아 총선을 취재했던 나는 6월 23일 다시 알바니아를 거쳐 코소보 취재길에 올랐다. 알바니아는 큰물이 가고 난 뒤끝처럼 어지러움과 스산함만 남아 있었다. 두 달 보름 넘도록 세상을 들쑤셔놓았던 코소보 난민들이 나토 지상군의 코소보 진입과 함께 귀향길에 올랐던 탓이다.

그동안 나라를 온통 난민촌으로 내맡겼던 알바니아에는 꺼림칙한 뒷말만 흘러다녔다. 알바니아 시민과 떠나는 코소보 난민은 서로 삿대질을 해댔다. 난민발생 초기에 알바니아 시민과 코소보 난민이 주고받았던 그 뜨거운 형제애는 온데간데없고 두 달 보름 만에 토라진 이별판이 되고 말았다. 따지고 보면 세계 최빈국 알바니아와 상대적으로 부유한 난민이 만난 이 어긋맞은 국제정치는 일찌감치 내다본 불화였다. 하루아침에 45만 난민이 몰아닥친 알바니아 사회는 뒤따라 들어온 나토군과 국제구호단체가 뿌려대는 돈줄을 보면서 이른바 '떡고물' 환상에 부풀었고, 코소보 난민은 가난한 알바니아를 얕잡아보면서 엇나가기 시작했다.

무엇보다 국제사회가 코소보 난민한테 지원한 서유럽 기준 구호물자는 알바니아 사회에 큰 박탈감을 안겨주었다.

"우린 평생 보도 듣도 못한 고급 치즈에다 화장지에다…."

난민촌 자원봉사자 파니다(24세)가 혀를 내두른 것처럼 극빈선상에 있던 알바니아 시민한테는 구호물자 자체가 충격이었다. 실제로 난민촌을 둘러본 외신기자들도 크게 놀랐다. 난민촌에 병실 250개짜리 호화판 병원이 들어서는가 하면, 샤워장엔 펄펄 끓는 물이 흘렀고, 유아원에는 독일 어린이 표준용 자전거와 장난감이 넘쳐났고, 파리 표준 화장지와 생리대가 여기저기 뒹굴었다. 기자들 사이에 나돌았던 오성급 난민촌five star refugee camp이란 말이 우스개가 아니었다.

알바니아에 남긴 그 떨떠름한 뒷맛은 말할 나위도 없이 나토 군사작전이 남긴 유산이었다. 나토는 처음부터 난민발생에 따른 동정심을 국제여론으로 몰아가며 유고 침공의 정당성을 확보하겠다는 치밀한 계획을 세

윘다. 그러면서 나토는 유럽 중심부가 난민문제로 골치 썩지 않도록 가난한 알바니아와 마케도니아를 '난민저장소'로 택했다. 난민발생을 예상한 나토의 군사작전은 그대로 맞아떨어졌다. 코소보는 비록 내전상태였지만 나토가 공습하기 전까지만 해도 세르비아 군과 경찰이 알바니아계를 조직적으로 공격하지는 않았다. 내전 상태에서 10만여 명이었던 알바니아계 코소보 난민이 나토 공습 뒤 80만으로 급격히 불어난 사실이 그 좋은 증거다. 그러나 국제사회는 나토가 외치는 '인도주의' 한마디에 찍소리도 못 한 채 두 달 보름 동안 유고 침략전쟁을 지원했다. 그리고 유럽 중심부는 난민문제 없이 고요히 끝났다.

얼토당토않은 '인도주의폭격'

난민도 시민이다. 난민도 마땅히 시민과 똑같은 대접을 받을 권리가 있고, 난민도 시민과 똑같이 대접할 의무가 있다. 코소보 난민이 먹고 입는 걸 보며 배 아파 할 일도 없고 화장지나 온수 따위로 질투할 일도 없다. 그러나 의문 하나는 짚고 가야겠다.

'왜 코소보 난민한테만 오성급인가?'

아프리카와 아시아 곳곳에 넘쳐나는 난민은 왜 코소보 난민과 같은 대접을 못 받느냐 말이다. 코소보가 유엔기금을 따로 낸 적도 없고, 인류를 위해 아시아나 아프리카 사람보다 더 이바지한 것도 없다. 전쟁을 피해 온 난민한테도 인종과 계급과 신분이 존재하고 그에 따라 급수가 다른 구호품을 제공한다는 걸 어떻게 이해해야 좋은가? 이 시간에도 아프리카와 아시아 난민촌에는 먹을거리가 없어 뼈만 앙상히 남은 아이들이 쓰러져 있고, 하루 약값 1달러면 살릴 수 있는 말라리아 환자들이 죽어가고 있다.

'왜 아시아와 아프리카 난민은 코소보 난민과 달리 병들고 굶주린 채 죽어가야만 하는가?' 이 의문에서부터 그 흔해빠진 인도주의도 인권도 국제정치도 출발하자는 뜻이다.

6월 29일 새벽, 나는 티라나의 디나모스포츠클럽 난민촌에 둥지를 틀었다가 귀향길에 오르는 베스림 호티(40세) 가족 여덟 명을 동행취재했다. 호티 가족은 집 떠난 서러움으로 걸핏하면 눈물이 핑 돌았던 지난 97일을 돌아보며 짐을 꾸렸다. 운전기사였던 호티는 3월 25일 새벽 피난길에 공습을 받아 맏아들 예톤(15세)이 팔다리에 부상을 입기도 했다. 호티 가족은 모두 유고 전투기에 당한 일로 믿었지만 사실 나토가 공습강도를 높여가던 3월 25일 알바니아 국경 부근에서 유고군 공습은 없었다. 나토연합폭격대는 3월 24일 공습개시와 동시에 이미 코소보와 유고 영공을 완전히 장악했다.

미군이 이끌었던 나토연합폭격대는 그 유고 공습에서 '인도주의 폭격humanitarian bombardment'이라는 얼토당토않은 말을 만들어냈다. 나토연합폭격대는 작전명 오퍼레이션 얼라이드 포스Operation Allied Force를 내걸고 78일 동안 전폭기 1,000여 대를 동원해 3만 8,000회에 이르는 공습과 미사일 2,300기를 발사해 유고군 1,000여 명을 죽이고 5,000여 명에게 중상을 입혔다. 또 그 공습은 시민 2,000여 명을 살해했고 중상자 1만여 명을 냈다.[53] 미국과 나토가 인도주의 폭격을 내걸고 최첨단 현대전을 자랑했던 유고 침공은 그렇게 군인보다 시민을 더 많이 살해한 추악한 전쟁으로 드러났다.

나토가 본디 단기전 계획으로 판을 벌였던 유고 침공은 그 예측이 빗나가면서 모든 참전국이 엄청난 전비조달로 애를 먹었다. 처음부터 전문

난민 신세 97일 만에 고향 코소보로 돌아가는 호티 가족들, 그이들은 97일 전 집을 떠날 때도 오늘처럼 눈물을 흘렸다. 그렇게 국제정치는 시민의 눈물을 먹고 생존했다. _쿠커스. 알바니아. 1999
ⓒ정문태

가들은 한 발에 100만 달러짜리 크루즈미사일과 1만 달러짜리 스마트탄 사용량이 20%에도 못 미칠 것으로 내다보며 민간부문 대량희생을 경고했다. 결국 나토연합폭격대가 공습을 시작하고 한 달 만인 4월 24일, 유고 정부 발표대로 그 예상은 1만여 건에 이르는 범죄적 공격을 통해 현실로 드러났다.

종전 뒤 현장을 조사한 미국 인권단체 휴먼라이츠워치HRW는 "3만 8,000회에 이르는 나토 공습 가운데 1/3과 그 공습으로 발생한 사망자 1/2이 모두 불법 공격대상이었다"고 밝혀 앞선 유고 정부 주장을 뒷받침했다. 나토연합폭격대는 4월 24일까지 한 달 동안에만도 다리 30개, 기차역 16개, 주요 도로 6개 그리고 공항 7개를 폭파해 민간인 피난로를 차단하는 만행을 저질렀다. 순수 민간시설인 노비사드Novi Sad의 상수도를 폭격해 시민 60만 명이 식수난을 겪게 만들었고 병원 21개, 학교와 도서관 300여 개, 사원 18개, 사적지 90여 개, 방송시설 23개, 민가 4만여 채를 파괴했다. 그리고 산업 기반시설과 공업단지는 말할 것도 없고 발전소나 농장까지 폭격해 1,200억 달러(120조 원)에 이르는 경제적 피해를 입혔다. 그 결과 애초 코소보내전과 아무 상관없는 유고 시민 50만이 일자리를 잃었고 200만이 생존위기에 빠졌다. 무엇보다 어린이 300만이 나토 공습에 따른 환경오염과 유독가스로 심각한 장애를 겪어왔다.

---

53 시민 희생자 수는 조사자나 연구자에 따라 1,200∼1만 8,000명까지 큰 차이가 나고 아직까지 공식적으로 인정할 만한 자료가 없는 실정이다. 여기서는 유고연방 외무부 국제법 책임자 요르데 로피치치Djorde Lopicic의 1999년 8월 5일 발표를 인용했다. 참고로 밀로반 지브코비치Milovan Zivkovic 유고연방 통계국장은 사망자를 5,700명으로 밝혔고("NATO Killed 5,700 Civilians", Danas, 1999.7.15, p. 5) 휴먼라이츠워치Human Rights Watch는 조사에 한계가 있음을 인정하면서 사망자 수를 489∼528명으로 발표했다.

독일군, 아주 복잡한 속셈

호티 가족은 코소보의 프리슈티나Pristina에서 온 화물트럭 짐칸을 얻어 타고 쿠커스를 거쳐 18시 모리나 국경 검문소에 닿았다. 호티 가족 얼굴에서는 짙은 눈물이 흘렀다. 그이들은 나토의 알바니아군AFOR과 알바니아 국경 경찰 합동검문조한테 조사를 받은 뒤 국경을 넘어 코소보로 들어갔다. 나토의 코소보군 소속 독일군이 접수한 코소보 국경 검문소에는 유고 국기 대신 나토 깃발이 휘날렸다. 독일은 코소보전쟁을 통해 제2차 세계대전 뒤 처음으로 지상군을 원정 공격작전에 파견해 군사대국화와 국제패권주의 복귀를 공식 선언한 셈이다. 독일군 참전을 좌파 성향 사회민주당SDP 게르하르트 슈뢰더Gerhard Schröder 총리와 녹색당GGP 요슈카 피셔Joschka Fischer 외무장관이 주도했다는 사실이 충격을 더했다. 독일군 참전을 놓고 전통적인 반전세력이었던 좌파 대신 중도우파 기독교민주당CDU이 오히려 반전을 외치는 역현상이 벌어지며 시민사회가 큰 혼란을 겪었다. 그 과정에서 독일 좌파는 갈가리 찢어졌고 녹색당은 기틀마저 크게 흔들렸다.

독일 정부가 나라 안팎의 강한 반발을 뿌리치고 지상군 8,500명을 코소보에 투입한 까닭은 아주 복잡한 속셈을 깔고 있었다. 하나는 막대한 이권이 걸린 남동유럽경제권을 미국한테 호락호락 넘겨줄 수 없다는 경제논리였고, 다른 하나는 러시아와 맞닿는 이른바 다뉴브리버블록Danube River Bloc의 지역 맹주 자리를 지키겠다는 정치적·군사적 야망이었다. 이렇듯 나토의 유고 침략전쟁은 참전 동맹국들 사이에도 서로 다른 잇속을 깔고 있었다.

"독일군을 우리 지역에 보내준 신께 감사드린다."

파딜 브로비나(27세)처럼, 호티 가족이 경유했던 코소보에서 두 번째 큰 도시 프리즈렌Prizren의 알바니아계 시민은 아이 늙은이 할 것 없이 모

코소보의 작은 마을 크루샤까지 밀고 들어온 독일군. 비록 나토 소속 코소보군이라는 이름을 달았지
만 독일은 제2차 세계대전 뒤 54년 만에 기어이 해외 파병 꿈을 이루었다. 미국이 이끈 나토의 유고
침공에서 독일 군대는 원정군으로 다시 태어났다. _크루샤. 코소보. 1999 ⓒ정문태

두 독일군을 찬양했다. 그건 프리즈렌에 진주한 독일군이 세르비아계 민병대원 두 명을 알바니아계 시민이 지켜보는 가운데 쏘아 죽이면서 얻은 훈장이었다. 그로부터 모든 세르비아계 시민이 프리즈렌을 떠났고 알바니아계 시민은 독일군에 열광했다.

그렇게 나토군이 주둔한 코소보에서 다수 알바니아계 시민은 한껏 자유를 누렸지만 소수 세르비아계 시민은 공포에 질려 숨어 다녔다. 난민에서 돌아온 알바니아계 시민은 '보복사냥'을 나섰고 세르비아계 시민은 곳곳에서 죽임 당했다. 평화의 사도를 자임한 나토군이 점령한 코소보에서는 이제 세르비아계 시민이 난민신세로 코소보를 떠나게 되었다.

새빨간 거짓말

그날 그렇게 쫓겨났던 세르비아계 난민 25만 명은 17년이 지난 2016년 오늘까지 고향으로 돌아가지 못한 채 남의 땅을 떠돌고 있다. 그사이 국제사회는 그 세르비아계 난민을 거들떠도 안 봤다. 나토 공습 뒤 코소보를 떠났던 알바니아계 난민 80만 명을 '오성급'으로 정성껏 보살폈던 국제사회가 똑같은 전쟁난민인 세르비아계 코소보 시민은 그토록 차별했다.

"세르비아 사람들과 절대 같이 못 살아요. 절대로."

밤 9시, 호티의 맏딸 룸니에(17세)는 반쯤 불타버린 고향 크루샤Krusha로 들어서면서 분노와 저주의 눈물을 쏟았다.

코소보의 눈물, 그 비극은 1980년 요시프 브로즈 티토Josip Broz Tito 유고 대통령의 죽음과 함께 싹텄다. 현대사의 풍운아 티토 죽음이 유고연방 붕괴로 이어지면서 코소보도 휩쓸려들었다. 티토는 알바니아계 주민이

90%에 이르는 코소보를 1974년부터 자치주로 인정해 독자적인 경제개발 권까지 주었다. 그러나 티토 사망으로 공황상태에 빠진 유고슬라비아공산주의동맹LCY은 세르비안민족주의를 정치적 이념으로 내세우면서 코소보 내 알바니아계를 통제하기 시작했다. 이어 1981년 프리슈티나대학의 알바니아계 학생들이 반정부 시위를 벌였고 수백 명 사상자가 났다. 그러자 알바니아계 시민이 코소보 내 소수민족인 세르비아계를 공격했다. 코소보 전역에서 인종청소를 내건 알바니아계의 조직적인 세르비아계 성폭행 사건이 꼬리 물었다. 그 무렵 알바니아계한테 공격당한 2만 웃도는 세르비아계 시민이 코소보를 떠났다. 그리고 1987년 슬로보단 밀로셰비치Slobodan Milosevic 유고 대통령이 코소보 내 세르비아계 원상복귀를 외치면서부터 걷잡을 수 없는 유혈사태가 벌어졌다. 맞선 알바니아계는 1991년 재야의 회를 통해 이브라힘 루고바Ibrahim Rugova를 재야대통령으로 선출했다. 다시 밀로셰비치 정부가 세르비아계 보호를 내걸고 병력을 증강하자 알바니아계는 코소보해방군을 조직해 무장투쟁에 뛰어들었다. 그렇게 해서 1998년 2월부터 코소보는 내전상태에 빠져들었다.

1998년 10월 유럽안보협력기구OSCE 중재로 휴전을 선언했던 두 진영은 12월부터 다시 충돌했다. 그리고 1999년 3월 19일 랑부예 협정이 깨지자 나토는 군사공격을 앞세워 유고 정부를 몰아붙였다. 압박감을 느낀 유고 의회가 3월 23일 랑부예 협정에 담긴 코소보 '자치안'은 승인했지만 굴욕적인 내용을 담은 '군사안'은 거부했다. 그 군사안이 나토군한테 코소보뿐 아니라 유고 전역을 마음껏 사찰할 수 있는 실질적인 점령군 지위 조항을 담았던 탓이다. 그리고 유고 의회가 군사안을 거부하고 24시간도 채 안 지난 3월 24일, 나토는 유고를 침공했다.

"알바니아계 50만이 학살당했다. 곧장 '인도주의 공습' 필요하다."

영국 총리 토니 블레어는 그렇게 외치며 유고를 공격했다. 그러나 유럽의회조사단은 코소보 알바니아계 희생자 수를 5,000명에서 최대 1만 명이라 밝혔다. 물론 나토는 알바니아계가 살해한 세르비아계 시민 수를 밝힌 적이 단 한 번도 없었다. 블레어가 주장했던 그 '50만 명 학살설'은 나토군의 유고 공습 개시와 함께 이내 자취를 감췄다. 일방적인 전쟁몰이였다. 종전 뒤 구유고슬라비아 국제형사재판ICTY에서도 결코 다시 입에 오른 적 없다. 새빨간 거짓말이었다. 그런 거짓말을 앞세워 미군과 나토는 코소보를 빌미 삼아 유고를 침공했다. 거짓말로 전쟁을 일으켰고, 거짓말로 유고 시민을 학살한 그 고약한 전범한테 국제사회는 '정의로운 승리자'란 훈장을 달아주었다.

나토는 코소보전쟁을 대량학살과 대량난민발생을 막는 인도주의 개입humanitarian intervention이라고 주장했다. 그러나 처음부터 거짓에서 출발했던 코소보전쟁은 가장 '비인도적인 전쟁'이었다. 오히려 '대량학살'과 '대량난민발생'은 미국과 나토동맹국이 남긴 코소보전쟁(유고 침공)의 유산이었다.

미국은 성공했다

그렇게 유고를 침공한 나토의 코소보전쟁은 국제법을 송두리째 위반한 범죄행위였다. 출발부터가 그랬다. 나토는 유고 정부를 협박해서 랑부예 협정 승인을 강요했고, 유고 의회가 그 불법성을 주장하며 승인을 거부하자 곧장 무력침공했다.

'유엔헌장이 규정한 국제법 원칙을 어기고 무력이나 협박으로 체결한 조약은 무효다.'

나토는 '조약법'을 규정한 비엔나 협약Vienna Conference을 짓밟았다. 그리고 나토는 유엔이 명시적으로 인정하지 않은 상태에서 유고를 공격했다. 유엔헌장 제52조에 따라 나토는 유엔회원국이 아닌 초국가적 조직supranational organization인 지역 협정체일 뿐이다. 따라서 나토는 유엔이 정한 법을 따라야 하는 조직이지만, 유엔은 그런 지역 협정체의 무력사용을 허가할 까닭도 없고 또 허가할 수도 없다. 여기서 유엔회원국인 유고를 공격한 나토의 행위는 원천적 불법이었다. 게다가 나토는 유고와 코소보 공습으로 수많은 시민을 살해했고 학교, 병원, 유적, 교회, 식수원, 농장을 비롯한 민간시설물을 파괴했다. 전시민간인과 민간시설물 보호를 규정한 제4차 제네바 협약Geneva Convention Ⅳ을 위반했다. 이뿐만 아니라 나토는 지뢰, 집속탄cluster bomb, 열화우라늄탄Depleted Uranium을 사용해서 '과도한 상해를 입히고 무차별적 영향을 끼치는 무기를 금지'한 특정재래식무기금지협약(CCW. 1980)을 위반했다.

더욱이 나토는 자신이 만든 나토 조약마저 깨트렸다. 나토 조약 제5조에 "나토는 회원국이 공격받을 경우에만 군사력을 사용한다"고 못 박아 두었다. 유고는 결코 나토 회원국을 위협한 적도 공격한 적도 없었다. 게다가 나토는 조약 제6조가 규정한 (회원국) 방어영역을 벗어나 원정침공까지 감행했다. 이게 미국과 나토가 저지른 불법 코소보전쟁, 유고 침략전쟁의 실체다.

미국은 1991년 크로아티아 독립을 불법지원한 데 이어 1995년 보스니아 침공을 거쳐 1999년 코소보전쟁을 통해 기어이 유고연방 해체작업을 마무리했다. 동서남북을 잇는 세계적 전략요충지인 발칸반도의 맹주였던 유고연방은 사라지고 미국은 그 땅에 친미정권을 세웠다. 미국은 인류 역사상 최대 군사동맹인 나토를 부려 유고를 침략함으로써 잠재적 적인 러시아 차단과 세계 지배전략을 실험했다. 그리고 성공했다.

밀로셰비치의 대량학살 증거 없음

6월 30일 아침, 귀향 첫날밤을 친척집에서 보냈던 호티 가족은 눈 뜨자마자 서둘러 집으로 돌아갔다. 그러나 아침부터 크루샤 마을을 뒤흔드는 폭발음이 호티 가족의 끔찍했던 기억을 되살려냈다. 폐허로 변한 집에서 쓸 만한 살림살이를 뒤지던 호티 가족은 저마다 몸을 움츠렸고 떨었다. 나토 폭발물처리반이 마을 뒷동산에서 심심찮게 불발탄을 터트렸던 탓이다.

미군은 코소보 내 불발탄이 전체 투하량의 5% 가까운 1만 1,000발쯤이라 밝혔다. 그 가운데는 치명적인 대인살상용 폭탄인 집속탄과 열화우라늄탄이 적잖았다. 집속탄은 전쟁이 끝나기도 전인 5월 13일 현재, 이미 150여 명에 이르는 시민을 살해했다. 베트남전쟁 때 미군이 라오스에 투하한 그 집속탄이 50년도 더 지난 오늘날까지도 끊임없이 사상자를 내고 있는 현실은 이제부터 코소보와 유고의 것이기도 하다.

더욱이 코소보 전역은 탱크파괴에 주로 사용했던 열화우라늄탄 오염으로 심각한 후유증을 앓을 것으로 보인다. 나토는 열화우라늄탄을 3만 1,000발 사용했다고 우겼으나 유고 정부는 5만 발에 이른다고 맞받아쳐 논란을 겪기도 했다. 누구 말이 맞든 코소보와 유고 전역은 이미 방사능 물질에 오염되었다는 뜻이다. 나토는 공습 전에 코소보와 유고 시민한테 열화우라늄탄 위험성을 경고도 한 적 없다. 더욱이 나토는 그 열화우라늄탄 사용 사실마저 1년이 지난 뒤에야 자백했다.

세계시민사회는 1991년 미군의 제1차 이라크 침공 뒤 튀어나온 이른

난민 신세를 벗어나 고향 크루샤로 되돌아온 호티는 절망했다. 나토군한테 폭격당한 그이 집엔 아무것도 남은 게 없었다. 호티는 세르비아 군인들 짓으로 믿고 싶었지만 현실은 그 반대였다. _크루샤. 코소보. 1999 ⓒ정문태

바 걸프전증후군Gulf War Syndrome을 또렷이 기억한다. 이라크 시민과 참전 미군 모두한테 온갖 질병, 암, 불임, 기형아 출산 그리고 심각한 정신적 장애를 일으킨 주범이 바로 열화우라늄탄이었다. 이제 코소보와 유고 시민들 몫이다.

　"불발탄…. 그보다 지금 당장 먹을거리가 걱정인데!"

　그랬다. 97일 만에 난민신세를 접고 집으로 되돌아온 호티는 코소보전쟁의 정체도 또 코소보전쟁이 남긴 그 비극적 유산도 생각할 겨를이 없

었다. 호티가 잿더미에서 건져낸 멈춘 벽시계가 가리키는 11시 13분, 코소보의 시간은 그렇게 97일 전에 멈춰버렸고 아무도 그 시계가 언제쯤 다시 돌아갈지 아는 이가 없다.

오후부터 갑자기 쏟아진 장대비와 직경 1cm가 넘는 우박에 두들겨 맞은 크루샤 마을 사람들은 타다 만 처마 밑에 모여 앉아 하늘만 쳐다보았다. 1999년 코소보전쟁은 그렇게 쉽사리 끝날 수 없는 먼 길을 가고 있었다.

그로부터 17년이 지났다. 그사이 밀로셰비치 유고 대통령은 2001년 '크로아티아 · 보스니아 · 코소보 대량학살과 반인륜적 범죄혐의'로 구유고슬라비아 국제형사재판소에 기소당했다. 그러나 밀로셰비치는 유엔의 기소승인이 없었다는 불법성을 주장하며 변호인 도움을 마다한 채 5년 동안 홀로 재판을 받다가 2006년 3월 11일 헤이그 감옥에서 사망했다. 국제형사재판소는 밀로셰비치 죽음을 고혈압과 심장병 탓으로 돌리고는 3일 뒤 서둘러 재판을 종료했다. 그이의 사망 원인이 여전한 의문인 가운데 재판부가 '밀로셰비치의 대량학살 증거 없음' 판결을 내림으로써 미국과 나토의 유고 침공이 거짓이고 불법이었다는 사실만큼은 또렷해졌다.

그 과정에서 재판부는 밀로셰비치한테 "대량학살 예방 실패"와 "법정 진행 비협조"라는 본질과 전혀 상관없는 죄목을 걸고 넘어져 스스로 국제형사재판소 무용론에 불을 지폈다. 대량학살 결과를 따지는 재판정이 "관련 증거 없음"이라는 판결을 내려놓고도 "예방 실패"를 들이댔다는 건 인간의 원죄를 처벌하겠다는 것과 다를 바 없다. 예방 못 한 건 밀로셰비치뿐 아니라 미국도 나토도 크로아티아 사람도 보스니아 사람도 코소보 사람도 모조리 다 그 책임에서 자유로울 수 없다. 그렇게 따진다면 국제사회 일원인 대한민국도 그 예방 실패에 책임이 있다. 게다가 "법정 진행 비협조"란 건 아예 코미디감이다. 밀로셰비치가 함께 기소당한 다른 학살혐의자들을 다루는 재판에서 증언 협조를 하지 않았다는 죄다. 지나가는 소도 웃을 노릇이다. 제아무리 흉악한 죄인도 자신한테 불리한 증언을 하지 않을 권리가 있다. 밀로셰비치도 마땅히 지닌 권리다. 증거를 찾아 범죄를 확증하는 건 기소자의 의무다. 대량학살과 반인륜적 범죄를 다루겠다는 국제형사재판소가 내린 판결치고는 너무 어처구니없었다. 국제형사재판소란 건 법정 진행 따위를 다루는 재판소가 아니라 대량학살을 했나 안 했나를 따지는 곳이다. "법정 진행 비협조" 따위는 재판본질과 아무 상관없다. 동네 법원과 마찬가지로 증거 없으면 여기도 무죄다. 따라서 국제형사재판 결과 밀로셰비치는 무죄다.

발칸반도 전체가 필요했다

그리고 티토가 이끈 유고슬라비아사회주의연방공화국SFRY을 대물림했던 유고연방공화국FRY은 사라졌다. 1990년대 초부터 슬로베니아, 크로아티아, 마케도니아, 보스니아 헤르체고비나가 떨어져 나간 뒤 2002년 '세르비아 몬테네그로'로 나라 이름을 바꾸었으나 그마저도 2006년 몬테네그로가 국민투표를 통해 분리독립해버려 옛 유고연방은 7개국으로 쪼개지면서 완전히 해체당했다. 한때 정치와 경제를 통틀어 가장 안정된 사회주의 국가로 인정받으며 제3세계 비동맹운동을 이끌었던 유고연방은 사라지고 이제 인구 800만 소국 세르비아라는 나라만 남았다. 미국과 나토는 유고 침공을 통해 자신들이 원하는 대로 마음껏 세계지도를 다시 그릴 수 있다는 사실을 증명했다. 그게 미국과 나토의 유고 침략전쟁 본질이었다.

어중간하게 남아 있던 코소보도 2008년 2월 17일 독립을 선언했다.

세르비아와 러시아가 불법으로 규정하자 코소보 독립을 지원해온 미국과 유럽연합을 비롯한 25개국으로 구성한 코소보국제조정그룹ISGK이 나서 2012년 9월 10일 코소보 주권을 인정했다.

그 코소보에는 캠프 본드스틸Camp Bondsteel과 캠프 몬티이스Camp Montieth라는 미군기지 두 개가 들어섰고 현재 미군 6,000여 명이 주둔하고 있다. 특히 나토의 코소보군 동부다국적전투그룹MNBG-E 본부로 사용하는 캠프 본드스틸은 발칸지역 최대 미군기지로 미군 4,000여 명이 상주한다. 캠프 본드스틸은 그동안 미군이 불법감금과 고문으로 악명 떨쳐온 관타나모 형무소의 축소판으로 의심받아왔다. 인구 180만에 딱 경기도만한 코소보, 주변에 미국을 공격할 만한 적이라고는 아무도 없는 땅에 왜 그런 미군기지가 필요했을까? 미국이 유고를 침공했던 까닭이 더 또렷해졌다. 미국은 발칸반도 전체가 필요했다.

미국과 나토는 유고를 그렇게 돌이킬 수 없는 폐허로 만든 뒤 2006년 세르비아(옛 유고연방)를 나토회원국으로 초대하는 회원국행동계획MPA의 전 단계인 이른바 집중대화Intensified Dialogue 대상국으로 삼았다. 물론 세르비아 시민은 나토회원국 가입을 강력하게 거부해왔다. 현재 세르비아 정부는 나토라는 군사동맹체 가입보다는 유럽연합 회원국에 관심을 기울이고 있다. 그러나 세르비아가 언제까지 나토에 가입 안 하고 견딜 수 있을지는 의문이다. 미국식 국제질서에 빗장 건다면 살아남기 힘들다는 사실을 체험했기 때문이다. 이게 미국식 무력이 지배하는 국제사회다. 우리는 미국과 나토의 유고 침략전쟁 17년 뒤, 더 굳건해져가는 무장의 시대를 살아가고 있다.

아쩨계엄군사작전, 자유아쩨운동을 박멸하라

사라져가는 저 별들, 저 별들

"지난 23년 모두가 정치적 해결 원했다. 무장투쟁 최선 아니다.
그러나 인도네시아가 아쩨 공격 멈추지 않는 한 총 못 내린다.
대를 이어 우리 어머니와 형제자매가 죽임 당해온 아쩨를 보라."
무자끼르 마납Muzakir Manaf 자유아쩨운동 최고사령관, 1999년 인터뷰.

2003년 6월 14일, 외국인 발길이 끊긴 반다아쩨Banda Ache공항으로 들어서자 보안관이 날카롭게 쏘아붙였다.

"왜, 어떻게 왔어? 여행허가증은?"

이내 내 목엔 특별 관리대상자 꼬리표가 붙었다.

"계엄사령부로 가서 곧장 신고하시오."

이번에도 어김없이 '불법' 딱지를 달았다. 예나 이제나 아쩨에서 나는 늘 '불법잠입자'였고, 늘 뒤가 켕기고 눈치를 보는 신세였다. 아쩨와 나는 법적으로 만나면 안 되는 사이였다. 왜? 인도네시아 정부가 아쩨 취재를 금지해왔으니. 하여 나는 늘 관광객 흉내 내며 아체에 드나들었다.

이번만은 '합법'을 달아보겠다고 나름껏 애썼다. 2주 동안 자까르따 외무부와 군사령부를 쑤시고 다녔다. 근데 발버둥 쳤던 내게 돌아온 건 늘 그랬듯이 "여행금지" "취재금지" 두 마디였다. 나는 달리 택할 길이 없었다.

새벽 3시에 일어나 혼자 중얼거리며 짐을 꾸렸다.

"법은 나와 안 친하다. 몸부터 던져넣고 보자."

와라, 용기를 얻자. 어두운 밤을 밝히며 빛나는
동녘별을 좇아, 동녘별을 좇아
내 조국으로부터 하나둘씩 사라져가는,
저 별들, 저 별들
두려워 말라. 우리는 너를 사랑한다.
언젠가는, 누군가가 너를 따르리라.

낡은 스피커가 울었다. 2001년 살해당한 압둘라 시아피이Abdullah Sy-afi'i 자유아쩨운동 전 사령관에게 바친 노래, '유언장'이라는 부제를 붙여 니아웡Nyawong 그룹이 노래한 '조국의 꽃Bungong Nanggroe'이 애간장을 태웠다. 힐끗힐끗 뒤를 훔치던 운전기사는 항변이라도 하듯 소리를 높였다. 반다아쩨 공항에서 도심으로 들어가는 그 길은 언제나 그랬듯이, 오늘도 어김없이 무거운 침묵을 강요했다. 공항과 도심 사이에 주어진 20여 분은 바깥세상과 인연을 끊고 다가오는 전선 속에 나를 집어넣는 경계선이었다.

5월 19일 계엄령을 선포했지만 반다아쩨는 크게 달라진 게 없다. 중무장 군인이 모퉁이마다 득실대는 꼴도 군용트럭이 폭풍처럼 내달리는 꼴도 모두 해묵은 풍경일 뿐이었다. 인도네시아 정부가 아쩨를 군사작전지역DOM으로 선포했던 1990년에도, 정부군과 자유아쩨운동이 치열한 교전을 벌였던 1993년에도 내가 본 아쩨는 늘 그랬다.

올 수 있으면 와라

아쩨로 오면서 내가 들고 온 건 오직 아쩨계엄작전사령관 밤방 다르모노Bambang Darmono 준장이 내뱉은 "올 수 있으면 와라" 한마디 말뿐이었다. 이건 2주 전 자까르따에서 전화로 요청했던 인터뷰를 그이가 에둘러 거절한 말이었다. 정부와 군이 외신기자의 아쩨 접근과 취재를 금지했으니 밤방이 굳이 모진 말로 인터뷰를 거절할 까닭이 없었던 셈이다.

그러니 아쩨계엄사령부 미디어센터에서 신분증을 받는 일은 내가 부딪쳐야 할 첫 번째 전선이었다.

"자까르타 쪽 취재허가증과 여행허가증부터 봅시다."
"그런 것 없고, 밤방 다르노 준장이 오라 해서 왔다."
미디어센터 병장은 믿을 수 없다는 듯 쳐다만 봤다.
"그럼, 우리 쪽에서는 밤방 장군 확인이 필요한데."
나는 계엄작전사령부에 있는 밤방한테 전화를 했다.
"반다아쩨에 왔는데 미디어센터가 확인 필요하다고."
"무슨 확인? 지금 기자들 상대할 만한 여유가 없어."
지켜보던 병장한테 그 통화는 확인용으로 충분했다.
사실은 밤방이 바쁘다며 짜증 냈고 별말 없었지만.
"밤방 화났어. 장군한테 확인 요구했으니. 넌 큰일."
병장한테 끊긴 전화기 내밀며 대뜸 으름장을 놨다.
병장은 찍소리 없이 계엄사령부 신분증을 발급했다.

그렇게 해서 '준합법' 신세로 계엄작전사령부가 있는 록스마웨Lhok-seumawe까지 가는 길을 확보했다.

진담이었다

전선에서 군인을 상대로 한 이런 '도박'은 아시아 쪽 취재에서 가끔 먹힐 때가 있다. 얼굴을 맞대면 쉽사리 거절 못 하는 문화가 있는 데다 전선에서는 현지 사령관이 절대적 권한을 지니기 때문이다. 그즈음 인도네시아 군사령부가 밝힌 원칙대로라면 외국 기자가 아쩨에 들어간다는 건 죽었다 깨나도 불가능한 일이었다. 수많은 외신기자가 자까르따에서 발만 동동 구르고 있었던 까닭이다.

6월 15일 반다아쩨 계엄사령부 미디어센터, 아침 브리핑을 마친 대변인 디띠아Ditya 대령이 다가왔다.

"자유아쩨운동 취재하면 체포하거나 사살하니 조심하시오!"

농담으로 듣기엔 서로 초면이라 서먹했다.

"외국 기자도 예외 없음!"

디띠아는 쐐기까지 박았다. 진담이었다.

"군인들이 신경질적일수록, 언론통제가 심할수록 반시민적이다."

그동안 이 경험을 들고 전선을 취재해온 나는 대변인을 통해 아쩨계엄군사작전을 읽는 첫 번째 신호를 잡았다. 전선에 따라 '체포'란 말이야 수도 없이 들어왔지만 '사살'이란 말은 어디서도 들어본 적 없었다. 근데 기자를 향한 그 '사살' 위협은 빈말만도 아니었다.

"언론은 자유아쩨운동 인용해서 반군을 키우지 말라."

아쩨계엄군사작전 첫날인 5월 20일, 아쩨계엄사령관 엔당 수와리아 Endang Suwarya 소장이 기자들한테 경고장을 날리자마자 국영 텔레비전라디오인도네시아TVRI 카메라맨 모하마드 자말루딘Mohamad Jamaluddin이 실종되었다. 하루 뒤인 21일 TV7 기자 리잘 와히유Rizal Wahyu와 유스리잘 Yusrizal 취재차량에 총알이 날아들었다. 이어 22일 TV7 기자 와히유 물리 오노Wahyu Mulyono, 23일 RCTI 기자 와얀 아스따빨라Wayan Astapala 자동차도 총을 맞았다. 24일은 기록적인 날이었다. 3일 전 총격을 받았던 리잘 와히유와 유스리잘 자동차가 또 총을 맞았고, 메트로티브이Metro TV 아스완디 아사드Aswandi Asad, 트란스티브이Trans TV 델위 시남베라Delwi Sinambera, 〈자까르따포스트Jakarta Post〉 나니 파리다Nani Farida, Radio 68H 에드윈 스리비모Edwin Sribimo 기자의 취재차량이 줄줄이 총알세례를 받았다. 25일은 외신기자 차례였다. 〈타임〉 엔드류 마샬Endrew Mashall, BBC 올란도 데 구즈만Orlando de Guzman, AFP 홀티 시만 준탁Holti Siman Juntac 자동차에 총알이 박혔다.

이날 인도네시아군 대변인 사프리에 삼수딘Sjafrie Sjamsoeddin 소장은 "외신기자도 공격목표가 될 수 있으니 조심하라"며 기다렸다는 듯 경고장을 날렸다. 동티모르 상실을 언론장단에 놀아난 국제사회 압력 탓이라 여겨왔던 인도네시아 정부와 군부가 아쩨 사안을 절대 국제화시키지 않겠다는 의지를 외신기자 '사살' 위협으로 보여준 셈이다. 그로부터 계엄령 선포 직전 현장에 들어갔던 자까르따 주재 몇몇 외신기자가 모두 철수해버리면서 아쩨는 외신 공백지대가 되고 말았다.

전쟁과 애국주의

"탈 없는 취재는 물 건너갔다."

그렇게 첫날 아침, 일찌감치 결론 났다. 반다아쩨에서 만난 현지 기자들은 저마다 죽을 맛이라고들 했다. 〈뗌뽀Tempo〉 같은 진보언론사 기자

인도네시아 정부군의 이 포격은 중대한 의문을 던졌다. 사정거리 20km가 넘는 이 멍텅구리 곡사포가 누구를 살해했을까? 상대인 자유아쩨운동은 소규모 편제로 산악 게릴라전을 벌여왔다. 이런 장거리 곡사포로는 산악 게릴라를 절대 잡을 수 없다. 상식이다. 게다가 인도네시아군은 외국과 전쟁에서나 쓸 법한 이런 중화기를 국내 분쟁에 투입했다. 아쩨계엄군작전이 정치적으로나 군사적으로 정당성이 없다는 사실을 스스로 폭로한 셈이다. _아쩨. 2003 ⓒTempo

들 어려움은 남달랐다. 바깥에는 알려지지 않은 이야기지만, 6월 초〈뗌뽀〉편집국은 난리가 났다. 편집국이 예고했던 아쩨 취재기자 대담기획을 자사 기자 다섯 명이 거부한 탓이었다. 그 '반란'은 아쩨 계엄군의 언론통제에 현장기자들이 얼마나 큰 압박을 느끼는지 잘 보여준 사건이었다. 그렇잖아도 앞서〈뗌뽀〉는 이미 탈이 나 있었다. 모든 신문이 5월 23일치에 군부가 바란 대로 '정부군, 반군 7명 사살'로 제목을 뽑았으나〈뗌뽀〉자매지인 일간〈꼬란 뗌뽀Koran Tempo〉만 '정부군, 시민 7명 살해'로 1면 톱을 걸었다. 정부와 군은 "책임을 묻겠다"고 으름장을 놓으며 펄펄 뛰었다.

〈뗌뽀〉편집국장 밤방 하리무르띠Bambang Harymurti는 "열세 살 먹은 아이 포함해 사살당한 일곱 명 모두 반군이란 증거 없다. 증거 없으면 시민이다"며 꼿꼿이 되받았다. 그날 찻잔을 놓고 마주 앉았던 밤방은 "군이 민족이니 애국 들이대며 언론을 짓누르니 자까르따에 앉아 있어도 전선에서 있는 기분이다"며 어려움을 털어놓았다.

'전쟁과 민족주의' '전쟁과 애국주의', 이 불쾌한 짝짓기가 21세기 인도네시아에서도 부활했다. 아쩨계엄군사작전에서 군은 "민족과 애국이 언론자유에 우선한다"는 구호를 전시언론통제의 뼈대로 삼았다.

"반군뉴스를 흘리는 언론사에게 민족주의 깊이를 꼭 묻겠다."

5월 29일, 엔드리아르또노 수따르또Endriartono Sutarto 군 최고사령관은 신문과 방송 편집국장을 밀실에 모아놓고 언론제압 의지를 또렷이 밝혔다. 지레 겁먹은 신문과 방송은 탱크에 걸터앉아 결연한 표정 짓는 정부군 사진으로 날마다 지면과 화면을 도배질했다.

"이라크 공격 멈추고 평화적 해결책 찾자."

그해 3월 미국이 이라크를 다시 침공하자 메가와띠 수까르노뿌뜨리

Megawati Sukarnoputri 인도네시아 대통령은 아시아 정치인 가운데 남달리 '반전'을 외쳤다. 그러더니 두어 달 뒤인 5월 19일, 메가와띠는 아쩨전쟁을 선포했다.

"아쩨는 평화적 해결법 없다. 분리주의자 박멸하라."

군은 곧장 해병대, 특전사Kopassus, 경찰기동타격대Brimob 같은 중무장 특수전 병력 4만 6,675명을 아쩨에 투입해서 1975년 동티모르 침공 이후 최대 규모 군사작전을 펼쳤다. 해군은 전함 23대를 동원해 입체작전을 지원했고, 공군은 계약상 국내 분쟁 사용금지 무기인 영국제 호크-200을 비롯해 미국제 F-16 전투기를 세계 최초로 국내 분쟁에 투입했다.

돌이켜보면, 여섯 달 전인 2002년 12월 인도네시아 정부와 자유아쩨운동이 휴전협정CoHA에 조인할 때부터 군부는 "반군한테 재무장 기회를 줄 뿐이다"며 대놓고 불만을 터트려왔다. 그리고 2003년 들어 메가와띠는 겹겹이 쌓인 사회문제를 못 풀어 날마다 시위대에 시달리며 사임요구를 받았다. 메가와띠는 사회불만을 누그러뜨리면서 1년 앞으로 다가온 선거전 표몰이를 고민했고, 수하르또 퇴진 뒤 맥 빠진 군부는 패권탈환 기회를 엿보았다. 정부와 군부가 손바닥을 마주치며 해묵은 카드인 '민족주의'를 꺼내 든 까닭이었다. 아쩨가 그 제물이 되었다. 아쩨계엄군사작전이 불을 뿜은 배경이었다.

그렇게 자까르따 정치에 볼모로 잡혀 계엄령에 짓눌린 아쩨는 고단한 현대사를 지녀왔다. 말라카 해협을 낀 동서무역과 교통중심지로 15세기 무렵 빛나는 이슬람 제국을 건설했던 아쩨는 1537~1571년 포르투갈 공격을 받으면서부터 힘겨운 항쟁사의 막을 열었다. 그 뒤 인도네시아를 삼킨 네덜란드 식민주의자가 아쩨를 넘보며 1873년 전쟁을 선포하자 35

년 동안 항쟁했고, 다시 1942년 네덜란드를 물리치고 아쩨를 점령한 일본에 맞서 지난한 투쟁사를 이어왔다. 아쩨는 제2차 세계대전이 끝나고 1947년 네덜란드로부터 독립한 인도네시아의 특별자치주로 다시 태어났다. 그러나 1950년 인도네시아 대통령 수까르노Sukarno는 독립에 공헌한 대가로 아쩨한테 주기로 했던 특별자치주 약속을 깨고 아쩨를 수마뜨라의 한 부분으로 편입시켜버렸다. 배반당한 아체가 1953년 독립을 선포하자 수까르노는 대규모 병력을 투입해 수천여 주민을 살해한 뒤 아쩨를 강제합병했다. 아쩨 현대사의 비극은 그렇게 출발했다. 이어 수하르또 독재정권은 세계 최대 천연 액화가스 생산지에다 기름진 땅을 지닌 아쩨에 무력통치와 착취의 시대를 열었다. 인도네시아 총인구에서 2% 남짓한 400만 주민을 지닌 아쩨는 인도네시아 가스와 원유 총생산의 30%, 수출의 11%를 떠맡으며 중앙정부 예산 13%를 메울 만큼 중요한 돈줄 노릇을 해왔다. 그러나 자까르따가 이문을 쓸어가버린 탓에 아쩨 주민 40%는 절대빈곤에 허덕여왔다.

누가 무장투쟁을 이끄는가

6월 16일 아침 8시, 반다아쩨를 떠나 계엄작전사령부가 자리 잡은 록스마웨로 달렸다. 14시, 록스마웨 계엄작전사령부를 마주보는 비나비라호텔에 짐을 내리고 카운트에서 하나 남은 방이라는 '05호' 열쇠를 받아들었다. 순간, 함성이 터졌다. 인도네시아 기자들이 박수쳤다.

"록스마웨 감방 05호, 입방 축하!"

전기가 끊겨 한낮에도 암흑천지인 데다 바퀴벌레와 쥐가 기어다니는 찜통 같은 방 05호는 고달플 아쩨를 예고했다.

저녁나절 현지 기자들과 어울려 도심장터에서 커피를 마시다 계엄작
전사령관 밤방 준장 일행과 멋쩍은 만남이 이뤄졌다. 그이 이름을 팔고 록
스마웨까지 온 나는 갑작스런 만남에 마땅한 화제를 못 찾아 다시 인터뷰
건을 꺼냈다.

"내가 전화했던 한국 기잔데, 아무튼 고맙고. 인터뷰나?"

"아, 그래. 오늘 내일은 시간 내기 힘드니 다음에 보세."

밤방은 무뚝뚝하게 되받았지만, 그런대로 괜찮은 만남이었다. 적어도
나를 잡아 가두거나 쫓아내지는 않을 낌새였으니.

록스마웨의 밤은 깊어갔다. 커피 잔을 놓고 둘러앉은 예닐곱 기자가
정을 나눴다. 〈뗌뽀〉 기자들을 빼고는 다 낯선 얼굴이었지만 모두 나를 오
랜 동무처럼 대했다. 사진 한 장 때문이었다. 2002년 1월 정부군한테 살
해당한 압둘라 시아피이 자유아쩨운동 사령관 뒤를 무자끼르 마납Muzakir
Manaf이 잇자 인도네시아 언론사들이 사진을 찾아 난리를 피운 적이 있다.
그때 모든 언론사가 1999년 내가 처음 무자끼르를 인터뷰하면서 찍어두
었던 사진을 받아 썼다. 그러자 이내 인도네시아 경찰청에서도 연락이 왔
다. 내게 무자끼르 사진을 요구했다. 물론 나는 단박에 거절했다. 얼마 뒤
인도네시아 경찰은 〈뗌뽀〉에 실린 그 사진을 복사해서 무자끼르 수배용 포
스트를 만들었다. 이런저런 일이 인도네시아 기자들 사이에 알려지면서
내 이름이 나돌았던 까닭이다.

지난 이야기지만, 1999년이 저물어가던 12월 초 나는 니삼Nisam 산
악 게릴라 기지에서 무자끼르를 인터뷰했다. 그날 그 자리에서 '인물감'을
알아본 나는 곧장 〈한겨레21〉에 "자유아쩨운동 차기 사령관 무자끼르를
주목하라"는 기사를 썼다. 그때는 무자끼르가 바깥세상에 전혀 안 알려졌

인도네시아 경찰과 군은 2002년 무자끼르 마납이 자유아체운동 사령관이 되자 바로 이 사진을 복사해서 수배용 포스트를 만들었다. _니삼. 아쩨. 1999 ⓒ정문태

이제 철 지난 사진 속에만 남아 있는 자유아쩨운동 전사들. 이들은 모두 정치적 의지를 좇아 목숨을 바쳤다. 그 나머지는 살아남은 자들 몫이다. _니삼. 아쩨. 1999 ⓒ정문태

고 시아피이 사령관이 살해당하기 1년도 더 전이었다. 너무 이르고 위험한 예측이라며 〈뗌뽀〉마저 내 기사에 손을 내젓던 시절이었다.

자유아쩨운동은 술탄 후예인 하산 띠로Hasan Tiro가 1976년 창설했다. 그 뒤 스웨덴으로 건너간 하산 띠로는 1981년 아쩨 망명정부를 만들었다. 자유아쩨운동은 1980년대 말까지만 해도 기껏 150명 남짓한 무장조직이었으나 인도네시아 정부군이 대규모 병력을 투입해 아쩨 전역을 군사작전지역으로 선포한 1990~1998년 사이에 실질적인 게릴라 조직으로 자라났다.

아쩨계엄군사작전이 벌어지던 2003년, 자유아쩨운동은 말릭 마흐무드Malik Mahmud를 총리로 내세운 망명정부 아래 무자끼르 사령관이 이끄는 4,000여 게릴라가 무장투쟁을 했다. 그러나 스웨덴 쪽 망명정부와 아쩨 무장조직이 단일 명령체계를 지녔다고 보기는 힘들다. 나와 인터뷰에서 무자끼르가 "하산 띠로 지도를 받지만, 정치와 무장투쟁은 별개다"고 또렷이 밝혔듯이. 실제로 2002년 12월 망명정부가 나서 인도네시아 정부와 휴전협정을 맺었을 때 무자끼르는 "현실성 없는 휴전조건이다"며 대놓고 불만을 터트리기도 했다.

자유아쩨운동 정치조직과 무장조직이 한 몸으로 굴러가지 못했다는 뜻이다. 그 까닭은 망명정부가 아쩨 무장조직한테 재원과 무기를 제대로 지원하지 못한 현실에서 찾을 수 있다. 그동안 인도네시아 정부나 전문가들은 "망명정부가 돈줄을 끌어다가 말레이시아·타이·필리핀·스리랑카 무슬림 조직한테 무기를 구입해왔다"고 주장했다.

틀린 말은 아니지만 그게 다는 아니었다. 무자끼르는 "재원이 아쩨 주민들 기부에서 나오고 무기는 주로 인도네시아 정부군한테 구입한다"고 밝혔다. 실제로 계엄군사작전이 벌어지는 상황에서도 "아쩨 반군에게 무기밀매한 정부군 체포" 같은 뉴스가 심심찮게 터져 나와 무자끼르 말을 증명했다. 재원은 늘 논란거리였다. 그동안 인도네시아 정부는 그 재원이 '기부'가 아니라 '강제징수'라고 비난해왔다. 누구 말이 옳든 자유아쩨운동의 주요 재원과 무기 보급선이 아쩨 내부에 있다는 사실만큼은 틀림없다. 어쨌든 상위 정치조직이 무장투쟁의 처음과 끝인 재원과 무기를 못 대준다는 건 망명정부의 한계일 뿐 아니라 자유아쩨운동의 한계이기도 했다.

주검 사진을 절대 싣지 말라는 주장에 동의할 수 없다

5월 17일 9시, 계엄작전사령부에 들러 작전지역 취재허가증을 신청했다. 취재금지령이 내린 데다 모든 외신기자가 떠나버린 마당에 제 발로 찾아온 나를 본 미디어센터 군인들은 크게 놀랐다. 그이들은 내가 자까르따에서 무슨 특별한 허가를 받고 온 특별한 기자쯤으로 여기는 눈치였다. 내친김에 또 밤방 장군을 팔았다. 내겐 달리 길이 없었으니까.

미디어센터에서 커피 한 잔을 걸치고 니삼으로 첫 출근을 했다. 니삼은 옛날부터 낮엔 인도네시아 깃발이 걸렸다가 밤엔 자유아쩨운동 깃발이 걸리는 곳으로 유명했다. 해병 제202대대 400여 명이 진 친 파뚤레숭Vatulesung 마을은 들머리에서부터 긴장감이 높았다. 대대장 림보Limbo 중령은 몰려든 10여 명 기자를 친절하게 맞았지만, 약 2km 거리를 두고 자유아쩨운동을 압박해 들어가는 상황이라 취재허가를 낼 수 없다며 등을 떠밀었다. 파뚤레숭을 지나 대형 폭발물이 나왔다는 알루가롯Allugarot을 비롯한 몇몇 마을을 돌았지만 하루 종일 뉴스거리를 못 잡고 허탕만 쳤다.

총성 없는 전선, 전선 없는 전선기자, 맥 빠진 채 파뚤레숭 쪽으로 되돌아오던 저녁나절 울부짖는 아낙네가 자동차를 가로막았다.

"터졌다!" 자동차 문을 열고 날았다. 파뚤레숭 마을에서 300m쯤 떨어진 숲속 한 나무에 발가벗겨진 채 살해당한 젊은이가 묶여 있었다. 칼로 목이 베인 그 주검은 온몸이 피투성이였고 빠져나온 혓바닥을 개미들이 핥고 있었다. 5월 19일 계엄군사작전 시작 뒤 가장 잔인한 살해로 기록할 만했다.

살해당한 무자끼르(20세) 주검을 붙들고 울던 파레다(25세)가 "어젯밤 8시 15분께 검정 군복에 복면을 쓴 괴한 넷이 동생을 끌고 갔다"며 어렵사리 말문을 열었다. 아버지 압둘라 아담은 "놈들이 자바Java 말을 했다. 아쩨 사람은 자바 말을 못 한다"고 거들었다. 이웃들은 "무자끼르가 아이들한테 코란을 가르치는 선생일 뿐 게릴라와 아무 상관도 없다"고 입을 모았다. 나는 가족들이 주검을 나무에서 풀어 바닥에 눕히기 전 목을 올려 확인했다. 칼로 턱 밑 20cm를 한 번에 벤 흔적은 전문적인 훈련을 받은 놈들 짓임을 증언했다.

다시 해병 제202대대로 뛰어갔다. 대대장 림보는 따져 묻는 기자들에게 "처음 듣는다. 부하들 보내 알아보겠다"는 말만 되풀이했다. 마을 사람이 다 아는 사실을 대대장이 몰랐다고? 해병 400여 명이 손바닥만한 마을을 24시간 들쑤시고 다니는데도.

죽은 자는 말이 없었다. 그날 무자끼르 몸뚱이는 깨끗이 씻겨 땅속에 묻히고 말았다. 조사는 누가 할 것이며 수사는 어떻게 한단 말인가. 지난 1976년부터 그렇게 죽어간 아쩨 사람들이 1만 명도 넘는다. 무자끼르의 어머니와 누이가 뿌린 눈물은 26년 통곡의 아쩨사에 또 한 방울을 더했다. 해거름을 따라 숙소로 돌아오는 기자들도 말을 잃었다. 전선특종을 갈망했던 이들이지만, 잔혹하게 살해당한 무자끼르 주검 앞에서 저마다 넋

큰 논란거리가 됐던 2003년 10월 7일 〈한겨레21〉 표지 사진. _파뚤레숭. 아쩨. 2003 ⓒ정문태

이 나가버렸든지.

　〈한겨레21〉은 2주 뒤 아쩨를 커버스토리로 다루면서 그 무자끼르 주검 사진을 표지에 걸었다. 비록 칼로 베인 목 부위를 제목 활자로 덮었지만 끔찍한 모습은 그대로 드러났다. 주검이나 피 흐르는 사고사진을 쓰지 않는다는 원칙을 깨고 그것도 표지에 무자끼르 사진을 걸기까지 〈한겨레21〉 안에서도 격론이 벌어졌다. 누구보다 고경태 편집팀장 고민이 컸다.

　"선배, 안에서도 말이 많은데 괜찮겠지요?"

"희생자 가족이 왜 기자들을 주검 앞에 데려갔겠어?"

"다들 너무 선정적이라고…."

"언론이 죽었던 1980년, 광주 희생자들 사진 생각해봐."

"알겠어요. 표지사진으로 갑시다."

예상대로 〈한겨레21〉이 나가자마자 곧장 거센 논란이 일었다. 편집국 전화통과 이메일이 불났고 다른 매체까지 나서 불을 지폈다. 어떤 이는 '선정성'을 욕했고, 어떤 이는 '상업성'을 타박했다. 또 어떤 이는 '윤리'를 따지며 나무라기도 했다. 결국 고경태 편집팀장이 공식 의견을 내놨다.

"전쟁참상 고발하고자 어렵게 결정했다. '주검 사진을 절대 싣지 말라'는 주장에 동의할 수 없다. 사진이 지닌 상황과 메시지를 무시한 채 윤리만 따진다는 건 또 다른 도그마다. 사진 속 유족들은 망자의 초상권에 앞서 아쩨 실상을 국제사회에 알리고 싶어 했고 도움을 호소했다."

사실은 그 무자끼르 주검 사진을 〈한겨레21〉뿐 아니라 수많은 국제 언론이 아쩨전쟁 고발용으로 실었다. 언론자유투쟁 선봉장인 〈뗌뽀〉도 내가 찍은 그 무자끼르 주검 사진을 썼다.

게다가 그날 현장에서 무자끼르 주검을 찍은 인도네시아 사진기자가 AFP를 통해 내보낸 사진이 2003년 국제보도사진상World Press Photo Award 대상까지 받았다. 나는 사진기자도 아니고 내가 상을 받은 것도 아니지만 보도사진 영역에서 그 주검 사진이 가치를 인정받았다는 사실이 내 일처럼 기뻤다. 덧붙이자면 1980년 광주 학살의 실상도 외신기자들이 몰래 빼돌린 주검 사진들을 통해 먼저 세상에 알려졌다.

군복과 전선기자

6월 18일 이른 아침 묵직한 정보가 날아들었다.

"100여 명이 학살당했다는 현장 증언이 나왔다."

〈뗌뽀〉 록스마웨 주재 기자 자이날 바끄리Zainal Bakri가 들고 온 정보를 따라 20여 명 기자가 쏜살같이 비레운Bireun 적십자사로 달려갔다. 그러나 증언자로 알려진 적십자사 직원은 몰려든 기자들 앞에서 겁먹은 듯 말문을 닫았다. 기자들은 소문에 오른 쫏므고Cot Meugo를 찾아 두어 시간 산골을 헤맨 끝에 그 현장에서 3km쯤 떨어진 스느복롱Seuneubok Lhong 마을 어귀에 닿았다. 전선이 펼쳐진 스느복롱에는 중무장 탱크들이 꼬리를 물었고 해병대원들은 기자들을 거칠게 막아섰다.

"학살? 그런 건 우리가 조사할 테니 돌아가라."

사안이 사안이니 만큼 기자들도 호락호락 물러설 수 없었다. 네 시간이나 실랑이 벌인 기자들은 결국 탱크가 일으킨 뿌연 먼지를 뒤집어쓴 채 직업적 한계를 느끼며 발길을 돌렸다.

"젠장, 전선취재하려면 더 강한 탱크 몰고 오는 수밖에 없겠구먼!"

누군가 내뱉은 넋두리에 기자들은 모두 실없이 웃고 말았다. 크게 실망한 나는 인도네시아 군의 임베디드 프로그램이 생각나 옆에서 담배만 죽이던 〈수아라 빰바하루안Suara Pembaharuan〉 기자 베르투스 만데이Berthus Mandey한테 화풀이하듯 한마디 던졌다.

"자넨 임베디드 기자니 가서 수작 좀 걸어보게."

그이는 손사래부터 치고 나왔다.

"임베드embed든 인 베드in bed든 취재 못 해."

앞서 인도네시아군은 아쩨계엄군사작전 열흘 전부터 미국식 임베디드 프로그램을 베껴 신문과 방송기자 54명을 육군전략예비사령부Kostrad 훈련장인 상가부아나에서 군사훈련시킨 뒤 '용병언론'을 창조해냈다.

"뱀 잡아 피를 마시게 하더니, 실탄사격까지 시키는 거야!"

임베디드 프로그램에 참여했던 〈뗌뽀〉 기자 압둘 마난Abdul Manan 말처럼 인도네시아 군은 '애국언론' 깃발 아래 기자들한테 펜 대신 총을 들게 했다. 베르투스는 "기자들한테 만일의 사태에 대비하고 또 전쟁 분위기를 익히게 한다며 사격훈련을 시켰다"고 흥분했다.

"만일의 사태"란 게 대체 무얼 뜻하며, 기자가 누구를 향해 총을 들란 말인가? "전쟁 분위기를 익히게 한다"고, 그러면 총질해보지 않은 놈은 전선기자가 될 수 없다는 말인가?

게다가 군은 임베디드 기자들한테 "아쩨 취재에서 정부군과 같은 군복을 입으라"고 명령까지 했다. 놀란 기자들과 독립기자동맹AJI이 거세게 대들자, 결국 군 대변인 사프리에 삼수딘 소장이 "군복착용은 없던 일로 하겠다. 대신 오보 내는 언론사와 기자한테 책임을 묻겠다"며 발을 뺐다. 그러나 그 일로 기자들은 더 어수선해졌다. 자유아쩨운동 대변인 소피안 다오우드Sofyan Daoud가 "우린 기자들한테 자유로운 취재를 보장한다. 단, 군복 입은 기자와 임베디드 기자들은 정부군으로 여겨 공격할 것이다"고 경고한 탓이다.

실제로 압둘 마난처럼 임베디드 프로그램에 참여했던 기자들은 "오금이 저려 취재현장에 나가기조차 싫다"며 정부군과 자유아쩨운동 양쪽에서 협공당하는 신세를 한탄했다.

내 감상을 한마디 덧붙이자면, 나는 전선기자라는 이들이 군복 걸치고 돌아다니는 꼴에 두드러기가 나는 체질이다. 군복 같은 제복은 특정 집단을 나타내는 옷이고, 그 제복은 구성원들 의지와 목표를 드러내는 연장이다. 전선을 취재하는 기자가 군인과 같은 제복을 걸치고 독립적인 태도로 그 군대를 비판하거나 감시한다는 건 쉬운 일이 아니다. 군복을 걸치고 군인과 동류의식을 느끼는 순간 전선기자의 생명은 끝장나고 만다. 군복을 은폐와 보신용으로 여기는 기자도 있는데, 그런 건 고민할 까닭이 없다. 사막이든, 밀림이든, 산악이든, 바다든 그 어떤 전선에도 어울리는 색감과 재질을 지닌 멋들어진 민간복이 얼마든지 있다. 전선에 맞는 황토색, 녹색, 푸른색 옷도 지천에 깔렸다.

적어도 전선기자로서 명예를 소중히 여긴다면, 그 명예가 군대를 감시하는 독립적인 눈이라고 여긴다면 군인과 겉모습부터 달라야 한다. 전선기자는 시민사회가 파견한, 시민의 이름으로 전쟁터에서 군대를 감시하는 연장이기 때문이다.

"마땅쭛Matang Cut 마을 현재 교전 중, 반군 6명 사살."

6월 19일 아침 9시 30분, 계엄작전사령부 미디어센터에서 브리핑을 하던 대변인 야니 바수끼Yani Basuki 중령 입에서 급보가 흘러나왔다. 록스마웨에서 30분 떨어진 마땅쭛이라면 취재를 할 수 있다는 생각이 번쩍 들었다. 자리를 박찼다. 대여섯 기자를 급히 꼬드겼다. 운전대를 잡은 〈뗌뽀〉 기자 자이날을 닦달해 20여 분 만에 마땅쭛 어귀에 닿았다. 얼굴이 벌겋게 달아오른 군인들이 길을 막았다. 개구멍을 찾아 논둑길을 돌아 마땅쭛으로 들어갔다. 흥분한 군인들이 고래고래 소리치며 뛰어다녔다. 소대장을 붙들고 전황을 묻는 사이 마을 뒤 야산 쪽에서 날카로운 총성이 울렸다. 군인과 기자들은 약속이라도 한 듯 일제히 몸을 꺾어 코코넛 나무 아래로 엎드렸다. 군인들은 마구잡이 총질을 해댔다.

마땅쭛은 교전강도와 상관없이 아주 위험한 전선이었다. 정부군과 자유아쩨운동이 마주친 일자전선이 아니라 마을을 쥐고 있던 자유아쩨운동 게릴라들이 사방으로 빠지면서 총질을 해대는 데다, 몸을 숨길 곳도 없고 시야도 전혀 안 나오는 별난 지형 탓이었다.

총소리가 잦아들고 기자들은 주검 10구를 보았다. 그 주검이 반군인지 시민인지를 놓고 현장을 확보하려는 기자들과 군인들 사이에 실랑이가 벌어졌다. 내 경험에 비춰보면 지금까지 어린이든 여성이든 아쩨에서 총 맞아 죽은 이들은 모두 '반군'이 되었다. 반군이기 때문에 총 맞아 죽은 게 아니라 총 맞아 죽었기 때문에 반군이 되는 꼴이었다.

군인들이 휘둘러대는 총부리에 밀려 마을을 빠져나오다 한 귀퉁이에 쪼그려 앉은 아이, 늙은이, 여성 150여 명과 마주쳤다. 겁에 질린 주민은 사시나무처럼 떨었다. 정부군이 반군과 마을 주민을 분리한답시고 몸마저 숨길 데 없는 휑한 빈터에 사람들을 몰아놓고 전투를 했던 탓이다.

'몸을 피할 자유도 없는 이 야만스런 전쟁의 끝은 어디일까?'
분노를 느낄 즈음 논둑에서 동료기자들이 소리쳤다.
"문태, 위험해. 빨리 빠져나와!"
고개를 돌리자 군인 네댓이 겨누었던 총부리를 슬그머니 내렸다.

아쩨를 떠나는 날

아쩨에 온 뒤 처음으로 총성이 울리는 전선에 섰으나 취재는 싱겁게 끝나고 말았다. 이제 결론이 났다.

'아쩨계엄군사작전 취재불능!'

그로부터 정부군 해군의 해상작전과 공군의 공수작전을 비롯해 친인도네시아계 민병대를 취재하겠다고 두루 돌아다녔지만 결과는 마찬가지였다. 정부군 나팔수 노릇을 하지 않는 한 취재는 불가능했다.

아쩨계엄군사작전은 그렇게 말문을 막고 눈을 가린 채 불을 뿜었다. 누가 누구를 죽였고, 얼마나 많은 이가 목숨을 잃었고, 어떤 일이 벌어지는지조차 아는 이가 없었다. 현장기자들이 어려움을 겪으며 애썼지만 정작 자까르따 언론사는 요염한 자태로 '기생' 노릇을 했고, 시민 귀에는 포성 대신 '교성'만 들릴 뿐이었다.

아쩨계엄군사작전, 나는 여태 크고 작은 전쟁과 전선을 취재해오면서 그토록 지독한 언론통제를 겪은 적이 없었다.

6월 23일 동틀 무렵, 나는 아쩨를 떠나기로 결심했다.
'떠나면 못 돌아오는데, 더 물고 늘어져야 옳지 않나?'
'취재 못 해도 외국 기자 하나는 현장 지켜야 옳잖은가?'
나는 대답 없는 명분과 홀로 충돌하며 꼬박 밤 샜다.
결국 '전선 없는 전선기자'란 현실을 못 뛰어넘었다.

아침 9시 미디어센터 동료기자들과 작별인사 나눴다.
동료들은 '마지막 외신기자' 취재로 인사를 대신했다.
9시 20분, 계엄작전사령부가 취재신분증을 발급했다.
나는 아쩨를 떠나는 날 쓸모없는 합법신분을 얻었다.
신분증을 만지며 전시언론통제의 간지러움을 느꼈다.

아쩨를 남겨놓고 떠나는 내 발걸음은 무겁기만 했다.

기자구실 못 다한 부끄러움과 아쉬움이 길게 밟혔다.

그런대로 안전한 '록스마웨-반다아쩨' 길을 포기했다.

위험하다 말리는 '록스마웨-메단Medan' 길을 택했다.

철수길도 취재대상, 기자로서 노릇을 다하고 싶었다.

어쩌면 도망치는 부끄럼을 덮겠다는 마음이었는지도.

외국인 가운데 마지막까지 남아 아쩨를 취재해왔던 한국 시사주간지 〈한겨레21〉 정문태 기자가 본디 일정을 앞당겨 월요일 수마뜨라 메단으로 떠났다. 그이가 정부군한테 압력을 받아 아쩨를 떠났는지는 확인할 수 없다.

〈자까르따포스트〉, 2003년 6월 24일, 베르니 무수따파Berni Moestafa.

자까르따로 돌아온 나는 꼴난 외국 기자 하나가 아쩨를 떠난 사실을 대문짝만하게 올린 현지 신문들을 보면서 깜짝 놀랐다. 나는 그 기사에서 동료들 마음을 읽었다. 마지막 순간까지 한데 어울리며 내가 왜 아쩨를 떠나는지 누구보다 잘 알던 그이들은 외국 기자를 내세워서라도 정부군의 언론통제 사실을 독자한테 알리려고 했다.

아직은 언론이 다 무너지지 않았다. 그래도 살아 있는 기자들이 있음으로!

05

B-52 폭격기는
미국 의회가 승인한
수 톤의 문서를 떨어트렸다
그 옛 친구들은 아직 잘살고 있다

그리고 난민들은 달빛 아래
더 큰 어려움을 향해 달렸을 뿐이다
모두들 그 유령과 이름에서 벗어나고 싶어 한다
그리고 아무도 라오스라는 나라에서 맹위를 떨친
그 송장 먹는 귀신 이름을 되부르지 않는다

비밀전쟁
비밀 역사의 울고 있는 영혼을 잠들게 하라
그 이름을 인정하라

-크리스다 폰시리 Krysada Phounsiri
〈유령으로 시작하다〉 가운데

비밀전쟁

폰사완. 라오스. 1995 ⓒ정문태

끝나지 않은 전쟁, 미국의 라오스 침공

비밀전쟁

"우리의 라오스 개입은 오직 비무장 정찰비행뿐이다.'
공식적으로는 이렇게 말하고 실제로는 다른 걸 한다."
리처드 닉슨 미국 대통령, 1970년 국가안보회의.

1993년 11월 초, 베트남전쟁 세대 기자들과 어울려 새벽까지 한잔했다. 나는 늘 그 선배들한테 듣고 배우는 즐거움이 컸지만 한편으론 부러움 못잖게 열등감을 지녀왔다. 그이들이 1971년 미군의 '오퍼레이션 랜치 핸드Operation Ranch Hand'[54]를 타전할 무렵, 나는 기껏 잠자리채나 들고 다니던 아이였으니 입도 뻥긋할 수 없고 낄 구석도 없었던 탓이다.

"좀 더 일찍 태어났더라면 좋았을 텐데."

기껏 팔자타령이나 늘어놓을 수밖에 없었던 나는 그런 술자리 다음에는 늘 베트남전쟁 비사를 뒤적이곤 했다. 그날도 속이 덜 풀려 점심때까지 누워 뒤척이던 나는 문득, 베트남전쟁 언저리로만 여겨왔던 라오스 비밀전쟁Secret War이 떠올랐다. 숨이 컥 멎었다.

---

54 1962~1971년에 미군이 에이전트 오렌지agent orange라 불러온 치명적인 다이옥신을 포함한 제초제 1,900만 갤런을 베트남, 캄보디아, 라오스에 살포하면서 붙인 군사작전.

"그렇지, 그 비밀전쟁은 아직 안 끝났지!"

미국 정부는 공식적으로 "비밀전쟁"이라 불렀다

11월 7일, 라오스 수도 위앙짠을 거쳐 북부 산악 샹쾅Xieng Khouang 주 폰사완Phonsavan으로 날아갔다. 지도를 끼고 비행기 창밖을 눈이 빠져라 내려다보기를 20여 분, 비밀전쟁의 역사가 차올랐다. 겹겹 골짜기를 비집고 흐릿하게 활주로가 드러났다. 심장이 뛰었다. CIA가 '리마 사이트 30 Lima Site 30'이라 불렀던 비밀전쟁 전진기지 롱찌엥Long Chieng이었다. 1962년 5월 12일 프레드 워커Fred Walker가 단거리 이착륙이 가능하고 대형 화물을 실어 나를 수 있는 쌍발엔진 수송기 C-7을 몰고 롱찌엥에 내리면서부터 CIA가 이끈 라오스 비밀전쟁이 시작되었다.

미국은 앞서 1955년 이른바 '피의 사이공' 시가전이 끝난 뒤 베트남에서 발을 빼는 프랑스 대신 반공을 내걸고 베트남전쟁에 개입했다. 그즈음 미국 정부는 인도차이나반도의 사회주의 혁명을 막는 방파제로 라오스에 눈길을 꽂았다. 이어 1959년 CIA 특수요원 8명이 라오스 북부 산악 샹쾅에 숨어들어 소수민족 몽족Hmong 지도자 왕빠오Vang Pao[55]를 사령관 삼아 2만여 몽족을 특수 게릴라 부대로 편성했다. 그리고 CIA는 프랑스 정보기관이 제1차 인도차이나전쟁(1946~1955년) 내내 돈줄로 삼았던 양귀비 사업을 물려받아 몽족의 아편제조를 조직적으로 지원하며 전비를 마련해

---

55 1929년 태어나 라오스왕국 정부군 소장을 거쳐 1960~1970년대 몽족의 비밀군Secret Army을 이끌고 CIA 지원 아래 빠텟라오(Pathet Lao, '라오스 사회주의 혁명군')에 맞섰다. 빠텟라오가 혁명에 성공한 1975년 왕빠오는 미국으로 도피한 뒤 국제사회에서 몽족 지도자 노릇을 하다 2011년 사망했다.

나갔다. CIA는 몽족이 생산한 아편을 자신들이 운영해온 에어아메리카Air America 특별기로 롱찌엥에서 위앙짠을 거쳐 사이공까지 실어 날랐다. 그 마약은 사이공 정부 비호 아래 베트남 국내는 말할 것도 없고 미국과 유럽까지 뻗어나갔다. 그 결과 베트남전쟁은 마약소굴이 되었다. 1975년 미국 의회는 베트남 참전 군인 가운데 10~15%가 마약에 중독된 충격적인 자료를 내놨다. 그렇게 CIA가 지원한 몽족 마약은 결국 1970년대를 거치면서 국제사회에 마약 수요와 공급을 폭발적으로 늘리는 계기가 되었다.

그 뒤 나는 하늘에서 내려다보았던 롱찌엥을 취재하려고 여러 차례 접근했으나 때마다 실패했다. 그 무렵 이미 30년이 지났지만 몽족 잔존 게릴라와 심심찮게 치고 박았던 라오스 정부군이 롱찌엥을 원천봉쇄한 탓이었다. 2000년대 초까지만 해도 롱찌엥은 지구에서 기자들한테 몇 안 남은 금역 가운데 하나였다. 그 몽족 게릴라는 지금도 미국 정부가 자신들 뒤를 받친다고 믿으며 타이와 국경을 맞댄 사야부리Sayaboury를 발판 삼아 버티고 있다. 몽족 지도자 왕빠오가 2011년 사망한 뒤로는 그 아들 완종 새왕 Wanjong Saewang이 미국 우익 단체 돈줄을 끌어대며 지도자 노릇을 하고 있다.

롱찌엥 활주로를 뒤로 넘기고 한 15분쯤 날아 폰사완에 가까워지자 믿을 수 없는 풍경이 차올랐다. 나무 한 그루 없는 나지막한 둔덕에 달 거죽 같은 분화구가 펼쳐졌다.

'얼마나 폭격을 해댔으면!'

30년이 지났지만 미군이 저질렀던 비밀전쟁 증거가 고스란히 살아 있었다.

1964년 5월 25일, 미군 T-28 전폭기가 난데없이 샹쾅에 나타나

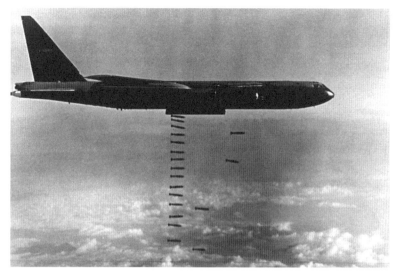

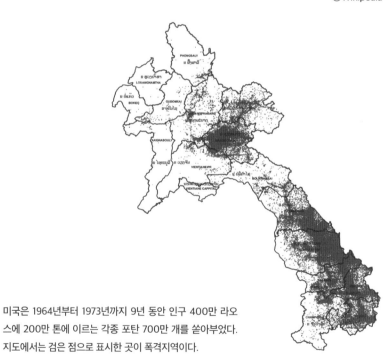

미국은 1964년부터 1973년까지 9년 동안 인구 400만 라오
스에 200만 톤에 이르는 각종 포탄 700만 개를 쏟아부었다.
지도에서는 검은 점으로 표시한 곳이 폭격지역이다.

227kg짜리 네이팜napalm을 쏟아부으면서 시작한 비밀전쟁은 1973년까지 9년 동안 200만 톤에 이르는 각종 폭탄 700만 개로 라오스를 때렸다.

'폭탄 700만 개' '폭탄 200만 톤.'

이런 말은 군사전문가가 아닌 다음에야 잘 와 닿지 않을 듯싶다. 쉽게 말하자면, 그 시절 라오스 인구가 400만쯤이었으니 국민 1인당 폭탄 1.75개씩에다 0.5톤씩 뒤집어썼다는 뜻이다. 그 가운데 미군이 30만 톤을 퍼부었던 샹쾅 주민 15만 머리 위에는 1인당 2톤씩 떨어진 셈이다. 전사에서 최대 융단폭격이라 불러온 한국전쟁 때 미군이 사용한 총 폭량이 49만 5,000톤이었고, 제2차 세계대전 때 미군이 일본 본토 공격에 사용한 총 폭량이 15만 6,000톤이었던 걸 견줘보면 좀 쉽게 이해할 수 있지 않을까 싶다. 1945년 미국이 히로시마에 터트린 핵폭탄이 다이너마이트 1만 2,500톤쯤 된다면 좀 더 이해하기 쉬울까.

미군은 9년 동안 라오스 공습에 58만 344회나 출격하는 대기록을 세웠다. 이건 9년 동안 평균 7분 30초마다 한 번씩 라오스를 공습했다는 뜻이다. 그 결과 라오스는 인류 역사상 최대 폭격 피해국이 되었다. 미군이 그 비밀전쟁에 쏟아부은 전비만도 69억 달러가 넘었다. 요즘 돈으로 환산하면 528억 달러고 한국 돈으로 따져 53조 원이 넘는다. 그렇게 미군은 1년 평균 7억 6,600만 달러를 라오스 공습에 쓴 셈이다. 이건 그 시절 라오스 국민총생산을 웃도는 돈이었다. 1일 평균으로 따지면 210만 달러가 넘는다. 이건 400만 라오스 국민 1일 총임금을 크게 웃도는 돈이었다. 참고로 그 시절 몽족 게릴라 하루 일당이 10센트였다. 미군이 라오스에 투하한 폭탄 가운데 30%는 아직도 불발탄으로 살아 있다. 미군이 사용한 전비 69억 달러는 1990년대 중반 라오스에서 그 불발탄을 제거하는 민간단체들이 어림잡아 6,900년 동안 쓸 수 있는 예산과 맞먹었다. 그 69억 달러란 것도 순수 폭격비용만 따진 돈이다. 군사전문가들은 조종사를 비롯한 군인들 임금과 기타 부대비용까지 보태면 실제 비밀전쟁에 투입했던 전비가 100억 달러를 웃돌 것으로 믿어왔다.

그렇게 해서 미군 공습이 끝난 1973년 샹쾅은 무인지대로 변했고 남은 건 볼썽사납게 패인 폭심지뿐이었다. 라오스 동부 국경을 거쳐 가는 북베트남군 보급로인 호치민트레일Ho Chi Minh Trail을 자르겠다며 미군이 저지른 만행의 결과였다. 미국 정부는 그 라오스 공습을 공식적으로 비밀전쟁이라 불렀다. 전쟁이름 치고는 희한한 그 비밀전쟁은 그야말로 비밀스런 전쟁이었다. 미국 정부가 CIA 공작을 통해 지상군 투입 없이 철저하게 공습만으로 해치웠던 탓이다. 오죽했으면 베트남전쟁 기간 동안 미국 의회는 말할 것도 없고 미군 최고위급 지휘관들마저 대라오스 군사작전 정체를 몰랐을까.

산더미처럼 쌓인 미국의 선물

'비밀전쟁은 끝나지 않았다!'

나는 폰사완에 발을 디디는 순간 아직도 살아 있는 비밀전쟁을 똑똑히 보았다. 폰사완에는 2m도 넘는 집속탄을 비롯한 온갖 대형 폭탄이 구석마다 널렸고 불발탄이 지천에 깔려 있었다. 그 비밀전쟁은 여전히 주민들 삶 속에서 꿈틀댔다. 대형 폭탄껍데기들은 집집마다 울타리로, 화분으로, 여물통으로, 손수레로, 화로로, 지붕으로 별별 노릇을 다했다. 뇌관까지 버젓이 살아 있는 대형 불발탄들이 대문 앞에 서서 장승 노릇을 했고 소형 불발탄들은 뜰 한쪽을 꾸미고도 있었다. 사람들은 그걸 "미국이 보낸 선물"이라 불렀다. 그 미국의 선물은 다리가 되고 학교종이 되면서 공공시설에도 스며들었다. 그 폭탄껍데기와 불발탄들은 먹을거리가 시원찮은 폰사완 사람들한테 귀한 '현금작물'이기도 했다. 주먹만 한 폰사완에는 폭탄껍데기와 불발탄을 산더미처럼 쌓은 고물상이 모퉁이마다 넘쳐났다.

나는 1993년 첫 방문에 이어 1990년대 말까지 해마다 한두 차례 폰사완을 취재하면서 끝나지 않은 비밀전쟁을 거듭 확인했다. 나는 폰사완에 갈 때마다 불발탄이 터져 죽어나가는 아이들을 보았고 눈알이 빠지고 팔다리가 잘린 사람들 비명을 들었다. 물론 내가 폰사완에 갈 때만 불발탄이 터져 사람이 죽고 다치는 우연 따위가 아니었다.

폰사완에서 베트남 국경 쪽으로 30km쯤 달리다 보면 농음Nyong Eum이라는 마을이 나타난다. 200여 명이 사는 작은 산골 마을인데 불발탄 사고로 다섯 명이 목숨을 잃었고 20여 명이 중상을 입었다. 한 마을에서 10% 넘는 주민이 불발탄 사고를 당했다는 뜻이다. 농음 마을이 별난 게 아니다. 샹쾅 어느 마을을 가나 형편은 다 비슷했다.

"늘 다니던 길이라 불발탄이 묻혀 있는지조차 몰랐다."

산에 나무하러 갔다가 불발탄을 건드려 온몸이 만신창이가 된 채 겨우 목숨만 건진 양녱(23세)은 내가 1995년 4월 취재 때 보았던 불발탄 사고 희생자 셋 가운데 한 명이었다. 그날 대형 불발탄을 건드렸던 열다섯 살 먹은 타오미는 온몸이 갈가리 찢겨 죽었다. 비밀전쟁이 끝나지 않았다는 증거들이다.

미군이 공습을 끝낸 1973년부터만 따져도 이미 40년이 더 지났다. 그러나 미군이 투하했던 그 '폭탄 700만 개' 가운데 30% 웃도는 폭탄이 아직도 버젓이 살아 온 라오스 산천을 뒤덮은 채 시민을 살해하고 있다. 라오스의 17개 주가 모두 불발탄으로 뒤덮였고 전국 마을 가운데 25%가 불발탄 피해를 입었다. 미군이 폭격을 시작한 1964년부터 2012년 사이에만 도 불발탄으로 2만 9,506명이 목숨을 잃었고 2만 1,019명이 중상을 입었다.[56] 특히 미군이 공습을 멈춘 뒤인 1974년부터 2008년 사이에 2만여 명이 목숨을 잃었다는 대목을 눈여겨볼 만하다. 2008년부터 2013년 사이에도 702건에 이르는 불발탄 사고 희생자가 또 났다.[57] 2000년대 초까지만해도 해마다 300명 웃도는 희생자가 났다. 요 몇 해 사이엔 연간 100명쯤으로 줄어들긴 했지만. 그러나 이런 집계도 정확하다고 볼 수 없다. 1990년대 들어 지뢰자문단MAG 같은 민간단체가 불발탄 제거작업에 나서고부터 숫자를 꼽기 시작했고, 라오스 정부도 그즈음 조사사업을 시작했으니 1960~1980년대 수치는 주먹구구에 지나지 않는다.

"몇몇 대도시 빼고는 교통도 없다. 산에서 불발탄 건드리면 끝이다. 의료기관도 조사기관도 없었다. 그러니 1990년대 이전 희생자 가운데 통계에 잡힌 건 20~30%쯤으로 보면 된다."

폰사완 병원 의사 또움라콘은 정부의 희생자 집계를 안 믿었다. 아무튼 현재 드러난 숫자만 해도 라오스는 지구에서 가장 많은 불발탄 희생자 기록을 매일 새롭게 바꿔가고 있다.

---

56 The National Regulatory Authority for the Unexploded Ordnance/Mine Action Sector in the Lao PDR (NRA) 2013.

57 Statement of Lao PDR, Convention on Cluster Munitions Intersessional Meetings, Geneva, 15·18 April 2013.

이 또렷한 증거를 놓고 미국은 비밀전쟁을 감춰왔다. 대신 미국은 불발탄 속에서 나고 자란 이 아이들에게 평화를 말해왔다. 인류의 가치를 의심하는 까닭이다. _폰사완. 라오스. 1995 ⓒ정문태

2015년 5월, 독일 쾰른에서 제2차 세계대전 때 미군이 투하한 1,000kg짜리 불발탄이 나오자 시민 2만이 대피했다. 1995년 4월, 폰사완 한복판 길에서 2.3m가 넘는 363kg짜리 불발 집속탄 CBU-23을 끄집어내자 주민들은 그저 멀뚱멀뚱 쳐다보기만 했다. 그 주민들은 놀란 나를 오히려 놀란 눈으로 바라봤다. 이게 불발탄과 함께 살아온 라오스 현실이었다.

"저기 유엑스오 있어요."

"이건 밤비스고."

불발탄을 일컫는 유엑스오(UXO, unexploded ordnance)니 라오스 사람들이 집속탄 알갱이를 부르는 밤비스bombies 같은 말은 전문가가 아니라면 아주 낯선 용어들인데 샹쾅 아이들한테는 그저 일상어일 뿐이다. 불발탄 속에서 태어나 불발탄을 입에 달고 살았던 까닭이다.

샹쾅을 취재하다 보면 오금이 저릴 때가 많다. 무엇보다 밤비스란 놈이 아주 성가시게 군다. 땅 밖에 드러난 대형 불발탄이야 상대 안 하면 그만이지만 이 밤비스란 놈은 어디 숨었는지 알 수도 없고 눈에 잘 안 띄는 탓이다. 집속탄 새끼인 BLU-26 같은 알갱이는 생김새나 크기가 꼭 정구공만한 데다 이미 40여 년 넘게 뒹굴면서 녹슬어버려 흙이나 돌덩이에 섞여 있으면 가려내기조차 힘들다.

미군은 아이들을 노렸다

이 집속탄이 바로 미국의 라오스 비밀전쟁 성격을 곧이 드러내준다. 미국은 비밀전쟁을 통해 400만 라오스 국민을 상대로 이른바 '공중살포용 지뢰'라 부르는 집속탄을 실험했다. 일반 지뢰를 까는 데 드는 돈과 시간과 인력을 견줘보면 비행기에서 CBU-23, CBU-24 같은 '어미탄'을 떨어뜨리기만 하면 BLU-24/B, BLU-26/B같은 '새끼탄'을 바닥에 깔아대는 집속탄이야말로 거저먹기였다. 새끼탄 한 발에 요즘 돈으로 60달러, 과연 적 한 명 살상비용 치고는 환상적이었다!

집속탄은 조종에 따라 투하 뒤 새끼탄이 타격지점 상공이나 지상 착지와 동시에 폭발하는 '즉시공격용'과 지뢰처럼 지상 착지 뒤 목표물을 기다리는 '대기공격용' 두 가지 성격을 모두 지닌 아주 특별한 무기다.

'전방위 폭격, 무차별 살상.'

'오늘 폭격, 내일 살상.'

미군이 라오스에서 집속탄으로 만들어낸 새로운 전쟁모형이었다.

모든 전쟁에는 적과 전선과 타격점이 있기 마련이다. 하여 제아무리 더러운 전쟁도 비록 겉치레일망정 타격점을 정해 전선과 민간을 나눠왔다. 그러나 공습만으로 비밀전쟁을 벌인 미군은 "호치민트레일을 깨트리고 공산당을 때려잡는다"는 아주 추상적 구호를 내걸 뿐 구체적인 적도 타격점도 없었다. 미군이 지상군을 투입 안 했으니 전선이란 건 애초 없었을 수밖에. 그러니 미군은 라오스 국민 400만 모두를 적 삼아, 라오스 영토 전체를 타격점 삼아 무차별 폭격했다는 뜻이다. 미군이 라오스에 살포한 집속탄 알갱이 2억 7,000만 개와 그 가운데 안 터지고 아직도 살아 있는 8000만 개가 발뺌할 수 없는 증거다. 미군이 기껏 400만 인구 머리 위에 2억 7,000만 개 집속탄을 쏟아부었다는 건 라오스에 존재하는 모든 생명체를 적으로 규정해 타격목표 삼았다는 말밖에 달리 설명할 길이 없다. 그동안 지구를 통틀어 50% 웃도는 집속탄 희생자가 라오스에서 나왔다고 놀랄 일도 아니다.

비밀전쟁이 끝나고 40년도 더 지났지만 여태 걷어낸 불발 집속탄 알갱이는 1%에도 못 미치는 50만 개뿐이다. 오늘도 그 집속탄 알갱이들이 라오스의 산과 강과 들판에 뒹굴고 있다. 농촌에서도 도시에서도 살림집 뜰에서도 시장 한복판에서도 시민목숨을 노리고 있다.

더 끔찍한 건 비밀전쟁에서 미군이 노렸던 적이 바로 아이들이었다는 사실이다. 증거가 있다. 지금까지 41% 웃도는 집속탄 희생자가 아이들이었다.

"집속탄 희생자는 거의 모두 어린이라고 보면 된다."

지뢰자문단 상콰 책임자 스티브 윌슨Steve Wilson 말마따나 집속탄은 '어린이 학살용'이라 불러도 좋을 만큼 아이들을 골라 죽이는 악질 중에서도 최악질 전쟁 무기다. 상식을 말해보자. 집속탄 알갱이를 가지고 놀다 죽을 만한 군인은 이 세상에 없다. 웬만한 동네 어른들도 길 가다 실수로 걷어차지 않는 다음에야 그런 수상한 물체를 노리개로 안 삼는다. 따라서 처음부터 집속탄을 뿌린 미군의 적은 또렷했던 셈이다. 미군의 적은 식별력이 없는 아이였고, 군사 경험이나 지식이 모자란 여성이었고, 어른 가운데도 판단력이 떨어지는 심신노약자였다. 희생자 수치가 그렇게 나와 있다. 어떤 전쟁에서도 가장 먼저 보호해야 마땅할 이들을 미군은 오히려 적으로 삼았다는 뜻이다.

전쟁은 안 끝났다

역사는 1973년 미국이 대라오스 폭격을 멈췄다는 사실만 기록했다. 그러면 전쟁이 끝났다고 할 수 있을까? 전쟁이라는 국가 간 무력충돌에서 개전은 일방적인 선전포고로도 가능하지만 종전은 아주 복잡한 절차가 따른다. 예컨대 제2차 세계대전 때 적이었던 러시아와 일본은 70년이 지났지만 국제법상으로 여전히 전쟁상태다. 서로 쿠릴열도 4개 섬 영유권을 우기며 종전선언을 안 했기 때문이다. 마찬가지로 63년 전 한국전쟁이 끝났다고들 하지만 남과 북은 심심찮게 무력충돌해왔고 국제법상으로도 휴전상태일 뿐이다. 한반도에서 전쟁은 아직 안 끝났다. 휴전은 전쟁의 한 상태를 일컫는 말일 뿐이다. 이건 전투 공백기간이 길고 짧음만으로 종전이다 아니다를 판단하지 않는다는 뜻이다.

　미군이 라오스를 공격했던 1964년부터 1973년 사이에도 일시적으로 폭격을 멈췄던 적이 있다. 더구나 미군은 라오스에 전쟁선포를 안 한 채 비밀스레 전쟁을 벌였던 탓에 논리적으로나 법적으로나 종전선언도 할 수 없는 형편이다. 국제법상 비밀전쟁은 개전도 휴전도 종전도 성립할 수 없다. 또 현실적으로 미군은 폭격을 멈춘 1973년부터만 따져도 라오스에서 2만 명 웃도는 이를 지속적으로 살해해왔다. 전쟁당사자가 휴전이나 종전을 선언하지 않은 채 상대국 영토에서 상대국 시민을 지속적으로 살해하는 상태를 뭐라고 불러야 옳을까? 국제법으로나 정치학 용어로나 '전쟁' 말고 달리 부를 말이 없다.

　전쟁은 군인들이 전선에서 교전을 해야만 성립하는 게 아니다. 지상군 투입이 전쟁을 따지는 절대조건도 아니다. 예컨대 1998년 미국이 항공모함을 동원해 아프가니스탄을 토마호크미사일로 공격한 것도 전쟁이었다. 맞선 아프가니스탄이 대미 전쟁선포를 했지만 장거리 미사일이나 원정공격 수단이 없어 교전이 안 이뤄졌을 뿐이다. 또 1999년 미군과 나토군이 유고 정부가 항복할 때까지 지상군 투입 없이 공습만 했지만 국제사회는 코소보전쟁이라 불렀다. 현대전은 더 이상 지상군을 동원한 교전이라는 전통적 개념을 따르지 않는다는 말이다. 그러니 현재 라오스에 미국 지상군이 있고 없고 따위로만 종전을 말할 수도 없다. 따라서 미국이 투하한 폭탄들이 여전히 작동하면서 '적'을 살해하는 라오스에서 전쟁이 끝났다고 부를 만한 아무런 근거가 없다.

　참고로 같은 불발탄이 터져도 상황에 따라 법적 규정은 딴판이다. 예컨대 2014년 12월 18일 독일 포츠담에서 제2차 세계대전 때 미군이 투하한 250kg짜리 폭탄이 나와 주민 9,700여 명이 대피했던 적이 있다. 만약 그 폭탄이 터져 사람이 죽었다면 법적으로는 군용폭발물에 의한 사고사일 뿐이다. 이미 오래전 쌍방이 합법절차를 거쳐 종전을 선언했던 까닭이다. 달리 현재 휴전상태인 남한에서 60년 전 한국전쟁 때 북한이 뿌린 폭탄이 터졌다고 치자. 그 폭발로 죽은 시민은 전쟁희생자가 된다. 종전선언이 없는 상태거나 휴전상태에서 발생하는 폭탄사고는 모두 전쟁 지속행위에 해당하기 때문이다. 라오스도 마찬가지다. 비록 미군이 43년 전 폭격을 끝냈지만 종전선언이 없는 상태에서 끊임없이 죽어나가는 라오스 시민은 모두 전쟁희생자들이다.

그렇다면 미국은 라오스 비밀전쟁을 영원히 끝낼 수 없을까? 물론 끝낼 수 있다. 아주 간단하다. 오늘 바로 끝낼 수도 있다. 미국 정부 마음먹기에 달렸다. 미국 정부가 그 비밀전쟁을 공식적으로 인정만 하면 그 길로 곧장 전쟁을 끝낼 수 있다. 한참 늦었지만 이제라도 미국 정부가 그 비밀전쟁을 공식적으로 인정한다는 건 전쟁선포를 한다는 뜻이다. 그러면 그 전쟁선포와 동시에 종전선언을 할 수 있다. 장담컨대 라오스가 인류 역사상 최고 무장대국인 미국에 맞서 전쟁선포를 할 일은 하늘이 두 쪽 나도 없을 테니. 이어 미국은 라오스에 공식 사과를 하고 전후처리를 협의하면 끝이다. 골치 아프게 굳이 종전협상이라 부를 것도 없다. 미국이 그 비밀전쟁 실상을 낱낱이 고백하고 자신이 저지른 전쟁의 피해자를 구제하고 보상하면서 라오스를 뒤덮은 모든 불발탄을 단 한 발도 남김없이 깔끔하게 걷어내면 된다. 수백 년이 걸리더라도 어차피 걷어내야 할 불발탄들이고 그 책임은 마땅히 미국한테 있다. 이건 미국한테 은혜를 베풀라거나 자선사업을 하라는 게 아니다. 제네바 회의에서 중립국을 선언했던 라오스를 공격한 대가고, 단 한 번도 그 라오스 비밀전쟁을 공식적으로 인정한 적 없는 대가고, 그리하여 라오스를 폐허로 만들고 시민을 무참히 학살해온 대가일 뿐이다.

비밀전쟁을 공식적으로 인정한 적 없는 미국 정부가 1995년부터 마치 적선하듯 불발탄 제거에 몇 푼씩 내놓기 시작했다. 그게 2013년까지 한 해 평균 320만 달러(35억 원)쯤 된다. 1964년부터 1973년까지 9년 동안 미국이 라오스 폭격에 투입한 한 해 평균 전비가 7억 6,600만 달러(2016년 환율로 따져 59억 달러, 5조 9,000억 원)였다. 미국이 1995~2013년까지 18년 동안 불발탄 제거비로 내놓은 돈을 다 합쳐도 기껏 4일치 라오스 폭격 비용에 지나지 않는다.

미국은 아직도 공식적으로 라오스 비밀전쟁을 인정한 적 없다. 이게 미국 정부의 정체다. 미국 정부가 그 비밀전쟁을 인정하지 않는 한 라오스에서 전쟁은 결코 끝날 수 없다. 국제법으로도 논리로도 양심으로도.

킬링필드, 미국이 먼저 저질렀다!

"때 되면 반드시 미국한테 책임 물을 것이다.
아직 시간이 무르익지 않았을 뿐."
훈 센Hun Sen 캄보디아 총리, 1995년 인터뷰.

1970~1980년대 문화교실이란 게 있었다. 요즘도 그런 게 있는지 알 수 없지만, 선생이 학생들을 이끌고 줄지어 극장에 가는 군대식 문화행사였다. 표값은 학생들이 냈지만 선생들은 무슨 큰 인심이라도 쓰듯 우쭐댔다. 일찌감치 세상 물정에 눈뜬 친구들은 영화를 택한 선생들이 극장한테 무슨 접대를 받는다고 구시렁거리기도 했던 기억이 난다. 끼 있는 친구들은 그 문화교실에서 빠져나와 교복을 벗어던지고 '미성년자 관람불가'가 박힌 이웃 극장으로 숨어들기도 했다. 아무튼, 그렇게 줄지어 가서 본 영화들이 〈성웅 이순신〉이고 〈의적 홍길동〉이었다. 또 〈바람과 함께 사라지다〉 같은 외국 순정물이나 〈십계〉 같은 고리타분한 서양 영화도 있었다.

"전두환 독재타도"를 외치는 함성과 최루탄이 하루도 멈춘 날이 없던 1984년, 문화교실은 울음바다가 됐다. 교복 입은 학생들이 길거리로 쏟아져 나온 뒤에도 감동이 안 식었던 탓인지 아니면 매캐한 최루탄 탓인지 알

순 없지만 눈물을 찍어댔다.

〈킬링필드The Killing Fields〉라는 영화였다. 아마도 시대상과 어우러져 감수성 예민한 학생들 마음을 건드렸던 게 아닌가 싶다. 이제 오십줄에 들어설 그 고등학생들이 아직도 가슴 한쪽에 〈킬링필드〉를 달고 있는지도 모르겠다.

〈킬링필드〉는 시드니 셴버그Sydney Shanberg라는 〈뉴욕타임스The New York Times〉 기자와 그를 도운 캄보디아 기자 디트 쁘란Dith Pran 사이에 1975~1979년 캄보디아 정치공간을 집어넣어 만남과 헤어짐 같은 통속적 주제로 감성을 자극하면서 한편으로는 미국이 저지른 인민학살을 교묘하게 숨겨버린 영화였다.

"영화가 실화로 우기면서 역사를 뒤틀면 그건 음모다."

〈킬링필드〉 배경인 1975년 4월 17일, 흔히 크메르루즈Khmer Rouge라 불러온 민주깜뿌찌아Democratic Kampuchea가 프놈뻰을 점령할 때 셴버그 같은 기자들과 함께 프랑스 대사관으로 피했던 나오끼 마부치Naoki Mabuchi 말을 귀담아들어볼 만하다. 나오끼처럼 그 시절 현장에 있었던 기자들은 〈킬링필드〉가 인물관계 설정에서도 역사적 사실에서도 모두 "미국중심주의를 바탕에 깐 아주 고약한 영화다"고 나무랐다.

그럼에도 〈킬링필드〉는 이내 전설이 됐다. 그 전설은 곧 역사로 둔갑했다. 피해자들이 두 눈 빤히 뜨고 살아 있는 기껏 40년 전 캄보디아 현대사는 그렇게 영화에 묻혀버리고 말았다.

영화 〈킬링필드〉의 무대였던 프랑스 대사관으로 피신한 외신기자들. 1975년 크메르루즈가 혁명에 성공하자 프놈삔 주재 외신기자들은 모두 프랑스 대사관에 몸을 숨긴 채 현장 취재 없이 편견으로 후일담을 퍼 날랐다. 그게 사실을 왜곡한 영화 〈킬링필드〉의 배경이 되었다. 그즈음 프랑스 대사관에 피했던 기자 가운데 나오끼 마부치만 유일하게 거리로 나와 크메르루즈를 취재했다. _프놈삔. 캄보디아. 1975 ⓒNaoki Mabuchi

아주 특별한 재판

킬링필드를 말하려면, 아래 세 가지만큼은 짚고 넘어가야겠다.

"누가 죽였나?"

"왜 죽였나?"

"얼마나 죽였나?"

문제는 역사를 가린 전설이다. 그 전설에 따라 미국에서도 한국에서도 모조리 똑같은 답이 일찌감치 나와 있다.

"뽈 뽓Pol Pot의 크메르루즈가 죽였다!"

"공산주의 건설한답시고 죽였다!"

"200만 명 죽였다!"

이렇듯 뽈 뽓의 크메르루즈한테 모든 걸 뒤집어씌운 채 킬링필드는 역사로 굳어버렸다.

그러더니 2009년 2월 17일 그 킬링필드 학살책임을 묻겠다며 캄보디아특별재판소ECCC를 열었다. 국제사회와 캄보디아 정부 사이에 재판 말이 오가고 12년 만이었다. 1979년 민주깜뿌찌아를 불법침략한 베트남군 입에서 크메르루즈가 저지른 인민학살을 일컫는 '킬링필드'란 말이 튀어나오고 꼭 30년 만이었다. 미군이 캄보디아 인민학살을 숨겨온 지 40여 년 만이었다. 말 그대로 아주 '특별한' 재판이다. 무릇 역사는 원인과 과정과 결과가 있기 마련이고 그 역사를 다루는 재판이라면 마땅히 그 모든 걸 따져야 옳다. 근데 이 재판은 오직 결과만, 그것도 딱 한 부분만 떼내서 다루겠다고 우겼다. 그래서 '특별재판'이라 이름 붙였는지도 모르겠다.

이 재판정을 열기까지를 보면 그 '특별한' 성격이 드러난다. 이 재판은 캄보디아가 1991년 파리 평화협정에 따라 유엔캄보디아과도행정기구

UNTAC 2년을 거쳐 1993년 새 정부를 세울 때부터 이미 입에 오르내렸다. 미국 의회가 1994년 〈캄보디아대량학살처벌법〉을 만들자 캄보디아 정부는 크메르루즈를 불법으로 규정한 뒤 재판 가능성을 흘리며 맞장구쳤다. 그러나 캄보디아 폭격으로 인민을 학살했을 뿐 아니라 1980년대 내내 베트남군에 맞섰던 크메르루즈를 비밀스레 지원해온 미국 정부는 망설이기만 했다. 훈 센 총리를 비롯해 크메르루즈 출신들이 득실대는 캄보디아 정부도 마음만 조렸을 뿐이다. 그 과정은 재판을 통해 나라 안팎으로부터 정치적 합법성을 얻겠다는 훈 센의 야심과 킬링필드에 마침표를 찍어 켕기는 역사를 벗어버리겠다는 미국의 속셈이 어우러진 흥정판이었다. 킬링필드에 원죄를 지닌 자들이 벌이는 정치극이고 보면 처음부터 진실 따위가 비집고 들어갈 틈이 없었다는 뜻이다.

"킬링필드, 미국도 책임져야 해! 사람 죽여놓고 그냥 넘어갈 수 없지. 지금은 상황이 아니지만 때 되면 따질 거야."

국제사회가 아직 재판을 놓고 제대로 달려들지 않았던 1995년 훈 센 총리는 나와 단독인터뷰에서 캄보디아 정치인 가운데 처음 미국 책임론을 입에 올렸다. 그로부터 훈 센은 수가 막힐 때마다 에둘러 미국의 캄보디아 공습과 인민학살을 들이댔다. 훈 센은 학살재판을 정치적·경제적 이문거리로 만졌고 미국 정부는 경제지원을 내걸고 훈 센을 달래거나 윽박지르면서 맞받아쳤다.

결국 1997년 12월 12일 유엔이 그 재판을 결의했다. 그때부터 코피 아난Kofi Annan 유엔사무총장은 특별위원을 두고 재판방법을 연구하기 시작했다. 1999년 3월, 코피 아난은 국제재판소 설치안을 유엔총회와 안보리에 제출했으나 1980년대 크메르루즈를 지원했던 미국, 영국, 중국이 거부해버렸다. 국제재판이 몰고 올 책임에서 자유롭지 못했던 탓이다. 크메르루즈 출신이라는 멍에를 안은 훈 센도 국제재판이 캄보디아 사회통합을 깨트린다며 국내 재판을 고집했다. 이어 2001년 캄보디아 정부와 유엔이 미국 상원의원 존 케리John Kerry가 내밀었던 "캄보디아와 유엔의 공동 검사·판사 배치안"을 놓고 양해각서를 주고받았으나 이번에는 캄보디아 의회가 거부했다.

그렇게 헛돌던 재판은 2002년 2월 유엔이 협상 포기를 선언하면서 시들해졌다. 그 뒤 1년 만인 2003년 3월 초 미국 국무장관 콜린 파월이 프놈펜에서 담판을 벌여 결국 캄보디아 정부한테 '항복'을 받아냈다. 그 핵심은 미국이 국제형사재판소ICC [58] 참여국이 아니기 때문에 "학살재판에서 미국 시민을 기소할 수 없다"는 대목이었다. 이게 바로 캄보디아 인민학살을 책임지지 않겠다는 미국 정부의 본디 속셈이었고 학살재판의 본질이었다.

유엔은 단 2주 만인 3월 17일 캄보디아특별재판소The Extraordinary Chambers in the Courts of Cambodia 설치를 결의했다. 그리고 2003년 5월 유엔총회와 2004년 10월 캄보디아 의회가 이른바 〈민주깜뿌찌아 범죄행위 기소를 위한 캄보디아 법정 내 특별재판소 설치법〉(이하 '특별재판소 설치법')[59]을 통과시켰다. 그동안 '국제재판' '크메르루즈 국제재판' '국제전범재판'으로 어지럽게 불렸던 학살재판은 그로부터 '캄보디아특별재판'이라는 이름을 달았다.

---

58 International Criminal Court. 국제사회에서 전쟁·학살·반인륜 범죄 재판을 목적으로 2002년 7월 설치했고 2015년 1월 현재 한국을 비롯해 123개국이 참여하고 있다. 미국, 중국, 이스라엘은 가입하지 않았다.

59 Law on the establishment of Extraordinary Chambers in the Courts of Cambodia for the prosecution of crimes committed during the period of Democratic Kampuchea.

여기서 '국제'를 빼버린 재판정 이름을 눈여겨볼 만하다. 유엔이 앞장서고 국제사회가 재판 뒷돈까지 대면서도 굳이 '국제'를 빼버렸다는 건 처음부터 모든 학살책임을 캄보디아 국내 문제로 돌리겠다는 음모였다. 〈특별재판소 설치법〉을 훑어보면 그 실체가 아주 잘 드러난다. 이 법은 제목에서 이미 크메르루즈가 집권했던 '민주깜뿌찌아'를 또렷이 못 박은 것도 모자라 제1장 총칙과 제2장 권한에 여덟 번씩이나 "특별재판소는… 1975년 4월 17일부터 1979년 1월 6일까지 기간을 다룬다"고 겹겹이 쐐기를 박아두었다. 이건 단 하루도 빼고 더함이 없이 딱 크메르루즈 집권기간만을 재판하겠다는 뜻이었다.[60]

그렇다면 미국은 캄보디아 학살재판에서 왜 죽기 살기로 '1969~1973년' 기간을 빼자고 우겼을까? 그 답은 아주 홑다. 그 기간 동안 미국이 먼저 '킬링필드'를 저질렀기 때문이다. 이걸 제1기 킬링필드라 부른다면, 크메르루즈가 집권했던 '1975~1979년'에 벌어진 학살은 제2기 킬링필드로 부를 만하다. 캄보디아 인민학살은 그렇게 10년 동안 서로 다른 두 집단이 갈마들며 저질렀다. 따라서 크메르루즈 기간만을 심판한다면 킬링필드 역사를 온전히 밝혀낼 수도 없거니와 모든 책임을 크메르루즈한테 뒤집어씌우겠다는 미국식 음모를 인정하는 꼴이 되고 만다.

미군이 죽인 60만 명

결국 미국은 이 특별재판을 통해 1969~1973년 불법 비밀폭격으로

---

60 《현장은 역사다》아시아네트워크. 정문태. 2010년.

캄보디아 인민을 학살한 책임뿐 아니라, 1970년 CIA가 론 놀Lon Nol 쿠데타를 지원해 노로돔 시아누끄Norodom Sihanouck 국왕 정부를 뒤엎은 책임도, 1975~1979년 크메르루즈 집권 기간 동안 유엔을 비롯한 국제구호단체의 의료·식량 지원을 막아 숱한 인민을 죽인 책임도, 1980년대 베트남 침공에 맞섰던 크메르루즈한테 8,500만 달러어치 무기를 불법 제공한 책임도 모조리 벗어버렸다.

이렇게 캄보디아특별재판소는 미국을 비롯한 국제사회가 캄보디아 현대사로부터 도망치겠다는 음모였고, 〈특별재판소 설치법〉은 학살범죄 원인과 과정을 못 캐도록 원천봉쇄해버린 국제폭력이었다. 모두 19장 48조로 짠 〈특별재판소 설치법〉은 그 증거를 담은 불온한 문서다.

이 법의 목적은 1975년 4월 17일부터 1979년 1월 6일까지 민주깜뿌찌아 지도자로서 캄보디아 형법과 국제인도주의 법과 관례 그리고 캄보디아가 인정한 국제협약을 심각하게 어긴 범죄에 최고 책임을 지닌 이들을 재판하는 데 있다.

이게 총칙인 제1장 제1조다. 이렇게 첫 구절부터 '국제'는 다 빠져나가고 크메르루즈라는 캄보디아 '국내'만 남았다. 식민통치로 캄보디아 비극사에 발판을 깔았던 프랑스의 법을 본떠 만든 이 〈특별재판소 설치법〉은 국제법 기준을 우기면서 정작 재판은 캄보디아 국내법을 따르도록 했다. 이건 서로 다른 법 개념이 충돌할 수 있다는 아주 기본적인 사실마저 건너뛴 허점투성이였다. 예컨대 수사를 다룬 제6장 제20조, 제23조에서부터 재판절차를 다룬 제10장 제33조에 이르기까지 곳곳에 '(캄보디아 국내법에) 규정이 없거나, 해석과 적용이 분명치 않거나, 국제기준과 부합성이 의문스러울 때는 국제기준이 인정한 법절차를 따르도록 한다'고 박은 대목이 좋은 본보기다. 그 국제기준이란 게 어떤 국제법이며 어느 나라 법을 따를 것인지조차 밝혀두지 않았다. 더구나 국제기준으로 부를 만한 '국제법'이란 건 개념조차 희미하고 강제성도 없다. 한 나라 법은 역사와 전통과 사회적 경험의 산물이다. 따라서 모든 독립국가는 입법뿐 아니라 법 해석과 적용에 이르기까지 철저한 독립성을 지닌다. 〈특별재판소 설치법〉은 캄보디아 국내법으로 재판을 한다면서 애초 그런 기본적인 가치마저 짓밟아버렸다.

그동안 킬링필드는 프랑스 신부 프랑수아 퐁쇼Francois Ponchaud가 《캄보디아 – 이어 제로Cambodia-Year Zero》라는 책에서 "뽈 뽓의 크메르루즈가 200만 인민을 죽였다"고 떠벌린 걸 미국 정부가 떠받들며 어처구니없는 정설로 굳어졌다. 이미 오래전 엉터리로 밝혀져 연구자들 눈 밖에 난 이 책을 미국 정부는 여태 자신의 캄보디아 인민학살을 감추는 연장으로 써먹었다.

킬링필드는 그 희생자 수가 얼마든 제1기 킬링필드(1969~1973년)에서 미군이 불법폭격으로 학살한 인민과 제2기 킬링필드(1975~1979년)에서 크메르루즈가 학살한 인민을 따로 떼내야만 온전한 역사가 된다. 킬링필드 희생자 수부터 따져보자. 제1기 킬링필드에서 미군이 죽인 인민 수를 핀란드정부조사위원회FIC는 60만 명으로, 캄보디아 연구자로 이름난 데이비드 챈들러David Chandler나 마이클 비커리Michael Vickery는 40~80만 명으로 헤아려왔다. 제2기 킬링필드에서 크메르루즈가 미국 괴뢰정부 론 놀에 부역했던 이들을 숙청할 때 죽인 인민 수는 연구자에 따라 큰 차이가 난다. 정치적 숙청으로 희생당한 인민 수를 챈들러는 10만 그리고 비커리는 15~30만으로 꼽았다. 핀란드정부조사위원회는 처형, 기아, 질병, 중노동,

자연사를 모두 합해 100만 명이라고 밝혔다. 그렇게 해서 연구자들은 제2기 킬링필드에서 사망한 인민 수를 보통 80~100만쯤으로 어림잡아왔다. 그러나 이 희생자 책임도 모조리 크메르루즈한테만 떠넘길 수 없다는 게 연구자들 주장이었다. 그 시절 미국 정부가 유엔을 비롯한 국제구호단체의 캄보디아 지원을 막아버려 기아와 질병으로 많은 이가 숨진 데다 자연사한 인민 수까지 보탰기 때문이다.

이렇게 제1기 미국의 학살과 제2기 크메르루즈의 학살을 모두 합해 10년 동안 약 120~180만 명이 숨졌다. 이게 흔히들 킬링필드라고 불러온 캄보디아 학살사 전모다. 결과만 놓고 본다면 제2기에서 크메르루즈가 미국 괴뢰정부를 몰아내고 민족해방혁명에 성공했다손 치더라도 인민을 제대로 못 돌봤고 또 인민을 죽인 것도 사실이었다. 그렇다고 제1기에서 미군이 저지른 인민학살 책임까지 아무 상관도 없는 크메르루즈한테 모조리 뒤집어씌워도 된다는 건 아니다. 킬링필드를 반드시 두 시기로 나눠야 하는 까닭이다. 그래야 온전한 역사가 된다.

아침밥, 점심밥, 간식, 저녁밥, 디저트

이쯤에서 미국이 저지른 제1기 킬링필드를 취재했던 1993~1995년 내 기억을 따라가보자. 미국 정부는 킬링필드를 모조리 크메르루즈 짓이라고 잡아떼겠지만 프놈뺀에서 1번 국도를 따라 35km쯤 떨어진 쁘렉뜨렝Prek Treng 마을 공습을 잊지 않았으리라 믿는다. 1973년 미군 B-52 전략폭격기한테 무차별 공습당했던 그 마을 사람들은 희생자 유골을 자루에 담아 대물림하고 있었다. 마을 사람들은 "언젠가 미국이 책임질 날이 올 것이다"며 20년도 더 지난 유골들을 간직했다.

미군 불법 폭격으로 뼈대만 남은 쁘렉뜨렝 교회. 모두가 다 아는 민간 시설을 공습하고도 미국은 발뺌했다. 이 교회 건물도 몇 해 뒤 사라졌다. 이런 중대한 역사적 증거를 보존하지 못한 캄보디아 정부도 책임에서 자유로울 수 없다. _쁘렉뜨렝. 캄보디아. 1993 ⓒ정문태

기억 안 난다고? 그러면 같은 길 43km 지점 삼롱께애르Samraong K'aer 마을 앞 논에 박힌 키 120cm에 지름 21cm짜리 미군 불발탄 두 발은 어디서 왔던가? 또 그 불발탄들을 누가 치웠고 분화구처럼 패였던 그 많은 폭심지를 왜 메웠는지 캄보디아지뢰제거센터CMAC에 물어보길 권한다. 그래도 미국 정부가 정 시치미 뗀다면 이번에는 같은 길 54km 지점 깜뽕프놈Kampong Phnom을 소개한다. 1973년 미군 폭격으로 가족을 잃은 깐뗌(전직 교사), 리 쁘레익(농민, 전직 마을위원회 위원), 소본(무직, 전직 미국 특공부대원), 하움 초운(전직 상인), 라이 오욱(농민) 같은 이들이 아직도 두 눈 뻔히 뜨고 살아 있다.

미국 정부가 끝끝내 발뺌하겠다면 프놈뻰에서 남쪽으로 베트남 국경에 이르는 어디든 가보길 권한다. 만약 B-52에 폭격 안 당한 마을을 발견할 수 있다면 미국은 곧장 킬링필드로부터 자유로워져도 좋다. 미군이 저지른 킬링필드 증거들은 내 취재노트 속에 고스란히 남아 있다. B-52 폭격으로 뼈대만 앙상하게 서 있던 쁘렉뜨렝 마을 교회뿐 아니라, B-52가 닉 루엉Neak Luong을 오폭해 박살 낸 미군 레이더기지와 메콩강에 침몰해 있던 미군 경비정까지도 모두 내 기록 속에 담겨 있다. 비록 이젠 그 현장증거들을 모두 지워버려 찾을 수 없지만 내 기록만큼은 아직도 살아 있다.

미국 정부는 이런 취재를 모두 거짓말이라 우기고 싶겠지만 불행하게도 스스로 그 야만적인 폭격과 학살을 기록해버렸고, 또 그 증거들을 말끔히 지워버리지도 못했다. 1969년 초로 넘어가보자.

"공산주의자 성지 노릇하는 캄보디아를 베트콩과 어떻게 떼놓을 수 있나?"

닉슨이 대통령 임기를 시작하는 첫날 국방부에 물었다. 국방부가 자문을 구한 사이공 주둔 미군 사령관 크레이턴 에이브럼스Creighton Abrams

한테서 곧장 답이 왔다.

"캄보디아 제353지역, 흔히 낚싯바늘Fish hook이라 부르는 곳에 자리 잡은 베트콩의 남베트남중앙사령부COSVN를 B-52로 폭격하는 게 가장 효과적이다."[61]

그렇게 해서 1969년 3월 18일, '오퍼레이션 브렉퍼스트Operation Breakfast'라는 작전명 아래 미 공군 B-52 전략폭격기가 최초로 캄보디아를 공습했다. 이어 4월 15일 한반도에서 북한이 미군 EC-121 정찰기를 격추시킨 사건이 터졌다.

"(캄보디아 공습으로) 북한과 베트남 지도자들한테 동맹군 결의 보여주자."[62]

닉슨은 EC-121 격추사건과 아무 상관도 없는 캄보디아 공습을 명령했고, '오퍼레이션 런치Operation Lunch'라는 작전명 아래 B-52 전략폭격기가 엉뚱하게 캄보디아를 보복공습했다. 그렇게 시작한 공습은 그 뒤 캄보디아 내 북베트남군 기지 공격을 목표로 삼은 이른바 메뉴프로그램Menu Programme에 따라 '오퍼레이션 스낵Operation Snack, 제351지역' '오퍼레이션 디너Operation Dinner, 제352지역' '오퍼레이션 디저트Operation Dessert, 제350지역' 같은 희한한 이름을 달고 1973년 8월 15일까지 이어졌다.

그 기간 동안 미국은 B-52 전략폭격기를 동원해 53만 9,129톤에 이르는 각종 폭탄을 캄보디아에 퍼부었다. 그건 제2차 세계대전 때 미군이 일본에 투하했던 폭량 15만 6,000톤을 세 배나 웃돌고 전사에서 최대 융단

---

61   William Shawcross, Sideshow: Kissinger, Nixon and the Destruction of Cambodia, 1994, p, 91.

62   Ibid, p.92.

폭격이라 불러온 한국전쟁에서 미군이 사용했던 폭량 49만 5,000톤을 웃도는 엄청난 양이었다. 미군이 캄보디아를 공습한 그 폭탄이 온 천지를 불바다로 만든 네이팜탄이었고, 자손대대 치명상을 입혀온 고엽제였고, 굴러다니는 지뢰라 불리며 아이들을 집중살해한 집속탄이었다. 그 모든 폭탄들은 1957년 제네바 협약을 송두리째 위반한 것들이다.

게다가 미군이 캄보디아 밀림 속 북베트남 게릴라를 잡겠다고 전략폭격기 B-52를 동원했던 것부터가 이미 대량학살을 전제로 벌인 군사작전이었다. B-52란 놈은 핵무기 운송수단으로 개발했기 때문에 본디 미 공군전략사령부 소속이다. 그러나 캄보디아 폭격에 동원했던 B-52는 모두 미군 남베트남사령부에서 비밀스레 작전명령을 내렸다. 심지어 국방장관에게 보고도 하지 않은 불법공습이었다. 그렇게 미군이 비밀 불법공습으로 학살한 캄보디아 인민 수가 40~80만에 이르렀다.

제2기 킬링필드를 저지른 크메르루즈 쪽 책임자가 뽈 뽓이란 것쯤은 모두가 안다. 그렇다면 제1기 킬링필드를 저지른 미국 쪽 책임자는 누굴까? 마땅히 최고 명령권자였던 대통령 닉슨이고, 그 닉슨을 주물렀던 헨리 키신저Henry Kissinger 안보고문이다.

"베트콩이 남부 베트남과 국경을 맞댄 캄보디아를 거점 삼아 활동하고 있다. 캄보디아 폭격으로 캄보디아공산당과 북베트남 연대를 끊어야 한다."

이게 그 시절 국가안보회의를 이끌며 닉슨을 쥐락펴락한 키신저가 주장한 캄보디아 비밀폭격 논리였다.

"캄보디아 공격 아니었다. 캄보디아에 거점 차린 베트콩 공격했을 뿐."[63]

이건 1973년 캄보디아 비밀폭격을 눈치챈 미국 의회가 불법공습을 중단하라며 닦달하자 키신저가 되받아친 말이었다. 키신저 말에 따른다면 학살당한 40~80만 캄보디아 인민이 모두 베트콩이 되고 만다. 그 시절 미군 소속 특수부대원으로 베트콩 소탕작전에 참전했던 깜뽕프놈 마을 소본 말을 들어보자.

"1973년, 메콩강에서 떡 감다가 폭격당했다. 아버지, 동생, 아들 둘에다 조카 둘까지 한 자리에서 여섯을 잃었다. 우리 마을엔 베트콩도 크메르루즈도 없었다. 있었다면 미군 소속이었던 나를 살려두었겠나? 그건 온 동네 사람이 다 아는 일이었다."

미군 쪽 말도 들어보자. 1973년 6월 19일 캄보디아 폭격명령 거부죄로 군사법정에 서면서 반전운동을 폭발적으로 키웠던 B-52 부조종사 도널드 도슨Donald Dawson 대위가 있다.

"캄보디아 폭격임무를 안고 날아갔지만 어디에도 군사목표물이 없었다. 그래서 사람들이 모인 결혼식장을 타격점 삼으라는 명령이 떨어졌고… 나는 시민 머리 위에 폭격할 수 없어 그 명령을 거부했다."

누구 말을 믿을 것인지는 오롯이 상식을 지닌 독자들 몫이다.

헬린 키신저는 살아 있다

이제 뽈 뽓도 사라졌고 닉슨도 가고 없다. 그러나 온갖 말썽 끝에 2009년 개정한 캄보디아특별재판은 2016년 오늘까지 7년째 이어지고 있다. 수사판사, 검사, 판사에 캄보디아인과 외국인을 함께 배치해 처음으로

---

63 Ibid, p.28.

하이브리드 코트(Hybrid court, '혼성재판부')를 창조한 이 특별재판은 출발부터 캄보디아 정부와 국제사회의 힘겨루기 판이 되고 말았다.

　　"수사판사는 캄보디아인과 외국인 각 1명씩으로 한다."(제7장 제23조)

　　"공동검사는 캄보디아인과 외국인 각 1명씩으로 한다."(제6장 제16조)

　　이 〈특별재판소설치법〉에 따라 기소단계에서부터 캄보디아 정부와 유엔 사이에는 삿대질이 오갔다. 캄보디아 정부는 "최고 책임이 있는 크메르루즈 지도자들을 재판에 붙인다"고 못 박은 제2장 제2조를 내세워 최소기소원칙을 고집했고 유엔은 학살에 개입한 모든 이를 기소하자고 우겼던 탓이다. 결국 재판부는 캄보디아 정부 뜻에 밀려 크메르루즈 시절 지도부였던 인민대표회의 의장 누온 찌아(Nuon Chea, 90세), 부총리 겸 외무장관 이엥 사리Ieng Sari와 그의 아내이자 사회복지장관 이엥 티리트(Ieng Thirith, 84세), 주석 키우 삼판(Khieu Samphan, 85세), 뚜얼슬랭 수용소(S-21) 소장 깡 꿱 아아우(Kaing Guek Eav, 74세), 다섯을 기소하는 데 그쳤다. 재판이 열리기도 전에 불법구금당했던 군사령관 따 목Ta Mok은 2006년 일찍감치 사망했고, 이엥 사리는 재판 중이던 2013년 사망했다. 이엥 티리트는 치매에 걸려 심신 상태가 재판에 적합하지 않다는 이유로 2012년 석방되었다. 이미 많은 전문가는 그 다섯을 기소할 때부터 70~80대 고령인 데다 몸마저 불편해 재판이 제대로 굴러가기 힘들 것으로 내다봤다. 그게 현실로 드러났다.

　　어쨌든 깡 꿱 아아우는 2012년 살인·고문·박해 죄로 종신형을 받았다. 누온 찌아와 키우 삼판도 2014년 살인, 정치적 박해, 강제이주, 인간존엄성 공격 같은 반인도주의 죄목으로 종신형을 받았다. 아직 상급심이 남았지만 그동안 재판정이 미루적거린 꼴로 볼 때 누온 찌아와 키우 삼판이 최종판결을 받을 때까지 살아 있을지도 의문이다.

2005년 4월, 나는 누온 찌아와 키우 삼판이 구금당하기 전 긴 시간 동안 인터뷰를 통해 캄보디아 현대사의 속살을 기록했다. 누온 찌아는 "비록 뽈 뿟이 최고 지도자로 모든 명령을 내렸지만, 나도 그 시절 지도자 가운데 한 명으로서 인민학살에 져야 할 책임이 있다면 마다하지 않겠다. 다만 미국이 저지른 인민학살까지 뒤집어씌운다면 결코 받아들이지 않을 것이다"고 했다. 키우 삼판은 "학살을 심판하겠다면 반드시 미국 정부도 함께 법정에 서야 한다. 크메르루즈 지도자만 법정에 세운다면 그건 음모고 반역이다. 결코 인정하지 않을 것이다"고 했다.

그러나 누온 찌아나 키우 삼판은 세상을 호령하는 미국의 힘 앞에 찍소리도 못 한 채 끌려갔다. 그이들이 받아들이거나 말거나, 인정하거나 말거나 재판은 벌어졌고 미국은 킬링필드에서 이미 달아나버렸다. 정치적 논리에 휘둘린 이 반쪽짜리 재판은 처음부터 증거를 통한 실질적 단죄보다는 추상적인 책임을 물어 몇몇 크메르루즈 지도자한테 돌을 던지고는 킬링필드 학살사를 파묻어버리겠다는 교묘한 삽질에 지나지 않았다.

이 재판이 걸고 나온 범죄자 처벌이니 사회통합이니 희생자 위로는 애초 핑곗거리였다. 결코, 이 반쪽짜리 재판이 끝난다고 캄보디아 사회가 학살의 비극사에서 벗어날 수 없다. 그건 역사가 증명한다. 이런 정치적 재판은 이미 1979년 베트남 괴뢰정부 때도 있었다. 베트남 침략군이 노려보는 가운데 캄보디아 법정은 궐석재판을 통해 뽈 뿟과 이엥 사리한테 인민학살 죄로 사형선고까지 내렸지만 역사적 상처가 지워지기는커녕 더 도지기만 했다. 그 재판과 이 재판이 다른 건 딱 하나다. 그때는 '선전용'으로 베트남 침략군이 주물렀다면 이번에는 '은폐용'으로 유엔을 앞세운 미국이 주무른다는 차이뿐.

이 재판에서는 캄보디아 비극사에 발판을 깔았던 프랑스 식민주의자도, 캄보디아 현대사를 짓밟고 인민을 학살한 미국도, 독립국 캄보디아를 침략한 베트남도, 킬링필드 주범으로 낙인찍은 크메르루즈를 지원한 미국, 영국, 중국도 나오지 않는다. 그러니 크메르루즈가 왜 민족해방투쟁을 벌였고 어떻게 인민을 죽이게 되었는지도 나오지 않는다. 원인도 과정도 모조리 숨긴 채 오로지 킬링필드 책임을 크메르루즈한테 뒤집어씌우고 미국과 국제사회는 그 잔혹사로부터 벗어나겠다는 게 이 재판의 속셈이었다.

만약 국제사회가 정의로웠다면, 그리하여 킬링필드 재판이 공정하게 이뤄졌더라면 우리는 살아 있는 미국 쪽 학살주범을 보았을 것이다. 두말할 나위도 없이 그건 키신저다. 키신저를 왜 학살주범으로 기소해야 옳은지는 처음부터 아주 또렷했다. 론 놀 쿠데타를 불법지원해 시아누끄 국왕정부를 뒤엎고 미국 괴뢰정부를 세웠던 것도, 선전포고도 없이 중립국인 캄보디아를 불법폭격했던 것도, 그 과정에서 캄보디아 인민한테 공습경보 한 번 안 내렸던 것도, 중립국을 폭격하면서 자국 의회에 보고의무를 저버린 것도, 군 명령권자가 아닌데 폭격지점까지 지시하며 권력을 남용한 것도, 군 명령과 보고체계를 무시한 채 비밀전쟁을 치렀던 것도, 캄보디아 폭격사실을 철저하게 숨기고 위증한 것도, 그렇게 해서 인민 40~80만을 학살한 것도 모두 키신저 몫이기 때문이다.

그러니 세계적 석학이니 국제전략 전문가라 불리며 호사스런 여생을 즐겨온 키신저를 기소하지 않고는 킬링필드도 학살재판도 모두 영원히 반쪽짜리 전설로 끝날 수밖에 없다. 역사가 될 수 없다는 말이다. 그 미국판 킬링필드에 입 닫았던 세상 언론은 오히려 키신저를 존경하는 석학이라 떠들어대며 엄청난 돈을 주고 글 나부랭이나 받는 걸 무슨 영광처럼 여겨왔다. 정신 나간 한국 언론도 그랬다. 그 비밀 불법전쟁을 이끌며 캄보디아

미군 불법 폭격 역사의 증거다. 1993년 이 사진에 담긴 불발탄은 몇 달 뒤 동네 사람도 모르게 사라졌다. 역사는 그렇게 지울 수 없다. _쁘렉뜨렝. 캄보디아. 1993 ⓒ정문태

인민 40~80만을 학살한 키신저가 노벨평화상을 받았다. 이 일그러진 세상을 어떻게 할 것인가?

'부수적인 일.' 전쟁에 개입한 적도 없는 중립국 캄보디아 인민 40~80만 명을 학살하고도 미국은 지금까지 전쟁 중 벌어진 부수적인 일이라고 우겨댔다. 1991년 제1차 이라크 침략에서 시민 10만을 살해한 뒤 경제봉쇄로 또 100만 가까운 아이들이 숨졌을 때도, 2001년 아프가니스탄 침공에서 오폭과 불법공격으로 2만 웃도는 시민을 살해했을 때도, 2003년 제2차 이라크 침략에서 15만 웃도는 시민을 살해했을 때도 미국은 늘 부수적인 일이라고 발뺌했다. 캄보디아에서 미국이 저지른 인민학살을 일찍이 단죄하지 못한 역사의 연장이었다.

현대사에 최고·최대 거짓말인 이 미국식 킬링필드 전설을 끊어버리는 일이야말로 세계시민사회가 더 이상 미국한테 '개죽음' 당하지 않겠다는 결연한 선언이고 엄숙한 경고다.

발리 학살
낙원의 비밀

"1960년대 발리를 비롯해 인도네시아 전역에서 벌어진 반공 학살사건을 공개할 생각이다. 이건 공산주의 이념을 인정하고 말고 문제가 아니다. 인권차원에서라도 조사해야 옳다."
압둘라만 와히드Abdullahman Wahid 인도네시아 대통령, 2000년 인터뷰.

몽글몽글 피어오르는 화산연기를 지나노라면
이내 억만 년 대자연이 목덜미를 감아들고,
달빛 쪼인 파도가 토하는 백옥비단 보노라면
꿈결마냥 한 자락 낭만이 가슴에 젖어들고,
라마야나Ramayana 흐르는 춤사위에 젖노라면
너와 나 살피는 허물어지고 모두 하나되고.

그렇게 섬은 자연과 사람을 함께 보듬었다. 사람들은 낙원을 찾아, 예술적 영감을 좇아, 사랑을 따라 저마다 그 섬으로 몰려갔다. 사람들은 그 섬을 발리Bali라 불렀다.

한국에 제주도가 있다면 인도네시아에는 발리가 있다. 둘은 참 닮은 구석이 많은 섬이다. 아름다운 풍광에서부터 참한 사람들에 이르기까지, 해묵은 전통문화에서부터 돌하르방에 이르기까지, 허니문에서부터 관광

지상낙원으로 불러온 발리, 그 땅에는 1995~1996년 학살당한 원혼이 떠돌고 있다. 이 아이가 노는 시윳 모래사장 아래도 살해당한 수많은 주검과 인도네시아 현대사가 묻혀 있다. 그러나 아직도 손 댈 수 없는 역사일 뿐이다. _시윳. 발리. 2000 ⓒ정문태

산업에 이르기까지 쌍둥이마냥 빼닮았다.

　게다가 둘은 똑같은 '벙어리 전설'까지 지녔다. 입은 있으되 말은 못 하는 재갈 물린 섬으로. 20세기 독재 자본주의자들한테 최대 이문을 안겨 준 '빨갱이 박멸사업'은 제주도와 발리를 나란히 피로 물들였다. 그 피의 역사는 이내 전설로 굳어져버렸다. 그리고 사람들은 그 핏자국을 밟고 서 서 낙원을 노래했다.

"수하르또, 나를 어떻게 할 셈이냐?"

"당신을 민족지도자로 아버지로 여겼는데 그 기대를 저버렸습니다."

1966년 1월, 수까르노Sukarno 대통령과 수하르또Seoharto 소장이 나눈 이 짧은 대화는 인도네시아 현대사에 한 독재자의 탄생을 예고했다.

앞선 1965년 10월 1일, 카운터-쿠데타counter-coup에 성공한 수하르또는 '공산주의자 박멸'이라는 제2전선을 펼치며 집권욕을 드러냈다. 그리고 1965년 10월부터 단 네댓 달 만에 50~300만 가까운 시민이 '빨갱이'로 몰려 죽임 당했다.[64] 지상낙원 발리도 직격탄을 맞았다. 200만 섬 주민 가운데 5~10%에 이르는 약 10~20만이 살해당했다. 그로부터 인도네시아 현대사는 깊은 침묵 속에 빠져들었다.

쿠데타? 쿠데타 분쇄작전?

먼저 인도네시아 현대사에서 가장 큰 정변이지만 여태 역사의 공백으로 남아 있는 이른바 9월 30일 운동(G30S, Gerakan 30 September)을 쪼가리 자료들과 귀동냥을 끼워 맞춰보기로 하자.

1965년 9월 30일 해거름, 자까르따에는 음모의 시간이 숨 가쁘게 다가오고 있었다. 수까르노 대통령을 추종하는 군인들이 군은 표정으로 할림Halim 공군기지에 모였다.

"제454, 제530대대 동원 이상 없소? 동트기 전 대통령을 라디오 앞

---

64 희생자 수는 연구자나 조사자에 따라 천차만별이다. 1976년 인도네시아군은 45~50만이라 밝혔고 희생자 단체들은 300만으로 꼽아왔다. 거의 모든 학자는 인도네시아군 발표를 좇아 최소 50만 명을 정설처럼 여겨왔다. 그러나 아직 인도네시아 정부를 포함해 어떤 단체나 연구자도 체계적 조사를 한 적 없어 정확한 희생자 수는 드러나지 않았다.

에….”

　대통령궁 경호단장 운뚱 시암수리Untung Syamsuri 중령이 자까르따사령부 압둘 라띠에프Abdul Litief 대령, 공군특수부대 수요노Suyono 소령, 깔리만딴 관구 사령관 수빠르도요Supardojo 준장한테 다시 한번 거사계획을 확인했다. 자정이 지나면서 인도네시아 현대사에서 가장 길고 어두운 하루가 시작되었다. 10월 1일 04시, 운뚱 중령은 심복 아리에프Arief 중위와 무끼잔Mukidjan 소위한테 ‘쿠데타 음모 분쇄작전’ 개시를 알리며 혐의선상에 오른 장성 7명 체포령을 내렸다.

　대통령 긴급호출령을 내민 체포조와 실랑이 벌인 육군총장 아흐마드 야니Ahmad Yani 장군 현장 사살, 대통령 호출에 익숙했던 육군 제1부총장 수쁘랍또Soeprapto 장군과 정보사령관 시스원도 빠르만Siswondo Parman 장군 순순히 동행, 격렬히 저항한 육군 제3부총장 마스 띠르또다르모 하르요노Mas Tirtodarmo Harjono 장군, 제4부총장 도날드 이자쿠스 빤자이딴Donald Izacus Pandjaitan 장군 현장 사살, 군검찰총장 수또조 시스워미하르조Soetojo Siswomiharjo 장군 체포압송, 국방장관 압둘 하리스 나수띠온Abdul Haris Nasution 장군 담 넘어 이라크 대사관저로 도주.

　장성위원회 소속 인도네시아 최고참 장군들은 그렇게 차례로 무너졌다. 체포조가 끌고 온 장군 셋은 작전본부인 할림 공군기지 근처 루방 부아야Lubang Buaya에서 살해했다. 05시, 살해한 장군들 주검 6구를 할림 공군기지 우물에 버림으로써 작전을 종료했다. 이어 운뚱 중령 보고를 받고 수까르노는 일본인 아내 란뜨나 사리 데위Ratna Sari Dewi Sukarno의 침실을 나서 부랴부랴 할림 공군기지로 달려왔다. 그곳에는 수까르노와 아주 가까

1965년 수까르노 대통령 친위쿠데타 세력이 할림 공군기지 안 우물에 버렸던 최고위급 군 장성 6명
의 주검. 그러나 인도네시아 현대사는 아직도 그 깊은 우물에 잠겨 있을 뿐이다. _할림공군기지. 자
까르따. 1965 ⓒ〈뗌뽀〉

운 친구인 공군 소장 오마르 다니Omar Dhani와 인도네시아공산당PKI 서기장 아이딧Aidit이 기다리고 있었다.

한편 할림 공군기지가 긴장에 싸여 있던 05시 30분, 수하르또 소장은 집을 나서 육군전략예비사령부로 향했다. 08시, 수하르또는 나수띠온 국방장관 은신처를 확인한 뒤 그를 전략예비사령부로 데려왔다. 이제 수하르또는 인도네시아 군을 통틀어 최고참 장군이 되면서 동시에 정부를 움켜쥘 만한 실질적 힘을 지닌 장군이 되었다.

"각하, 할림 공군기지는 안전보장 못 하니 중립지역으로 옮겨야 합니다."

그날 밤, 수하르또 권유에 따라 수까르노는 보고르Bogor로 도망쳤다. 수하르또는 곧장 할림 공군기지를 공격해 군 명령권을 장악했다. 운뚱 중령이 동원한 주력 제530대대는 수하르또 명령을 좇아 전략예비사령부로 철수했고, 제454대대는 수하르또 휘하 특전사한테 공격받자 모두 투항했다. 그렇게 해서 수하르또는 이른바 '친위쿠데타 제압작전'을 무혈로 마무리했다.

이처럼 쿠데타와 카운터-쿠데타로 볼 만한 정변이 하루 사이에 벌어졌다. 그러나 1965년 10월 1일부터 수하르또가 대통령 직무대행 자리를 꿰찬 1967년 3월까지 인도네시아 현대사는 아직도 못 푼 수수께끼로 남아 있다.

'살해당한 장군들이 진짜로 반수까르노 쿠데타를 도모했을까?'

'수까르노 대통령은 운뚱 중령의 친위쿠데타를 알고 있었을까?'

'할림 공군기지에 머문 수까르노는 친위쿠데타를 인정했을까?'

'성공한 운뚱 쿠데타군이 왜 수하르또한테 순순히 투항했을까?'

'수하르또가 단 20시간 만에 어떻게 친위쿠데타를 제압했을까?'

'수하르또는 친위쿠데타를 이끈 운뚱과 한통속이 아니었을까?'

'운뚱과 수하르또 둘은 왜 나수띠온 국방장관을 살려두었을까?'

대답 없는 인도네시아 현대사가 34년째 접어들던 1999년, 나는 수하르또 퇴진 공간에서 석방된 라띠에프 대령과 이틀 밤낮을 새웠다. 운뚱의 친위쿠데타 주역 가운데 유일하게 살아남아 34년 최장기수 기록을 세웠던 라띠에프는 충격적인 이야기를 풀어냈다.

"1965년 10월 1일, 그 군대동원과 장성살해는 친위쿠데타지?"

"친위쿠데타라니? 그건 쿠데타 음모 분쇄작전이었을 뿐이다."

"그날, 수하르또가 군대 동원한 건 카운터-쿠데타였을 테고?"

"다 엉터리야. 그날 쿠데타 분쇄작전에 수하르또도 함께했어."

"잠깐, 그게 사실인가? 수하르또가 당신들과 무얼 함께했나?"

"가족처럼 지낸 나와 운뚱, 수하르또 그 작전 머리 맞댔다."

"근데, 작전 때 수하르또는 어째서 할림 공군기지에 없었나?"

"작전개시 전 수하르또한테 알렸고 실패하면 뒷일 맡으라고."

"성공했는데 왜 수하르또가 군대동원해서 당신들 제압했나?"

"그게 바로 쿠데타다. 정권탈취 노린 수하르또 욕심이었다."

수하르또를 반역혐의로 고발하겠다며 챙겨둔 온갖 자료 뭉치를 헤쳐 보인 라띠에프 증언에 따르면 수하르또가 9월 30일 친위쿠데타에 개입했 거나 적어도 동조했던 것만큼은 또렷해졌다. 라띠에프 말 가운데 귀담아 들어볼 대목이 있다.

"당신 말처럼 친위쿠데타였다면 왜 수하르또를 제거 안 했겠나? 우리가 바보인가?"

실제로 그즈음 군 지휘부 가운데 군 동원력을 지닌 모든 장성이 라띠에프가 주장하는 '쿠데타분쇄작전' 체포명단에 올랐는데 전력예비사령관이라는 막강한 병력을 지닌 수하르또만 유일하게 빠졌다. 상식적으로 쿠데타 세력이 자신들을 제압할 만한 힘을 지닌 전략예비사령관인 수하르또를 실수로 빠트렸다고 보기는 불가능하다.

만약 라띠에프 증언처럼 수하르또가 친위쿠데타에 개입한 게 사실이라면 모든 수수께끼가 한꺼번에 풀린다. 수까르노가 사전에 친위쿠데타를 알았던 사실도, 수까르노가 할림 공군기지에서 수하르또 건의에 따라 중립지대로 피했던 까닭도, 친위쿠데타군이 순순히 수하르또한테 투항했던 까닭도 저절로 드러난다. 국방장관 나수띠온을 살려둔 까닭도 어림쳐볼 수 있다. 만약 친위쿠데타가 실패할 경우 수까르노에 버금가는 대네덜란드 항쟁영웅인 나수띠온을 '간판용'으로 내세울 수 있었을 테니.

결국 그 무렵 군부 안에서 심심찮게 나돌던 반수까르노 쿠데타설을 정략적으로 이용한 친위쿠데타 세력을 수하르또가 정권탈취를 위해 역이용했다고 보면 9월 30일 사건의 실마리가 풀리는 셈이다.

수하르또 소장, 대통령을 삼키다

'왜 수하르또는 9월 30일 운동을 밝혀 영웅이 될 기회를 차버렸을까?'
'왜 수하르또는 자신이 개입 안 했다는 9월 30일을 그토록 감췄을까?'
이제 이 의문들로부터 20세기 최대 학살극과 발리 비극도 함께 출발한다. 친위쿠데타를 제압한 수하르또는 곧장 '반공' 카드를 꺼내들고 범접하기 힘든 카리스마를 지닌 수까르노 대통령을 정통으로 겨냥했다.

"친위쿠데타 주동자는 모두 빨갱이고 인도네시아공산당이 그 배후다."

수하르또는 반서방 좌파 민족주의 성향을 지닌 수까르노가 기대온 인도네시아공산당PKI을 타격 목표로 선언했다. 수까르노가 권력 축으로 삼았던 나사꼼(Nasakom. '민족주의, 종교, 공산주의')이 무너졌고, 수하르또는 대신 군대와 광적 이슬람을 권력창출 도구로 삼았다. 그리고 '빨갱이 박멸 사업'을 마친 뒤인 1967년 3월, 수하르또는 수까르노를 격리시킨 채 수퍼세마르supersemar라 부르는 이른바 '3월 11일 사령장'을 들고 나타나 대통령 직무대행 자리에 앉았다.

"대통령 권위와 정부안전을 지킬 모든 결정을 수하르또한테 위임한다."

아직껏 존재도 진위도 밝혀진 적 없지만, 그 무제한 권력을 추인한 수까르노의 백지수표식 사령장은 결국 수하르또의 승리를 인정하는 증서가 되고 말았다. 이어 수하르또는 1968년 3월 의회투표를 거쳐 대통령 자리를 꿰차면서 권력찬탈 목표를 달성했다.

"수하르또가 만들고 위협을 느낀 수까르노가 사인한 것으로 보이는 그 사령장의 법적 효력은 제쳐두고라도 원본마저 공개된 적 없다. 사기극이다."

수하르또 집권과정을 추적해왔던 거의 유일한 연구자인 인도네시아 사회과학원 헤르마완 수리스띠오Hermawan Suristyo는 슈퍼세마르를 '범죄 문서'라 불렀다.

그렇게 수하르또는 카운터-쿠데타에 이어 시민학살을 거쳐 집권했다. 냉전이 극에 달했던 1960년대 중후반 미국의 베트남전쟁 개입과 공산주의 박멸을 내걸고 권력을 탈취한 수하르또 사이에는 국제반공전선이 걸려 있었다. 미국 정부는 곧장 수하르또의 합법성을 추인했다.

과거 없는 미래 없다

2000년 1월 26일, 나는 압둘라만 와히드Abdurrahman Wahid 인도네시아 대통령을 단독 인터뷰했다.

"1960년대 발리를 비롯해 인도네시아 전역에서 벌어진 반공 학살사건을 공개할 생각이다. 공산주의 이념을 인정하고 말고 문제가 아니다. 인권차원에서라도 조사해야 옳다."

와히드는 '1965~1966년' 반공학살극을 질문으로 뽑아든 내게 또렷이 대답했다. 34년 만에 인도네시아 정치가 입에서 최초로 '반공 학살사'가 튀어나오는 순간이었다. 한 달 보름 뒤인 3월 14일, 와히드는 인도네시아 방송을 통해 "1965~1966년 역사를 시민 앞에 공개할 수 있다"고 밝혀 인도네시아 사회에 큰 파문을 일으켰다.

"관련자, 증언자도 가고 없다. 옛 상처 건드리는 쓸데없는 짓이다."

미국 대사 지낸 하스난 하빕Hasnan Habib 중장은 역정을 부렸다.

"미래를 보자. 이미 오래전에 끝난 일을 지금 되돌릴 필요가 없다."

골까르당Golkar 대표 악발 딴중Akbar Tandjung도 거들고 나섰다.

반공학살사건 가해자인 군부도 불쾌감을 드러냈다. 수하르또의 권력 창출과 학살에 동원되었던 육군은 침묵으로 강한 거부감을 대신했다. 대변인을 비롯해 육군본부에서 만난 장군들은 모조리 입을 닫았다. 1965년 정변 때 수까르노 진영에 섰던 공군은 "와히드 대통령 뜻을 환영한다"고 지지성명을 내놨으나 정작 내가 만난 대변인 바흐룸 라시르Bachrum Rasir 준장은 "수하르또 행위를 공군은 쿠데타로 안 본다. 이제 와서 어쩌겠다고? 아주 불편하다"며 싸늘하게 되받았다.

정치판과 군부 할 것 없이 수하르또 잔당세력이 거세게 대들었다면 진보진영은 와히드한테 힘을 보탰다.

압둘라만 와히드 대통령은 나와 이 인터뷰에서 인도네시아 정치인 가운데 처음 '1965년 학살'을 공개적으로 입에 올렸다. _인도네시아 대통령궁. 자까르따. 2000 ⓒ인도네시아 대통령 기록실

"증거 없다니? 학살책임자 수하르또 살아 있다. 과거 없는 미래 없다."

인권변호사인 무니르Munir Said Thalib는 학살조사단 구성을 외쳤다.

그러나 한편에서는 냉소적 눈길도 없지 않았다. 1965년 반공학살극 희생자 가운데 한 명으로 악명 높은 부루섬Buru island 감옥에 14년 동안 갇혔던 세계적인 문호 쁘라무디아 아난따 뚜르Pramoedya Ananta Toer는 "입 발린 소리다. 와히드 포함해 정치판이 정략적으로 다룰 문제도 아니고 풀 수도 없는 문제다. 엉터리 역사수혜자인 정치꾼 손에 맡길 수 없다"며 역사를 복원할 수 있는 힘이 오직 '청년혁명'뿐임을 강조했다.

3월 초, 와히드는 학살극 공개에 발판을 깔았다. 와히드는 1990년 수하르또가 대통령령으로 만든 신원조회법을 폐기해 민주사회 복귀에 중대한 이정표를 세웠다. 비록 시민사회가 별 관심 없이 흘려버렸지만 공산주의자 박해에 써먹었던 이 연좌제를 끊어버린 일은 인도네시아 현대사 복구를 향한 가장 중요한 개혁이었다.

3월 20일, 그 학살극 희생자들이 상원 격인 국민협의회MPR 문을 열고 들어섰다. 자원봉사자들 부축을 받으며 나타난 예닐곱 백발노인들 틈에는 1965년 좌파 여성단체 걸와니Gerwani를 이끌었던 술라미Sulami와 초대 국민협의회 의원이자 인도네시아공산당 이데올로그였던 하산 라이드Hasan Raid 그리고 수까르노 친위쿠데타를 이끌었던 라띠에프 대령이 끼어 있었다. 34년 만에 비로소 역사의 희생자들이 공개적인 장에 모습을 드러냈다. 그러나 역사에서 버림받은 이들은 현실에서도 불청객이었다. 국민협의회 의원들은 하나같이 제 일이 아니라며 고개를 돌렸다. 오전 10시 국민협의회에 도착한 이 늙은이들은 오후 3시까지 회의실과 의원회관을 돌아다녔으나 사연을 담은 편지마저 못 전한 채 발길을 돌렸다.

와히드는 큰 논란이 일자 3월 26일 말랑이슬람대학 졸업식에 참석해 다시 한번 1965~1966년 반공 학살극을 입에 올리며 정면돌파를 시도했다.

"1965년 쿠데타와 관련 반공법이 기본적 인권을 유린해왔다. 34년 묵은 철 지난 반공법을 국민협의회가 폐기해주기 바란다."

소수정당 출신인 대통령 와히드 말은 국민협의회에 씨도 안 먹혔다.

34년 만에 아버지 곁에 서본다

나는 1990년대 초 수하르또 쿠데타와 반공 학살사건을 접한 뒤부터 틈틈이 자료를 챙기며 취재준비를 했다. 그러나 서슬 퍼런 수하르또 정권 아래서 현장 취재 기회를 못 잡았다. 몇 차례 현장을 둘러보았지만 때마다 매서운 감시눈길에 밀려나고 말았다. 그러다 2000년 들어 와히드 대통령 인터뷰와 공식 발언을 통해 1965~1966년 학살이 공개적인 장으로 튀어나왔다고 믿었던 나는 기꺼운 마음으로 취재를 시작했다.

2000년 4월 1일, 나는 취재 첫날부터 모든 게 낭만적 오판임을 깨달았다. '1965~1966년'은 여전히 건드릴 수 없는 역사였다.

"대통령 혼자 선언했다고 다 된 게 아니다. 그 시절 가해자였던 군인과 경찰에다 야경대 노릇했던 주민들이 살아 있는 현실을 봐야 한다."

발리 우다야나대학 역사학과 이 그데 빠리마르타 I Gde Parimartha 교수가 내게 했던 말은 현장에서 사실로 드러났다. 자료도움을 받으려고 만났던 발리 군정보부 사람들은 "대통령이 뭐라고 했든 정치판이 뭐라 했든 여긴 자까르따가 아니다"며 오히려 "쓸데없는 짓 그만두고 조심하는 게 좋을 거야!"며 으름장을 놨다.

"우린 아무것도 몰라!"

주민들은 몸을 사렸고 입을 닫았다. 발리는 1965년에 멈춰 있었다. 대통령 말도 먹히지 않는 암흑천지였다. 나는 민중민주당PRD 발리 사무총장 와얀 자누라까Wayan Januraka 도움을 받아 현지 마을을 뒤졌다. 발리 토박이를 앞세웠는데도 주민들은 좀체 입을 안 열었다.

그러다가 덴빠사르Denpasar에서 북서쪽으로 10km쯤 떨어진 까빨Ka-pal 마을 집집을 돈 끝에 어렵사리 증언자를 만났다. 마데 주무Made Jumu라는 늙은이가 입을 열었다.

"이 공동묘지, 여기 둔덕 두 개 보이지? 바로 여기야. 공산당 최고 지도부 스무 명쯤을 총 쏘아 죽이고 파묻었어. 한밤이긴 했지만 내 눈으로 똑똑이 봤어."

마데 주무가 한숨으로 기억을 풀어내자 와얀 자누라까 눈시울이 젖었다.

"네 살 때 아버지가 떠나고는 처음 아버지 곁에 서본다."

와얀 자누라까는 마데 주무가 가리킨 땅을 한참 동안 쓰다듬었다.

"아버지가 까빨에서 총살당한 건 알았지만 찾을 엄두를 못 냈어."

안타깝게 바라보던 마데 주무가 혼잣말처럼 중얼거렸다.

"온전히 남아 있을 거야. 그 뒤 찾는 이도 손댄 이도 없었으니."

그렇게 해서 발리공산당 서기장이었던 꺼뜻 깐델Ketut Kandel을 비롯해 지도부 20여 명이 집단살해당한 현장을 처음으로 확인했다. 삽 한 자루면 쉽게 캐낼 수 있는 '아버지의 역사'를 놓고 발리 사람들은 그렇게 눈물만 지을 수밖에 없었다. 그 아버지를 살해한 역사가 오늘도 날카롭게 노려보고 있었던 탓이다.

"3월 자바에서 발굴한 희생자 유골을 경찰이 압수해가버렸다."

1965~1966년 희생자조사연구소 발리 지부장 와얀 산또Wayan Santo
는 지난 35년 동안 아무도 건드리지 못한 압수당한 역사에 절망했다.

군대만 할 수 있었다

1965년 10월 1일 수하르또가 카운터-쿠데타로 권력을 잡은 뒤 인도
네시아 전역에는 곧장 빨갱이 박멸사업으로 피바람이 몰아쳤다. 자바섬
중부와 동부가 치명타를 입은 가운데 12월 들어 발리에도 피바람이 불어
닥쳤다. 수까르노를 겨냥했던 수하르또한테 발리는 눈엣가시였다. 인도네
시아공산당과 좌파 빠르띤도당Partindo[65]이 발리 주정부를 장악한 데다 수
까르노가 어머니의 고향인 발리를 정치적 교두보로 삼았던 탓이다. 그 시
절 발리는 수까르노가 주은라이, 호치민, 후르시초프, 김일성, 네루를 비롯
해 한 시대를 풍미했던 각국 정상을 불러들인 화려한 국제외교 무대기도
했다.

권력을 꿈꾸었던 수하르또가 수까르노의 정치적 상징이자 발판인 발
리를 쳤던 게 결코 우연이 아니었음은 발리 주지사 수떼자Suteja를 타격목
표 제1호로 삼은 데서도 잘 드러난다. 발리 주지사 수떼자는 수까르노가
누구보다 애지중지한 인물이었다.

"자까르따 위스마호텔에서 남편이 실종된 사실 말고는 아무것도 몰
라. 남편이 사라진 뒤 군인들이 우리 왕궁마저 불태워버려 아이들과 천막
살이도 했고."

발리 네가라Negara 왕족으로 아낙 아궁 이스뜨리 웅라 수니뜨리 수떼

---

65 인도네시아민족당PNI의 우경화에 불만을 품었던 분파.

자Anak Agung Istri Ngurah Sunitri Suteja란 긴 이름을 지닌 여인은 35년이 지났지만 아직도 남편 수떼자가 어떻게 살해당했는지도 모르고 주검조차 못 거뒀다며 인터뷰 내내 눈물을 흘렸다.

1950년대부터 발리에서는 교사, 예술가, 언론인을 비롯한 지식인 지지를 업고 땅 없는 농민을 대변한 인도네시아공산당과 반수까르노를 앞세운 우익 인도네시아민족당, 인도네시아사회당PSI, 마쉬움Masyum, 나들라 뚤 울라마NU가 날카롭게 부딪치고 있었다. 그런 가운데 수하르또가 불길을 댕긴 '빨갱이 박멸작전'은 때 만난 듯 타올랐다. 발리는 다른 지역과 달리 1965년 12월부터 기껏 두어 달 만에 작전을 끝낼 만큼 놀라운 팽창력을 보였다.

"무슬림과 우익 정당이 만든 야경단이 공산주의자 공격에 앞장섰고 군인과 경찰이 매일 밤 집집을 돌았다."

그 무렵 고등학생이었던 마데 바드라Made Badra는 좌파 민족청년학생단IPPI에 가입했다는 사실 하나만으로 3년 동안 감옥살이했다며 치를 떨었다.

"우리 마을엔 공산주의자가 없었지만 정한 몫이라며 다섯을 끌고 갔다."

따바난Tabanan에서 살아온 이다 바구스 마데 위자Ida Bagus Made Wija 말처럼 증언자들은 마을마다 정해진 처형자 수가 있었다고 밝혔다.

"야경단원이 '저놈이다' 하면 끝났다. 야경단원한테 밉보이면 빨갱이로."

주민들 증언을 모아보면 마을 단위로 잡아갈 사람 수를 배당한 상위 조직이 있었다는 뜻이다. 발리학살이 조직적으로 이뤄졌다는 증거다. 달리 말하면 책임자가 있다는 뜻이다. 인도네시아 전역을 무대 삼아 벌인 학살극에서 조직적 명령을 내릴 수 있는 집단이 누굴까? 군대뿐이다. 모르는 이가 아무도 없다. 다만 입을 열지 못했을 뿐.

"뻔하잖아. 그 시절 최고 명령권자인 수하르또 말고 아무도 그런 명령 내릴 수 없었다. 이제 와서 우익 단체나 무슬림 끄나풀이었던 야경단원한테 책임 묻기 힘들다. 군이 야경단원 조종했고 그 군을 수하르또가 조종했다. 수하르또 살아 있다. 기소해서 책임 물으면 된다."

역사학자 헤르마완 수리스띠오는 수하르또 책임론과 기소를 해결책으로 내세웠다.

독재자는 잘살다 죽었다

나는 발리를 취재하면서 무슬림이 주류인 인도네시아 다른 지역에서는 못 본 '발리식 학살법'을 확인했다. 힌두교도가 주류인 발리에서는 사제들이 조직적으로 학살에 동원되었던 사실이 드러났다. 기안야르Gyanyar 주민 뇨만 차끄라두Nyoman Chakradu는 "마을마다 사제들이 나서 공산주의자를 가려낸 뒤 스스로 '정화의식'을 치르게 하고는 신한테 자신을 제물로 바치라고 강요했다"고 증언했다. 따바난 주민 이다 바구스 세니온Ida Bagus Senyon은 "사제 말을 거부할 수 없었다. 우리 마을에서도 둘이 제물로 사라졌다"며 끔찍한 기억을 들춰냈다. 힌두교 사원을 끼고 마을 공동체를 꾸려온 발리에서 벌어진 그 학살의 정화의식은 가장 비열하고 변태적인 종교적 만행이라 부를 만했다. 그러나 사제들은 하나같이 굳게 입을 닫았다. 인터뷰를 요청했지만 아무도 받지 않았다. 역사학자 이 그데 빠리마르타는 "마을 지도자인 사제들이 군대한테 압박받았을 거야. 마을마다 할당한 처형자 수를 채워야 했다"며 발리학살에서 가장 아픈 대목을 증언했다.

여기서 논쟁거리가 튀어나온다. 적잖은 연구자가 이른바 '학살의 문화론'을 발리에 들이댔다. 발리학살의 폭발적 팽창과정이 종교와 문화의 영향을 받았다는 게 그 틀이다.

"공산주의자들이 하얀 제복을 차려입고 스스로 경찰 앞에 나서 죽임을 요구했다.""공산주의자들이 신을 부정했던 걸 반성하며 정화의식을 거친 뒤 스스로 제물이 되었다.""힌두교가 가르친 생사의 영속성 탓에 희생자들이 미소를 머금고 죽어갔다."

이런 게 바로 학살의 문화론에 등장하는 내용인데 현장 없이 책상머리에 앉아 뽑아낸 상상력일 뿐이다. 이런 것들이 발리학살을 희화시키며 어둠에 가려져온 역사를 더 깊이 파묻어버리는 짓이었다. 사제들이 앞장선 학살이 있었지만 그런 건 한 유형일 뿐이다. 발리학살은 문화나 종교와 상관없이 정치적 목적을 띠고 시민을 적으로 규정한 군사작전이었다. 그 과정은 군과 경찰을 동원한 조직적이고 체계적인 시민학살이었다. 발리학살의 단기 팽창력 배경은 문화나 종교 따위가 아니라 그 무렵 발리가 지녔던 좌우대립을 이용해 수하르또가 집중적 타격을 가한 결과일 뿐이다. 발리학살 배경도 주범도 모두 정치였다. 그 정치의 우두머리가 수하르또였다.

나는 2000년 취재에서 발리학살의 뚜껑만 겨우 열어보고 말았다. '1965~1966년'을 건드리기엔 너무 일렀다. 빨갱이를 죽였다며 자랑하던 이들한테 기자신분이 들통나서 쫓겨나기도 했고, 동네 사람들한테 욕을 먹으며 밀려나기도 했다. 젊은이들이 몽둥이를 들고 따라오기도 했다. 주민들은 35년 만에 학살현장으로 들어온 기자를 받아들일 준비가 안 돼 있었다. 그러나 무엇보다 인도네시아 정부가 모든 사료와 정보접근을 원천적으로 막아버려 본질 속으로 들어갈 수 없었던 게 가장 큰 어려움이었다.

발리에서는 사람이 사람을 죽였고, 사람이 사람을 죽인 역사가 사람을 기다리고 있다. 그 지상낙원 발리에는 아직도 사람이 건드릴 수 없는 사람의 역사가 파묻혀 있다. 당신들이 밟고 노는 바닷가 모래사장마다, 또 골짜기마다.

그 취재로부터 또 16년이 흘렀다. 2016년, 아직도 발리는 그대로다. 아직도 인도네시아 학살사는 어둠 속에 갇혀 있다. 대통령이 세 번이나 바뀌었고 동남아시아에서 가장 역동적인 민주화 길을 걷고 있다는 인도네시아에서 1965~1966년은 아직도 금역으로 남아 있다. 그사이 수까르노의 딸 메가와띠가 2001년 와히드 대통령을 탄핵하고 후임 대통령 자리를 꿰찼지만 자기 아버지의 역사에도 시민의 역사에도 눈길 한 번 주지 않았다. 철권독재 32년 만인 1998년 쫓겨난 수하르또는 아무 책임도 안 진 채 잘 살다가 2008년 죽으면서 '1965~1966년'을 영원히 안고 가버렸다. 1999년 인도네시아 현대사에서 최초로 민주선거를 거쳐 대통령이 되었고 최초로 민주주의를 향해 걷던 정치인 와히드는 수하르또 잔당과 기득권 세력 눈 밖에 나면서 2년을 채우지 못한 채 2001년 탄핵당했다. 정치적 복귀를 꿈꾸던 그이는 2009년 세상을 떠났다.

1965년 수까르노 친위쿠데타 주동자 가운데 한 명이었던 라띠에프 대령은 수하르또 고발이라는 뜻을 이루지 못한 채 2005년 숨졌다. 재판도 없이 장기수로 지냈지만 인도네시아공산당 지도부 가운데 기적처럼 살아남아 역사를 증언했던 하산 라이드는 2010년, 그리고 좌익 여성단체를 이끌며 인도네시아 현대 여성운동사에 한 획을 그었던 술라미는 2002년 세상을 떠났다. 이제 수하르또 쿠데타와 학살을 증언할 수 있는 이들마저 흔치 않다. 인도네시아 현대사는 그렇게 어둠에 묻혀가고 있다.

1965년 수까르노 대통령의 권력을 강탈한 수하르또는 정작 자신을 수까르노와 같은 반열에 올리고
자 갖은 애를 썼다. 거짓 역사를 감추겠다는 의지였다. (사진 상단 왼쪽이 수하르또 대통령이고 오른쪽이 수
까르노 대통령) _자까르따. 인도네시아 ⓒ〈뗌뽀〉

아버지에서 아들딸로 그리고 그 아들딸에서 또 아들딸로 대물림하는 기득권 층과 가해자들의 역사, 그 소름 끼치는 현실을 오늘 인도네시아에서 본다. '1965~1966년' 학살자들의 아들딸들은 지금도 인도네시아 사회를 주무르고 있다. 또 그 아들딸의 아들딸의 내일도 찬란하게 빛나고 있다. 왜 쁘라무디아가 '청년혁명'을 강조했는지 자꾸 되씹어보게 된다.

한국전쟁, 제2전선 있었다

"1951년 4월쯤 몽삿에 온 CIA 요원 둘이 리미 장군한테 '윈난쪽 인민해방군 공격으로
전선을 분열시켜 한국전쟁 도와야 한다'고 말하는 걸 내가 직접 들었어.
곧장 우리는 윈난으로 쳐들어갔고 그 CIA 요원들도 함께 갔지.
그건 처음부터 CIA가 한국전쟁 제2전선으로 설계한 비밀 군사작전이었어."
슈쯔정修子政 장군 전 국민당 제8군 제709연대장. 타이뻬이, 2004년 인터뷰.

"그 참, 왜 또 왔어? 이거 진짜 찰거머리로군."
레이위톈雷雨田 장군은 아주 달갑잖게 여겼다.
두 주 사이, 세 번이나 찾아갔으니 그럴 만도.
"그러니 한마디만 해주면 다시는 안 올 텐데!"
기억도 삼삼할 옛일을 풀어달라 거듭 캐물었다.

2004년 5월 초였다. 교회에서 틀어대는 찬송가가 이슬람 사원 위로
사납게 흘러 다니는 아침나절, 도시로 내다 팔 양배추를 다듬는 아낙네들
손길이 바빠진다. 중국 방송이 귀를 때리는 찻집들에서는 논쟁인지 정담
인지 헷갈리는 고성들이 오간다. 어지러운 한자간판을 내건 가게들 앞에
는 전통의상을 걸친 몽Hmong, 아카Akha, 리수Lisu 같은 산악 소수민족 늙
은이들이 약초바구니를 들고 어슬렁거린다.

얼핏 중국 윈난성雲南省 골짜기쯤인가 싶은 이 마을은 버마 국경 산

국민당 잔당 제5군 본거지인 타이-버마 국경 골짜기 도이 매살롱에 세운 국민당 전쟁기념관. 산악에 삶터를 다진 국민당 잔당이 어떻게 이런 거대한 기념관을 세울 수 있었을까? 마약의 정치경제학을 짚어보는 까닭이다. _전쟁기념관. 도이 매살롱. 타이. 2004 ⓒ정문태

악을 마주보는 타이 북부 도이 매살롱Doi Mae Salong이다. 6km쯤 앞에 버마 국경을 둔 이 마을은 한때 길이 험해 바깥세상과 교통마저 힘들었지만 그 속살은 딴판이다. 구름도 쉬어가는 깊은 산골에 집집마다 픽업트럭이 버텨 있고 주유소가 있는가 하면 잘 다듬은 호텔과 게스트하우스에다 찻집과 식당이 즐비하다. 마을 한복판 3층짜리 현대식 건물에는 타이군사은 행TMB까지 들어서 있다. 타이 산악에서는 결코 흔치 않은 이런 풍요로움과 마주치면 도이 매살롱이 심상찮은 마을임을 단박에 눈치챌 만하다.

그렇다. 도이 매살롱은 한때 세계 최대 마약생산지로 악명 떨쳤던 이

른바 골든트라이앵글Golden Triangle의 한 축이었다. "한 건만 잘하면 3대가 간다"는 마약의 경제학이 결코 허튼소리가 아니란 걸 증명한 셈이다. 요즘에야 양귀비에서 손 떼고 차와 과실주 생산으로 제법 이름 날리지만, 아무튼. 그러고 보니 타이 정부가 그 악명을 지우겠다며 이 마을 이름을 '평화로운 언덕'이란 뜻을 지닌 산띠키리Santikhiri로 바꾼 지도 꽤 오래다. 그래도 사람들이 여전히 도이 매살롱이라 부르는 이 마을에 삶터를 다진 1만 4,365명 주민이 바로 20세기 아시아 비밀전쟁의 주인공인 중국국민당KMT 잔당의 후예들이다.

국민당 잔당 국경을 넘다

레이 장군은 계급으로나 나이로나 도이 매살롱에서 가장 손윗사람으로 촌장 노릇을 해왔다. 기골이 장대한 그이는 여든 일곱이라 믿기지 않을 만큼 꼿꼿했고 기억도 또렷했다. 레이 장군은 열일곱 살 때 난징대학살을 보고 장제스蔣介石의 국민당에 뛰어들어 꼬박 44년을 전쟁터에서 보냈다. 아마도 세계 최장기 전선기록을 세운 인물이 아닌가 싶다.

소년 레이위텐이 처음 전선에 오른 1937년은 중일전쟁이 터지면서 국민당이 중국공산당과 이른바 제2차 국공합작을 통해 형식상 항일민족통일전선을 구축했던 시절이다. 그러나 국민당은 오히려 공산당 공격에 매달렸고 그사이 공산당의 주력인 바루쥔国民革命軍第八路軍이 8년에 걸친 항일무장투쟁을 이끌었다. 이어 1945년 일본군이 항복하자 국민당은 공산당의 민중연합정부 창설 주장을 거부한 채 항일투쟁 승리를 독점하며 1946년 6월 공산당 해방구를 무차별 공격했다. 맞선 공산당은 인민지원을 받으며 반격했고 1949년 국민당은 돌이킬 수 없는 패배의 길로 접어들었다. 1949년 1월 21일 국민당은 장제스 총통이 물러나고 리충런李崇人을 내세워 버텼지만 공산당은 1월 23일 베이징을 점령한 데 이어 항저우, 우한, 상하이, 란저우, 난징을 비롯한 국민당 주요 거점을 차례로 무너뜨린 뒤 10월 1일 베이징에서 중화인민공화국中華人民共和國을 선포했다. 10월 14일 공산당은 광저우까지 손에 넣었다. 광저우를 잃은 국민당 정부는 10월 15일 충칭으로 천도하면서 중앙당을 타이완으로 옮겨갔다. 그리고 12월 5일 리충런 총통 대행이 홍콩을 거쳐 미국으로 도망쳤다. 12월 8일 윈난성 군벌 루한盧漢이 공산당한테 투항해버리면서 장제스가 본토수복 꿈을 담았던 마지막 발판마저 무너졌다. 결국 12월 9일 장제스가 청투에서 특별기를 타고 타이완으로 탈출하면서 형식상 내전은 끝났다. 그로부터 장제스는 타이완에서 중화민국中華民國 정부를 꾸려나갔다. 장제스를 따르던 리미李彌 장군의 국민당 제8군과 류톈위안柳天元 장군의 제26군 그리고 제93사단 주력도 인민해방군에 밀려 12월 말 윈난에서 버마의 샨주 국경 지대로 쫓겨났다. 그 과정에 라오스 국경을 넘었던 리미 장군의 제8군 병력 가운데 5,000여 명은 프랑스군한테 무장해제당한 채 1953년 타이완으로 옮겨갈 때까지 억류당했다.

그 국민당 패망사에서 제93사단 소속이었던 레이위톈도 1950년 1월 버마의 샨주 국경을 넘었다. 레이 장군은 "국경 길, 참 악몽이었어. 먹을거리도 신발도 없었지. 그러니 공산당에 투항하거나 군복 벗고 몰래 고향으로 되돌아가버린 이들도 많았다"며 54년 전 고달팠던 기억을 되살렸다.

그 무렵 리미 장군은 타이완으로 가서 본토수복 꿈을 못 버린 장제스한테 윈난반공구국군雲南反共救國軍 최고사령관 직함에다 무기와 물자를 얻어 버마 국경으로 되돌아왔다. 그렇게 장제스한테 지원받은 국민당 잔

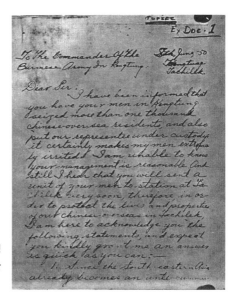

국민당 잔당과 중국인을 체포한 버마 정부군 껭뚱 지역 사령관에게 보낸 리미 장군의 친필 항의 편지. ⓒ친이후이草怡輝

당은 더 이상 패잔병이 아니었다.

"3월 들어 우리 부대 1,500여 명이 샨주 켕뚱Kengtung에서부터 타이와 국경을 맞댄 따칠레익Tachileik까지 점령했지."

레이 장군 증언처럼 4월 무렵 국민당 잔당은 버마의 살윈강에서부터 와주Wa state의 몽마우Mong Mau에 이르는 중국 윈난 국경으로 세력을 넓혔다. 그사이 리미 장군은 샨주 몽양Mong Yang에 본부를 마련한 뒤 꼬깡Kokang을 비롯한 지역 소수민족을 끌어들여 군사를 키워나갔다.

국민당 잔당의 불법침입과 세력확장에 위기감을 느낀 버마의 우누U Nu 총리는 6월 들어 껭뚱 지역 사령관을 통해 "곧장 버마를 떠나지 않으면 공격할 것이다"고 최후통첩을 날렸다. 그러나 리미 장군은 오히려 앞

국민당 잔당을 이끌었던 리미 장군과 CIA 요원들. _국민당 본부. 몽삿. 버마 1951 ⓒ친이후이覃怡輝

몽삿 본부의 국민당 잔당 제3군 _몽삿. 버마. ⓒ친이후이覃怡輝

선 1월 초 버마 국경을 넘은 뒤 무장해제당한 국민당 잔당 제1진 석방을 요구하며 맞섰다. 그러자 버마 정부군은 국민당 잔당을 공격해 일주일 만인 6월 21일 모든 지역을 탈환했다. 리미 장군이 이끄는 주력은 타이 국경 24km 지점까지 밀려난 뒤 몽삿Mong Hsat에 새 본부를 차렸고 라오스 국경을 넘은 잔당 200여 명은 억류당했다.

"그 전투에서 우리가 밀렸지만 버마 정부군도 큰 사상자가 났어."

황푸쥔샤오黃埔軍校 제18기 출신으로 국민당 제93사단 소속이었던 천마오슈(陳茂修, 87세, 타이 북부 치앙라이 거주) 대령 말마따나 버마 정부군도 수백 명 사상자를 냈다. 특히 작전지휘용 비행기가 껭뚱에서 추락해 공군 사령관 셀윈 제임스 칸Selwin James Khan을 비롯한 최고위급 군 지휘관까지 잃었다.

메모도 안 남긴 CIA 극비 군사작전

한편, 동남아시아의 공산주의 확장을 두려워한 미국 대통령 해리 트루먼Harry S. Truman한테 1950년 초부터 합동참모본부JSC는 버마 국경 지대에 진 친 국민당 잔당 지원을 건의했다. 트루먼이 승인한 그 반공방파제 전략은 합동참모본부나 CIA가 어떤 메모도 남기지 않을 만큼 비밀스레 다뤘던 탓에 랑군 주재 미국 대사는 말할 것도 없고 국방부 고위 관리와 CIA 내부 정보책임자들마저 눈치채지 못했다. 국민당 잔당을 재조직하고 지원하는 그 극비 군사작전은 CIA가 맡았다.

"CIA 요원이 몽삿까지 무기를 실어왔고 군사훈련은 타이완 교관이 맡았지. 그렇게 리미 장군이 신병까지 끌어모아 4,000 병역을 거느리게 됐고…,"

레이 장군 증언처럼 먹을거리도 없던 국민당 잔당은 CIA와 타이완 정부 지원 아래 머잖아 몽삿에 군사훈련소까지 차렸다.

국민당 잔당이 버마 정부군 공격을 받아 몽삿으로 쫓기던 1950년 6월 25일, 한반도에서 전면전이 터졌다. 그리고 국민당 잔당은 영문도 모른 채 국제정치판으로 빨려 들어갔다. 11월 24일, 연합군 사령관 더글라스 맥아더Douglas MacArthur 장군은 도쿄 극동사령부에서 "유엔군이 적을 포위한 채 압박해 들어가고 있다"는 승전보를 날리고 한국으로 되돌아와서 "크리스마스 전에 아이들(미군)이 고국으로 돌아갈 수 있다"며 전선을 독려했다. 그러나 맥아더 연설은 단 하루 만에 뒤집히고 말았다. 11월 25일 저녁 중화인민공화국이 30만 대군을 앞세워 압록강을 넘었으니.

놀란 맥아더는 워싱턴을 향해 "중국 본토 공업단지 폭격, 중국 해안 봉쇄, 타이완 국민당 동원 중국 본토공격"을 강력히 외쳤다. 백악관은 싸늘했다. 1945년 집권 때부터 중국공산당의 해방투쟁을 두려운 눈으로 지켜봐온 투르먼은 오히려 확전 가능성을 걱정하며 "압록강 8km 이남까지만 폭격점으로 삼고, 특히 중국과 국경을 맞댄 압록강 작전에는 한국군만 동원하라"고 명령했다. 그동안 트루먼과 사사건건 부딪쳤던 맥아더는 1951년 들어 트루먼이 만지작거리기 시작한 한국전쟁 휴전안마저 물리치며 날카롭게 각을 세웠다.

"그는 대통령이자 군 통수권자인 내 명령에 도전했다. 반항, 용서 못한다."

1951년 4월 11일, 트루먼은 맥아더를 연합군 사령관직에서 쫓아냈다.

"전쟁이 우리를 강요한다면 가능한 모든 수단을 동원해 재빨리 그 전쟁을 끝내는 길밖에 없다. 전쟁의 최고 목표는 우유부단하게 끄는 것이 아니라 승리다. 노병은 결코 죽지 않고 사라질 뿐이다. 이제 나는 군인으로서 생애를 마치고 사라진다….”

4월 19일, 맥아더는 미국 의회에서 감정 섞인 퇴임연설을 했다.

같은 시각, 국민당 잔당은 중국 윈난성 컹마耿馬로 쳐들어가고 있었다. 앞선 4월 14일, 리미 장군이 이끄는 국민당 잔당인 윈난반공구국군 소속 2개 종대縱隊 2,000여 명이 버마 꼬깡Kokang 산악을 타고 중국 국경을 넘었다. 잔당은 일주일 만에 국경 도시 컹마를 점령했다. 이어 잔당은 CIA가 운영해온 시빌에어트랜스포트CAT 공수 지원 아래 컹마 북부 60km 지점 망시芒西 비행장으로 쳐들어갔으나 인민해방군한테 역공당해 한 달 만인 5월 중순 버마의 몽마우로 후퇴했다.

국민당 잔당이 윈난성을 공격하고 세 달 뒤인 7월 10일, 개성에서는 한국전쟁 휴전협상이 벌어졌다. 같은 시각 타이뻬이, 한국전쟁이 터지자마자 트루먼한테 국민당 정규군 3만 3,000명 파병제의를 했던 장제스가 ‘(한국) 무력반공통일’을 외치며 휴전협정을 부정했다. 같은 시각 버마 국경 국민당 잔당 본부 몽삿, 국민당 제26군 사령관 뤼궈취안呂國銓이 2,000 병력을 이끌고 다시 윈난성 멍하이猛海로 쳐들어갔다. 제26군은 인민해방군 역공에 걸려 일주일 뒤 다시 버마 몽양으로 되돌아왔다.

타이완 국민당 병력을 동원해 중국 본토를 치자고 외쳤던 맥아더는 그 뜻을 못 이룬 채 사라졌다. 그러나 맥아더 전략을 거부했던 트루먼은 맥아더가 사라지기도 전에 비밀리에 국민당 잔당을 동원해 중국 남부 윈난성을 공격했다. 그렇게 맥아더와 트루먼이 충돌하는 가운데 한반도에서 3,000km나 떨어진 중국 남부 윈난성에 한국전쟁 제2전선이 펼쳐졌다.

“국민당 잔당으로 윈난 공격해 인민해방군 견제하고 분산시키자.”

CIA 정책조정실 제안을 국장 월터 스미스Walter B. Smith는 "지나치게 위험하다"며 거부했으나 트루먼이 나서 그 비밀계획을 직접 승인했다. CIA 는 곧장 작전명 '오퍼레이션 페이퍼Operation Paper' 아래 비밀스레 국민당 잔당을 지원하며 한국전쟁 제2전선을 펼쳐나갔다. CIA는 타이에서 반공 홍보영화를 만들어온 전직 전략업무부OSS 소속 퇴역군인 로버트 노스Robert North의 파이스트필름Far East Film Company을 통해 자금을 제공하며 사 우스이스트아시아서플라이스코퍼레이션South East Asia Supplies Corporation 한테 탄약과 군수물자 조달을 맡겼다. 그리고 CIA는 퇴역군인 클레어 체 나울트Claire Chennault 장군 이름으로 자신들이 운영해온 시빌에어트랜스 포트로 버마-타이 국경 몽삿의 국민당 잔당한테 무기와 군수물자를 실어 날랐다. CIA는 오키나와와 타이완에서 타이까지 실어 온 군수물자를 타이 경찰 총수이자 CIA 끄나풀인 빠오 시야논다Pao Sriyanonda 장군 도움 아래 버마 몽삿으로 공수했다. 그즈음 시빌에어트랜스포트는 주 2회씩 정기적 으로 타이완과 몽삿을 오가며 700여 명에 이르는 타이완 군사고문단과 정 규군을 비밀스레 국민당 잔당 지원작전에 투입했다. 그리고 CIA는 몽삿에 서 되돌아오는 빈 비행기로 국민당 잔당이 생산한 아편을 타이까지 실어 다주었다.

동남아시아 현대사에 숨은 한국전쟁

"1951년 4월 윈난 공격 때는 CIA 군사고문관 열댓이 헬리콥터를 타 고 왔어. 우리 같은 하급 장교야 속내를 알 수 없지만 리미 장군이 '한국전 쟁을 도와야 한다'며 윈난 공격 명령을 내렸던 건 똑똑히 기억해. 우리가 윈난을 칠 때 그 CIA 요원들도 함께 갔고."

딱 잡아떼던 레이 장군은 세 번째 만남에서 말문을 열었다. 나는 이 한마디가 듣고 싶어 레이 장군을 그렇게 쫓아다녔다. 사료로 찾아낸 한국전쟁 제2전선 존재 사실을 확인해줄 증언자가 필요했던 까닭이다.

그로부터 넉 달 뒤, 2004년 8월 나는 다른 증언자를 찾아 타이뻬이로 갔다.

"1951년 4월 몽삿에 온 CIA 요원 둘이 리미 장군한테 '윈난 쪽 인민해방군 공격해 전선을 분산시켜 한국전쟁 도와야 한다'고 했어. 내가 직접 들었어. 우리는 그 CIA 요원들과 함께 윈난으로 쳐들어갔지."

국민당 잔당 제8군 제709연대장으로 윈난 공격작전에 참전했던 슈쯔정(修子政, 82세) 장군은 또렷이 옛일을 풀어놓았다.

"병력 수나 전투력만 놓고 전선이 있었네 없었네 하는 게 아냐. 전쟁은 이기는 게 목표지만 전선은 꼭 그렇지 않아. 인민해방군이 말려들지 않았을 뿐, 국민당의 윈난 공격은 한국전쟁 제2전선이었어. 그건 처음부터 CIA가 제2전선으로 설계한 비밀 군사작전이었어."

참전 뒤 타이완 외교관으로 많은 나라를 거친 슈쯔정 장군은 "그 제2전선을 한국에서는 아무도 모른다는 게 사실이냐?"며 몇 번이나 되묻고는 놀란 표정을 지었다.

"인민해방군한테 밀려 다 실패했지만 내가 CIA 지원받으며 윈난 공격한 것만도 1951년 4월과 7월 두 번이야. 그러다 1952년 8월 리미 장군이 직접 군사를 끌고 윈난 공격한 게 실패하면서 결국 한국전쟁 제2전선도 막 내린 셈이지. 내가 아는 것 말고도 뒤져보면 더 많은 한국전쟁 제2전선이 나올 거야."

슈쯔정 장군은 한국전쟁사의 온전한 복원을 바란다고 덧붙였다. 그렇게 50년 넘도록 비밀문서로만 나돌던 CIA의 오퍼레이션 페이퍼도, CIA

의 국민당 잔당 지원도 모두 증언을 통해 사실로 드러났다.

　나는 1년 가까이 이 취재에 매달리면서 무엇보다 한국전쟁사에 빈자리로 남아 있는 제2전선 존재 사실을 처음 밝혀냈다. 그러나 그 제2전선이 군사적으로나 정치적으로 효과를 거뒀다는 증거는 어디에도 찾을 수 없었다. 국민당 잔당이 윈난 전략요충지 장악과 민중봉기에 실패함으로써 인민해방군 전력분산과 견제를 노렸던 CIA의 한국전쟁 제2전선 작전은 물거품이 되었다. 말하자면 트루먼이 꿈꾼 한국전쟁 제2전선은 인민해방군이 압록강을 넘지 않을 것이라고 여긴 미국 정보기관과 군부의 부실한 예측이 낳은 또 다른 낭만적 오판이었던 셈이다. 결국 CIA가 버마-윈난 국경에 펼친 제2전선은 한국전쟁에 아무런 영향을 못 끼친 채, 오히려 국민당 잔당 덩치만 키워 지역 안보문제에 심각한 장애를 일으켰고 한편으로는 오늘까지 이어지는 동남아시아 마약보급선을 폭발적으로 키운 패악질이 되고 말았다.

　나는 이 취재를 통해 한국전쟁 제2전선과 그 연장 노릇을 한 국민당 잔당이 동남아시아 현대사에 아주 깊숙이 뿌리 튼 사실을 확인했다. 여기서부터 그 국민당 잔당을 낀 국제정치판을 들여다보자.

　1951년 들면서부터 버마와 미국 정부가 부딪치기 시작했다. CIA가 비밀스레 국민당 잔당을 지원한 지 1년쯤 지난 뒤였다. 그즈음 국민당 잔당 본부인 몽삿에 물자를 공수하는 정체불명 C-46과 C-47 수송기가 버마 정보부에 걸려들었던 탓이다. 버마 총리 우누는 '국민당 잔당의 버마 국경 침범과 미국 정부의 비밀지원' 사안을 유엔으로 끌고 가 세차게 미국을 성토했다. 그러나 한국전쟁에 휩쓸린 국제사회는 그 사안에 눈길을 주지 않았다. 1952년 말, 한국전쟁 휴전협상이 무르익어가자 백악관은 제2전선 전략에 실패한 국민당 잔당을 장애물로 여기기 시작했다. 그즈음 워싱턴 정가도 국민당 잔당을 버리고 버마 정부를 끌어들여 중국공산당을 막자는 분위기로 흘렀다. 1953년 초, 트루먼 후임으로 등장한 대통령 드와이트 아이젠하워Dwight D. Eisenhower 둘레에서는 "국민당 잔당을 빌미로 중국공산당이 버마를 침공하거나 버마가 중국공산당과 손잡는 최악의 사태를 막아야 한다"는 소리가 높아졌다. 때맞춰 버마 안팎에서는 국민당 잔당과 버마공산당CPB 두 진영을 상대로 힘겨운 전쟁을 벌여온 우누 정부가 "잔당을 쫓아내고자 버마공산당과 연립정부를 세울 것이다"는 소문이 나돌았다.

놀란 아이젠하워는 곧장 국민당 잔당 철수결정을 내렸다. 그러나 장제스는 "리미 장군과 그 부대를 철수하는 건 괴로운 일이다. 특히 리미를 최후의 구원자로 여겨온 윈난 사람들한테는 더 그렇다"며 타이뻬이 주재 미국 대사 칼 랭킨Karl L. Rankin이 들고 온 아이젠하워의 결정을 거부했다.

1953년 3월, 우누는 워싱턴의 소극적 태도를 나무라며 미국과 맺었던 경제협력 협정을 깬 데 이어 잔당사안을 다시 유엔으로 끌고 갔다. 4월 30일, 장제스가 "가능한 많은 잔당을 타이완으로 송환하겠다"고 밝혔으나 유엔은 타이완과 국민당 비난 결의안을 통과시켰다. 그 결의안에 따라 타이완, 버마, 미국, 타이로 구성한 4개국군사위원회Four-Nation Military Commission가 국민당 잔당송환을 떠맡았다. 6월 들어 4개국군사위원회는 "버마가 잔당 공격을 멈추고, 잔당은 타이를 거쳐 타이완으로 철수한다"고 결정했다. 그러나 우누가 요구한 "35일 안에 최소 5,000명 철수"를 장제스가 2,000명으로 줄이자 버마는 4개국군사위원회에서 탈퇴해버렸다.

장제스의 꿈

그 무렵부터 우누 정부는 급격히 중국 쪽으로 기울었다. 6월 말 중국 외무장관 저우언라이周恩來가 랑군을 방문했고, 9월 버마군 최고사령관 네 윈Ne Win 장군이 군사대표단을 이끌고 베이징을 답방해 상호군사협력 발판을 깔았다. 버마와 중국의 밀월에 위기감을 느낀 아이젠하워는 같은 달 우누와 장제스 사이를 중재했다. 그 결과 장제스는 1953년부터 1954년 사이 11달 동안 리미 장군을 포함한 국민당 잔당 5,770명과 관련자 880여 명을 타이완으로 송환했다.

1954년 5월 30일, 리미 장군이 타이완으로 떠나면서 윈난반공구국군은 해체를 선언했다. 그러나 여전히 버마 국경에 남은 국민당 잔당은 류위안린柳元麟 장군을 총사령관으로 내세워 복잡하게 얽힌 윈난반공구국군을 제1군(사령관 뤼런하오呂仁豪), 제2군(사령관 푸징윈甫景雲), 제3군(사령관 리원환李文煥), 제4군(사령관 장웨이청張偉成), 제5군(사령관 돤시원段希文)으로 재편했다. 그리고 1년 뒤인 1955년 6월, 타이완으로 철수했던 국민당 잔당 가운데 600여 명이 비밀리에 다시 버마-라오스 국경으로 되돌아와 세력을 키웠다. 그러다 보니 형식상 국민당 잔당 제1차 송환이 끝났지만 버마-타이-라오스를 낀 국경 긴장은 잦아들지 않았다. 1954년과 1957년 버마 정부군 공격을 받은 국민당 잔당 1,350여 명은 라오스 국경 쪽으로 밀려나 메콩강을 낀 껭랍Keng Lap과 몽빨리아오Mong Pa-liao에 새 본부를 차렸다.

그사이 버마는 중국과 정치적·경제적으로 더 가까워졌다. 1954년 중국과 무역협정을 맺은 버마는 같은 해 미국, 영국, 프랑스, 타이를 비롯한 서방 8개국이 창설한 반공군사동맹체인 동남아시아조약기구SEATO 참가를 거부했다. 대신 버마는 1955년 중국, 인디아, 인도네시아와 함께 아시아-아프리카 비동맹 모임인 반둥회의Bandung Conference 창설에 앞장섰다.

1958년 접어들어 버마 국경엔 다시 긴장감이 높아졌다. 중국에서 대약진 운동(1958~1961년)을 피해 버마 국경을 넘은 이들과 라오스에서 되돌아온 잔당을 받아들인 국민당이 다시 5,000~6,000여 병력으로 덩치를 키운 탓이다. 본토수복 꿈을 못 버린 장제스는 마지막 기회로 여겨 아이젠하워와 그 후임 대통령 존 케네디John F. Kennedy한테 국민당 잔당 지원을 요청했다. 그러나 워싱턴은 국민당 잔당을 안고 갈 만한 형편이 아니었다. 1960년 9~10월 사이 우누가 400명 웃도는 대표단을 이끌고 베이징을 방문해서 2,185km에 이르는 버마-중국 국경선 협정을 맺었고, 무엇보다 국민당 잔당 박멸을 위해 "인민해방군이 버마 영내 19.3km까지 (잔당을) 공격할 수 있다"는 조건 아래 중국과 군사협정까지 맺었던 탓이다.

그 군사협정에 따라 1961년 1월 26일, 인민해방군 2만여 명이 버마 국경을 넘어 샨주 껭뚱으로 진격했고 버마 정부군은 메콩강 쪽 잔당 본부 몽빨리아오를 공격했다. 협공에 밀린 잔당은 300명 웃도는 전사자를 내면서 타이-라오스 국경으로 쫓겨났다. 그 작전을 통해 버마 정부군이 잔당 본부인 껭랍과 몽빨리아오에서 미제 무기를 대량 발견한 데다 버마 공군이 국경에서 타이완 정부군 소속 미제 군용기PBY를 격추시키면서 워싱턴과 타이뻬이 사이가 크게 틀어졌다. 난처해진 케네디는 곧장 버마 현지에 조사단을 파견했고 장제스를 거세게 몰아붙이며 잔당송환을 다그쳤다. 결국 장제스는 본토수복 꿈을 접고 잔당철수를 결정했다.

그렇게 해서 1961년 3월 17일~4월 12일, 버마와 라오스 국경에 진친 국민당 잔당 3,371명과 관련자 825명이 타이완으로 철수했다. 그러나 돤시원 장군의 제5군 소속 1,800여 명과 리원환 장군의 제3군 소속 1,400

1961년 국민당 잔당의 제2차 타이완 송환. 몽삿 비행장. _몽삿. 버마. 1961 ⓒ친이후이覃怡輝

여 명, 마쥔궈馬俊國 장군의 제1독립부대 정보요원을 포함해 모두 3,000명 웃도는 잔당이 송환을 거부한 채 타이 국경에 남았다. 타이완 정부는 그즈음 잔당 총 병력 4,000~5,000명 가운데 4,196명을 송환했다고 밝혔다. 근데 정작 국경에는 잔당 3,000여 명이 남아 숫자부터 어긋났다. 제2차 송환 때 타이완으로 간 잔당출신인 중산인문사회과학연구소 친이후이覃怡輝 교수는 "국민당 지도부가 머릿수를 채우려고 몽족을 비롯한 국경 산악 소수민족을 송환자에 끼워 넣어 타이완으로 보냈다"며 계획적인 '유령송환'탓이라고 그 사연을 밝혔다.

그렇다면 그 잔당 3,000여 명이 송환을 마다한 까닭이 의문으로 남는다. 잔당 제3군 출신 돤궈샹(段國相, 78세) 대령은 "국경만 넘으면 고향 윈난인데 타이완으로 가면 영영 못 돌아온다고 믿었기 때문이다"고 했다. 제5군 출신 자오잉파(趙英發, 85세) 상사는 "그 시절 우리는 리미 장군 명령을 따랐을 뿐, 아무것도 스스로 결정할 수 없었다"고 증언했다. 그러나 국민당 잔당사를 연구해온 친이후이 교수는 "공식적으로 송환을 끝냈지만 장제스가 여전히 잔당을 직간접적으로 지원한 데다, 미국 정부도 냉전시대 내내 잔당을 국제반공전선에 써먹으며 비밀스레 지원했기 때문이다"며 그 바탕에는 "잔당지도부의 돈줄이 걸려 있었다"고 귀띔해주었다. 말하자면 버마-타이 국경 마약루트 90%를 쥐고 있던 잔당의 이권과 국제정치가 맞아떨어진 결과였던 셈이다.

이념전쟁에서 지고 마약전쟁에서 이기다

"타이완 정부는 앞으로 어떤 형태로든 잔당지원을 안 할 것이며, 국경에 남은 이들은 이제 타이완 정부와 아무 상관없다."

제2차 송환을 마치면서 타이완 정부는 형식상 잔당과 선을 그었다. 그로부터 버마와 국경을 맞댄 타이 도이 매살롱에 진 친 잔당 제5군과 땀 응옵Tam Ngop에 터를 다진 제3군은 국적도 없는 정체불명 무장세력이 되고 말았다. 그러나 국민당 잔당은 비록 이념전쟁에서 패했지만 머잖아 마약전쟁에서 승리하며 끈질긴 생명력을 이어간다. 1950년 초 버마 국경을 넘자마자 산악 소수민족을 을러메 아편생산을 폭발적으로 늘려온 잔당은 마약 밀매와 운반을 통해 전비를 마련했고 그 지도부는 막대한 부를 쌓았다. 그사이 CIA는 잔당이 생산한 마약을 몽삿에서 타이 북부 치앙마이를 거쳐 방콕까지 실어다주었다. 그 마약은 타이 정치판을 주무르던 경찰 총수 빠오 시야논다 비호 아래 홍콩, 말레이시아, 인도네시아로 퍼져나갔다. CIA는 그 대가로 빠오 시야논다한테 무기를 제공해 타이 해양경찰과 경찰 항공대 창설을 도왔다.

그 결과 제2차 세계대전 전까지만 해도 연간 60톤에 지나지 않던 인도차이나반도의 아편생산량은 1970년대 중반 베트남전쟁이 끝날 무렵 1,000톤을 넘어섰다. 버마-타이-라오스 국경을 가르는 골든트라이앵글은 세계 최대 마약생산지가 되었고 타이는 세계 최대 마약중계지로 떠올랐다. 그렇게 국민당 잔당은 CIA 지원 아래 '국제반공전선'과 '국제마약전선'이라는 쌍둥이 전선을 달리며 아시아 현대사에 비밀스런 악역을 떠맡았다.

"우린 양귀비니 아편 같은 것 몰라. 이 마을에선 손댄 적도 없고."
남녀노소 가림 없다. 누구한테 물어봐도 똑같은 말만 되돌아온다.
"누가 그 따위 소릴? 리원환, 돤시원 장군은 아편생산 엄벌했어!"
도이 매살롱 국민당기념관에서 일하는 자오셴짠처럼 발끈 화내기도.

도이 매살롱이나 땀응옵에서 아편이니 마약 이야기를 꺼낸다는 건 헛짓일 뿐이다. 요즈음, 타이에 터 다진 국민당 잔당 마을 분위기가 그렇다는 말이다. 이러니 아편이권을 놓고 국민당 잔당이 둘로 갈라져 돤시원 장군이 이끈 제5군이 도이 매살롱에 그리고 리원환 장군이 이끈 제3군이 땀응옵에 자리 잡게 된 속내를 물어본들 아는 이도 답해줄 이도 없다. 하여 제1독립부대 정보대장 마쿽궈 장군이 이권 탓에 사이가 틀어진 그 두 장군을 중재했던 비사 같은 건 입에 올린들 되레 이상한 놈이 되고 마는 판이다.

아무튼, 둘로 쪼개졌던 국민당 잔당은 버마 샨주에서 새로운 마약군벌로 떠오른 이른바 마약왕 쿤사와 골든트라이앵글 패권을 놓고 치고받은 1967년 마약전쟁에서 다시 손을 잡았다. 그 마약전쟁에서 이긴 잔당은 골든트라이앵글을 낀 마약 생산과 보급로 90%를 거머쥐었다.

용병의 일생

이쯤에서 또 다른 국민당 잔당 마을을 둘러보자. 새해가 오면 타이 사람들 사이에 '타이의 관문'이란 뜻을 지닌 쁘라뚜 사이암Pratu Siam이 입에 오르내린다. 타이에서 맨 먼저 해가 뜬다며 숱한 관광객이 몰려가는 곳인데 라오스와 국경을 가르는 메콩강 협곡을 낀 뿌치화Pu Chee Fah 산을 일컫는다. 10년 전만 해도 바깥세상과 교통마저 힘들었던 그 험한 산악에 파땅Pha Tang이라는 마을이 있다. 국민당 잔당과 후손 3,000여 명이 삶터를 다진 그 마을 꼭대기엔 라오스와 타이를 굽어보는 큰 불상이 하나 앉아 있다. 오르기도 힘든 가파른 산악 국경에 앉은 불상을 메콩강 협곡이 뿜어대는 짙은 안개가 뒤덮을 때쯤이면 파땅의 감춰진 역사가 보일 듯 말 듯 차오른다.

"우린 그런 거 몰라요. 나이 많은 어른들께 여쭤보세요."

집집마다 두드려도 대답은 똑같다. 이미 1세대들이 거의 세상을 뜨고 이제 2~3세대들 손으로 넘어간 파땅에서 국민당 잔당의 비밀역사를 캔다는 건 그리 쉬운 일이 아니다. 하기야 1세대를 만난들 냉전이 극으로 치닫던 1960~1970년대 이 산골짜기 마을이 국제정치의 한 축이었던 사실을 아는 이도 드물겠지만.

'라오스를 인도차이나반도 사회주의 혁명을 막는 방파제로!'

미국은 1955년 이른바 '피의 사이공' 시가전이 끝난 뒤 베트남에서 발을 빼는 프랑스를 대신해 베트남전쟁에 뛰어들었다. CIA는 1959년 라오스공산당 빠텟라오를 견제하겠다며 북부 샹쾅에 그린베레 여덟 명을 투입해 왕빠오를 지도자로 내세운 몽족 게릴라 2만여 명을 조직했다. 이어 CIA는 1960년부터 버마와 국경을 맞댄 라오스의 남유Nam Yu에 비밀작전 기지를 세워 중국과 라오스공산당을 염탐하기 시작했다. CIA는 그 과정에서 타이완 국방부 내 본토정보작전부IMOB한테 직접 명령을 받던 마쥔궈 장군이 이끄는 국민당 잔당 제1독립부대 요원을 타이-버마-라오스-중국 국경 지대와 윈난 내부까지 침투시켰다. 국민당 잔당 제3군과 제5군은 루트개척으로 그 정보전을 뒤받쳤다. 그렇게 해서 1950년대 미국 용병으로 한국전쟁 제2전선에 말려들었던 국민당 잔당은 1960년대 다시 한번 용병 신세로 인도차이나반도 반공전선에 끌려들어갔다.

한편 CIA는 그 라오스 비밀작전에서 마쥔궈 장군 정보부대와 별개로 엘리트 정보부대 하나를 더 조직했다. 세상에 알려진 바 없는 그 조직은 인도차이나전쟁에서 프랑스군이 사용했던 부대 이름인 특수대대111Bataillon Special 111을 그대로 베껴 몸통을 숨겼다. CIA는 한국전쟁 때 포로로 잡힌

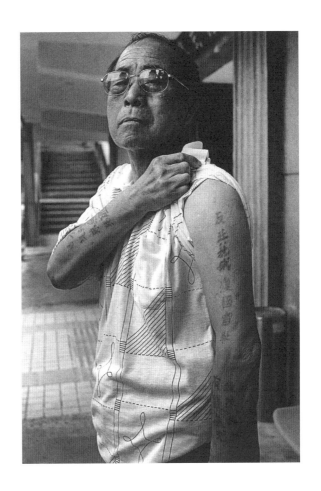

"중국공산당, 소비에트 유니언과 싸우자."
"중국을 되찾고 교화로 씻어내자."
"도적을 죽이자. 아니면 내가 죽든지."
"공산당 사령관(주덕)과 의장 마오를 죽이자."

타이완 국민당 정부는 한국전쟁에서 포로로 잡힌 뒤 타이완을 택한 중국 인민해방군 출신 군인들을 라오스에 용병으로 투입하면서 충성심을 확인하고 배신을 막고자 문신을 새기게 했다. _퇴역군인의 집. 샨샤. 타이뻬이. 타이완. 2004 ⓒ정문태

중국 인민해방군 2만 1,300여 명 가운데 본국귀환을 마다하고 타이완을 택했던 1만 4,715명 속에서 1,000여 명을 뽑아 라오스 국경 지대로 데려왔다. 그리고 리텡Li Teng 장군을 앞세워 특수대대111을 창설했다. 그로부터 한국전쟁이 소리도 없이 3,000km나 떨어진 라오스 현대사로 파고든 셈이다. 이 부대는 라오스 북부를 거점 삼아 중국 본토까지 작전반경에 넣고 정보전을 벌였다.

"정확한 수는 기억 안 나지만 특수대대111에는 윈난 출신 국민당 잔당뿐 아니라 한국전쟁 포로 출신 중국인도 있었던 건 틀림없다."

라오스 비밀전쟁을 조직한 전직 CIA 요원 가운데 한 명인 빌 영(Bill Young, 치앙마이)은 기억력 탓으로 돌리며 속내를 안 밝혔지만 특수대대111 존재 사실만큼은 또렷이 증언했다.

파땅은 바로 라오스 비밀작전 용병으로 내몰렸던 국민당 제3군 소속 잔당들이 삶터를 다진 곳이다. 그러나 흐르는 세월을 못 견딘 그 주인공들은 이제 모두 가고 없다. 특수대대111 요원 가운데 유일한 생존자인 윈난 출신 천싱지(陳興集, 77세) 소령은 "중국 포로 출신 특수대대111 요원은 모두 타이완으로 되돌아가버렸으니 여기 타이에서는 찾기 힘들다"며 대신 쿤사의 몽따이군 사령관이었던 "장수취안張書全이 특수대대111 요원이었다"는 충격적 증언을 했다. 만주 출신인 장수취안은 국민당 잔당으로 버마 국경을 넘었다가 1952년 타이완으로 가서 훈련받은 뒤 1950년대 한국에서 정보원으로 일했던 인물이다. 장수취안은 1960년부터 1963년까지 특수대대111 요원으로 라오스 공작에 참여한 뒤 1960년대 중반 쿤사와 손잡고 마약전선에 뛰어들었다. 1996년 장수취안은 쿤사와 함께 버마 정부에 투항했다.

그러나 불행하게도 천싱지 소령 기억은 딱 거기까지였다. 그이는 자신이 투입된 전선이 라오스였는지 중국이었는지조차 또렷이 못 더듬었다. 사실은 그이 기억력만 탓할 일도 아니다. 제3군 출신으로 라오스 작전에 참여한 장산(張山, 89세) 상사가 "CIA는 들어본 적도 없어. 우린 지휘관이 가자면 갔고 싸우라면 싸웠지. 국경 산악에서 어디가 어딘지 알 수도 없고 알 필요도 없었다"고 했듯이.

돌이켜보면 그이들뿐 아니라 인터뷰한 잔당 가운데 자신들이 뛰었던 작전 지역이나 내용을 꼼꼼히 아는 이가 아주 드물었다. 전직 CIA 요원 빌영은 "CIA는 라오스 작전에서 잔당지휘관들만 상대한 데다 모든 지명을 포인트 1023 같은 군사좌표나 리마 사이트처럼 암호명으로 불렀으니 사병들은 정확한 지명을 몰랐을 것이다"며 더구나 "잔당이 적한테 잡혔을 경우를 대비해 돌아올 수 있는 루트마저 안 알려줬다"고 증언했다. 국경 산악에서 잔당은 그저 전쟁도구일 뿐이었다는 뜻이다.

다 죽었거나 깊이 감추고 있거나

CIA가 그 라오스 작전으로 발판을 깐 뒤, 미군은 "라오스공산당 박멸, 중국의 북베트남 지원 차단, 라오스 북부를 지나는 호치민트레일 봉쇄"를 내걸고 1964년부터 1973년까지 이른바 비밀전쟁을 벌였다. 세계 전사에 가장 잔혹한 전쟁으로 꼽는 그 라오스 비밀전쟁을 통해 미군은 9년 동안 200만 톤 웃도는 각종 폭탄 700만 개를 기껏 인구 400만 라오스 시민 머리 위에 퍼부었다. 인류사에 유례없는 대규모 폭격이었지만 미국 대통령 닉슨과 안보고문 키신저는 군부나 의회조차 모르게 그 비밀전쟁을 치렀다.

2004년 여름, 타이완에는 유난히 태풍이 많았다. 한 놈이 할퀴고 가면 일주일도 못 돼 또 다른 놈이 덮쳤다. 피해복구를 할 겨를도 없이 마구 두들겨 맞았다. 나는 그 태풍과 태풍 사이에서 특수부대111을 찾아 헤맸다. CIA의 라오스 작전이 얼마나 비밀스러웠는지는 타이뻬이에서도 단박에 드러났다.

"특수대대111? 처음 듣는다. 장총통 밀령 아니면 내가 모를 리 없지!"

1949년 장제스와 함께 타이완으로 건너와 군 정보부 핵심요직을 두루 거친 황젠츠(黃劍吒, 94세) 소장마저도 특수대대111을 몰랐다. CIA가 타이완 군 지휘부조차 모르게 비밀스레 작전을 치렀던 까닭이다.

퇴역군인의 집臺北榮譽國民之家을 찾아갔다. 1975년 만든 퇴역군인의 집은 그즈음 독신자 1,083명이 살고 있었다. 그이들 가운데 65%는 한국전쟁 때 포로로 잡혔던 중국 본토 출신이었다. 1954년 1월 23일 거국적 환영을 받으며 지룽 항에 내린 중국 포로 1만 4,715명 가운데 살아남은 이들이다.

"국민당 전사는 내가 누구보다 잘 알아. 특수대대111은 들어본 적도 없고 여긴 그런 부대 출신이 없어. 만약 있다면 내가 모르겠어?"

행정원국군퇴제역관병보도위원회行政院國軍退除役官兵輔導委員會 장수런(張樹仁, 퇴역 소장) 주임을 의심하며 거듭거듭 캐물었지만 건질 게 없었다. 퇴역군인들을 하나하나 물고 늘어졌지만 특수대대111을 모르긴 마찬가지였다. 나는 그사이 타이·라오스·버마 국경을 샅샅이 뒤졌고 이 분야 연구자란 연구자는 모조리 찾아다녔지만 허탕만 쳤다. 결국 마지막 수색지로 여겼던 퇴역군인의 집에서도 한국전쟁의 중국 포로 출신 특수대대111 요원을 찾는 데 실패했다. 다 죽어버렸거나 아니면 여태 누군가 깊이 감추고 있거나, 어쨌든.

역사는 그렇게 답답하기만 했다. 한국전쟁은 아직도 온전한 역사로 기록되지 못한 채, 멀고 먼 인도차이나 국경 골짜기를 헤매고 있다. 국제사회는 한국전쟁 제2전선을 끼고 온갖 비밀공작을 부려왔지만 대한민국에서는 60년도 더 지난 그 전쟁을 놓고 지금도 "방아쇠를 누가 먼저 당겼냐?"고 입씨름만 하고 있으니.

현재 버마와 국경을 맞댄 타이 북부 도이 매살롱, 팡Fang, 매홍손Mae Hong Son 그리고 라오스 국경 쪽 파땅에는 한평생 전쟁터를 달렸던 국민당 잔당과 그 후손 5만 7,000여 명이 54개 마을을 이뤄 살아가고 있다.

그렇다면 국민당 잔당이 어떻게 타이 국경에 삶터를 다졌을까? 이제 그 의문을 따라 1970년대로 넘어간다. CIA 용병으로 버마·중국·라오스 전쟁터를 오가며 미국의 반공돌격대 노릇을 했던 국민당 잔당한테는 또 다른 전쟁이 기다리고 있었다.

반공은 돈 되는 사업이었다

타이 정부는 1961년부터 불법월경한 국민당 잔당을 인정한 바도 없지만 내쫓지도 않았다. 그러다 1967년 잔당과 쿤사 사이에 마약전쟁이 벌어지자 타이 정부는 대규모 군대를 투입해 잔당 마을을 모조리 접수했다. 근데 타이군은 잔당들 무장해제를 안 했다. 1967년 CIA 정보보고서에 따르면 그즈음 잔당은 타이와 버마 국경을 잇는 거의 모든 마약루트를 장악한 사실이 드러난다. 그동안 CIA는 인도차이나 반공전선 전비를 대고자 국민당 잔당과 라오스 몽족 게릴라의 마약 생산과 보급을 비밀스레 지원해온 주인공이다. 말하자면 타이에서도 CIA-타이 군부-국민당 잔당 사이에 사업이 걸려 있었다는 뜻이다. 예나 이제나 반공은 그야말로 돈 되는 사업이었으니.

1967년 5월, 타이 경찰이 버마와 국경을 맞댄 치앙라이Chiang Rai 지역에서 양귀비를 재배하던 메오족(Meo, 타이 사람들이 몽족을 일컫는 말)과 실랑이 벌이다 한 마을을 불태웠다. 그 일로 산악민심이 흉흉해지자 10월 들어 오히려 타이 정부는 '공산당진압작전'이라며 치앙라이주와 난Nan주에 중무장 경찰을 파견해 메오족을 크게 자극했다. 이어 1968년 들어 타이군이 네이팜탄으로 메오족 마을을 공격하자 성난 메오족은 산악해방구를 트고 맞받아쳤다. 그러자 산악전 경험이 없던 타이군은 쩔쩔매며 밀려났다. 여기서 타이 군부와 그 후견인인 CIA는 산악전 귀재인 국민당 잔당한테 눈길을 꽂았다.

1970년 12월, 국민당 잔당 제5군 사령관 돤시원은 휘하 부대원들에다 이웃 아카, 리수, 라후Lahu 같은 산악 소수민족을 조직해 이른바 레드메오Red Meo 진압작전에 뛰어들었다. 국민당 잔당은 그렇게 타이 용병으로 거듭났다.

레드메오 진압작전 때 국민당 잔당을 조직했던 타이군 퇴역대령 깐차나 쁘라깟우디손Kanchana Prakatvudhison은 "타이 현대사에 여백으로 남아 있지만, 1970~1974년 잔당 1,500여 명을 그 작전에 투입했다. 그 가운데 전사자 300여 명과 중상자 400여 명이 났다"고 증언했다. 그러나 그 진압작전에 참전했던 잔당 제5군 레이 장군은 "그런 전사자 숫자는 엉터리야. 우리 쪽 전사자만 거의 1,000여 명이었다"고 되박았다. 그이 말에 따르면 참전 잔당(소수민족 포함) 가운데 2/3가 전사했다는 뜻이다. 그 산악전 강도를 어림하고도 남는다.

"타이군이 국민당 잔당한테 큰 신세를 졌다. 나는 군인으로서 외국군인 잔당을 국내 분쟁에 투입한 과거를 부끄럽게 여긴다. 더욱이 우리 정부는 그이들 희생을 제대로 대접도 안 했다." 깐차나 대령 입에서는 부끄러운 타이 현대사가 쏟아져 나왔다.

레드메오 진압작전에서 엄청난 피해를 입은 잔당은 준準군사조직으로 타이군에 편입되었지만 형편은 더 어려워졌다. 1970년대 말 타이 정부와 CIA가 느닷없이 잔당 제5군 본부인 도이 매살롱과 제3군 본부인 땀응옵을 불법 마약 생산기지로 낙인찍었다. 잔당을 윽박질러 새로운 전장으로 내몰겠다는 의도였다. 국민당 잔당한테 마지막 전쟁이 다가오고 있었다.

1981년, 기어이 잔당은 다시 전쟁판에 휘말려들었다. 타이군은 입헌군주제와 군사독재 타도를 외치며 국경에서 무장투쟁해온 타이공산당CPT 박멸작전에 잔당을 투입했다. 잔당 400여 명은 타이공산당의 마지막 산악 해방구였던 펫차분Phetchabun에 의용대란 이름을 달고 뛰어들었다. 깐차나 대령은 "타이군 핵심지휘부 말고는 그 작전을 아무도 몰랐어. 레드메오 진압작전 때와 달리 잔당을 민간인처럼 꾸며 전선에 투입했기 때문이다"며 타이 국내 분쟁에 다시 잔당을 투입했던 과거를 털어놓았다.

마지막 전쟁

"다시는 기억하기도 싫어. 우리 인생이 너무 힘들었어. 돌이켜보면 펫차분에서 우리가 죽인 공산주의자 300여 명 가족도 그랬을 거야. 이제 남은 인생 남들 도우며 사는 게 내 일이야."

1981년 타이 정부의 공산당 박멸작전에 용병으로 투입된 국민당 잔당. (연단 가운데서 오른쪽이 천마오슈 대령이고 왼쪽이 레이위톈 장군) _펫차분. 타이. 1981 ⓒ천마오슈陳茂修

국민당 잔당 제5군 소속으로 펫차분작전을 이끌었던 천마오슈 대령은 제 몸에 얽힌 역사를 되새김하기 싫다는 말로 묻어버렸다.

"그 펫차분이 마지막 전쟁이었지. 한평생 공산주의자와 싸웠고 후회 같은 건 없어. 난 군인이었으니까."

일생을 반공용병으로 보낸 도이 매살롱의 레이 장군은 전쟁유산으로 지은 산상호텔 정원을 거닐고 있었다.

타이군을 위해 목숨 걸고 전선을 달렸던 국민당 잔당, 그 가운데 살아남은 이들이 타이 정부로부터 시민증을 받았다. 그게 남의 나라에서, 남의 전쟁을 도운 피의 대가였다. 고향 윈난으로 되돌아갈 수 없는 국민당 잔당이 타이 국경에 삶터를 다지게 된 역사였다.

그렇다고 그 잔당 모두가 온전한 타이 시민 대접을 받았다는 말은 아니다. 버마와 국경을 맞댄 타이 북부 팡의 작은 마을 반마이 한구석에는 룽민저자榮民之家란 간판을 단 중국식 대문이 하나 서 있다. 그 문을 지나 가파른 계단 300여 개를 오르면 아주 낡은 합숙소가 나타난다. 1988년 타이완 정부가 마련해준 이 합숙소에는 타이공산당 박멸작전에 참전했던 국민당 잔당 전상자 가운데 가족 없는 43명이 살고 있다.

"리미 장군이 우리한테는 타이완으로 가라고 한 적도 없어. 우리는 리미 장군이 가는 곳만 쫓아다녔을 뿐이야. 고향으로 돌아가고 싶어!"

룽민저자 책임자로 일하는 윈난성 징구景谷 출신 양쑹녠(楊松年, 78세)은 긴 한숨을 쏟아내더니 낡은 보따리에 담긴 자료들을 챙겨 나왔다. 그 뭉치 속에서 타이완 정부의 '룽민저자 건축 자금 350만 바트(1억 원)', 타이완 자선단체의 '수용자 지원금 1인당 월 1,100바트(3만 원)' 같은 문서와 장부들이 튀어나왔다. 양쑹녠은 "10년쯤 됐나, 타이완 정부는 아예 지원을 끊어버렸고 이젠 자선단체가 보내주는 쥐꼬리만 한 돈으로 살아간다"며 아쉬워했다.

타이완 정부가 그동안 자국 국민당 퇴역군인한테 쏟은 정성과 견줘볼 만하다. 국민당 잔당 출신으로 1954년 타이완에 정착한 리차오쿠이(李朝魁, 73세) 대령은 매달 한화 200만 원쯤을 받아왔다. 또 한국전쟁 때 포로로 잡혔다가 타이완을 택한 본토 출신 사병들도 매달 한화 40만 원 넘는 돈을 받고 있다. 근데 타이완 정부는 자신들을 위해, 장제스의 중국 본토수복 꿈을 위해 싸우다 중상 입은 동지들을 남의 나라 국경 한 모퉁이에 내동댕

이쳐버렸다. 타이에 버려진 국민당 잔당의 최후는 그렇게 잔인했다.

룽민저자에는 희망조차 없었다. 윈난성 컹마 출신으로 열네 살 때 국민당 소년병이 된 자이왕(查英旺, 60세)은 1972년 레드메오 진압작전에 공수부대원으로 참전했다가 지뢰를 밟아 한쪽 다리를 잃고 평생을 목발에 기댄 채 살아왔다. 정신이 가물가물한 그이는 국민당 당원증을 타이 정부가 준 시민증이라 믿으며 훈장처럼 만지작거리는 게 유일한 기쁨이었다. 온몸이 피부병으로 뒤덮인 윈난성 룽링瀧陵 출신 자오잉파(趙英發, 85세)는 "리미 장군이 우리를 버리고 혼자 타이완으로 떠났어. 죽기 전에 고향으로 돌아가고 싶어. 근데 난 시민증조차 없으니 문밖에도 나갈 수 없다"며 알아듣기조차 힘든 가녀린 소리로 세상을 원망했다. 자오잉파처럼 타이 정부를 위해 싸웠더라도 못 배우고 힘없고 재주 없는 이들은 타이 시민증을 못 받았다. 아직도 국경에는 적잖은 '자오잉파'가 불법 무적자로 살아가고 있다.

이게 타이완 정부의 본토수복을 위해 청춘을 바친 국민당 잔당의 삶이다. 이게 타이 정부를 위해 반공전선에 목숨 바친 국민당 잔당의 인생이다. 이게 미국 정부를 위해 국제비밀전쟁에 동원되었던 국민당 잔당의 최후다.

반세기 넘도록 온갖 전쟁터에 불려 다니며 용병 노릇을 했던 국민당 잔당은 이제 거의 모두 사라졌다. 그 후손들만 타이 국경에서 케이엠티(KMT, 국민당)라는 달갑잖은 이름을 달고 살아갈 뿐.

스스로 원했든 말든 국민당 잔당은 반공전선을 달린 냉전의 희생자들이었다. 스스로 알았든 몰랐든 국민당 잔당은 아시아 현대사를 조작해온 비밀전쟁 연장이었다. 그 국민당 잔당이 얻은 마지막 이름은 '국제마약원흉'이었다. 그리하여 아무도 눈여겨보지 않는 국민당 잔당은 이제 버림

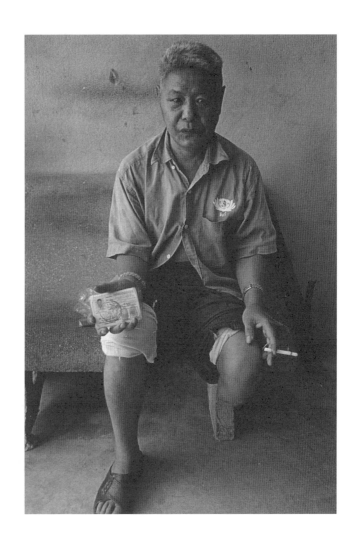

타이 정부의 반공전선에 용병으로 투입되어 지뢰 사고로 한쪽 다리를 잃은 국민당 잔당 자이왕이 얻은 대가는 허물어진 수용소 체류 허가증이었다. _룽민저자. 팡. 타이-버마 국경. 2004 ⓒ정문태

국민당 잔당 제5군이 삶터를 다진 타이 산악 도이 매살롱. 2004 ⓒ정문태

받은 역사로 묻혀가고 있다.

그러나 아무도 책임지지 않는 국민당 잔당사를 온전히 복구하지 않고는 아시아 현대사를 꿰맞출 수 없다. 대한민국 현대사도 예외가 아니다. 내가 국민당 잔당을 취재한 까닭이다. 나는 비록 흘러버린 세월과 숨겨진 사료 탓에 한계를 느꼈지만 앞으로 누군가가 더 깊이 국민당 잔당사를 들여다볼 수 있도록 발판이나마 놓겠다는 심정으로 매달렸다.

역사는 거리의 멀고 가까움에 있지 않다. 역사는 시간의 길고 짧음에 있지 않다. 역사는 현재를 살아가는 모든 이가 걸친 속옷 같은 것이다. 속옷은 사람들 눈에 잘 안 띌뿐더러 겉옷에 비해 제대로 대접받지 못하는 물건이다. 그럼에도 우리는 그 속옷을 날마다 갈아입는다. 제 몸에 안 맞는 때 묻은 속옷을 생각해보자. 바로 우리가 역사를 날마다 들여다보고 늘 새롭게 바꿔나가야 하는 까닭이다.

- *Generalissimo. Chiang Kai-Shek and the China he lost*, Jonathan Fenby.

- *The Opium Empire*, John M. Jennings.

- *Burma in Revolt*, Berltil Lintner.

- *The Politics of Heroin in Southeast Asia*, Alfred W. McCoy.

- *China Hands*, James Lilley.

- *The Invisible Government*, David Wise & Thomas B. Ross.

- *Kuomintang Aggression Against Burma*, Ministry of Information, Government of the Union of Burma.

- 國民黨興衰史, 蔣永敬

- 李彌部隊退入緬甸期間(1950~1954), 覃怡輝

- *Presidential Decisions for War*, Gary R. Hess.

- *Tragic Mountains. The Hmong, The Americans, and the Secret Wars for LAOS, 1942-1992*, Jane Hamilton-Merritt.

- 美國對中共介入韓戰的對策, 張淑雅

- *The Vietnam War Files*, Jeffrey Kimball.

- *Shadow War*, Kenneth Conboy.

- *Trouble in the Golden Triangle: The United State, Taiwan and the 93rd Nationalist Division*, Victor S. Kaufman.

- UN document. A/RES/707. April 23, 1953.

- Rankin to Department of State, Foreign Relations of the United States, 1952-54.

- *Burma-Insurgency and the Politics of Ethnicity*, Martin Smith.

- 빌 영(Bill Young, 전 CIA 라오스 비밀전쟁 요원) 치앙마이/2004.10

- 황젠츠 소장(黃劍吡, 국민당 정보책임자) 타이뻬이/2004.8

- 깐차나 쁘라깟디손 대령(Col.Kanchana Prakatvudhison, 전 타이군) 치앙마이/2004.6

- 창수야 교수(張淑雅, 中央研究院近代史研究所) 타이뻬이/2004.6

- 친이후이 교수(覃怡輝, 中央研究院中山人文社會科學研究所) 타이뻬이/2004.6

- 레이위톈 장군(雷雨田, 국민당 제93사단) 도이 매살롱/2004.4

- 천마오슈 대령(陳茂修, 국민당 제93사단) 치앙라이/2004.5

- 슈쯔정 소장(修子政, 국민당 제8군 709연대장) 타이뻬이/2004.8

- 돤궈샹 대령(段國相, 국민당 제3군) 파땅/2004.9

- 천싱지 소령(陳興集, 국민당 특수대대111) 파땅/2004.10

- 장수런 소장(張樹仁, 行政院國軍退除役官兵輔導委員會) 타이뻬이/2004.8

06

17세 소녀의 시

잔해 속 반군,
잔해에서 태어난 반군,
자유 투쟁에 나섰다.
패했고 좌절했고, 생존이 흐릿하다
아직 안에서 불길은 타오르고 있다
사람들은 녹고, 사람들은 타고
사람들은 벗겨졌고, 사람들은 끓는다
세상은 차갑고, 세상은 모질다
...
불사조가 재에서 솟아오른다
불사조는 지난날 추락을 생각한다
조심하라, 진실과 함께 달아오른 젊은이들을
무자비하고 격렬한 신병을 보게 될 것이다
타밀 일람의 자랑, 결코 감추지 않을 것이다
타밀의 피는 영원한 나의 지도자
타이거는 청산가리와 함께 죽었다

타이거는 우리가 존재하게끔 싸웠다
우리가 거부당했던 땅에서.
영원히, 타이거는 울부짖었다
영원히, 우리는 세상으로 그 분노를 끌고 갈 것이다

-쁘리야 순타랄링암 Priya Suntharalingam

가슴에 묻은 이야기들

타밀타이거 여성연대 본부. 자프나. 스리랑카. 1995 ⓒ정문태

꽃다운 목숨을 바친 소녀들

타밀타이거

"여성타이거는 타밀 독립투쟁에서 가장 위대한 성취다.
여성타이거는 타밀 일람의 여성해방에 혁명적 전환점을 만들었다."
벨루삘라이 쁘라바까란Velupillai Prabhakaran 타밀타이거 사령관, 1992년.

수줍음 타는 소녀들,
낯가림 심한 처녀들,

캐어물을 어제도 없다.
주고받을 오늘도 없다.
넘겨짚을 내일도 없다.

어차피, 코드네임으로 불리고 다시 만날 기약도 할 수 없으니. 그이들
과 만남은 벼랑 끝에서 마주친 느낌이었고 가슴 아린 안타까움만 남겼다.
내게 남은 기억이라곤 고운 웃음 뒤에 살포시 감춘 칼날 같은 눈동자들뿐
이다. 하여 빛바랜 사진을 꺼내 본들 한줌 추억거리도 없다.

'저 가냘픈 여자들이 중무장 정부군에 맞서 싸웠다고?'

'저 앳된 여자들이 정부군 전함에 온몸을 던졌다고?'

세계 게릴라 전사에 가장 용맹스런 여성전사로 기록된 타밀타이거 여성연대를 향한 내 의문은 경외심이었다. 나는 그이들 앞에서 주눅 들었다. 내게 거북한 상대였다.

여성타이거의 전투력

"여자라고 만만한 전선에 투입한 적도, 전투에서 밀린 적도 없다."

여성연대와 함께 전선을 뛴 적 있는 반카얀(21세) 말마따나 타밀타이거에서는 여자라고 봐줄 일도 여자라고 깔볼 일도 없다. 이 세상에 여자들만으로 독립 전투조직을 갖춘 유일한 게릴라인 타밀타이거 여성연대는 1984년 창설 때부터 남성타이거들과 똑같은 6개월짜리 군사훈련을 거쳐 전선에 올랐다. 타밀타이거 여성연대는 남성타이거의 하부조직이거나 혼성군 개념이 아닌 독자적 작전체계와 전투영역을 지녀왔다. 타밀타이거 여성연대는 그동안 여군 영역이 아니라고 여겨온 포병과 중화기병뿐 아니라 보병, 특공, 정보, 작전, 통신, 의무에다 해군까지 남성타이거와 다름없는 실전편제를 갖췄다.

1976년 창설한 타밀일람해방타이거LTTE [66]는 실질적인 무장투쟁에 돌입한 1982년 사티야나탄Sathiyanathan 중위가 전사한 이래 2009년 내전

---

66 Liberation Tiger of Tamil Eelam. 1976년 뉴타밀타이거(NTT, New Tamil Tiger)로 창설한 뒤 1987년 타밀일람해방타이거로 개명.

이 끝날 때까지 27년 동안 2만 7,000여 전사자를 냈다.[67] 그 가운데 여성타이거 전사자가 20% 웃도는 6,000여 명이었다. 2006~2008년 타밀타이거 병력 2만 5,000~3만 가운데 여성타이거가 5,000여 명이었던 걸 놓고 보면 남녀 병력 수로 따진 희생자 비율도 거의 비슷하다. 타밀투쟁사에서 단일전투로 가장 큰 희생자를 냈던 1997년 자야시꾸루이 오퍼레이션Jayasikurui Operation을 보더라도 결과는 마찬가지다. 남성타이거 2,106명이 전사한 그 전투에서 여성타이거도 507명이 전사했다. 또 타이거 중에 타이거라는 블랙타이거Black Tigers, 흔히들 '자살공격조'라 불러온 이들이 1987년부터 2006년까지 벌였던 316번 공격 가운데 25%에 이르는 75명이 여성타이거였다. 세계 전사를 눈 닦고 훑어봐도 독립적인 여군 조직이 실전에서 전체 군사력과 희생자 비율에서 20~25%를 차지했던 기록은 어디에도 없다.

여성타이거의 전투력에 의문을 달 필요도 없다. 책상머리에 앉아 전투력을 평가한답시고 병력이니 무기체계니 보급능력 따위를 따져본들 모조리 허수일 뿐이다. 실전에서 전투력이란 건 상대적이며 그 결과는 전투가 끝나자마자 바로 드러난다. 여성타이거 전투력은 남성타이거들이 증명한다.

"여성타이거는 물러나는 법이 없다. 죽음 아니면 승리뿐이었다."

남성타이거 비투람(23세)이 절레절레 고개 저으며 했던 말이 바로 여

---

67 2009년 5월 16일 스리랑카 정부가 타밀타이거에 자신의 승리를 선언했고, 17일 타밀타이거가 패배를 인정한 데 이어 19일 스리랑카 의회가 내전종식을 선언했다. 27년 내전에서 스리랑카 정부군은 전사자 2만 3,327명과 전상자 6,000여 명을 냈다. 인도-스리랑카 협정에 따라 1987~1990년 타밀에 주둔했던 인디아평화유지군IPKF도 1,200여 명 전사자를 냈다.

성타이거 전투력이다. 그 여성타이거가 1987년부터 1990년까지 악명 떨친 인디아평화유지군Indian Peace Keeping Forces-타밀 사람들이 인디아평화살해군Indian Peace Killing Forces라 불러온-10만 대군과 맞붙어 싸웠던 이들이다. 그 여성타이거가 1985년부터 육해공 입체작전으로 전면전을 벌여온 스리랑카 정부군에 맞서 싸운 주인공들이다. 그 여성타이거가 정부군한테 사로잡히거나 전투에서 중상을 입으면 옷깃, 소매, 목걸이에 품고 다니던 청산가리를 거리낌 없이 털어넣고 스스로 숨통을 끊었던 이들이다. 전사자 주검 1,000여 구에서 청산가리 음독 흔적이 드러나 세상을 놀라게 했던 바로 그이들이다.

그동안 여군 전투력을 놓고 말이 많았다. 예컨대 1991년 미국의 제1차 이라크 침공 때를 보자. 미국이 여군을 실전에 투입하면서 말썽이 일자 여러 연구단체가 여군 전투력을 집적댔다. 그 연구란 것들은 대게 생리적·육체적·심리적 면에서 모두 여성이 남성에 비해 크게 떨어진다는 결론을 들고 나왔다. 그 가운데는 남성한테 없는 여성의 유방이 근본적 장애라는 아주 추상적인 이론도 나왔다.

그 연구결과들은 공통점이 하나 있다. 저마다 근거 없는 '여성성'을 강조하면서 적당히 '여성보호'를 내세운 대목이다. 근데 속살을 파보면 남성의 마지막 영역이라 여겨온 전쟁마저 여성한테 넘겨줄 수 없다는 처절한 남성중심주의를 바탕에 깔고 있다. 그러니 주로 그 연구자나 단체가 호전적 무장철학을 뿌려댔던 극우 집단이라는 사실에 놀랄 필요가 없다.

나는 여태껏 진짜 여성보호를 외치는 이들이 전쟁에 미쳐 날뛰는 경우를 결코 본 적이 없다. 전쟁의 가장 큰 희생자가 여성이고 아이들인 까닭이다. 여권이니 성 평등을 외치는 이들이 티 안 내며 군대나 전쟁을 슬쩍 들고 나오면 모조리 가짜라고 보면 된다. 진짜들은 뿌리에서부터 모든 군사주의와 모든 전쟁을 반대할 수밖에 없다.

'왜 타밀 여성들이 총을 들 수밖에 없었던가?'

이 의문에서부터 출발하지 않는다면 여성타이거의 전투력도 타이거 여성도 결코 이해하기 힘들지 않을까 싶다. 지금껏 여성타이거 연구랍시고 내놓은 결과물들은 하나같이 사실을 비틀어 여성타이거를 남성 지배체제의 강압에 따른 하부구조로 얕잡아 보거나, 적당히 동정심을 덧붙여 노예적 전쟁도구로 몰아붙이는 것들이 많았다. 처음부터 그 연구자들 눈에는 여성타이거가 남성의 부속물이었고 못된 테러리스트였다. 전투력의 고갱이는 전투의지다. 그 전투의지의 원천이 참전동기란 것쯤은 군사전문가가 아니라도 모르는 이가 없다. 그 동기를 찾아가보자.

4년 걸린 허가증

1995년 나는 KBS 장해랑 프로듀서팀과 함께 국제언론을 통틀어 처음으로 타밀타이거 본부 자프나Jaffna를 취재했다. 자프나는 1990년 인디아평화유지군이 철수한 뒤부터 전선기자들 사이에 금역으로 남아 있던 땅이다. 나는 그 자프나를 취재하려고 1990년부터 수도 없이 스리랑카 육군 본부를 들락거리며 애태웠지만 때마다 정부군이 마지막 검문소를 차린 북부 바부니야Vavuniya에서 막히곤 했다. 그 시절 바부니야는 자프나로 들어갈 수 있는 유일한 길목이었다.

그러다 1995년 들어 정부군과 타밀타이거가 평화회담을 하겠다며 잠깐 휴전한[68] 틈을 타 바부니야를 넘어 타밀타이거 점령지인 낄리노츠치

한때 아시아에서 가장 아름다운 도시로 이름났던 자프나는 폐허였다. 전기, 수도, 통신, 교통을 비롯한 사회 기반시설이 완파당한 땅에서 자프나 사람들은 "죽지 못해 산다"고 입을 모았다. _자프나. 스리랑카. 1995 ⓒ정문태

Kilinochchi까지 갈 수 있는 허가증을 어렵사리 받아냈다. 그게 2월 24일이었다. 그 허가증을 받는 데만 꼬박 4년이 걸린 셈이다. 비록 "신변안전을 절대 책임지지 않는다"는 단서가 붙은 허가증이긴 했지만.

그렇게 1차 관문인 바부니야 돌파구를 찾은 2월 24일 오전 11시, 콜롬보Colombo 육군본부를 나서자마자 부리나케 북으로 달려 바부니야로 갔다. 하룻밤을 묵은 뒤 25일 아침 "이 뒤부터 모든 책임은 당신 몫이다"는 섬뜩한 경고판이 버텨 선 정부군 검문소 다리를 건넜다. 샛강 하나를 두고 마주한 타밀 쪽 검문소를 거쳐 3시간쯤 달려 북부 낄리노츠치에 닿았다. 콜롬보에서 달아둔 밀선을 통해 국제적십자 사무실에서 타밀타이거 전사와 접선했다. 그 안내조를 따라 정부군 공습으로 폐허가 된 빠란딴Parantan을 지나 자프나라군Jaffna Lagoon 한 귀퉁이에서 기다리길 두어 시간, 해거름을 넘어 불안감이 몰려왔다.

배는 올 것인지, 정부군을 뚫고 자프나라군을 건널 수는 있을지, 자프나에 닿을 수는 있을지, 타이거를 만날 수는 있을지.

또렷한 건 아무것도 없었다. 안내조는 "상황에 따라"란 말만 되풀이했다. 온 천지가 깜깜해진 19시 30분, 마침내 손바닥만 한 고기잡이배가 왔다.

최대 격전지이자 최고 전략요충지인 자프나라군은 휴전 중이었지만 정부군 함정들이 사방에 깔려 긴장감이 아주 높았다. 칠흑 같은 어둠 속에서 조명은 말할 나위도 없고 담뱃불 하나 붙일 수 없을 만큼 조심스런 항해

---

68 1995년 1월 정부군과 타밀타이거가 휴전에 합의했지만 북부 타밀 점령지역에서는 소규모 교전과 충돌이 이어졌다. 정부군과 타밀타이거는 서로 책임을 전가하다가 결국 4월 19일 타밀타이거가 정부군 해군 함정 둘을 폭파시키면서 이른바 일람전쟁 제3기Eelam War III로 빠져들고 말았다.

였다. 한 시간쯤 달리던 배가 석호(사실은 바다) 한가운데 멈췄다. 정부군 함정을 피해 모터소리를 죽여야 하는 데다 물이 얕아 움직일 수 없었던 탓이다. 안내조와 함께 허벅지까지 차오르는 바닷물에 뛰어들어 밀고 당기며 한 시간쯤 배를 끌고 걸었다. 다시 시동을 건 배가 달리기를 한 시간쯤, 22시30분 자프나반도 쪽 깔랄리Kalaly에 상륙했다. 전기마저 끊긴 암흑 속에서 자동차로 두어 시간을 달려 자프나에 도착한 건 다음 날인 26일 새벽 1시였다. 손님 없이 오랜 잠에 빠져 있던 낡은 호텔은 '외계인' 침투에 난리가 났다. 자프나가 4년 만에 처음으로 외신기자한테 열리는 순간이었다.

'어차피 죽었을 텐데'

자는 둥 마는 둥 뒤척이다 달려나간 자프나의 아침은 폐허였다. 전기, 수도, 교통 같은 사회 기반시설이 완파당한 자프나엔 성한 집 하나 성한 골목 하나 없었다. 한때 아시아에서 가장 아름다운 도시였던 자프나의 자취나마 느껴보려면 오직 파괴를 피해 반눈을 뜨고 먼 전경을 바라보는 수밖에 없었다. 오랫동안 그려왔던 자프나는 슬픈 아름다움으로 다가왔다.

점심나절 타밀타이거 본부를 거쳐 한걸음에 달려간 곳이 여성타이거 연대였다. 앳된 소녀, 성숙한 처녀 열댓이 수줍게 이방인을 맞았다. 모두 낯가림이 심하고 부끄러움을 탔지만 빳빳하게 차려입은 전투복은 단박에 프로페셔널 전사임을 드러냈다. 무거운 결연함이나 거창한 구호 따윈 없었지만 모두 죽음을 입에 올렸다.

"정부군이 엄마와 언니 죽이는 걸 보고 복수 다짐하며 타이거에 왔다."

열여덟 먹은 니라티처럼 여성타이거들은 죽음이라는 잔인한 기억에

지도자들이 선봉희생 전통을 이어온 타밀타이거 여성연대, 그 성소는 죽음으로 부활을 알리는 강당이었다. _타밀타이거 여성연대 본부. 자프나. 스리랑카. 1995 ⓒ정문태

서 태어났고 피눈물을 마시며 자랐다. 그리고 그 죽음은 다시 여성타이거한테 전통과 명예로 또 명령으로 부활했다. 나는 그 죽음의 기억에서 비롯된 죽음의 행진을 시작하는 발원지를 보았다. 여성타이거연대 강당이었다. 1987년 10월 10일 인디아평화유지군과 전투에서 여성타이거 첫 전사자로 기록된 말라티Malathi 중위, 1991년 고기잡이배를 몰고 가서 정부군 전함과 함께 자폭한 첫 여성 블랙타이거 앙가야르깐니Angayarkanni 대위를 비롯해 수많은 전사자 사진이 걸린 그 강당은 여성타이거들이 죽음으로 부활을 준비하는 성소였다.

　　침울한 장지葬地와 신나는 놀이터를 합쳐놓은 것 같은 별난 기운이

"타이거에 안 왔어도 어차피 죽었을 목숨이다!"

수줍음 타는 꽃다운 소녀가 툭 던진 말이었다. 나는 수많은 전선을 취재하는 동안 이보다 더 무서운
말을 들어본 적 없다. 스리랑카 정부군이 타밀타이거 여성연대에 치를 떨었던 까닭이었다. _타밀타이
거 여성연대 본부. 자프나. 스리랑카. 1995 ⓒ정문태

흐르는 그 강당은 선봉희생 전통의 산실이기도 했다. 여성타이거는 지휘관이 죽음으로 명령을 대신하는 전통을 대물림했다. 첫 지도자였던 소티아Sothia 소령이 그랬듯이 6개월 뒤 임무를 물려받아 1991~1992년 영웅적 전투를 이끌었던 제야티Jeyathi 소령도 전선에서 산화했다. 그로부터 수많은 지휘관이 죽음의 신화를 이어갔다.

"타이거 멋있잖아요! 마을에 살았더라도 어차피 죽었을 텐데."

제 몸에 드리운 죽음을 마치 남 이야기하듯 가볍게 훌훌 털어내는 스무 살짜리 수마, 그렇게 자프나에는 수많은 '수마'가 끊임없이 죽고 다시 태어나고 있었다.

여성타이거의 등장은 전쟁뿐 아니라 세상도 바꿔놓았다. 여성타이거가 남성들 판이었던 전투에 뛰어들면서 아주 전통적이고 보수적이었던 타밀 사회가 크게 흔들렸다. 그 첫 번째 변화가 여성타이거의 머리카락 길이와 모습에서부터 나왔다.

"여성타이거들이 원한다면 머리를 짧게 치고 다듬어도 좋다."

1990년 타밀타이거 사령관 쁘라바까란Velupillai Prabhakaran은 타밀 여성을 상징해왔던 직모장발 전통을 폐지했다. 동서고금을 통틀어 머리카락이 한 시대의 변화를 상징해왔듯 단발머리 여자가 군복을 입고 돌아다니는 타밀 사회는 더 이상 남자만의 것이 아니었다. "1985년 여성타이거가 전투에 참여하면서 타밀 사회가 변했다. '남성 다음 여성'이라던 타밀 전통과 의식이 깨졌다. 여성타이거 등장은 타밀 사회의 고대와 현대를 가르는 분기점이다."

타밀타이거 정치고문 안똔 발라싱암Anton Balasingham 말이 입 발린 소리가 아니란 건 자프나 길바닥에서 드러났다. 늙은이 젊은이 가릴 것 없이 마주치는 여성타이거를 바라보는 남자들 눈길엔 경외심이 가득했으니.

우리에게 그들은 테러리스트인가?

여성타이거는 정치적 불평등을 민족·종교 분쟁으로 뒤집어씌운 스리랑카내전, 그 27년의 처절한 기록이었다. 그 잔혹사는 독립 때부터 극우 정당과 광적 종교집단이 총인구 기껏 1,700만 명인 스리랑카를 다수민족 불교도인 싱할리Sinhalese과 소수민족 힌두교도인 타밀Tamil로 갈라놓으면서부터 비롯되었다.

1948년 영국 식민통치로부터 독립한 스리랑카에 싱할리 민족주의 정부가 들어서면서 내전의 싹이 텄다. 싱할리 정부는 무장군인을 앞세워 북부와 동부 타밀 지역에 싱할리 사람들을 집단이주시켜 인종마찰을 부추기더니 1956년 싱할리어를 단일국어로 선포해 타밀 사람들을 크게 자극했다. 갑작스레 낯선 싱할리어를 만난 타밀 사람들이 '타밀어 공용'을 외치며 평화적 시위를 벌이자 정부가 무력진압으로 300여 명을 살해하며 비극의 막을 올렸다.

1961년 타밀 사람들이 다시 시위를 벌였고 정부는 타밀의 심장인 자프나를 공격했다. 그로부터 싱할리 정부는 대놓고 반타밀 정서를 퍼트리며 1970년 타밀어 책, 신문, 영화를 금지한 데 이어 1972년 타밀족 입학비율을 15% 미만으로 묶는 인종차별적 대학정책을 발표했다. 이런 불평등을 거부한 타밀 정당들이 1977년 자치독립을 내걸고 타밀통일해방전선TULF이라는 동맹체를 결성하자 싱할리 정부는 1979년 자프나에 비상계엄령을 선포하고 무력통치를 시작했다.

그러나 민족과 종교의 탈을 쓰고 치달리던 스리랑카 분쟁에는 중재를 할 만한 제3세력이 없었다. 민족주의와 광적 불교가 손잡은 극우 불교 민족주의가 날뛰는 틈에서 좌파 정당이나 진보 정치인마저 주눅 들어버린 탓이다. 타밀 사람들은 결국 국제사회를 향해 애타게 중재를 외쳤다. 그러나 "이문 없는 곳에 투자하지 않는다"는 냉혹한 국제사회는 철저히 눈을 감았다.

　　기어이 1983년, 극우 민족주의 정치인과 광적 불교 지도자들이 부추긴 이른바 '반타밀 폭동'이 콜롬보를 비롯한 스리랑카 전역을 휩쓸었다. 그 폭동으로 타밀 시민 3,000여 명이 살해당했고 수많은 타밀 여성이 성폭행당했다. 그로부터 일터와 학교에서 쫓겨난 타밀 젊은이들이 북부와 동부 지역 타밀일람(Tamil Eelam, '타밀 조국')으로 줄줄이 넘어갔다. 바로 그 젊은이들이 타밀타이거 문을 두드리면서 무장투쟁의 결정적 발판을 깔았다. 1976년 창설 뒤 줄곧 남성판이었던 타밀타이거에 여성이 폭발적으로 밀려들었던 시점도 바로 반타밀 폭동이 일어난 다음 해인 1984년이었다.

　　그렇게 부모와 자매가 죽임 당한 기억을 안고 타밀 땅을 찾은 여성들이 타이거로 변신했다. 그리고 머잖아 그 타이거들한테는 '테러리스트'란 꼬리표가 붙었다. 1996년 스리랑카중앙은행 폭파사건과 동시에 미국이 타밀타이거를 테러리스트로 낙인찍자 이내 유럽연합을 비롯한 30여 개 정부가 줄줄이 그 뒤를 따랐다.

　　타밀타이거를 테러리스트로 부를지 말지를 따지기 전에 먼저 그 테러리스트라는 말부터 짚어보자. 무엇보다 테러리스트를 규정할 만한 국제적 기준도 없고 테러리스트를 판정할 주체도 없다. 그러니 모든 정부가 반대파를 제압하는 정치적 연장으로 그 말을 써먹었다.

나는 지금껏 히즈볼라Hizbollah, 하마스Hamas, 탈리반, 알카에다, 신인민군처럼 국제 테러리스트로 낙인찍힌 숱한 조직을 취재해왔지만 여전히 그 테러리스트가 무슨 말인지 정확히 모른다. 그저 어림잡아 '테러리스트란 미국 정부가 해롭다고 여기는 국가, 집단, 개인'쯤으로만 여길 뿐이다. 이건 반미라는 내 고질병 탓이 아니라 현실 속에서 그렇게 드러났기 때문이다. 미국 정부가 테러리스트로 낙인찍는 순간 그게 누구든 국제테러리스트가 되고 마는 현실을 보라. 대한민국 땅 한 뼘 공격한 적도 없고 대한민국 식당 하나 불태운 적도 없고 대한민국 시민을 살해한 적도 없는 히즈볼라, 하마스, 신인민군 같은 조직을 미국 판정에 따라 대한민국도 테러리스트로 낙인찍지 않았던가. 원유를 제공해 대한민국을 굴러가게 만든 리비아나 이라크도 하루아침에 대한민국한테 테러국가로 찍혔다. 미국이 그렇게 했으니.

　　거꾸로 제아무리 흉포해도 미국한테 해를 안 끼치거나 미국이 써먹을 만하다고 여기는 조직은 모두 정의의 사도 반열에 올랐다. 예컨대 타밀타이거와 1999년 미국의 유고 침공 때 등장한 코보소해방군을 견줘보자. 그 둘은 스리랑카와 유고로부터 자치독립을 외치며 무장투쟁을 했던 조직이라는 공통점을 지닌다. 그 둘은 모두 공공시설을 폭파했고 정부군을 죽였고 시민도 죽였다. 또 그 둘은 미국을 공격하거나 미국 시민과 재산을 해코지한 적도 없다. 근데 그 둘의 운명은 또렷이 갈렸다. 마약거래, 인신매매, 무기밀매로 악명 떨치던 마피아인 코보소해방군은 미국 지원을 받으며 난데없이 자유투사로 등극했고 타밀타이거는 테러리스트로 낙인찍혔다. 한쪽은 미국에 이로워 써먹을 만했고, 다른 한쪽은 미국에 해로워 써먹을 게 없다는 차이였다. 그게 바로 테러리스트를 판단하는 국제기준이었던 셈이다.

정부는 시민 5만을 학살해도 까딱없다

사실은 타밀타이거도 미국한테 처음부터 테러리스트로 낙인찍힌 건 아니다. 타밀타이거는 1987년부터 수도 없이 스리랑카 정부를 공격했고, 1991년 인디아 총리 라지브 간디Rajiv Gandhi와 1993년 스리랑카 대통령 라나싱게 쁘레마다사Ranasinghe Premadasa를 자살폭탄 공격으로 살해하면서 온 세상을 발칵 뒤집어놓기도 했다. 그런데도 미국은 타밀타이거를 테러리스트로 안 찍었다. 으레 국제사회도 마찬가지였다. 왜? 미국과 아무 상관없고 미국을 해코지한 게 아니니까! 그러더니 미국은 1996년 여성블랙타이거가 뉴욕 금융시스템과 연결된 스리랑카중앙은행을 폭파시키자 곧장 타밀타이거를 테러리스트 목록에 올렸다. 한 나라 대통령을 암살하든 총리를 암살하든 자신들 이문과 상관없으면 눈도 깜빡 않던 미국이 은행을 폭파하자 쏜살같이 테러리스트로 낙인찍었다. 그게 국제테러리스트 창작법이었다.

내 뜻은 타밀타이거를 테러리스트로 부르겠다면 적어도 한 번쯤은 타밀 사회를 돌아봐야 옳다는 말이다. 스리랑카내전 27년에서 여성과 아이들을 포함한 타밀 시민 5만여 명이 살해당했다. 나는 그 현장 일부를 보았던 기자로서 누구한테도 감히 그 테러리스트란 말을 갖다 붙일 용기가 없다. 나는 기자로서 그런 정체불명 용어를 사용할 의무도 없다. '강대국'이나 '지배자'나 '다수'의 이익을 좇아 써먹어온 일방적이고 추상적인 용어로 죽어가는 '소수'를 부를 어떤 권리도 내겐 없다.

테러리스트 심판관인 미국도 그 미국을 흉내 낸 국제사회도 타밀 시민 5만 명이 학살당하는 동안 눈길 한 번 준 적 없다. 근데 어째서 타밀타이거한테만은 그렇게 모질고 날카로운 '정의의 칼'을 들이댈 수 있단 말인가?

독립과 자유를 외친 타밀 젊은이들은 자신들의 마지막 행선지가 어디인지를 누구보다 잘 알고 있었다. 그러나 멈출 수 없었다. 고달픈 인류사는 늘 그랬다. _순교자 공동묘지. 자프나. 스리랑카. 1995
©정문태

나는 죽어가는 타밀 아이들을 보면서 누구든 무장할 권리가 있고, 그 무장으로 자신들을 지킬 권리가 있다고 믿었다. 비록 테러리스트로 낙인 찍히더라도, 시민 5만이 살해당하는 역사 앞에서 누구도 굴종과 평화를 강요할 권리가 없다.

그렇게 총을 든 게 여성타이거들이다. 그 여성들이 어느 날 꿈자리가 사나워 느닷없이 총을 들고 나와 정부군을 향해 쏘아댄 게 아니다. 그 여성들이 갑자기 미쳐서 폭탄 실은 배를 타고 정부군 전함으로 돌진한 게 아니다. 그 여성들이 장난삼아 폭탄을 몸에 감고 대통령이나 중앙은행을 향해 뛰어든 게 아니란 말이다. 어머니와 언니가 총 맞아 죽고 성폭행당하던 현장에서 용케 살아남은 소녀들이 피눈물을 흘리며 달려간 곳이 여성타이거 연대다.

소수민족이라고, 여성이라고 별나게 동정심을 보이자는 게 아니다. 그이들을 테러리스트로 부르기 전에 공정한 눈길부터 갖추자는 뜻이다. 나는 스리랑카중앙은행에서 여성블랙타이거 폭탄에 깔려 죽은 73명 목숨도, 여성블랙타이거 자폭공격으로 숨진 인디아 총리나 스리랑카 대통령도 모두 하나같이 귀한 목숨이라 여겨왔다. 또 27년 내전에서 전사한 스리랑카 정부군 2만 3,327명이나 타밀타이거 2만 7,000명 목숨도 귀하긴 마찬가지라 믿어왔다. 그렇다고 그이들 목숨이 타밀 시민 5만 목숨 하나하나보다 더 높은 가치를 지녔다고 생각해본 적도 없다. 은행원도 대통령도 군인도 게릴라도 시민도 모두 목숨은 하나다. 스리랑카 사람도 미국 사람도 대한민국 사람도 모두 마찬가지다. 왜 타밀 시민 5만 목숨은 입에 올리지도 않는가? 타밀타이거를 테러리스트라 부른다면, 그 타밀 시민 5만을 학살한 정부는 대체 무엇이라 부를 것인가?

나는 여성타이거를 멋지게 꾸며댈 생각이 없다. 그 여성타이거들은 이미 내가 범접할 수 없는 경지에서 살아온 존재들이다. 나는 타밀 현실 속에서 내가 본 그 여성타이거들을 말할 뿐이다. 누가 그이들을 테러리스트라고 불렀건 말건 그런 건 내게 중요하지 않다. 나는 미국 정부나 스리랑카 정부가 아니다. 나는 시민의 눈으로 그 여성타이거들을 봐왔을 뿐이다.

그 여성타이거가 옳고 그름은 오직 타밀 시민만이 심판할 수 있다. 그 여성타이거의 잘잘못은 오직 타밀 역사만이 심판할 수 있다. 만약 타밀 사람들이 여성타이거를 '영웅'이라 부른다면 그이들은 영웅이다. 만약 타밀 사람들이 여성타이거를 하찮은 '잡년'이라 부른다면 그이들은 잡년임이 틀림없다. 그러나 하나 분명한 건 있다. 잡년이 되고자 꽃다운 목숨을 바치는 소녀들은 이 세상 어디에도 없다.

나는 그 소녀들이 죽지 않고 살아남아 평화로운 세상에서 방아쇠를 쥐었던 그 손가락에 고운 꽃물을 들이는 모습을 보고 싶을 따름이다. 나는 그 소녀들이 머잖아 결혼도 하고 아들딸도 낳고 차별 없는 세상에서 편히 살 수 있기를 바라면서 이 글을 쓴다.

2009년 5월 19일, 타밀타이거 사령관 쁘라바까란이 살해당했고 27년 내전이 끝났다. 그 길로 시민 5만 학살은 온데간데없이 사라져버렸다. 스리랑카내전은 결코 배우고 싶지 않은 '교훈' 두 가지를 남겼다. 첫째, 정부는 시민 5만을 학살해도 까딱없다. 둘째, 정부는 시민 5만을 살해해도 테러리스트가 안 된다.

500만 타밀 사람들은 그 형제자매 5만을 가슴에 묻었다. 타밀 사람들이 박해받고 차별당한다면 그 5만은 언제든 다시 살아날 것이다. 지난 27년 동안 죽음의 대물림으로 저항했던 것처럼. 스리랑카 분쟁이 영원히 끝났다고 말할 수 없는 까닭이다.

동티모르 독립과 나
마지막 눈물

"형이 오르면 우리도 오르고, 형이 내려오면 우리도 내려온다.'
이 동티모르 속담이 나와 동지들한테는 이념이고 철학이었다.
이걸 가슴에 품었고, 우린 독립투쟁 역사를 배반하지 않았다."
샤나나 구스망Xanana Gusmao 동티모르 게릴라 지도자, 1999년 살렘바 형무소 인터뷰.

"어머니의… 땅…에 입맞춤…부터 할 …것…이고,
가난하고 작은, 조국…이지만 우리한텐…모든 것
우린…우린, 결코… 그 땅… 우린 잊은 적, 없고."

아이 같은 눈망울에 어느새 눈물이 고였다.
한없이 떨리는 목소리는 이내 젖어 들었다.

18년 동안 무장투쟁 조직을 이끌고 동티모르 산악을 누볐던, 그리고
7년 가까이 인도네시아 형무소에 갇혀 지낸 전설적인 게릴라 지도자 샤나
나 구스망은 이 짧은 한마디를 내뱉는 데 한참 걸렸고 끝내 말을 못 맺었
다. 나는 그토록 아름다운 사나이의 눈물을 본 적 없었다. 나는 속내를 안
드러내려고 애썼지만 안경이 젖는 건 어쩔 수 없었다.

1999년 8월 28일 동티모르 독립을 가리는 국민투표 이틀 전, 나는 자

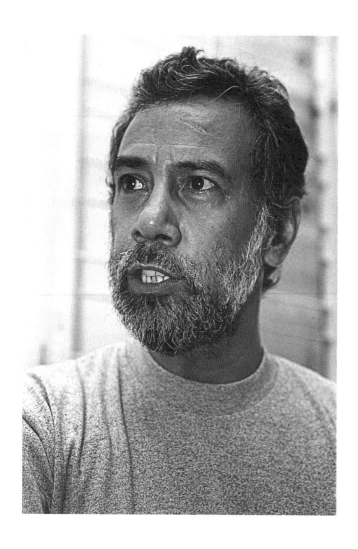

게릴라 지도자로서 샤나나 구스망의 출옥 직전 마지막 모습. 나와 인터뷰 9일 뒤 샤나나는 석방되었고 이내 정치인으로 변신했다. _살렘바 형무소. 자까르따. 인도네시아. 1999 ⓒ정문태

까르따 살렘바 형무소 안 특별감호소에서 샤나나와 마주 앉아 살아 있는 게릴라 전사를 읽어 내려갔다.

'샤나나가 어떻게 형무소에 앉아 2,000km나 떨어진 동티모르 산악 게릴라전을 지휘할 수 있었고, 왜 게릴라들은 샤나나가 체포된 뒤에도 여전히 그의 명령을 좇았을까?'

게릴라 전사에 전설이 된 이 의문은 90분 동안 인터뷰에서 풀렸다.

"영감을 통한 지령이었지. 그런 이야기는 무덤까지 들고 가야 해!"

샤나나는 손을 내저으며 낄낄거렸다.

그이는 특별한 마력, 사람을 끌어당기는 힘이 있었다. 아이처럼 깔깔 대다가 문득 분노로 치를 떨고, 약장수같이 떠벌리다가 어느새 고뇌하는 철학자가 되어버리고, 연인마냥 속삭이다가 느닷없이 세상을 호령하는 웅변가로 바뀌고, 강렬한 카리스마를 뿜어내는가 싶더니 어느덧 해묵은 친구처럼 다가와 있고. 그리고 눈물 흘릴 수 있는 용기를 지닌 그이 앞에서 적도 동지도 모두 빨려 들어가고 말았던 모양이다.

갇힌 형무소에서 산악전선으로 밀선을 달아낼 수 있었던 것도, 배반과 음모로 들끓었던 동티모르 혁명전선이 7년 가까이 '형무소 사령관' 명령을 따랐던 것도 모두 그 마력에서 비롯된 역사였다.

나는 1992년 11월 20일 샤나나가 체포당한 뒤부터 여러 선을 통해 옥중인터뷰를 시도했으나 때마다 이런저런 사정 탓에 실패했다. 나 말고도 적잖은 기자가 7년 동안 감방문을 두드렸지만 1990년대 중반 영국 언론인 존 필저John Pilger가 몰래 서면인터뷰를 받아낸 게 다였다. 그러다 1999년 봄 동티모르 국민투표가 결정되자 국제언론이 저마다 샤나나를 잡겠다고 피 튀기는 경쟁을 벌였다. 결국 나는 국민투표 이틀 전이자 샤나나가 석방되기 9일 전, 오스트레일리아 방송 ABC에 이어 두 번째로 샤나나를 단독인터뷰했다. 그 인터뷰는 독재자 수하르또 전 대통령을 깐 죄로 샤나나와 같은 형무소에서 옥살이했던 〈뗌뽀〉 기자 아하맛 따우픽Ahmad Taufik이 이리 뛰고 저리 뛰며 다리를 놓았다. 이제야 밝힐 수 있지만 따우픽 같은 감방 동기들이 샤나나 편지를 밖으로 빼돌려주며 그 '샤나나 전설'을 만들어낸 주역들이다.

BBC 철수명령

샤나나 인터뷰를 마친 나는 8월 30일 새벽 비행기를 타고 부리나케 동티모르 딜리Dili로 날아갔다. 인도네시아한테 무력점령당한 뒤 24년 만에 독립 찬반을 묻는 역사적인 국민투표 날이었다. 샤나나가 이끌어온 동티모로독립혁명전선FRETILIN을 지지하는 독립파와 인도네시아 정부군이 뒤를 받친 합병파 민병대가 충돌하는 가운데 치른 국민투표는 '독립 찬성 78.5%'로 끝났다. 그렇게 해서 21세기 들어 최초로 독립한 동티모르민주공화국DRTL 발판을 놓았다. 그러나 동티모르는 축제 대신 불바다가 되었다.

1975년 12월 7일, 미국 대통령 제럴드 포드Gerald Ford와 국무장관 키신저가 인도네시아를 방문하고 떠난 3일 뒤, 더 정확히 말해 키신저는 아직 자까르따에 있던 그날 인도네시아 정부군은 미국제 군함과 전투기를 동원해 동티모르를 공격했다.

그로부터 24년 동안 20여만 명이 학살당한 비극의 섬 동티모르가 1999년 9월 초 다시 불길에 휩싸였다. 독립을 반대한 친인도네시아 합병파 민병대가 수도 딜리를 비롯한 동티모르 전역을 불 지르고 독립파 주민을 닥치는 대로 공격했다. 인도네시아 정부군과 경찰은 눈을 감았다.

선거 하루 뒤인 8월 31일 오후부터 민병대는 딜리로 통하는 모든 길을 막았다. 이날 나는 딜리 인근 산악에서 동티모르민족혁명위원회CNRT 정치위원장 레안드로 이자키Leandro Isaak 인터뷰를 마치고 내려오다 도심 들머리에서 칼을 휘두르며 달려드는 민병대원과 부딪치기도 했다.

9월 1일부터 딜리는 무법천지 난장판이 되었다.

"문태, 사무실 잠깐만 봐줘. 현장인력이 모자라 나가봐야 해."

오후 4시 무렵, 마코타호텔에 차린 APTN 사무실에서 함께 자료그림을 찾던 고참 프로듀서 다니엘 퍼내드Daniel Furnad가 급히 카메라를 매고 뛰어나갔다. 한 20여 분쯤 지났을까, 전화벨이 울렸다.

"나야, 다니엘. 우리 스텝 누구 없어?"

"응, 나 혼자야. 아직 아무도."

"그럼, 자네가 자까르따 지국으로 연락 좀 해줘."

"왜, 무슨 일이야?"

"민병대한테 쫓겨 민가에 숨었는데 놈들이 막 밀려오고 있어!"

잡음 사이로 숨 넘어가는 소리가 들렸다. 전화를 끊자마자 자까르따로 급전을 때렸다. 미국 언론사 위력은 그 외진 섬에서도 단박에 드러났다. APTN 자까르따 지국을 거쳐 인도네시아군 최고사령관 위란또Wiranto 장군 명령을 받은 동티모르 주둔 정부군이 다니엘을 구출하는 데는 20여 분이 채 안 걸렸다.

같은 시간, 논두렁으로 피했던 BBC 기자 조너선 헤드Jonathan Head는 민병대한테 폭행당했고 유엔건물로 피했던 30여 명 기자들은 두어 시간 동안 감금당하는 수모를 겪었다. 그 폭행장면을 CNN 카메라맨 래인 산티아고Rane Santiago가 숨어서 몰래 찍어냈고, 그날 밤 마코타호텔 옥상에 차

보도에 불만을 품은 친인도네시아 합병파 민병대에 쫓겨 유엔건물로 피신했던 기자 40여 명이 인도
네시아 정부군 도움을 받아 두어 시간 만에 풀려났다. 1999년 딜리 폭동에서는 기자들도 공격 목표물
이 되면서 큰 수모를 겪었다. _딜리. 동티모르. 1999 ⓒ정문태

린 송출용 접시를 타고 온 세상에 퍼져나갔다. 조녀선이 폭행당하는 장면을 본 BBC 본사는 발칵 뒤집혔고 곧장 기자들한테 철수명령을 내렸다.

민병대는 1999년 2월 하비비B.J. Habibi 인도네시아 대통령이 동티모르 국민투표를 결정할 때부터 일찌감치 독립 가능성을 보도해온 언론을 향해 강한 적개심을 드러냈다. 민병대는 국민투표가 가까워지자 아예 기자들을 공격하기 시작했다.

"국제사회와 언론이 공모했다. 따라서 우리 적은 분명하다."

인도네시아 정부군이 암암리에 민병대 총책으로 임명했던 조아 다 실바 타바리스Joao Da Silva Tavares는 8월 중순 전화통에 대고 거칠게 쏟아냈다. 그로부터 국민투표 전까지 민병대는 20여 명에 이르는 기자들을 폭행했다. 인도네시아 신문〈꼼빠스Kompas〉기자 꼬르넬리스 아마Kornelis Ama와 로이터 사진기자 베아 위하르따Bea Wiharta는 총상을 입었다.

철수, 아니 탈출

9월 2일 아침부터 BBC 철수 소식이 전해진 데다 인도네시아 정부가 C-130 군용기를 띄워 자국 기자들을 철수시키겠다고 밝히자 딜리에 있던 300여 명 기자들이 술렁거렸다. 가장 먼저〈꼼빠스〉에 이어 뉴질랜드티브이TVNZ가 전세기를 띄워 자사 기자들을 철수시켰다. 각 언론사들이 철수 작전에 돌입했고 마코타호텔은 정보를 주고받는 기자들로 북새통을 이뤘다. 기자들은 BBC와 AP가 마련한 전세기를 나눠 타기로 결정했다.

아침나절, 밍카 나이하우스Minka Nijhuis가 찾아왔다.
네덜란드 기자로 동남아시아를 오래 취재해온 친구다.

"문태, 어떻게 해야 돼?"

"상황만 놓고 보면 빠져야 할 때 아닌가 싶기도 하고?"

"근데 나는, 민박집 가족들이 같이 있어달라고 애원해서."

"취재는 힘들 거고, 오늘내일 유엔으로 쫓겨 들어가겠지?"

"그렇다고 그 가족들 내버려두고 떠나기도…."

"밍카, 잘 생각해봐. 네가 현지인을 지켜줄 수도 없잖아?"

"문태 넌 어떻게 할 건데? 네가 머문다면 나도 있을 거고."

나는 발등에 떨어진 불을 설명했다.

"난 내일이든 모레든 빨리 발리로 빠져야 해."

"왜 그렇게 급해?"

"샤나나 인터뷰가 이번 주 커버스토리야. 모레 마감이고."

오스트레일리아 기자 린덜 베리Lyndal Barry가 끼어들었다.

"여기선 마감 못 해?"

"사진전송도 힘들고 노트북도 말썽이야."

"그러면 철수하는 거구나?"

"마감해놓고 되돌아올 거야. 이삼일쯤 걸리겠지."

"지금 빠지면 되돌아오기 힘들 텐데?"

"멀빠띠 항공Merpati Air에 확인했더니 며칠은 괜찮다고."

"비행기는 뜨더라도 자리 잡기가 만만찮을 건데?"

"나가는 건 힘들어도 들어오는 자리는 텅 비었다더라."

"그럼, 돌아올 때 6mm 테이프 좀 사다줘."

나는 현지에 남을 동료들을 위한 '보급투쟁' 목록을 챙겼다.

어림잡아 30여 명 동료가 현지에 남기로 결정했다.

이게 내가 동티모르를 떠나기 전 친구들과 나눈 이야기다. 철수결정을 내린 기자들 사연도 가지가지였다. "회사가 닦달해서 하는 수 없이." "철수하는 기자들 상황을 취재하라고 해서." "육로로 빠지면서 다른 지역을 취재하려고."

으레 기자들 스스로는 다 알고 있었다. 기자라는 직업 탓에 두려움이라는 원초적 본능 앞에서도 정직할 수 없었던 자신을.

그렇게 해서 9월 3일 아침부터 BBC 전세기에 예약했던 기자들의 대규모 철수작전이 벌어졌다. 마지막까지 현장을 지킬 것으로 믿었던 기자들의 때 이른 철수는 딜리를 공황상태로 몰아넣는 기폭제가 되었다. 9월 1일부터 딜리와 발리 사이를 오가는 정기 항공노선은 말할 것도 없고 바다를 오가는 여객선도 탈출자로 난리가 났다. 인도네시아 영토인 서티모르로 통하는 모든 육로를 각 지역 민병대가 잘라버린 탓이다. 공항과 항구 같은 전략시설은 인도네시아 정부군이 쥐고 있었지만, 현실은 유리코 구테히스Eurico Guterrez라는 악명 높은 민병대 사령관이 이끄는 아이따락Aitarak 손에 놀아났다.

"누구든 들어오는 건 자유였지만 나가는 건 마음대로 못 한다."

유리코는 기자들한테 대놓고 으름장을 놨다.

"독립지원했던 놈들을 모조리 찾아내서 피로 보복하겠다."

유리코 말은 허튼소리가 아니었다. 민병대는 집집을 뒤지며 동네를 불태우기 시작했다. 그 불법천지를 인도네시아 정부군과 경찰은 빙긋이 웃으며 바라보기만 했다. 상황통제 의지가 아예 없었다.

"민병대를 거칠게 다루면 한쪽만 편든다고 난리 치니."

동티모르 경찰대변인 위도도Widodo는 중립을 말했지만, 8월 31일과 9

이 사진은 인도네시아 정부가 민병대(친인도네시아 합병파)를 뒷받쳐온 사실을 증명했다. 경찰기동타격대가 딜리를 불태우고 시민을 살해한 악명 높은 민병대 아이따락을 보호해주었다. 1999년 동티모르 학살의 본질이었다. _딜리. 동티모르. 1999 ⓒ정문태

월 1일 민병대와 독립파 충돌 때 발생한 독립파 쪽 희생자 세 명은 모두 경찰 총에 맞아 죽었다.

9월 3일 오후, 짐을 꾸렸다.

"왜들 이래, 모레쯤 되돌아올 건데. 찍지 마!"

방콕에서 온 몇몇 기자가 마코타호텔 방까지 쫓아왔다.

"동티모르를 가장 오래 취재해온 기자의 철수, 뉴스감이야!"

호텔을 나서 자동차에 오를 때까지 그 친구들이 따라붙었다.

나는 몹시 쑥스러웠다. 이런저런 사정을 다 말할 수도 없고.

"그래, 떠날 때는 말없이."

딜리를 떠난 AP 전세기가 발리공항에 내려앉는 순간, 기내에 함성이 터졌다. 100여 명 기자가 환호했다. 마치 죽다 살아나기라도 한 듯.

"내가 지금 어디서 뭘 하는 거지?"
고개를 숙였다. 한없이 부끄러웠다. 기자라는 직업을 택한 뒤, 그 순간처럼 초라했던 적은 결코 없었다.

나는 개 같은 기자였다

그날 밤 나는 가시방석 같은 발리에 앉아 〈한겨레21〉 커버스토리 기사를 갈겨댔다. 신문이든 잡지든 방송이든 온 세상 언론이 동티모르를 톱뉴스로 걸고 가던 9월 초였던 탓에 〈한겨레21〉도 절대 놓칠 수 없는 아주 절박한 상황이었다. 게다가 다시 볼 수 없는 샤나나 구스망의 옥중인터뷰라는 특종이 걸려 있기도 했다. 마감에 쫓긴 편집국은 한 시간이 멀다 않고 숨 넘어가는 전화질을 해댔지만 기사는 굼뜨기만 했다. 마음을 딜리에 두고 온 탓이었다.

다음 날인 9월 4일, 민병대가 기자들 숙소였던 마코타호텔을 공격하고 불 지르는 장면을 마지막으로 날린 CNN이 철수했다. 그로부터 동티모르는 뉴스 없는 암흑 속에 빠져들었다. 나는 딜리를 애타게 불렀다. 밍카도 누구도 연결이 안 됐다. 자정이 가까워 투어리스모호텔에 진 친 교도뉴스 Kyodo News 자까르따 지국장 준 카미무라Jun Kamimura가 걸렸다.

"난리야! 우리도 내일 떠난다고 짐 꾸리는 중이야."

잡음이 귀 때리는 전화기를 붙들고 준과 씨름했다.

"문태, 넌 딜리로 되돌아오기 힘들 거야. 공항도 폐쇄됐어."

"내일 나름껏 길을 찾아볼게. 나올 때 밍카도 데리고 나와줘."

9월 5일 아침, 유일한 딜리행 정기노선을 지닌 멀빠띠가 문을 닫았다. 군용기라도 얻어 타겠다고 발리와 자까르따 군부를 여기저기 쑤셨지만 일정이 안 나왔다. 그날 오후 딜리에 남아 있던 스물 예닐곱 기자가 모두 유엔건물로 대피했다. 그리고 그 기자들은 7일과 10일 오스트레일리아 군용기가 뜰 때 거의 다 철수했다. 그로부터 9월 14일 오스트레일리아 군용기가 난민 1,500명을 소개시킬 때까지 비록 짧은 4일이었지만 딜리에 남았던 기자는 오직 여섯 명뿐이었다. 그 여섯 가운데는 용감한 3인의 여성동지도 있었다. 밍카와 네덜란드 저널리스트 이레이나 슬레흐트Irene Slegt, 〈선데이타임스Sunday Times〉 기자 마리이 콜빈Marie Colvin이었다. 나머지 셋은 8일부터 산악으로 들어간 다큐멘터리 카메라맨 맥스 스톨Max Stahl과 로버트 캐럴Robert Carroll 그리고 9월 14일 인도네시아 정부군한테 붙잡혀 강제추방당한 앨런 나린Alan Narin이었다.

"다들 철수한다고 난리 칠 때도 난 심각하게 안 여겼거든. 근데 네가 나한테 떠나는 게 좋겠다고 해서 가슴이 철렁했지. 이게 보통 일이 아니구나 싶은 생각이 들면서."

그 뒤 밍카를 다시 만났을 때 나는 몸 둘 바를 몰랐다.

"미안해! 그땐 내가 제정신이 아니었어. 미쳤던 거지!"

"살다 보면 그럴 때도 있어. 난 널 이해해. 떠나고 말고는 개인 문제니까. 다만 동티모르를 오랫동안 취재해온 경험 많은 기자들이 서둘러 떠났던 건 정말 뜻밖이었어. 나는 그날 내가 철수대열에 낀다면 앞으로 거울을 못 볼 거라는 생각이 들더라. 그래서 그냥 남았던 거야."

밍카가 위로한답시고 던진 말이 내겐 비수로 꽂혔다.

1990년대 초부터 동티모르에 매달려온 몇 안 되는 기자 가운데 한 명이었던 나는 그렇게 가장 중요하고도 극적인 순간을 놓치고 말았다. 그날 딜리에 남았던들 유엔건물에 몸을 피한 게 다였고 취재도 할 수 없었던 건 사실이다. 그러나 그런 것과는 상관없이 역사적 현장과 마지막까지 함께 못 한 자책감으로 나는 아직도 동티모르 이야기만 나오면 고개를 못 든다. 무슨 말을 한들 결론은 똑같다.

'나는 개 같은 기자였다.'

그 무렵, 딜리 시민은 유엔직원과 기자들을 붙들고 떠나지 말라며 눈물로 호소했다. 모든 외국인마저 떠나고 나면 무슨 일이 벌어질지를 잘 알았던 까닭이다. 그리고 그이들이 두려워했던 일은 이내 벌어지고 말았다. 동티모르는 학살의 기억 속으로 빠져들었다.

누구보다 자유로운 신분을 지닌 기자들이, 누구보다 보호받는 직업인인 기자들이 서둘러 철수했다. 이건 나를 포함해 그날 동티모르를 취재했던 모든 기자한테 '개' 꼬리표를 달아 두고두고 욕질거리로 삼아도 될 만큼 중대한 사건이었다.

부끄러움을 말하고 용서를 구함

아프가니스탄에서도 예멘에서도 그 어떤 전쟁터에서도 늘 '첫 번째

기자'이기를 바랐고 늘 '마지막 기자'려고 애썼다. 우린 그걸 명예로 여겨왔다. 그 어떤 전선에서도 유엔이나 국제적십자 직원보다 기자가 먼저 철수한 경우는 없었다. 기자란 건 시민이 있는 현장이라면 마지막까지 남아 뉴스를 다뤄야 할 팔자들이다. 그래서 시민사회는 기자들한테 분에 넘치는 편리를 봐줬다. '전선기자 보호'를 국제법으로까지 만들어주면서.

1999년 9월 동티모르 취재기자들은 모조리 그렇게 시민사회를 배반했다. 그럼에도 그날 딜리를 철수했던 그 기자들이 용서를 빌기는커녕 주거니 받거니 인터뷰까지 해대며 서로를 영웅으로 만들었다.

나는 이 글을 쓰는 동안 참 많은 고민을 했다. '내가 동티모르 이야기를 풀어놓는 게 옳은가?' '스스로 변명 따위나 늘어놓겠다는 게 아닌가?' '이런 배반을 고백하는 게 무슨 의미가 있는가?'

그러다 결심했다. 내 몸에 달린 부끄러움을 말하고 용서를 구하기로. 나는 기자로서 제구실을 다 못 했고 불명예스런 일을 저지르고 말았다. 나는 그 멍에서 못 벗어난다는 사실을 전세기의 환호 속에서 깨달았다. 나는 '딜리 철수'를 죽을 때까지 지울 수 없는 얼룩으로 안고 갈 것이다. 어떤 핑계도 통하지 않는다. 내가 딜리를 떠났다는 사실만 남을 것이다.

'왜 나는 샤나나 인터뷰 기사에 그렇게 안달했던가?'
'왜 나는 커버스토리 하나에 동티모르를 버렸던가?'
돌이켜보면, 나는 '좋은 기자'보다는 '유명한 기자'가 되겠다는 마음이 더 컸던 게 아닌가 싶다. 보란 듯이 샤나나 옥중인터뷰를 걸고 딜리 현장에 며칠 돌아다녔다는 걸 내세우면서.

이 글을 쓰면서 다시 생각해도 그 커버스토리 하나와 10년 동안 매달렸던 동티모르를 그렇게 쉽사리 맞바꿨던 내 판단을 도무지 이해할 수 없다. 1991년 산타크루즈 학살Santa Cruz Massacre[69] 뒤부터 딜리를 취재한 몇 안 되는 기자 가운데 하나로, 1993년 딜리에서 인도네시아 정부군한테 체포당해 수모를 겪으면서도 포기하지 않았던 기자로서 내가 지녔던 동티모르에 대한 사랑과 자부심을 그 딜리 철수로 모조리 날려버렸으니.

그 뒤로도 제헌의회 선거와 대통령 선거 그리고 독립으로 이어지는 동티모르 현대사를 줄기차게 취재했지만 이미 나는 이방인이 되어 있었다. 딜리 철수라는 멍에를 안은 내가 나설 구석은 없었다.

"당신 같은 기자들이 있었기 때문에 동티모르가 독립할 수 있었다."

대통령이 된 샤나나 구스망이 어깨를 두드릴 때, 나는 얼굴이 화끈 달아올랐다. 나는 노을 지는 딜리 앞바다 한 귀퉁이에 쭈그려 앉아 스스로를 탓하며 꾸짖었다. 그렇게 10년 동안 매달렸던 동티모르에 내가 남긴 것은 '마지막 눈물'이었다. 다시는 기자로서 눈물을 흘리지 않겠다는 맹세였다.

---

69 1991년 포르투갈 의회대표단의 동티모르 방문을 불허한 인도네시아 정부를 향한 항의시위에서 살해당한 세바스티아오 고메즈를 추모하고자 11월 12일 산타크루즈 공동묘지로 향하던 시민을 향해 군이 무차별 발포해 사망자 273명, 실종자 250여 명, 중상자 370여 명이 발생한 사건.

전선기자의 고향

"방콕은 전선기자 꿈을 안고 몰려든 숱한 젊은이가 인도차이나 전쟁터로 가는
길목이자 기회의 땅이었지. 그 시절 우리한테 방콕은 유행이었고, 희망이었어."
나오끼 마부치 저널리스트.

방콕 수쿰윗 31가 노보텔커피숍, 사내들 잡담 너머로 어둠이 내린다.
유리창으로 갈라놓은 바깥세상은 밤일 나선 소녀들이 흔들어대는 가슴 따
라 흥청거리고.

허리 깔고 비스듬히 길게 앉아 있던 나오끼.
"말도 마! 조 리Josep Lee, 다혈질 유명했지."
그이는 엉덩이를 당기고 무릎을 곧추세운다.
"양놈이 아시아 깔보면 바로 멱살잡이였고."
나오끼는 허리와 팔을 테이블에 바짝 붙인다.
"전선에서 밤늦게 돌아다니다 혼 많이 났어."
나오끼는 조 리만 나오면 늘 몸을 가다듬었다.
"조 리 월급날, 가난한 기자들 잔칫날이었지."
조 리 향한 나오끼식 예의는 몸에서 우러났다.

"16mm 카메라 가르쳐준 이도, 기자의 길을 가르쳐준 이도, 양놈과 맞장 뜨는 법 가르쳐준 이도, 김치 가르쳐준 이도 다 조 리였어. 나는 일도 인생도 모두 조 리한테 배웠지."

나오끼 눈에서는 이내 1970년대 캄보디아 전쟁판이 이글거렸다.

"뽈 뿟 인터뷰도 조 리가 내게 기회를 준 거야."

나오끼 마부치

1979년 크메르루즈 지도자 뽈 뿟 최초 인터뷰로 세계적 특종을 날린 뒤, 1982년 베트남 침략군에 맞선 크메르루즈 2,000km 동행취재 기록을 세웠던 나오끼는 "조 리가 없었다면 나도 없었을 거야"를 입에 달고 살았다.

아직도 방콕 외신판 사람들 입에 심심찮게 오르내리는 조 리. 한국 출신 저널리스트 이요섭은 1965년 〈서울신문〉 사진기자로 베트남전쟁에 뛰어든 뒤 1970년대 초 프리랜서를 거쳐 ABC News 방콕지국 카메라 기자로 일했다. 조 리는 1977년 타이 남부에서 타이공산당 무장투쟁을 취재하다 지뢰사고로 왼쪽 다리를 잃고도 현장을 촬영한 신화를 남긴 인물이다. 조 리는 그 뒤 도쿄를 거쳐 서울 지국장을 하다 1993년 암으로 세상을 떠났다.

나는 1994년 방콕에서 처음 나오끼를 만났던 날을 아직도 기억한다. 그이는 아이처럼 수줍어하며 "언젠가는 한국 후배 기자를 만날 것 같은 예감 갖고 살았는데" 하며 내 손을 꼭 잡았다.

"조 리한테 내가 받았던 걸 꼭 돌려주고 싶은 마음 간직하며."

나는 나오끼한테서 사람을 보았고, 그 사람을 배웠다. 우리는 하루가 멀다고 마주 앉아 세상을 이야기했다. 그리고 우리는 기쁜 마음으로 함께 현장을 돌아다녔다. 캄보디아로, 인도네시아로, 버마로, 타이로, 일본으로.

"문태, 젊을 때 사회주의자가 아니라면 웃기는 놈이잖아. 근데 늙어서
도 사회주의자라면 정신 나간 놈이겠지?"

환갑 지나고도 캄보디아혁명의 꿈을 못 버렸던 청년 나오끼, 그이 앞
에서 크메르루즈의 민주깜뿌치아를 놓고 대거리할 만한 이는 아무도 없
다. 나오끼는 1970년대 말부터 '프로-크메르루즈pro-Khmer Rouge' 꼬리표
를 달고 살았다. 뽈 뽓을 최초로 또 최후로 인터뷰했고, 크메르루즈를 동행
취재한 몇 안 되는 기자였던 그이한테 외신판이 불타는 질투심으로 붙여
준 '훈장'이었다.

1975년 크메르 루즈의 프놈뺀 입성 때, 〈킬링필드〉로도 잘 알려진 프
랑스 대사관에 피신한 유일한 아시아 기자였던 나오끼한테 서양 기자들은
일본 적군파Red Army 꼬리표까지 붙였다. 크메르루즈가 외국 기자를 다 죽
일 것이라는 소문이 도는 판에 나오끼 혼자 대사관 밖으로 나가 크메르루
즈를 취재하고 돌아다녔으니 그럴 만도 했다.

"서양 언론보도와 달리 크메르루즈는 프놈뺀 입성 때 아무도 해코지
안 했다. 내가 증인이잖아. 다 새빨간 거짓말이었어. 오히려 크메르루즈가
나를 포함해 프랑스 대사관에 숨었던 모든 외신기자를 타이 국경까지 안
전하게 데려다주었잖아. 그게 역사고 그게 사실이야."

캄보디아전쟁의 살아 있는 역사인 나오끼를 읽는다는 건 엄청난 행
운이었다.

어쨌든 그 시절 프랑스 대사관은 나오끼의 삶에도 깊이 스며들었다.
그이는 프놈뺀에서 조 리의 ABC News 도우미 노릇을 했던 열여덟살 캄

보디아 소녀 사이홍Sayhong을 구하고자 즉석결혼식을 올리고 가짜 혼인증명서를 만들었다. 크메르루즈가 캄보디아 사람은 외국인과 결혼한 이들만 출국을 허용했던 탓이다. 나오끼는 그렇게 사이홍을 타이 국경까지 무사히 빼돌렸다.

"타이까지는 사이홍을 데려왔지만 그다음이 문제였지."

나오끼는 살길이 막막했던 사이홍을 일본으로 데려갔다.

"피 끓는 젊은 시절이었으니, 가짜 결혼이 진짜가 되었지."

그리고 둘 사이에는 예쁜 딸이 태어났다.

"전선 돌아다닌답시고 가정 못 돌봤고. 다 내 못난 탓이야."

나오끼는 그 딸 이야기만 나오면 눈시울을 붉히곤 했다.

조 리한테 배웠다며 전선에서도 허리를 숙이지 않던 기자, 위험을 탓하며 취재를 접지 않던 기자, 현장에서 싸울 때와 웃을 때를 분간할 줄 알던 기자, 거짓명예 따위에 휘둘리지 않던 기자, 일을 즐길 줄 알던 기자, 바로 나오끼였다. 나오끼는 글과 사진과 영상 가릴 것 없이 다루는 만능이었지만 어느 것 하나 최고로 꼽혔던 적 없는 기자다. 그러나 내가 만났던 전선기자로서 정신과 태도는 누구도 흉내 낼 수 없는 최고였다.

나는 2009년 3월을 아직도 마음에 담고 있다. 그 추운 봄날을 잊을 수 없다. 그즈음 나는 도쿄 친구 집에서 책을 쓰고 있었다. 갑자기 난방기가 고장 났다. 다음 날, 당뇨와 합병증으로 눈이 반쯤 갔고 몸을 가누기조차 힘든 나오끼가 작은 등산용 가방을 매고 나타났다. 두 시간 가까이 전철을 타고 왔다며 한동안 방바닥에 드러누웠던 나오끼가 일어나며 가방을 풀었다.

"문태, 춥다고 어제 진작 말을 했어야지. 내가 몰랐어. 미안해!"

가방에서는 전기스토브, 손가락 부분을 잘라 만든 글쓰기용 장갑, 두 터운 양말, 털모자, 내복, 식빵, 사과가 줄줄이 쏟아져 나왔다. 나는 눈물을 참느라 혼났다. 나는 그렇게 세상에서 가장 아름다운 사람을 보았다. 누가 뭐라든, 나오끼는 내게 영원한 친구고 선배고 스승이다.

내가 참 좋아했던 사람, 나오끼는 2011년 10월 29일 세상을 떠났다. 우리는 캄보디아 똔리삽Tonle Sap 호수로 그이를 데리고 갔다. 캄보디아를 미칠 만큼 사랑했던 그이가 늘 말해온 대로 그 호수에 영혼을 풀어주었다.

비록 가난했지만 나오끼는 내게 모든 것을 주고 갔다. 그이가 마지막 으로 내게 남겨준 선물은 그리움이었다. 나도 누군가를 그리워할 수 있다 는 사실을 깨달았다. 나는 아직도 나오끼를 그리워하고 있다. 문득문득 그 이가 떠오르면 눈물이 난다. 다시는 나오끼와 똑같은 사람을 이 세상에서 만날 수 없다는 사실이 참 아프다.

방콕 길바닥엔 개 반, 기자 반

조 리와 나오끼 같은 이들이 청춘을 바쳤던 방콕엔 늘 꿈이 있었다. 방콕은 일찌감치 외신기자들 사이에 아시아의 '뉴스베이스'로 자리 잡았 다. 제2차 세계대전을 거친 언론사들이 경쟁적으로 국제면을 키우면서 1950년대부터 UP, AP, BBC, 〈뉴욕타임스〉를 비롯해 일본과 중국 언론사 특파원들이 방콕으로 몰려들기 시작했다. 그 시절 방콕은 뉴스베이스일 뿐 아니라 아시아와 유럽을 오가던 기자들의 길목이기도 했다. 방콕은 특 히 고립당한 유럽이었던 오스트레일리아와 뉴질랜드 젊은이들이 기자의 꿈을 안고 유럽과 미국으로 진출하는 발판 노릇을 톡톡히 했다. 베트남전쟁 때부터 전선기자로 이름 날린 뉴질랜드 출신 피터 아넷이나 오스트레일리아 출신 존 필저 같은 이들이 모두 방콕을 베이스 삼아 뉴스 현장으로 뻗어나갔다.

이어 1965년 미국이 베트남전쟁에 개입하면서부터 방콕은 황금기를 맞았다. 미군이 베트남전쟁 보급기지와 전진기지를 타이에 차리자 국제언론사들이 다투어 방콕에 지국을 열었다. 그리고 베트남전쟁 불똥이 라오스와 캄보디아로 튀면서 인도차이나반도 전역이 전쟁판에 휩쓸리자 방콕은 전선기자를 꿈꾼 세계 각국 젊은이들로 북적대기 시작했다. 서울로 가서 한일수교반대 시위를 취재했던 학보사 기자에서 전선기자로 다시 태어난 나오끼도, 자유를 갈망하며 세상을 떠돌던 히피족에서 세계적인 전쟁사진기자로 변신한 페이지도 모두 그 시절 방콕의 아이들이었다. 그렇게 인도차이나전쟁터로 들어가는 어귀였던 방콕은 숱한 전선기자를 키워낸 보모 노릇을 했다. '외신기자의 고향'은 그렇게 태어났다.

1975년 미국이 쫓겨나면서 베트남전쟁이 끝났다. 그러나 뉴스베이스 방콕은 저물지 않았다. 방콕 시계는 계속 돌아갔다. 1975년 민주깜뿌치아가 캄보디아를 해방시킨 데 이어 1978년 베트남이 캄보디아를 침공하면서 뉴스거리를 쉬지 않고 뿜어냈다. 킬링필드 소문이 터져 나온 것도 그 무렵이었다. 게다가 타이-라오스, 타이-말레이시아, 타이-버마 국경에서도 공산혁명을 내건 무장투쟁이 뜨겁게 달아올랐다. 베트남전쟁을 뛰었던 이른바 '사이공 기자'들이 새로운 전선을 찾아 방콕으로 몰려들었다. 그렇게 해서 1980년대 말까지 방콕 선술집은 '카키색 재킷'으로 뒤덮였고, "방콕 길바닥엔 개 반, 기자 반"이라는 우스개가 나돌 정도였다.

그 시절 신참내기로 막차를 탔던 나는 500명 웃도는 외신기자들이 득

인도차이나전쟁에서 보급기지, 전진기지 노릇을 했던 방콕은 나오끼 마부치처럼 전선기자의 꿈을 안고 몰려든 젊은이들한테 기회의 땅이었다. _캄보디아전선. 1974 ⓒNaoki Mabuchi

실대는 방콕을 놀란 눈으로 바라봤다. 내 눈에 비친 방콕은 그야말로 거대한 뉴스공장 같았다. 그러나 피 말리는 취재경쟁 속에서도 방콕 외신판은 한없이 오그라든 풋내기였던 나를 따뜻이 받아주었다. 나는 이름 주고받는 순간부터 선배로 친구로 기꺼이 경험과 정보를 풀어주는 많은 이들 틈에서 하루하루 즐겁게 일을 배웠다.

"서로 마음을 주고받던 그 시절이 황금기였지. 누구 차, 어느 신문사 차 가릴 것 없이 서로 태워주고 끼어 타고 국경을 다니곤 했는데."

1980년대 초부터 버마전선을 취재해온 스웨덴 출신 기자 버틸 린터너Bertil Lintner 말마따나 모두가 함께 어울렸던 그 시절은 외롭지 않았다.

그러던 방콕 시계는 1980년대 말로 접어들면서 가다 서기를 되풀이했다. 타이·말레이시아·버마 쪽 공산주의 무장투쟁이 시들어버린 데다 1988년 베트남군이 캄보디아에서 철수하면서 인도차이나 뉴스가치가 눈에 띄게 떨어져버린 탓이다. 그렇게 맥 빠지던 방콕에 '랑군의 봄' 소식이 들려왔다. 1988년 8월, 버마 민주화 투쟁을 이끌었던 청년·학생이 군인들 유혈진압에 쫓겨 타이 국경으로 쏟아져 나왔다. 방콕 시계가 다시 바삐 돌아갔다. 국경을 끼고 펼쳐진 버마 소수민족해방과 민주혁명 투쟁이 전선갈증을 겪던 수많은 외신기자를 다시 방콕으로 불러들였다. 곧장 방콕-버마 국경 길은 외신기자들로 북새통을 이뤘다. 그러나 전선규모로 보나 국제사회 관심으로 보나 인도차이나전쟁에 견줄 바가 아니었던 버마 뉴스는 공급과잉 현상을 일으켰다. 결국 방콕을 베이스 삼았던 많은 외신기자가 하나둘씩 발길을 돌렸다. 그이들 가운데 프놈펜으로 옮겨간 기자만도 80여 명에 이르렀다. 프놈펜은 방콕보다 경쟁이 덜한 데다 특히 1992년 유엔캄보디아과도행정부UNTAC가 들어서면서 뉴스물량이 크게 늘었던 까닭이다.

게다가 1989년부터 동구 사회주의권 붕괴로 냉전이 한물가면서 언론시장에도 전쟁이나 분쟁 보도 소비량이 서서히 줄어들었다. 전쟁보도로 먹고살던 방콕 외신판이 곧장 영향을 받을 수밖에 없었다.

돌이켜보면, 그 버마전선은 구세대와 신세대 전선기자를 가르는 경계선이 아니었던가 싶다. 베트남전쟁 기자들이 하나둘씩 현장을 떠나면서 그 자리를 젊은 기자들이 메워가는 물갈이판으로 볼 만했다. 그 신구세대의 소리 없는 인수인계 과정에서 전선기자의 영혼은 온전히 대물림했다고 볼 수 없지만 뉴스베이스인 방콕만은 주고받은 셈이다.

방콕은 어쩌다 뉴스시티가 되었나

어쨌든 버마전선이라는 반짝경기로 버티던 방콕은 1991년 미국의 제1차 이라크 침공 유탄을 맞고 김이 빠지기 시작했다. 전선기자들이 이라크로 몰려가버린 탓이 아니라, 그 전쟁취재에 엄청난 돈을 투자했던 국제언론사들이 저마다 비용절감을 내걸고 방콕지국 문을 닫았던 탓이다. 국제언론사들은 1990년대 초를 지나면서 군사정부와 소수민족해방군이 휴전협정을 맺어 버마전선이 시든 데다 캄보디아도 탈 없이 정부이양을 마치자 뉴스중계지로 방콕 가치를 낮춰버렸다.

달리 보면 방콕의 추락은 냉전 동안 정치중심 편집을 해왔던 국제언론사가 1990년대 중반을 넘어서면서부터 경제중심 편집으로 방향을 튼 시점과, 거대 자본언론이 "기자 가는 곳에 뉴스 난다"는 논리를 휘두르며 입맛대로 뉴스를 생산하기 시작한 시점과 맞물린다.

그 뒤, 1998년 영국의 홍콩 반환이 가까워오면서 국제언론사들이 아시아 지국을 방콕으로 옮겨올 것이라는 소문이 나돌아 한동안 방콕 베이스 기자들은 기대에 부풀기도 했다. 그러나 상징성이 강한 BBC가 아시아 본부를 싱가포르로 옮겨버려 꿈이 깨지고 말았다.

요즘 쓸쓸한 기운마저 도는 타이외신기자클럽FCCT이 방콕의 오늘을 잘 보여준다. 1994년 타이외신기자클럽에 등록한 외신기자만 300명을 웃돌았으나 2010년대로 넘어오면 기껏 100여 명에 지나지 않는다. 물론 외신기자클럽 등록자만으로 방콕 베이스 기자 수를 꼽기는 힘들다. 1990년대 중반을 지나면서 많은 외신기자가 돈만 내는 사교장 노릇을 해온 외신기자클럽에 흥미를 잃고 발길을 끊은 데다 방콕을 단기 취재 베이스로 삼는 이들이 크게 늘어난 탓이다.

2015년 타이 외무부 외신국 등록 기자 수는 어림잡아 250여 명에 이른다. 뭐 그렇다고 방콕이 끝장났다는 뜻은 아니다. 옛날에 견줘 뉴스와 외신기자 수가 줄었다는 뜻일 뿐, 방콕은 여전히 아시아 뉴스판에서 빼놓을 수 없는 중요한 베이스 노릇을 하고 있다.

방콕이 뉴스시티로 자리 잡기까지는 앞서 살펴본 대로 타이를 둘러싼 인도차이나의 정치적 격동이 가장 중요한 바탕이었다는 데 별 이견이 없다. 1960~1970년대 중반 베트남, 라오스, 캄보디아를 낀 인도차이나전쟁, 1970년대 중반~1980년대 말 타이 국경 쪽 공산당 무장투쟁과 베트남의 라오스 침공, 1980년대 말~1990년대 중반 버마 쪽 반독재 무장투쟁 같은 큼지막한 뉴스가 시기별로 절묘하게 맞물리면서 안정적인 뉴스베이스가 필요했던 국제언론사들한테 방콕의 가치가 도드라졌던 셈이다. 말하자면 "뉴스 나는 곳에 기자 간다"는 고전적 언론관이 통하던 시절이었으니.

그렇다고 뉴스시티 방콕을 오롯이 주변의 정치적 격동만으로 설명하기는 힘들지 않을까 싶다. 내 경험에 비춰보면 그다음 꼽을 만한 게 방콕의 지리적 접근성이다. 지도를 펼쳐놓으면 쉽게 드러나듯이 방콕은 동서남북으로 딱 아시아의 중심에 있다. 그러니 옛날부터 유럽과 아시아와 태평양을 잇는 징검다리 노릇을 해온 방콕이 동남아시아에서 가장 먼저 국제선 여객기를 띄웠던 것도 결코 우연이 아니다. 세계에서 가장 바쁜 공항 가운데 하나로 꼽는 방콕 수완나품국제공항은 동남아시아 전역을 1~3시간 반경 안에 둔다. 아시아에서 동쪽으로 가장 외진 한국과 일본 그리고 서쪽 끝인 중동까지 5~8시간에 닿을 수 있는 방콕은 시간을 다투는 외신기자한테 아시아 전역을 상황발생과 동시에 당일 취재권에 둔다는 엄청난 매력을 지녔다. 더욱이 24시간 살아 움직이는 수완나품국제공항은 지구촌 어디든 닿는 직항노선을 거느려 외신기자의 취재영역 확대에도 크게 이바지해왔다. 실제로 국제언론사가 중동이나 아프리카나 동구권에서 상황이 발생했을 때도 방콕 특파원을 파견해온 까닭이다. 예컨대 1999년 3월 미국의 유고 침공 때, 내가 서울 〈한겨레〉 본사로부터 오전 10시쯤 취재결정 통보를 받고 오후 5시 비행기로 떠날 수 있었던 것도 방콕이기 때문에 가능한 일이었다.

덧붙이자면 그런 지리적 이점에 일찌감치 눈뜬 타이가 관광산업에 뛰어들면서 교통, 통신, 숙박 같은 기반시설을 잘 다듬어놓은 것도 한몫했으리라 본다.

그다음은 방콕이 지닌 비교적 자유로운 언론환경을 꼽을 만하다. 1932년 입헌군주제 뒤부터 스무 번이 넘는 크고 작은 쿠데타로 얼룩진 타이 현대사 속에서도 외신은 왕실만 건드리지 않는다면 큰 탈 없이 자유를 누려왔다. 철저하게 언론을 통제하고 검열해온 이웃 말레이시아, 싱가포르, 버마, 캄보디아, 라오스, 베트남에 견줘 그렇다는 말이다. 물론 이건

2000년대 이전까지를 두고 하는 말이다. 2000년대로 넘어와 한동안 잠잠했던 쿠데타가 두 번씩이나 터지고 군인 세상이 된 요즘 타이 언론환경은 세계 최악이다. 2016년 현재, 군인정부 아래서 외신도 제압대상이 되고 말았다. 1990년대 초부터 방콕에 베이스를 두고 일해왔지만 요즘처럼 압박감을 느낀 적은 단 한 번도 없었다. 나를 비롯한 방콕 베이스 기자들은 지금 세계 최악 가운데 최악의 언론통제를 경험하고 있다.

그러나 무엇보다 눈여겨볼 만한 건 방콕이 지닌 문화적 통합능력이 아닐까 싶다. 이걸 관용성이라고 할 수도 있겠는데, 종교니 인종이니 이념적 차이 같은 것이 방콕에 이르면 쉽사리 녹아버린다는 뜻이다. 이런 문화적 유연성과 수용성은 서울이나 도쿄 같은 곳에서는 보기 힘든 모습이다. 이게 바로 아시아에서 국제화가 가장 빨랐던 도시 방콕을 만든 밑감이자 외신기자를 끌어들일 수 있었던 뒷심이 아닌가 싶다. 적어도 1990년대까지는 분명 그랬다. 방콕 외신기자들 사이에 별 이견이 없었다. 근데 요즘 방콕 돌아가는 꼴을 보면 자신 있게 말하기 힘든 대목이다. 세상이 변했다는 뜻이다.

하기야 속살을 파보면 어디 할 것 없이 으레 봉건적 신분제 자취가 남아 있고 전근대적 폐쇄성을 바탕에 깐 민족주의니 국가주의 같은 것들이 흘러 다닌다. 방콕도 예외가 아니다. 어쩌면 가장 보수적인 도시일 수도 있다. 말을 하고 보니 이건 아주 논쟁적인 대목이 될지도 모르겠다. 사람마다 느낌과 경험이 다르니 '일반화'가 지닌 위험성이 크다는 뜻이다. 그러나 지금도 또렷한 건 하나 있다. 이방인한테 방콕 공기는 여전히 자유롭다. 예만 못한 건 사실이지만.

싫지만 미워할 수 없는

내가 방콕과 인연을 맺은 지도 어느덧 26년이 흘렀다. 나는 애초 방콕에 뿌리내리겠다는 생각을 한 적도 없고 방콕 예찬론자도 아니었다. 나와 방콕 관계는 순전히 감상에서 비롯되었다. 내가 처음 방콕으로 떠나던 어느 봄날, 서울은 온통 최루탄 가스로 뒤덮였고 나는 어떤 종류인지 알 수 없는 눈물을 흘렸다. 그렇게 무거운 마음으로 첫발을 디딘 방콕에서 따뜻한 기운을 느꼈다. 방콕의 환한 햇살이 내게 손길을 내민다는 묘한 느낌이었다. 나는 그날 방콕이 지친 영혼을 보듬어주는 도시라고 믿었다. 아는 이 하나 없는 도시였지만 외롭지 않았다. 그렇게 방콕 첫인상을 못 떨친 나는 결국 발목이 잡히고 만 셈이다.

내가 외신기자로서 방콕의 가치를 안 건 현장에서 부대끼며 제법 시간이 흐른 뒤였다. 애초 내겐 방콕이 어떤 도시인지를 가르쳐주는 쪽지 한 장 없었고, 방콕을 귀띔해주는 사람 하나 없었다. 내 손엔 누군가를 찾을 전화번호 하나 없었다. 나는 길바닥을 헤매며 모든 걸 건져 올리는 '동냥기'를 거쳐 비로소 방콕에 눈떴다. 그러면서 나는 방콕에 아낌없이 청춘을 바쳤고 방콕은 내게 세상 살아가는 법을 가르쳐주었다. 방콕에서 나는 사람들을 만났고 방콕을 발판 삼아 세상으로 뛰쳐나갔다.

그러나 방콕을 향한 내 열정은 오래가지 않았다. 서너 해 지날 무렵부터 슬슬 방콕이 싫어졌다. 방콕이 나를 얕잡아본 적도 없고 해코지한 적도 없지만 괜히 모든 게 짜증스러웠다. 숨어 있던 'G형' 피의 떠돌이 본능이 되살아난 나는 1990년대 중반부터 "떠날 때가 됐다"는 말을 입에 달고 살았다. 틈만 나면 방콕 탈출 음모를 꾸몄다. 자까르따로, 아테네로, 카이로로, 아디스아바바로, 보코타로 떠나자며.

그게 벌써 20년째다. 근데 아직도 나는 방콕을 못 벗어났다. 15년 전쯤 타이 북부 치앙마이에 집을 하나 마련했지만 마음은 늘 방콕 사무실에 두고 다닌다. 그 까닭은 나도 모르고 아무도 모른다. 방콕이 내게 떼돈을 벌게 해준 적도 없고, 방콕 아가씨가 울고불고 매달린 적도 없다. 그렇다고 방콕에서 무슨 야망을 품었다거나 방콕에서 살다 죽겠다는 결심 따위를 한 것도 아니다.

그저 내가 아는 건 딱 하나다. 방콕 탈출을 기도했던 숱한 외신기자가 여전히 방콕 거리를 돌아다니고, 용감하게 방콕을 떠났던 이들도 결국 되돌아와서 방콕 거리를 휘젓고 다닌다는 사실. 방콕을 떠나지 못하는 이들, 떠났다가도 되돌아오는 이들, 그 모두는 방콕 마력에 걸려든 외신기자들이다.

"싫지만, 결코 미워할 수 없는 도시!"
우리는 흔히 그렇게 방콕을 말해왔다.
'죽기 전에 방콕을 떠날 수 있을까?'
이게 내 삶에 남은 유일한 의문이다.

자유로운 공기,
방콕은 오늘도
나를 건드리지 않고 내버려둔다.
나도 방콕을 건드리지 않으리라!

07

내릴 수 없는 깃발

아직 버마의 아침을 말하기는 이르다.
아직은 사람이 보이지 않는 까닭이다.
파간. 버마. 1993 ⓒ정문태

분쟁과 평화의 실험실

"아쩨 평화를 '쓰나미의 선물'로 부를 만하다. 쓰나미가 덮치자 인도네시아
정부군도 자유아쩨운동도 더 이상 전쟁할 수 없다는 사실을 깨달았으니."
무자끼르 마납 자유아쩨운동 사령관, 2005년 인터뷰.

발밑에 반다아쩨가 차올랐다. 이내 온몸이 뻣뻣해졌다. 1990년부터
늘 '불법' 꼬리표를 달고 몰래 숨어들었던 아쩨를 기억하는 내 몸이 자동으
로 반응했다. 술딴이스깐다르무다국제공항, 어디 내놔도 빠지지 않을 멋들
어진 건물에다 국제선 비행기도 눈에 띈다. 꼭 10년 전 이맘때만 해도 허름
하기 짝이 없던 이 공항은 피난민이 구호품을 기다리며 아우성치는 최전
선이었다.

괜스레 가슴이 먹먹해졌다. 콧등이 시큰거렸다. 다른 사람한테 들키
지 않으려고 몇 번이나 하늘을 쳐다봤다. 날카롭게 째려보던 무장군인은
이제 온데간데없다. 공항을 찍어도 누구 하나 달려들어 집적대는 이도 없
다. 그 팽팽했던 긴장은 옛 추억일 뿐이다. 기자 신분을 감추려고 어수룩한
관광객 흉내를 낼 일도 없다. 나는 처음으로 '합법'의 자유로움을 마음껏
즐기며 의젓하게 공항을 빠져나왔다.

사람들은 흔히 10년을 말한다. 강산이 바뀌는 것도 10년을 잣대로 삼

고 세대를 나눌 때도 그렇다. 무슨 기념식도 10년째 되는 해엔 어김없이 큰 판을 벌이곤 한다. 왜 꼭 그게 10년이어야 하는지 따져본 적은 없지만 아무튼 사람들이 그 10년을 별난 의미로 여기는 것만큼은 틀림없다. 아쩨를 향한 내게 그 10년이란 의미는 게으름과 핑계가 아니었던가 싶다.

나는 아쩨에서 허물어졌다

꼭 10년 전인 2004년 12월 26일, 나는 타이 남부 무슬림 분리주의 분쟁지역인 빠따니Pattani, 얄라Yala, 나라티왓Narathiwat 3개 주를 취재하고 있었다. 타이 정부군의 무장 강공책에 맞선 무슬림 분리주의 전사들이 게릴라전을 벌여온 그 땅에는 날마다 폭탄이 터지고 사람들이 죽어나갔다. 그날 아침 얄라 시내 한복판에서 일어난 자동차 폭탄 공격을 취재하고 호텔로 돌아온 내게 현지 기자들이 '큰 파도'가 푸껫Phuket을 덮쳤다고 호들갑떨었다. 사람이 사람을 죽이는 피투성이 현장을 보고 온 판에 그깟 파도가 귀에 들 리 없었던 나는 호텔 로비에서 웅성거리는 사람들 틈으로 텔레비전 뉴스특보를 보면서도 지나쳤다.

30분쯤 뒤 〈한겨레〉 편집국에서 전화가 오고 난리가 났지만 분쟁현장을 두고 떠나기가 쉽지 않았다. 그러다 28일 새벽, 그동안 자연재해 취재에 관심도 없었고 경험도 없었던 나는 내키지 않는 마음으로 짐을 꾸려 푸껫으로 떠났다. 푸껫은 날지옥이었다. 내가 상상했던 그런 파도가 아니었다. 말로만 들어왔던 쓰나미였다. 그 무렵 5,000여 희생자를 꼽고 있던 푸껫을 비롯한 타이 남부에는 이미 세계 곳곳에서 날아온 기자들이 희생자 수를 웃돌 만큼 벅적거렸다.

그러나 푸껫을 취재하면서도 내 마음은 아쩨에 가 있었다. 희생자만도 20만 넘었다는 아쩨가 떠올라 푸껫 쪽 취재가 손에 안 잡혔다. 게다가 2003년부터 계엄군사작전으로 아쩨를 들쑤셔온 인도네시아 정부군이 쓰나미 뒤에도 외신기자 출입금지령을 고집해 정확한 뉴스마저 안 나오니 속만 타들어갔다.

허둥지둥 푸껫 취재를 마치고 쓰나미 일주일 만인 2005년 1월 2일 아쩨로 날아갔다. 수마뜨라Sumatra 북부 중심지 메단Medan을 거쳐 자동차로 반다아쩨까지 가던 그 길은 차라리 곡예였다. 메단에서 시민단체 도움으로 가짜 문서와 신분증을 만들어 구호요원인 양 아쩨로 들어갔지만 곳곳에 진 친 정부군 검문소들이 통과세를 요구하며 길을 막았다. 실랑이 끝에 17시간 만에 반다아쩨에 닿고 보니 부아가 치밀었다. 어딘가를 향해야 할지도 모를 적개심이 터져 나왔다. 수십 년 동안 분쟁으로 피눈물 마를 날 없었던 땅에 왜 이런 끔찍한 일이 벌어져야 하는지.

40여 개 넘는 전쟁터를 취재하는 동안 온갖 파괴를 보면서, 수십만 웃도는 주검 더미를 지나다니면서 절망 따위엔 면역이 되었다고 믿었던 나는 아쩨에서 허물어졌다. 속울음을 억누르며 부둣가로 달려갔다. 그 많은 사람이 살았던 울렐레Ulele 지역은 아예 흔적도 없이 사라져버렸다. 일주일이 지났지만 온 천지에 주검이 뒹굴었다. 너무 미안했다. 며칠이라도 더 일찍 이 땅에 오지 못한 스스로를 원망했다. 내가 할 수 있는 건 아무것도 없었지만 그냥 함께 있어주고 싶었던 마음이다. 1989년 인도네시아 정부가 아쩨 전역을 군사작전지역으로 선포한 뒤 처음으로 아쩨를 취재했던 외신기자로서, 2003년 계엄군사작전을 취재했던 유일한 외신기자로서 내가 느껴온 책임감 같은 것이었다. 그동안 인도네시아 정부는 아쩨를 바깥세상과 철저히 차단해왔다. 아쩨 사람들이 볼 수 있는 바깥사람이란 건 인도네시아 정부군뿐이었고 아쩨 사람들이 느낄 수 있었던 건 처절한 고립감뿐이었다.

인도네시아 정부는 쓰나미 발생 초동단계부터 때를 놓쳤다. 곧장 구조·구호 작전에 투입할 수 있는 해병대와 꼬빠쑤스(특전사)를 비롯한 특수전 병력 4만을 아쩨에 깔고 있었지만 제대로 안 움직였다. 심지어 국제구호단체와 외신기자들 접근을 막아 피해를 키웠다. 게다가 희생자가 10만을 넘어선 12월 30일 일찌감치 공식 집계마저 손 뗐다. 쓰나미로 아쩨 총인구 4%에 이르는 17만이 숨지고 10%에 이르는 40여만이 집을 잃은 극단적 상황 속에서도 오히려 아쩨계엄사령관 엔당 수와리아는 "아쩨계엄군 사작전 평상시와 다름없이 진행한다"며 전의를 불태웠다.

나는 10년 전 그날, 자연과 사람에 모두 치를 떨면서 늘 아쩨와 함께하겠노라 다짐했다.

10년 전 사진 한 장

그러나 나는 지난 10년 동안 그 아쩨와 약속을 못 지켰다. 기껏 쓰나미 9개월쯤 뒤인 2005년 8월 15일 인도네시아 정부와 자유아쩨운동이 맺은 평화협정을 취재하는 길에 반다아쩨와 북부 피해현장을 휙 둘러보았을 뿐이다. 세월이 흐르면서 10년 전 쓰나미 때 느꼈던 감정은 서서히 식어갔고 그 자리엔 게으름과 핑계만 빼곡히 들어찼다. 나는 늘 바쁘고, 늘 시간에 쪼들린다고 여기며 살았다. 게다가 세상 언론도 쓰나미 4년 뒤니 7년 뒤 같은 말엔 관심이 없었다. 그러다가 쓰나미 10년을 떠올렸다. 역시 사람들 사이에 10년이란 숫자는 통하는 바가 있었다. 〈한겨레〉가 취재결정을 내렸다.

그렇게 해서 나는 쓰나미 10년 만인 2014년 11월 22일 반다아쩨 술딴이스깐다르무다국제공항에 내렸다. 전엔 볼 수 없던 때깔 나는 택시를 잡아타고 반다아쩨 도심으로 달렸다. 10년 전 운전기사가 항변이라도 하듯 귀 째지게 틀어대던 노래 '조국의 꽃'[70] 대신 오늘 운전기사는 무슨 말인지 알아들을 수도 없는 한국 그룹 2PM 노래를 신나게 흥얼거렸다.

세상은 몰라보게 달라졌다. 주검을 파묻었던 그 땅에는 대형 추모비를 갖춘 공동묘지가 들어섰고 무너졌던 다리나 집은 모두 새것으로 바뀌었다. 반다아쩨 도심엔 전에 없던 호텔들이 길목마다 번쩍였고 궁전 같은 관청이 줄줄이 이어졌다. 모퉁이마다 득실대던 중무장 군인도, 폭풍처럼 내달리던 군용트럭도 이젠 모두 철 지난 기억일 뿐이다. 야간통행 금지령에 눌려 해거름이면 일찌감치 유령도시로 변했던 반다아쩨는 이제 새벽까지 흥청거린다. 적어도 반다아쩨에서만큼은 쓰나미 자국을 보기 힘들다. 오히려 겉보기엔 풍요로움마저 넘친다. 550만 달러(67억 원)나 들여 만든 쓰나미박물관 앞에 서면 '쓰나미 경제'의 위력을 실감할 수 있다. 하기야 45억 달러(5조 3,000억 원)로 추산했던 쓰나미 피해에 인도네시아 정부와 국제사회가 65억 달러(7조 7,000억 원)를 쏟아부었으니 그럴 만도 했다. 쓰나미 뒤 한동안 아쩨에서는 "새로 지은 집이 들어갈 사람보다 많고 새 배가 어부보다 많다"는 말이 나돌 정도였으니.

2006년 2월 아쩨 자치정부가 설치한 아쩨재건국BRA에서 3년쯤 일했던 현지 언론인 누르딘 하산Nurdin Hasan은 "복구 제대로 했다. 아직 오지는

---

70   니아웡 그룹이 '유언장'이란 부제를 붙여 2002년 1월 살해당한 자유아쩨운동 사령관 압둘라 시아피이한테 바쳤던 노래.

문제지만 한 80%쯤은 복구하지 않았나 싶다"고 했다. 겉만 봐서는 달리 꼬투리 잡을 구석이 없다. 반다아쩨는 쓰나미 전에 견줘 오히려 200%쯤 더 나간 듯도 싶고.

문제는 사람이다. 길이나 집이야 새로 지으면 그만이지만 사람들 마음속에 남아 있는 불안과 공포는 10년 세월도 어쩔 수 없는 듯. "나야 가족도 모두 무사했고 기껏 발목쯤 물에 잠기는 경험을 했지만, 아직도 바닷가에 나서기가 무섭고 땅이 조금만 흔들려도 곧장 쓰나미 공포가 몰려온다." 현지 방송기자 야얀 잠자미Yayan Zamzami처럼 여태 많은 사람이 쓰나미 기억에 눌려 산다.

신을 향한 믿음이 모자라 벌을 받았다고 여겨온 아쩨 사람들이 그래서 더 열심히 신을 찾고 사원을 짓는지도 모르겠다. 아쩨 사람들은 그렇게 스스로를 탓했다. 신과 사람 사이에 들어선 자연현상, 그 풀길 없는 안타까움 속에서 아쩨를 보았다.

마음이 급했다. 일정을 잡아둔 정치판 취재를 뒤로 밀쳤다. 두 아이를 찾아 나섰다. 이름도 모르고 사는 곳도 모른다. 주소도 전화번호도 없다. 부모가 누군지도 모른다. 그저 손에 든 10년 전 사진 한 장이 다다. 현지 기자들은 모두 낄낄댔다. 취재 걸어놓고 괜한 짓 말라는 뜻이었다. 망설이긴 했지만 못 찾을 것 같진 않았다. 예감을 믿는 편이니까!

"마리 끼따 뻐르기 꺼 민사뚜 록옹아(록옹아 이슬람초등학교로 가세)!"

11월 23일, 운전기사를 닦달했다. 세월에 닳아 비록 그 아이들 이름은 잊어버렸지만 초등학교만은 또렷이 기억났다. 10년 전 나는 구조대를 쫓아 쓰나미가 할퀴어 폐허가 된 록옹아Lhok Nga를 취재하다 판자로 엮은 가건물에서 그 두 아이를 보았다. 그날 록옹아에는 반쯤 찢긴 모스크 하나를

2004년 쓰나미가 휩쓸고 간 뒤 폐허로 변했던 반다아쩨 센트럴 모스크 부근. _센트럴 모스크. 반다아쩨. 아쩨. 2004 ⓒ정문태

2014년, 쓰나미 10년 뒤 반다에쩨 센트럴 모스크 주변은 공원으로 변했다. _센트럴 모스크. 반다아쩨. 아쩨. 2014 ⓒ정문태

나는 주검으로 뒤덮인 2004년 쓰나미 취재 때 록응아 가건물 학교에서 이 두 아이를 보았고 희망을 얻었다. _록응아. 아쩨. 2004 ⓒ정문태

빼곡 서 있는 게 없었다. 민사뚜(초등학교)도 건물은 모조리 쓸려가고 시멘트 바닥만 남아 있었다. 나는 밟히는 주검을 무심히 휙 돌아보며 왜 살 썩는 냄새가 내 목구멍에서부터 올라오는지를 생각했을 뿐, 살아 있는 것과 죽은 것을 따진다는 건 아무 의미가 없다고 스스로를 위로했다. 내가 나를 볼 수는 없었지만, 틀림없이 그날 내 얼굴은 악마의 것이 아니었던가 싶다.

그렇게 나는 사람도 자연도 모조리 깨져버린 땅을 기웃거리다가 민사뚜 판자교실에서 빛을 보았다. 천사였다. 온 세상이 아파하며 울부짖는 그 절망 속에서 환하게 웃는 아이 둘이 있었다. 심장이 터질 듯했다. 나는 그 아이 둘을 한참 동안 쳐다보면서 다시 사람으로 되돌아왔다. 나는 그 땅을 떠나면서 다짐했다.

"내게 희망을 보여준 이 천사들을 잊지 않겠다."

그러나 도시로 되돌아온 나는 머잖아 스스로를 배신했다. 내 마음속에서 그 천사들은 서서히 멀어져갔다. 여덟 달쯤 뒤 나는 록옹아를 다시 찾았지만 바쁜 핑계를 대며 그 아이들을 안 만나고 지나쳤다. 대여섯 해가 지날 즈음엔 아예 기억마저 가물거렸다. 그렇게 두 아이를 찾아 나서기까지는 10년 세월이 흘렀다.

천사1, 천사2

반다아쩨에서 자동차로 25분쯤 달릴 즈음 록옹아의 람끄루엣 마을에서 '민록옹아'란 2층짜리 예쁜 학교가 눈에 들었다. 심장이 뛰었다. 학교 바로 맞은편 구멍가게에 앉아 커피를 시켜놓고 숨을 골랐다. 구멍가게 주인은 "쓰나미 때 이 학교 앞에서 사진 찍었던 그 한국 기자 아닌가?"며 10년 전을 기억하고 있었다. 10년 세월을 되돌리는 그 충격적인 기억은 곧 희망으로 바뀌었다.

"아이들 찾을 수 있겠다!"

낯선 이방인 등장에 동네 사람들이 모여들었다. 사진을 돌렸다. 몇 사람을 거쳐 사진이 전직교사라는 자마루딘 손으로 넘어갔다. 자마루딘은 마치 기다렸다는 듯 사진을 보자마자 아이들 이름과 집까지 바로 찍어냈다. 예감이 맞아 떨어졌다. 통역해주던 AFP 아쩨 기자 누르딘 하산은 "기적! 기적!"을 연발했다. 그랬다. 지난 10년 동안 생존자들이 뿔뿔이 흩어져버린 사정을 놓고 보면 기적일지도 모른다.

자마루딘을 쫓아 '천사1'부터 찾아갔다. 쓰나미로 주민 3,000여 명 가운데 2,000 넘는 이가 목숨을 잃었고 아무것도 안 남았던 그 람끄루엣 마을엔 새 집이 빼곡히 들어차 있었다. 주민 수도 제법 늘어 이제 1,800에 이른다고 한다.

람끄루엣 87호, 문을 두드리는 수만큼 심장도 함께 뛰었다. 언니라는 20대 초반 두 여자에 이어 세 번째로 튀어나온 아이가 사진을 받아들고는 3초쯤 뒤에 활짝 웃었다.

"제가 맞아요. 저예요!"

열여섯 먹은 자하라띠Jahrati였다. 자하라띠는 놀란 듯 수줍어하면서도 웃음을 멈추지 않았다. 이 아이의 미소는 10년 전 바로 그 천사의 것 그대로였다. 너무 고마웠다. 예쁘게 자라준 자하라띠를 보면서 눈물을 참느라 애먹었다. 말문이 열린 자하라띠는 여느 소녀와 다를 바 없이 케이팝을 떠들어댔고 "배우 이민호를 사랑한다"며 제법 또렷한 발음으로 말끝마다 "안녕하세요" "감사합니다"를 덧붙였다. 허당기가 드러나는 이 즐거운 천사 자하라띠는 기술고등학교 2학년으로 머잖아 멋진 패션디자이너가 될 것이라고 한다. 시멘트 회사에서 일하는 아버지와 어머니 그리고 딸 넷이 함께 살아가는 87호엔 넘쳐흐르는 행복이 한눈에 들었다. 이 87호는 람끄루엣 마을에서 아주 드물게 단 한 명 희생자도 없이 온 가족이 살아남은 집이기도 했다. 엄청난 행운이 따랐던 셈이다. 그래서 자하라띠는 쓰나미의 아픔을 잘 걷어낼 수 있었던 게 아닌가 싶다.

"지진이 나면 쓰나미 때가 떠오르긴 하지만 악몽 같은 건 없어요. 잠도 잘 자고."

자하라띠를 보고 나니 '천사2'가 더 궁금해졌다. 자마루딘이 같은 동네에서 천사2의 아버지를 찾아냈다. 구멍가게를 하는 아버지는 딸이 바우까 뿌뜨리 레스따리Vauka Putri Lestari고 지금 알휘타얀이슬람기숙학교에서 공부한다고 알려주었다. 학교가 있는 를로 마을로 단숨에 달려갔다. 쓰나미 뒤에 쿠웨이트와 카타르 도움을 받아 지은 이 기숙학교는 2007년 문을 열 때만 해도 쓰나미와 분쟁 피해를 입은 아이들이 많았지만 하나둘씩 졸업해나가면서 이젠 동네 아이들이 다니는 보통 기숙학교와 다를 바 없었다.

"참 내성적인 아이다. 1학년 땐 말도 없고 친구도 없었다. 공부도 좀 처지는 편이더니 2학년이 되면서 친구도 생기고 공부도 잘한다."

교무실에서 바우까의 1학년 때 담임 무르시이다와 이야기를 나누는 사이 초등학생만한 아이가 들어왔다. 바우까였다. 아주 예의 바른 바우까는 10초쯤 사진을 들여다보더니 그냥 웃기만 했다. 사진 속 짝꿍이었던 자하라띠가 바우까를 이름과 집까지 또렷이 기억했던 것과 달리 바우까는 자하라띠를 못 알아봤다.

"쓰나미 때 엄마가 돌아가시고 외할머니 집에서 살다가 초등학교 2학년 때부터 여기서 먹고 자며 공부했어요. 독립심 기르려고 기숙학교를 택했고 지금 대학에 다니는 언니 셋도 모두 이 학교 출신이에요."

말투도 몸짓도 한 치 흐트러짐 없는 바우까는 "쓰나미 때 우리 마을에 의사가 없어서 더 많은 사람이 죽었어요. 의사가 되어 마을로 돌아가서 사람들을 돕고 싶다"며 또랑또랑한 눈을 반짝였다. 한참 만에 긴장을 푼 바우까는 그래도 아직 아이였다. "새엄마도 잘해주시지만, 진짜 우리 엄마와는 다르잖아요." 바우까 눈이 잠깐 흐려졌다. "주말에 가족들이 와서 친구들을 데려가는 걸 보면, 엄마가 너무 보고 싶고…."

영어선생 라흐맛 시아끄리는 "바우까가 1학년 때까지 말이 없었던 걸 보면 쓰나미 영향을 크게 받았던 것 같다"고 귀띔해주었다. 자하라띠에 견줘 환경도 성격도 아주 다른 바우까를 보면서 가슴이 아렸다. 한 시간쯤 이야기를 나누고 자리를 뜰 무렵 바우까는 "4~5년 전가지만 해도 내가 봤던 주검이 자꾸 떠오르고 악몽을 많이 꿨는데 이젠 괜찮다"며 환하게 웃었다. 그제야 10년 전 그 천사의 미소가 되살아났다. 바우까는 떠나는 내 손을 꼭 잡고는 자기 머리에 한참 동안 갖다 댔다. 너무 미안했다. 부끄러웠다.

자하라띠와 바우까는 민사뚜 록웅아의 400명 아이들 가운데 살아남은 100여 명, 그 가운데 둘이었다. 나도 세상도 그 아이들을 돌아보지 않았다. 인도네시아도 국제사회도 그저 1년쯤 반짝했을 뿐이다. 지난 10년 동안 세상은 그이들한테 기껏 돈 몇 푼 던지는 걸로 모든 걸 때웠다. 이제 그 쓰나미 10주년이 다가온다고 난리들이다. 아쩨엔 온갖 행사를 알리는 간판이 나붙었고 외신기자가 몰려들기 시작했다. 두 아이를 만나고 돌아오는 밤길은 어둡고 고통스러웠다. 내가 나한테 던지는 질문으로 끝없이 시달렸다.

"내게 희망을 보여주었던 그 아이들한테 나는 무엇을 보여주었던가? 내게 그 아이들도 쓰나미 10주년 행사용이 아니었을까?"

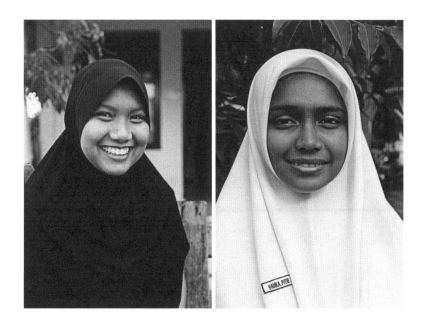

왼쪽 아이 자하라띠는 패션 디자이너를 꿈꾸는 아주 밝은 소녀로, 오른쪽 바우까 뿌뜨리 레스따리는 의사가 되어 마을 사람들을 돌보겠다는 아주 진지한 소녀로 자라 있었다. _록응아. 아쩨. 2014 ⓒ정문태

살아 있는 것만으로도 고마운 그 예쁜 아이들한테 이제는 아니라고 말하고 싶다. 해마다 생일만큼은 챙겨줘야겠다. 그렇게 두 아이들을 찾아보면서 쓰나미 10년을 반성문으로 마무리했다.

권력을 쥔 자가 언론을 피한다는 건

이제 골치 아픈 정치판이 기다리고 있었다.

"기꺼이 만날 것이다."

선을 통해 답이 왔다.

"언제든 좋다. 만나자."

곧장 문자도 날아왔다.

근데 현지 기자들이 잘 믿질 않는다.

"그이가 인터뷰한 적 없는데."

"그이가 기자들 안 좋아해서."

결론은 인터뷰 못 한다는 뜻이었다.

11월 24일, 그이가 헤르메스호텔에서 열리는 인도네시아스포츠위원회에 얼굴을 내민다기에 찾아갔다. 행사 끝나고 그이와 둘이 커피숍에 앉아 노닥거리는 걸 보면서도 기자들은 긴가민가했다. 11월 26일, 자까르따에 다녀온 그이를 공항귀빈실에서 만나 커피 한잔 한 걸 공보비서가 '한국 기자와 인터뷰하다'는 제목에 사진까지 박아 기자들한테 보도용 이메일을 날리자 그제야 다들 고개를 끄덕인 모양이다. 근데 그건 오보였다. 그저 이런저런 잡담을 나눴을 뿐이다. 진짜 인터뷰는 12월 7일 아쩨당Aceh Party 당사에서 그것도 밤 10시 40분에 했다. 기사마감이 다가오는 터라 붙들어 앉혔다. 하루건너 자까르따를 오가고 투자자들을 몰고 다니느라 정신없는 그이가 나와 인터뷰를 마다한 적은 없지만 그렇다고 썩 내켜하지도 않는 눈치였다. 그저 옛 인연에 못 이겨….

무자끼르 마납이 그 주인공이다. 아쩨 독립을 외치며 산악에서 무장투쟁을 했던 자유아쩨운동 전 사령관으로 지금은 아쩨 자치주 의회 제1당인 아쩨당 대표에다 아쩨 자치주 부지사를 하는 인물이다. 사람들은 아쩨 망명정부 외무장관 출신 주지사 자이니 압둘라Zaini Abdullah를 제쳐놓고 무자끼르를 아쩨 실권자로 여긴다. 그렇더라도 공식 직함 부지사쯤이 언론을 깔볼 수 있다는 건 뭔가 제대로 굴러가지 않는다는 뜻이고, 기자들이 그런 부지사를 무서워하며 말도 잘 걸지 못한다는 건 어딘가 탈이 나 있다는 신호였다.

외신기자는 직업상 어딜 가나 맨 먼저 언론판 돌아가는 꼴로 한 사회를 본다. 근데 무자끼르가 언론과 안 친하다는 소문이 자자하니 첫날부터 심사가 아주 뒤숭숭했다. 권력을 쥔 자가 언론을 피한다는 건 서울에서도 자까르따에서도 아쩨에서도 마찬가지 켕기는 게 많거나, 아는 게 없거나, 정치를 개판으로 한다는 뜻이다. 이런 자들이 독선으로 치닫다가 결국 비극적으로 끝나는 걸 25년 동안 국제정치판을 취재하면서 익히 봐왔다. 그러니 내가 취재주인공으로 삼은 무자끼르와 언론관계는 아쩨를 읽는 매우 중요한 밑감이 될 수밖에 없었다.

무자끼르를 9년 만에 만났던 헤르메스호텔 커피숍으로 돌아가보자.

기자들도 둘레 사람들도 다 쳐다본다. 커피를 나르는 이들도 조심스레 힐끗힐끗 쳐다본다.

"휴전협정 때 보고는, 이게 몇 년 만인가? 잘 지냈나?"

"한참 됐지. 나야 바쁘게 살았고. 그새 별일 없었나?"

"응, 나야. 산사나이가 부지사 된 걸 보니 자랑스럽다."

"음… (아주 겸연쩍어하며) 근데 갑자기 웬일로 여기?"

"하도 취재 어렵다고 소문나서 한번 따라다녀 보려고."

"어디든 좋다. 내일 사방Sabang섬 가는데 같이 가자."

무자끼르는 공보담당자 불러 비행기 자리를 부탁했다.

자리를 털고 난 뒤 통역 누르딘 하산은 "늘 카리스마 뿜던 무자끼르가 수줍어하는 걸 처음 봤다. 인터뷰도 받아주고, 너무 놀랐다!"며 흥분했다. 오히려 놀란 건 나였다. 내가 봐온 무자끼르는 늘 그랬으니. 1999년 12월 니삼 산악 게릴라 기지에서 처음 만났을 때도 그이는 몹시 수줍음 탔다. 그때만 해도 무자끼르가 외신기자를 처음 만났고 인터뷰란 걸 해본 적 없어서 그러려니 여겼다. 그 뒤 2005년 8월 15일 '아쩨 자치주 설치와 평화 실행'을 담은 헬싱키 협정Helsinki MOU에 서명하고 게릴라들이 하산하던 시절 만났던 무자끼르도 여전히 낯가림이 심했다.

그로부터 9년 만에 다시 만났는데 부끄럼 타는 그이 모습은 옛날 그대로였다. 스포츠위원회 연설 때도 그랬다. 아쩨 사람들은 그걸 카리스마로 여기는지 모르겠지만 내 눈에는 무자끼르가 청중을 피하는 게 보였다. 공항귀빈실에서 외국 투자자를 대하던 무자끼르 모습도 내 눈에는 낯가림으로 보였다. 나는 변하지 않은 그이 모습이 오히려 반가웠던 터다.

나는 무자끼르가 내성적인 성격인 데다 게릴라 사령관이라는 선입견이 강해 현지 기자들이 오히려 잘못 생각하는 건 아닌가 싶은 생각이 들었다.

"무자끼르가 기자들과 말문 안 트고 안 어울리는 게 문제다. 아직 게릴라 지도자 냄새를 풍기니 기자들이 거리를 둘 수밖에 없다."〈아쩨뽀스뜨Atjeh Post〉기자 유스와디Yuswadi.

"자까르따에 본사를 둔 전국 방송이나 신문 기자는 별 신경 안 쓰는데 아쩨 지역언론 기자는 눈치를 보는 편이다. 그렇다고 무자끼르가 언론을 공격하거나 기자를 해코지한 적 없다." 인도시아르티브이Idnosiar TV 기자 야얀 잠자미.

"검열도 없고 탄압도 없다. 비판적 기사도 날릴 수 있다. 그런데도 기자가 정치인을 무서워하는 건 전쟁 치른 아쩨의 특수한 경험 탓이다. 무자끼르 아니라 누가 됐든 마찬가지였을 것이다."AFP 기자 누르딘 하산.

현지 친구들과 이야기해보니 "기자들이 알아서 긴다"는 메트로티브이 기자 자이날 바끄리 말이 결론처럼 들렸다. 어림친 대로 아쩨 기자들은 언론탄압 같은 문제가 아니라 무자끼르의 비사교적 성격과 태도를 타박했다. 적어도 무자끼르가 언론사나 기자들한테 행패를 안 부린다는 말에 그나마 마음이 놓였다. 내가 무자끼르 언론관을 취재화두로 뽑아 들 만큼 중요하게 여겼던 건 아쩨 현실을 읽는 좌표일 뿐 아니라 무자끼르를 처음 세상에 알렸던 기자로서 잘못되면 내게도 책임이 있다는 생각이 늘 따라다녔던 까닭이다. 정작 무자끼르는 "오해다. 사람들 헷갈리게 하기 싫어 꼭 필요한 말만 하다 보니 그렇게 생각하는 모양이다"며 대수롭잖게 여겼다.

입이 무겁기로 소문난 무자끼르는 살아온 걸 보면 아주 이해 못 할 바도 아니다. 1964년 북부 아쩨 스누돈Seunudon에서 태어난 무자끼르는 어머니 주바이다 빈띠 모하마드 하산Zubaidah Binti Mohamad Hasan 말마따나 "어릴 때부터 말도 없고 냉정한 아이"였다고 한다. 고등학교를 마치고 1986년 리비아로 떠난 무자끼르는 캠프 타주라Camp Tajura에서 군사훈련을 받고 1989년까지 무아마르 가다피Muammar Gaddafi 리비아 대통령 경호대에서 일했다. 1989년 아쩨로 되돌아온 무자끼르는 곧장 자유아쩨운동 게릴라 전선에 뛰어들어 2005년 도시로 내려올 때까지 15년 동안이나 험난한 산악을 누빈 인생이다. 타고난 떠버리가 아닌 다음에야, 비밀을 생명처럼 여기는 대통령 경호대와 폐쇄적인 산악 무장투쟁 같은 특수한 경험을 20년쯤 하고도 주절거린다면 그게 오히려 이상하지 않을까 싶다.

여기서 우리는 역사의 아이러니를 하나 본다.

"아이가 스무 살 땐가 인도네시아 정부군 하사관 시험을 봤어. 예나 이제나 징병관한테 뒷돈을 줘야 하는데 우리가 그럴 돈이 있나. 그래서 그만두고 말레이시아(사실은 리비아)로 떠났지."

2005년 무자끼르 어머니가 나한테 흘려준 말이다. 그렇게 인도네시아 정부군 징병비리가 한 사나이의 운명을 바꿔놓았고 결국 반군 우두머리를 키워냈다. 아쩨 현대사에 감춰진 한 토막이다.

전쟁을 할 수 없다는 사실을 깨달았다

무자끼르는 2002년 1월 자유아쩨운동 사령관 압둘라 시아피이가 정부군과 교전 끝에 사망하자 그 자리를 물려받아 4,000여 게릴라를 이끌기 시작했다. 무자끼르한테는 곧장 시험이 닥쳤다. 2003년 5월 19일 도쿄 평화회담이 깨지자마자 인도네시아 정부는 곧장 아쩨 전역에 계엄령을 선포하고 자유아쩨운동 박멸작전에 돌입했다. 정부군은 해병과 특전사를 비롯한 중무장 특수전 병력 4만 6,675명을 아쩨에 투입해 1975년 동티모르 침공 뒤 최대 규모 군사작전을 벌였다. 그 아쩨계엄군사작전에 해군은 전함 23대를 파견했고 공군은 국내 분쟁 투입이 금지된 F16 전폭기까지 띄워 입체작전을 펼쳤다. 무자끼르는 "아쩨 자유를 위해 마지막 한 방울 피까지"를 외치며 항전했고 자유아쩨운동은 2,000여 명이 전사하는 엄청난 피해를 입었다. 정부군도 500여 전사자를 내면서 아쩨 분쟁 29년을 통틀어 양쪽 모두 가장 큰 희생자를 기록했다. 이제 정치인으로 변신한 무자끼르를 지금도 아쩨 사람들이 사령관을 일컫는 "무알럼Mualem"이라 부르는 건 그날의 항전을 기리는 훈장인 셈이다.

아쩨계엄군사작전이 지쳐가던 2004년 12월 26일, 아무도 상상하지 못했던 일이 터졌다. 쓰나미가 덮쳤다. 주검으로 뒤덮인 그 땅에서 누구도 더 이상 전쟁을 생각할 수 없었다. 지옥을 본 정부군과 자유아쩨운동은 곧장 조건 없는 휴전을 선언했다.

"평화를 원했다기보다 전쟁할 수 없다는 걸 깨달은 거지."

무자끼르 말마따나 쓰나미가 아니더라도 그 무렵 막대한 화력과 병력을 동원했던 정부군은 재정파탄 상태에 이르렀고 장기 군사작전으로 전의를 잃어가던 때였다. 벼랑 끝에 몰렸던 건 자유아쩨운동도 다를 바 없었다. 자유아쩨운동은 산악에서 철저하게 고립당해 전투는 둘째 치고 보급마저 힘든 상태였다. 그렇게 두 진영이 출구를 찾던 무렵 쓰나미가 덮쳤다.

"아쩨 평화, '쓰나미의 선물'이라 부를 만한가?"

"쓰나미가 다는 아니었지만 평화 앞당긴 건 맞다. 쓰나미 두 달 전쯤 수실로 밤방 유도요노Susilo Bambang Yudhoyono 대통령 만나 평화중재할 제

3세력을 요구했는데, 그게 결국 쓰나미였던 셈이다."

"쓰나미 없었다면 아직 싸우고들 있을까?"

"(한참 뜸들이다가) 우리가 손들지 않았을 건 틀림없다. 정부군은 재원도 바닥났고 크게 지쳤으니 그 쪽이 먼저 그만두든가 했겠지."

"자유아쩨운동인들? 보급불능 상태였잖아?"

"당신이 그 현장 취재했으니 누구보다 잘 알겠지만 정부군이 우리한테 총과 실탄 팔아먹을 정도였잖아. 우린 괜찮았다. 사기도 높았고."

뭐, 크게 틀린 말은 아니다. 그 무렵 자유아쩨운동한테 무기를 팔아먹던 정부군이 심심찮게 잡혀 뉴스에 뜨곤 했으니.

어쨌든 쓰나미가 휩쓸고 간 뒤 2005년 8월 15일 두 진영은 헬싱키 협정에 서명했고 정부군 철수와 자유아쩨운동 무장해제가 뒤를 이었다. 9월 들어 게릴라들이 하산했고 무자끼르도 20년 만에 집으로 돌아왔다. 그날 록스마웨에서 만났던 무자끼르는 "인도네시아 정부 믿을 수 없다. 언제든 다시 산으로 되돌아갈 준비돼 있다. 무기는 얼마든지 있다"며 여전히 하산을 초현실적 상황으로 받아들이는 듯했다.

말썽 많던 아쩨통치법LOGA이 결국 2006년 8월 인도네시아 국민협의회를 통과하면서 56년 만에 아쩨는 자치주 지위를 되찾았다. 아쩨 분쟁은 역사의 배반에서 비롯되었다. 아쩨는 대네덜란드 독립투쟁을 도운 대가로 1947년 인도네시아 독립과 함께 특별자치주 약속을 받았다. 그러나 1950년 인도네시아 대통령 수까르노는 그 약속을 깨고 아쩨를 수마뜨라에 편입시켜버렸다. 분노한 아쩨가 1953년 아쩨이슬람공화국을 선포하자 수까르노는 1955년 대규모 병력을 아쩨에 투입해 수천 명을 살해하면서 무력통치의 시대를 열었다. 이어 1965년 쿠데타로 집권한 수하르또가 무장통치와 경제착취로 짓밟자 1976년 하산 띠로가 자유아쩨운동을 창설해 독립투쟁을 벌여왔다.

아쩨통치법에 따라 2006년 말부터 아쩨는 자치주 건설을 시작했다. 그해 12월 무자끼르는 주지사 선거 때 독립후보로 나선 자유아쩨운동 출신 이르완디 유숩Irwandi Yusuf을 지원하며 정치판에 발을 들였다. 2007년 무자끼르는 자유아쩨운동 조직을 아쩨당으로 바꿔 2009년 주의회 선거에서 69석 가운데 33석을 차지하며 제1당 자리를 잡았다. 산악 게릴라에서 도시 정치인으로 변신한 2년짜리 풋내기가 거둔 승리 치고는 엄청났다. 이어 2012년 주지사 선거에서 아쩨당 후보로 나선 자이니 압둘라–무자끼르 마납 조는 이르완디한테 압승을 거둬 현재 제2기 아쩨 자치주를 이끌고 있다. 2014년 4월 주의회 선거에서 아쩨당이 81석 가운데 29석을 얻는 데 그쳤지만 무자끼르는 여전히 제1당 대표로서 정부와 의회를 주무르고 있다.

정치가 더 골치 아프다

"산악 게릴라 사령관과 도시 정치인 가운데 어느 쪽이 더 어려운가?"

"장소만 다를 뿐 같다. 산에서는 몸이 필요했다면 도시에선 머리가 중요하고."

"투쟁으로 치면?"

"산보다는 도시가 효과적인 것 같긴 한데…."

무자끼르는 말이야 가볍게 받았지만 얼굴은 찌푸렸다. 정치가 더 골치 아프다는 뜻이었다. 효과적인 도시 투쟁인진 몰라도 무자끼르는 지난 4월 선거 때 '가구당 월 100만 루피아(약 10만 원) 지원' '전쟁고아 지원'같이 돈 들어가는 공약을 엄청나게 쏟아냈다. 그걸 메우려니 하루가 멀다고 투자자들을 만나고 다닌다.

"공항에서 만났던 그 외국 투자자들은?"

"아, 그 독일 투자자들이 보석, 커피, 가스, 오일에 관심 있다기에."

(현지 언론에도 독일 투자자로 알려진 그이들은 공항에서 내가 직접 말을 붙여본 결과 사우디아라비아 돈줄을 달고 온 보스니아 사업가들이었다.)

"한국도 다녀왔다면서 신통찮았던가 보지?"

"작년, 재작년 두 번. 정수설비 관심 있었는데 못 보고 태양열 쪽만."

"그쪽은 왜?"

"쓰나미 피해지역에 식수, 전기가 급하니. 아직 전기는 50%, 식수는 20%밖에 복구 못 한 상태라."

그래서 무자끄르는 요즘 '바닷물을 식수로'에 정신 나간 사람처럼 보인다. 정수설비를 입에 달고 다닌다. 근데 여태 아쩨에 쓸 만한 투자가 들어왔다는 소식은 안 들린다. 새로운 땅으로 알려지면 별별 사람이 별소리를 다하며 달라붙는데 지금 아쩨가 딱 그 짝 아닌가 싶다.

"투자자들이 치안과 샤리아(이슬람법) 겁나서 머뭇거리는 거 아닌가?"

"당신이 지금 여기 있잖아. 치안 문제 있나? 샤리아 탓에 불편한가? 말해봐라."

무자끄르는 대뜸 소리를 높이며 다그쳤다.

"나야 투자자도 아니고 늘 이런 데 다니는 게 팔자니 문제될 것도 없지만."

"작년 1만이던 사방 관광객이 올해 2만 7,000으로 늘었다. 누가 샤리아 탓하던가?"

"당신 정부가 관광개발한다고 난린데, 외국인이 비키니 입고 돌아다니면 샤리아와 충돌한다. 다 잡아넣어야 하잖아?"

"사방에선 외국인들이 비키니 입고 바다 즐긴다. 록응아 해변도 그렇고. 샤리아는 아쩨 사람들, 무슬림 위한 법일 뿐이다."

"말이 다르다. 주지사 자이니가 '샤리아는 외국인도 예외 아니다'고 못 박았잖아?"

"내가 보증한다. 내 말을 들으면 된다!"

"법을 놓고 지사 다르고 부지사 다르다면 말이 되겠나?"

"내가 한 말이 정부 공식 입장인데, 왜 딴말들이 그렇게 많은지…."

무자끼르는 그동안 세상이 알아주지 않아 답답하고 억울한 게 많았던 모양이다. 시아 꾸알라대학 경제학과 교수인 나자무딘Nazamuddin은 "1기 이르완디 정부는 쓰나미 복구자금이 있었다. 행운이었다. 근데 2기 자이니-무자끼르 정부는 그마저도 없다. 무자끼르한테 시간을 좀 더 줄 필요가 있다"고 했다. 틀린 말은 아니다. 이르완디 때는 인도네시아 정부와 국제사회가 던져준 65억 달러로 돈이 넘쳤으니. 그렇다고 먹고살기 힘든 시민이 무자끼르를 얼마나 더 기다려줄지는 의문이다. 호사가들은 다다음 선거쯤이면 무자끼르의 아쩨당이 아예 사라질지도 모른다고 떠들어대는 판이고.

2주 동안 무자끼르를 네 번 만났는데 그이는 늘 피곤에 절어 있었다. 정치평론가 아르디안시아Ardiansyah는 "자까르따 중앙정부와 관계, 자유아쩨운동 내 분파주의, 샤리아 실행방법, 부정부패, 관료주의가 무자끼르 발목을 잡은 탓이다"고 진단했다. 다 아는 소리고 다 옳은 소린데 마땅한 대

"세상이 바뀌었고, 아쩨를 위한 정치적 계산일 뿐이다."

독재자 수하르또의 사위로 특전사 꼬빠쑤스 사령관을 꿰차고 악명 떨쳤던 쁘라보워 수비안또 대인 도네시아운동당GERINDRA 대표와 함께 연단에 오른 무자끼르 마납. 쁘라보워는 2014년 대통령 선거에 출마했으나 조꼬 위도도 현 대통령에게 패했다. _록스마웨. 아쩨. 2014 ⓒAdi

안이 없다. 공무원들은 모두 자까르따 중앙정부 아래서 일해온 이들이고, 부정부패와 관료주의는 인도네시아의 전통특산물이고, 샤리아는 잔챙이만 가두는 법이라고 난리들이니.

게다가 자치정부를 향한 시민 바람은 독립에 버금갈 만큼 커져버렸지만 현실은 여전히 자까르따 중앙정부에 가로막혀 만만치 않다. 헤르메스호텔의 스포츠위원회 행사 때 자까르따에서 온 대표들과 아쩨 사람들이 모두 일어나 인도네시아 국가인 〈인도네시아 라야Indonesia Raya〉를 불렀다. 무자끼르는 아주 멋쩍은 얼굴로 가끔 입만 뺑긋거렸다. 아프지만 그게 정직한 아쩨 현실이다. 무자끼르는 자까르따 중앙정부와 맞선 협상전선의 최고 책임자로서 변명도 핑계도 댈 수 없는 처지다. 자까르따 중앙정부와 협상만큼은 주지사 대신 무자끼르가 스스로 나선 자리니까.

"요즘 자까르따와 200마일 해저유전 분배 건 놓고 말들이 많던데. 지상과 해상 12마일까지는 아쩨 70%, 자까르따 30%로 이미 합의했지만 해저 200마일은 자까르따 몫이라고 하데?"

"아직 결과 안 나왔다. 잘 풀릴 거다."

인터뷰에서 구체적인 수치를 들이대는 질문에 정치인들이 짧게 끊어치는 대답은 대개 일이 꼬여 골치 아프다는 뜻으로 보면 틀림없다.

"아쩨 깃발은 올릴 건가? 2013년 유도요노 전 대통령이 전쟁까지 들먹이며 펄쩍 뛰었는데."

"깃발은 얼마 전 자까르따도 인정했다. 2014년 말까지 아쩨통치법 실행약속도 했고."

"인정했으면 지금 깃발 올릴 수 있겠네?"

"아직은… 좀 기다려야. 이 깃발 건은 오프 더 레코드로 가자."

무자끼르는 선을 그었다. 그러겠다고 약속도 안 했지만, 12월 중순 자까르따에서 무함마드 유숩 깔라Muhammad Yusuf kalla 부통령실 사람들을 만났을 때 아쩨 깃발은 색깔 바꾸는 선에서 타협할 수도 있다는 말을 들었으니 굳이 감춰주고 말고 할 일도 없게 됐다. 그동안 아쩨주 깃발은 색깔이나 모습이 자유아쩨운동 깃발과 빼닮아 자까르따 중앙정부가 아주 예민하게 여겨왔다.

이젠 중년티가 묻어나는 무자끼르와 이야기하는 동안에도 나는 늘 기억 속의 그 무자끼르를 만났는지도 모르겠다.

누가 정치를 해야 옳은가

1999년 12월 니삼 산악 게릴라 기지였다. 그이 눈은 아기처럼 맑았다. 그 눈엔 자유와 독립투쟁 의지만 담겼지 어떤 오물도 없었다. 그이는 처음 본 외신기자인 나한테 속을 다 드러냈다. 그만큼 순진하거나 순수했다.

"스웨덴 쪽 망명정부의 정치투쟁과 아쩨 무장투쟁은 다르다. 우린 우리 길 간다."

그 시절만 해도 가히 충격적인 말이었다. 나는 이 자가 외신기자란 걸 만난 적도 없고 인터뷰도 해본 적 없어서 그러려니 귀를 의심했다. 그때까지 세상은 아쩨 무장조직이 스웨덴 망명정부 명령에 따라 움직인다고 믿던 시절이다. 그날 무자끼르를 통해 처음으로 그 둘이 일방적인 명령관계가 아니라는 사실이 드러났다. 전선에서 게릴라가 바깥사람, 그것도 외신기자한테 상위 정치조직을 비판한다는 건 결코 흔치 않은 일이다. 나는 그 자리에서 무자끼르 깜냥을 한눈에 알아챘다. 그즈음 자유아쩨운동 게릴라는 지역별로 뿔뿔이 갈려 있었고 명령체계도 흐릿한 상태였다. 나는 게릴라 속을 들여다보면서 머잖아 자유아쩨운동 지도력이 무자끼르로 통합될

가능성이 아주 높다는 믿음을 가졌다. 압둘라 시아피이 사령관이 살해당하기 2년 전인 1999년 12월, 일찌감치 〈한겨레21〉에 "자유아쩨운동 차기 사령관 무자끼르를 주목하라"는 제목을 달고 도박할 수 있었던 까닭이다.

꼭 15년 전 산에서 무자끼르가 했던 그 말은 오늘 반다아쩨 현실로 이어지고 있다. 구세대 망명정부 출신 주지사 자이니와 신세대 산악 게릴라 출신 부지사 무자끼르가 삐거덕거리는 건 이미 동네 사람들 입길에도 올랐다.

"둘이 왜 싸우나?"

"남들 말 듣지 마라. 우린 아무 문제없다."

"없긴? 지난 8월 삐뜨라 아룬 가스Petra Arun Gas 사업권 놓고 둘이 부딪쳐 여태 계약도 못 해놓고?"

"76세대들(1976년 자유아쩨운동을 창설한 하산 띠로와 함께 스웨덴에서 망명정부를 꾸려온 이들) 생각이 우리와 다르니까."

"뭐가 다른가?"

"좀 유치하고… (손사래 치며) 그만하자."

"이념문젠가?"

"그런 것도 아니고, 욕심들이 많아."

요리조리 후벼보았지만 무자끼르는 이 대목에서 끝내 말을 아꼈다.

"당신 정부를 뒤에서 조종해온 말릭 마흐무드Malik Muhmud 망명정부 총리도?"

"조종은 무슨 조종. 말릭은 경륜도 있고 다 좋은데 그 둘레가 문제다."

자정이 가까워지자 "이제 마치자"는 무자끼르를 몇 번이나 붙들어 앉혔다.

"그럼, 당신과 같은 세대인 전 주지사 이르완디와 관계는 어떤가?"

"그이와는 아무 문제없다. 지금도 서로 협력하고."

"근데 왜 이르완디는 민족아쩨당NAP 만들어 떨어져 나갔나?"

"자연스런 일이다. 정치란 게 서로 생각이 다를 수 있잖아."

자유아쩨운동 안쪽 세대갈등은 1999년 그 산에서 무자끼르 입을 통해 일찌감치 세상에 드러났던 셈이다.

"전선에서 싸우는 전사한테 총도 먹을거리도 못 대주는 정치가 무슨 정치냐. 망명정부 사람들은 스웨덴에서 잘 먹고 잘살잖아."

그 갈등은 2002년 말 스위스 앙리뒤낭센터Henri Dunant Center 중재로 인도네시아 정부와 자유아쩨운동 망명정부가 6개월짜리 휴전을 했을 때 처음 공개적으로 불거졌다. 무자끼르가 "투쟁은 아쩨에서 한다. 무장투쟁은 망명정부와 상관없다"며 아쩨 산악 게릴라들 상황을 살피지 않고 망명정부 입장만 앞세운 그 휴전에 대놓고 불만을 터트렸던 탓이다. 그때부터 76세대들 사이에는 "우리가 무자끼르 같은 아이들을 데려와서 키웠다"는 말이 나돌기 시작했다. 이건 세상 어디서든 기득권을 놓기 싫은 기성세대가 툭하면 입에 올리는 질 낮은 표현이다. 무자끼르에 비판적인 정치평론가 아르디안시아 같은 이마저 "떠날 때가 됐다. 76세대는 이미 다 칠팔십 넘었다. 옳든 그르든 아쩨에서 목숨 바쳐 싸웠던 젊은 세대한테 세상 넘기는 게 맞다"며 정치에 미련 못 버리는 76세대를 '노욕'이라 나무랐다.

이리 파고 저리 파도 오늘 아쩨 현실에서 무자끼르 팔자를 똑 부러지게 가늠하긴 힘들다. 아쩨 현대사가 낳은 영웅인지, 장애물인지 아직은 또렷치 않다. 이건 독립을 꿈꾸었던 자유아쩨운동이 자치라는 반쪽짜리 혁명에 성공하고부터 부딪친 역사의 고민이기도 하다.

'혁명 뒤에 누가 정치를 해야 옳은가?'

무자끼르는 지금 이 해묵은 주제를 들고 심판대에 올라 있다. 이상 속에서 답은 간단하다. 마땅히 목숨 바쳐 혁명했고 그 정신을 구현할 혁명주체가 정치를 하는 게 역사진행 방향이다. 그러나 현실은 늘 반역이었다. 오늘 아쩨가 잘 보여준다. 이미 혁명결과를 놓고 지역과 계급이 또렷한 차별성을 드러내고 있다. 무장투쟁 요새였던 동부를 비롯한 산악지역에서는 무자끼르가 폭발적 인기를 누리지만 도시 중산층이 모인 반다아쩨 같은 곳에서는 맥도 못 추는 실정이다.

꾸알라대학 법학과 교수이자 정치분석가인 사이후딘 반따시암Saifuddin Bantasyam은 "아쩨는 계급이념 앞세운 혁명을 한 게 아니니 분열은 자연스러운 일이고, 아직 정치가 정상궤도에도 안 올랐다. 문제는 사람들이 자치라는 정치적 위상을 독립으로 착각해서 지나치게 많은 요구를 하는 데 있다"며 흔들리는 아쩨의 맥을 짚었다. 곳곳에 버텨 선 비까번쩍한 관청들은 정치가 온전하지 못하면 현란한 조명 아래 빛나는 얼음조각 같은 운명일 수밖에 없다. 혼란만큼이나 환상이 떠다닌다는 뜻이다. 아직 아쩨는 아프다.

오늘, 또렷한 건 오직 하나다. 아쩨를 사로잡은 두려움이다. 아쩨엔 두려움이 몸에 밴 사람들이 살고 있다. 29년 전쟁에다, 쓰나미에다, 아직껏 게릴라 습성을 못 버린 풋내기 정부와 마주친 아쩨 사람들은 본능적으로 속내를 감춘다. 정치가 독주할 조건을 갖췄고 무자끼르가 오판할 가능성이 있다는 뜻이다. 아쩨 사람들은 무자끼르를 좋다 싫다 보다는 무서워하는 분위기다. 아직은 아쩨 평화를 말하기 힘든 까닭이다. 다만, 오늘 아쩨의 운명이 무자끼르 손에 들린 것만큼은 틀림없다. 무자끼르를 눈여겨봐야 하는 까닭이다. 아쩨 분쟁은 아직 끝나지 않았다. 아쩨는 아직 온전한 사회가 아니다.

9년 만에 다시 찾은 아쩨는 분쟁과 휴전을 거쳐 자치로 정치적 해법을 찾은 뒤 새로운 사회를 건설해나가는 아시아 현대사의 소중한 실험실이었다. 우리가 아쩨를 조심스레 지켜보고 배워야 하는 까닭이다.

영웅을 위한 변명

"2006년 정치위기와 2008년 나를 암살하려 했던 사건이 연장선인 건 틀림없다.
다만 확실한 증거나 물증을 찾기 힘들다. 추측으론 다룰 수 없는 사안이고, 증거
있더라도 들이대기 쉽지 않다. 이걸 꺼내면 온 나라가 혼란스러워진다."
조제 하무스 오르타Jose Ramos Horta 동티모르 전 대통령, 2012년 인터뷰.

1990년대 초부터 동티모르를 취재해온 내게 1999년 9월 3일은 중대한 갈림길이었다. 그날 나는 불타는 동티모르를 남겨둔 채 일찌감치 현장을 떠났다. 죽었다 깨나도 지켜야 한다는 마감을 앞세웠지만 사실은 손에 쥔 샤나나 구스망 옥중인터뷰라는 특종을 놓아버릴 수 없었던 탓이다. 돌이켜보면 비록 〈한겨레21〉이 샤나나 인터뷰 표지판까지 짜놓고 기다릴 만큼 급하긴 했지만, 기자로서 내겐 특종이라는 훈장보다는 현장을 버렸다는 부끄러움만 남았을 뿐이다.

그로부터 내 동티모르 취재는 1999년 9월 3일 이전과 이후로 또렷이 갈렸다. 1991년 11월 산타크루즈 학살 뒤부터 취재금지령이 떨어진 동티모르를 몰래 드나든 건 아무도 눈여겨보지 않는 사각지대를 보도하겠다는 의무감 같은 것이었다면, 1999년 9월 3일 뒤부터 동티모르 취재는 자책감이 아니었던가 싶다.

그 무렵 뭔가를 갚아야 한다는 강박감은 동티모르뿐 아니라 다른 취재 현장으로도 이어졌다. 예컨대 2003년 아쩨계엄군사작전 취재는 그런 심정이 극에 달했던 경우다. 나는 인도네시아 정부와 군이 외신 접근·취재 금지령을 내려 단 한 명 외신기자도 없던 그 전선이 내게 마지막 현장이어도 좋다고 여기며 몸부터 던져넣었다. 때 이른 동티모르 철수를 속죄하는 뜻이었다.

누가 나무란다거나 손가락질해서가 아니었다. 그저 동티모르 철수를 비겁한 오판이라 여겨온 내 심장이 내린 명령을 따랐을 뿐이다. 이 글을 쓰기 전까지 내가 왜 동티모르에 그토록 매달렸고 왜 아쩨에 억지스레 뛰어들었는지 따위를 누구한테도 털어놓은 적이 없었다. 다행히 지금껏 내 모든 기사를 받아냈던 〈한겨레21〉이나 〈한겨레〉는 그게 동티모르가 됐든 아쩨가 됐든 단 한 번도 시시콜콜 사연을 캐물은 적이 없었다.

"이번 동티모르 건 취재하는 게 좋겠는데?"

나는 늘 이렇게 말했을 뿐이다.

"형편 어려우니 (취재비) 좀 줄여가며 해보자!"

〈한겨레21〉이나 〈한겨레〉는 늘 똑같은 말로, 그러나 군소리 없이 취재결정을 내렸다. 바로 내 동티모르 집착의 공범들이었고 내 속죄의 밑천들이었다. 늘 뭐가 모자라느니 마음에 안 드느니 구시렁대면서도 내가 그이들을 존경해온 까닭이다. 장담컨대 국제언론을 통틀어 〈한겨레21〉이나 〈한겨레〉처럼 외진 동티모르와 아쩨를 툭하면 커버스토리로 걸거나 1면 톱에 올려온 매체는 이 세상에 없다. 적어도 〈한겨레〉와 〈한겨레21〉은 소외당한 제3세계에 관심을 가지겠다던 창간정신을 완전히 배신하진 않았다. 비록 마음만큼 다 담아내지는 못했을지언정.

2002년 5월 20일, 마침내 21세기 첫 독립국가 동티모르민주공화국이 깃발을 올렸다. 그로부터 꼭 4년이 지난 2006년 5월, 신생공화국 동티모르는 분열과 학살의 기억 속으로 빨려 들어갔다. 독립의 환성이 잦아들면서 환상도 깨졌다.

5월 27일 토요일 아침 방콕 돈므앙국제공항에서 도쿄행 표를 들고 있던 나는 한참 망설였다. 공항로비 텔레비전에서 인도네시아 지진 뉴스가 속보로 튀어나왔던 탓이다. 지난 며칠 동안 동티모르와 도쿄 취재순서를 놓고 고민했던 뒤라 마음이 흔들렸다. 내겐 모두가 급하고 중요한 사안이었으니. 지난밤 〈한겨레21〉을 마감해놓고 자고 있는 고경태 편집장을 전화로 불렀다.

"경태, 아직 자나? 인도네시아에서 지진 났다는데 어떻게 할래?"

"선배, 뉴스가치로 보자면 지진보다 동티모르 아닐까요?"

"그럼, 안 헷갈리게 어젯밤에 진작 결정할 것이지."

"마감 때문에 정신없었잖아요."

그 길로 도쿄행을 접고 곧장 동티모르로 향했다. 발리에서 하룻밤을 묵은 뒤 5월 28일 딜리에 내렸다. 블랙호크를 비롯한 오스트레일리아 헬리콥터 20여 대가 깔린 딜리공항은 이미 오스트레일리아 병영으로 바뀌어 있었다. 공항 들머리 코모도 지역에선 검은 연기가 피어올랐다. 딜리항은 오스트레일리아군 대형 보급선이 차지했다. 도심엔 오스트레일리아군 장갑차가 내달렸다. 그렇게 공화국 수도 딜리는 오스트레일리아 군대한테 점령당했다.

신생공화국을 엿보던 '평화군'

앞선 2월 8일, 동티모르방위군F-FDTL 1,400명 가운데 서부 출신 404명이 병영 내 "동서차별 반대"를 외치며 무장탈영한 데 이어 25일 다시 177명이 뛰쳐나가면서 동티모르는 독립 4년 만에 난장판이 되고 말았다. 총리 마리 알카티리Mari Alkatiri는 이들을 반란군이라 부르며 복귀명령을 내렸으나 탈영병들은 듣지 않았다. 4월 24일 반란군과 그 지지자들이 딜리에서 시위를 벌였고 결국 28일 정부군과 무력충돌로 다섯 명이 사망했다. 겁에 질린 시민 10만이 성당으로 피신했다.

5월 4일, 오스트레일리아 지휘참모대학에서 훈련받은 헌병 소령 알프레도 헤이나도Alfredo Reinado가 부하 20여 명을 데리고 반란군에 합류하면서부터 불길이 정치판으로 옮겨붙었다. 알프레도는 샤나나 구스망 대통령한테 알카티리 정부 해산을 요구했다. 5월 9일 알카티리는 반란군과 폭동을 묶어 쿠데타로 규정했다. 5월 말로 접어들면서 폭동이 걷잡을 수 없는 상태로 치닫자 알카티리 정부는 24일 오스트레일리아, 뉴질랜드, 포르투갈, 말레이시아에 긴급파병을 요청했다. 25일 오스트레일리아 총리 존 하워드John Howard는 "기다릴 시간이 없다"며 조건 없는 파병을 결정했다. 이미 오스트레일리아 정부는 동티모르 정부가 파병요청을 하기도 전인 5월 12일 미국 정부와 협의를 거쳐 지상군을 태운 군함 두 척을 티모르해Timor Sea에 띄워놓고 있었다. 오스트레일리아 정부는 동티모르 정부의 요청과 상관없이 딜리 상륙 기회를 엿보았다는 뜻이다. 제국의 침략은 그렇게 소리 없이 벌어지고 있었다.

그사이 대통령 샤나나는 평화를 외쳤지만 딜리는 잔챙이 아이들 싸움에 휘둘렸다. 총리 알카티리는 그 아이들 배후를 "안팎 세력"이라 했다.

외무장관 조제 하무스 오르타는 "제3세력"이라 했다. 기껏 아이들 돌팔매질과 불질에 공화국 기능이 마비되었다. 장관도, 국회의원도, 공무원도, 군인도, 경찰도 모조리 도망쳐버렸다. 공화국엔 공무가 사라졌다. 시민은 공항으로, 항구로, 성당으로 피신했다. 딜리 시내는 텅텅 비었다. 동티모르 현대사에서 아주 익숙했던 풍경이 다시 눈에 차올랐다.

1999년 9월 독립투표 뒤 불바다 동티모르를 건진 '해방군'을 자임했던 오스트레일리아군이 7년 만에 다시 '평화군'으로 딜리를 접수했다. "미국의 아시아 대리인"을 자처해온 오스트레일리아 총리 하워드는 자국군의 '중립'을 강조했다. 동티모르에 상륙한 오스트레일리아 군인은 충실히 그 명령을 따랐다. 그 결과 오스트레일리아 중무장 군인이 깔린 딜리엔 여전히 불길이 솟았다. 그 결과 시민은 여전히 공포에 질려 있었다.

동티모르 군대를 모두 합한 화력을 훨씬 웃도는 오스트레일리아군 1,300명은 아이들 동네 전선마저 못 잡아챘다. 그 평화군은 장갑차에다 공격용 헬리콥터 블랙호크까지 띄웠지만 짱돌과 손칼을 휘두르는 아이들 패싸움 판에서 밀렸다. 방탄복에 유탄발사기로 무장한 오스트레일리아 군인은 아이들이 버린 짱돌과 손칼만 부지런히 주워갔다.

"쳐다보지만 말고 저 아이들 좀 말려봐!"
오죽 답답했으면 현장을 취재하던 기자가 훈수를 다 뒀을까!
"우린 중립을 지켜야 하니."
"그럼 당신들 적은 누구고 전선은 어딘가?"
"없다."
"적도 없고 전선도 없는데 왜 왔나?"

"평화 지키려고."

잔챙이들 폭동현장에서 오스트레일리아 군인과 나눈 이야기 한 토막이었다.

5월 30일 오후 4시 정부청사 기자회견장, 오스트레일리아 파병군 사령관 마이클 슬레이터Michael Slater 준장은 무능한 파병군을 타박하는 기자들한테 "보고받은 바 없다" "모른다"란 말만 남기고 자리를 떴다. 그 시간 중무장 오스트레일리아 군인이 쳐다보는 앞에서 아이들은 닥치는 대로 불지르며 날뛰었다.

"동티모르 정부를 도와 시민안전을 지키고자 파병 결정했다."

오스트레일리아 총리 하워드 말이다.

알카티리 총리 정부에 반기를 든 반란군과 그 지지자들인 잔챙이 폭도를 진압해서 시민안전을 돕겠다고 남의 땅에 상륙한 오스트레일리아 군대가 중립을 지키겠다는 건 처음부터 음모였다. 불법 무장탈영으로 정부 기능을 마비시킨 반란자들과 동티모르 합법정부 사이에서 오스트레일리아군이 지킬 중립은 없다. 근데 오스트레일리아군은 대통령도 총리도 반란군 우두머리도 모두 경호해주고 있었다. 이게 오스트레일리아식 중립의 정체다. 오스트레일리아 정부의 목표는 오직 하나였다. 처음부터 타격점은 눈엣가시로 여겨온 알카티리 총리였다.

오스트레일리아 언론이 정부 대신 일찌감치 저격수로 나섰다. 언론 재벌 루퍼트 머독Rupert Murdoch의 〈오스트레일리안Australian〉과 〈시드니모닝헤럴드Sydney Morning Herald〉를 비롯한 오스트레일리아 언론은 5월 들어 동티모르 사태 해결책이라며 '알카티리 퇴진' 나팔을 불어댔다. 그 나팔은 알카티리의 실정과 부정부패를 불러젖혔지만 핵심 음계는 '마르크스-레 닌주의자 알카티리'였다. 그러자 이내 철 지난 빨갱이 유령이 신생공화국 동티모르를 덮쳤다.

"공산주의자 알카티리 총리 물러나라."

오스트레일리아 군인이 지키는 정부청사 앞에도 펼침막이 나붙었고 반란군도 시위대도 모두 알카티리를 공산주의자로 몰아 퇴진을 외쳤다. 돌아보면 대통령 샤나나는 3년 만에 제 발로 떠나 기회주의자로 몰렸지만 마르크스-레닌당을 만들었던 골수빨갱이였다. 노벨평화상 수상자인 외무 장관 오르타는 1990년대 방콕을 드나들며 외신기자들한테 자신이 사회주 의자임을 자랑스레 늘어놓았던 인물이다. 근데 왜 이제 와서 알카티리만 그 철 지난 빨갱이 덫에 걸려들었을까?

알카티리는 "사상과 양심의 자유, 정치적 신념은 개인의 권리다"[71]고 맞섰지만 씨도 안 먹혔다. 바로 여기에 2006년 동티모르 정치혼란을 읽 는 돋보기를 들이댈 만하다. 누군가 알카티리를 괘씸하게 여겼다는 뜻이 다. 동티모르 독립과 함께 초대 정부를 이끈 총리 알카티리는 한동안 국제 통화기금IMF과 세계은행World Bank 자금을 마다하며 자력갱생 경제노선을 좇기도 했고, 한편으로는 '포르투갈-유럽연합 라인'으로 기울면서 샤나나 의 '친오스트레일리아-미국 라인'과 부딪쳐왔다. 게다가 알카티리는 2004 년 중국국영석유공사CNP와 티모르해 유전 탐사계약을 맺어 오스트레일리 아와 미국 정부를 크게 자극했다.

---

71 정문태, 마리 알카티리 총리 인터뷰, 2006.6.2.

(왼쪽)동티모르 방위군 1,400명 가운데 서부 출신 580여 명이 병영 내 차별을 외치며 무장 탈영하면서 2006년 정치 혼란의 막이 올랐다. _동티모르 방위군. 동티모르. 2002 ⓒ정문태

(오른쪽)동티모르에 상륙한 오스트레일리아 군대는 딜리가 불타는 폭동 속에서 평화를 만끽했다. _딜리. 동티모르. 2006 ⓒ〈뗌뽀〉

〈한겨레21〉 기자가 〈마이니치신문〉 대표로

나는 딜리에 짐을 풀자마자 총리 언론고문인 루이 플로레스Rui Flores를 찾았다.

"지금 바로 시간 좀 잡아줘. 급해! 이 가난한 저널리스트를 살리고 싶으면."

"해보겠지만, 이 혼란판에 인터뷰 쉽진 않을 거야."

"한국 기자 친구 문태가 5분만 보고 싶다고 전해줘."

으르고 꼬드기며 플로레스를 닦달했다. 다음 주 〈한겨레21〉 커버스토리가 걸린 탓에 장기전으로 버틸 만한 시간이 없었다. 나한테 주어진 시간은 오직 4일, 애초 정국혼란의 두 축인 알카티리 총리와 반란군 지도자 알프레도 소령을 잡아야겠다고 생각했으나 딜리에 닿고 보니 현실은 만만찮았다. 한 나라 총리를 내 맘대로 불러 앉힐 수도 없고 또 군대를 끌고 깊은 산속에 들어가버린 반란군 지도자를 내려오라고 할 수도 없는 형편이었으니. 고민이 깊어졌다. 정부청사 앞 바닷가에 앉았다. 취재를 하다 잘 안 풀릴 때마다 나와 앉았던 그 바다도 풀 죽은 듯 고요했다.

"나는 왜 이렇게 늘 억지스런 취재나 하는 팔자인가?"

혼잣말로 중얼거리다가 티모르호텔로 발길을 옮겼다.

"어떻게 되겠지!"

지금껏 나를 견디게 해준 주문이나 외우면서.

딜리 한복판에 자리 잡은 티모르호텔은 옛날부터 기자들 아지트였다. 이 호텔은 본디 1976년부터 동티모르 현대사를 지켜봐온 마코타호텔이었다. 그걸 1999년 독립투표 때 민병대가 불 질렀고 그 뒤 2002년 복구해서 이름을 티모르호텔로 바꿔 달았다. 로비 커피숍은 여전했다. 북적대는 기자들로 빈자리가 없었다. 홀로 앉아 있던 한 일본 기자가 가방을 치우며 자리를 내놨다. 말을 트다 보니 나처럼 방콕에서 온 〈마이니치신문〉 기자였다.

　"뭐 좀 건졌나?"

　"그보다 알카티리 인터뷰 날짜를 받아놨는데 걱정이야."

　"왜?"

　"난 인터뷰하고 싶은데 본사에서 위험하니 바로 철수하라고."

　그이와 몇 마디 나누다 정신이 번쩍 들었다.

　"같이 뛰자! 지금 인터뷰 신청하고 오는 길인데 난 언제 잡힐지 몰라."

　"좋아. 나야 괜찮은데 총리실에서는 뭐라 할지?"

　"그쪽은 내가 책임질게!"

　"근데 받아놓은 시간이 15분뿐이라서…."

　"걱정 마. 자네 시간 15분 끝난 뒤에 내가 알카티리 물고 갈 테니."

　총리도 대통령도 얼굴을 맞대기가 어렵지 마주 앉고 난 다음에야 기회가 있다는 게 내 경험이었으니.

　나는 곧장 전화로 총리 대변인 플로레스를 찾았다.

　"6월 2일 〈마이니치신문〉 시간에 공동인터뷰로 갈 테니."

　"우리야 괜찮지만 〈마이니치신문〉이 좋아할까?"

　"〈마이니치신문〉과 이야기됐으니 총리 시간만 좀 더 빼줘."

　내 경험을 잠깐 말하자면, 취재현장에서 만난 일본 기자들은 친구로서 다 좋은데 일을 함께한 적은 별로 없다. 그쪽은 지나치리만큼 경쟁의식이 강했고 뭐든 보안을 치는 문화 탓이었다. 그러니 현장을 뛰면서 정보를 나누고 취재도 같이하는 외신기자들 사이에 일본 기자들은 늘 '끼리'만 어울린다는 인상을 강하게 풍겨왔다. 근데 이 〈마이니치신문〉 친구는 아주 뜻밖이었다. 본디 마음이 열린 건지 아니면 방콕 특파원으로 온 지 얼마 안된 신참이어서 물이 덜 들었는지 또렷지 않지만, 아무튼.

인터뷰 하루 전인 6월 1일 밤, 〈마이니치신문〉 친구를 다시 만났더니 회사에서 철수명령이 떨어져 6월 2일 아침 비행기로 떠난다고 했다.

"인터뷰는 하고 가지? 철수할 만큼 위험하지도 않은데 왜들 그래."

"내일 아침 비행기 말고는 4~5일 뒤까지 자리가 없어."

"인터뷰 깼다는 건 알리지 마. 자네 사정은 내가 총리실에 전할 테니."

6월 2일 09시 30분, 정부청사 총리집무실. 중무장 오스트레일리아 군인이 남의 나라 총리실 문지방까지 드나들며 설쳐댔다. 약속시간에 맞춰 집무실로 들어서는 알카티리 얼굴은 여느 때보다 훨씬 어두웠다.

"오랜만이구먼. 근데, 일본 신문이라던데 왜 자네가?"

"본디 같이 준비했는데 그쪽이 철수명령을 내려서 나 혼자."

살다 보니 남이 잡아놓은 인터뷰를 차고 들어가는 희한한 일도 다 있었다. 〈한겨레21〉 기자가 〈마이니치신문〉 대표로 총리인터뷰를 한 꼴이었으니. 총리나 대통령 인터뷰에서 벌어질 수 없는 일이 벌어진 셈이다. 아마도 세계 언론사言論史를 통틀어 없었던 일이 아닌가 싶다. 어쨌든 그렇게 해서 알카티리 총리 단독인터뷰를 잡아냈다.

"이 정국을 한마디로 어떻게 설명할 수 있나?"

"나라 안팎 세력이 개입했다."

"누군가? 샤나나-오스트레일리아-미국 라인이겠지?"

"그건 기자인 당신이 파헤칠 몫이다."

"지금 파는 중이다."

"총리는 그런 말 함부로 할 수 없는 자리다. 잘 알잖아."

"샤나나-오스트레일리아?"

"당신 같은 기자가 그걸 왜 모르나? 경험과 감각이 뭔가?"

"지난주 당신은 현 상황을 쿠데타라고 했는데?"

"작년 반정부 시위 90일도 그랬고. 안팎 세력이 결탁한."

"근데 왜 밝히지 못하는가? 대체 누군가?"

"심증은 가지만 우리처럼 작은 정부는 물증 찾을 만한 정보력이 없다."

대통령, 반란을 선동하다

알카티리는 인터뷰 내내 달아 있었다. 말문을 열어놓고도 알맹이를 꼬집을 수 없는 현실이 답답했던지 짜증스런 표정을 짓거나 목소리를 높이기도 했다. 그이는 예민한 물음마다 "경험 있는 기자라면 알 것 아닌가?" "당신이 그걸 왜 모르는가?" "기자감각으로 보라"며 피해갔다. 15분이 지날 즈음 맞은편에 선 플로레스가 시계를 가리키며 보챘다. "하나만 더" "이게 마지막 질문"을 붙여가며 결국 45분을 물고 늘어졌다. 시간에 쫓긴 인터뷰를 한 탓에 아쉬움이 남고 발길이 잘 떨어지지 않았다.

총리집무실을 나서면서 "알카티리 물러나라"고 외쳐대는 50여 명 시위대와 마주쳤다. 그 정체불명 아이들은 정부청사를 거쳐 티모르호텔 앞에서 자동차를 불태우며 길을 막았다. 오스트레일리아 병영까지는 기껏 7분 거리, 아이들이 난동을 부렸던 30분 동안 오스트레일리아 군인은 코빼기도 안 보였다. 아이들은 재미가 없었던지 제 발로 흩어졌다.

　나는 인터뷰에서 알카티리 총리 입을 통해 핵심어 둘을 잡아냈다. "나라 안팎 세력"과 "쿠데타"였다. 그이가 또렷이 정체를 밝히지 않았지만 그건 말할 나위도 없이 '샤나나-오스트레일리아-미국' 라인이었다. 알카티리가 왜 샤나나한테 혐의를 두었을까? 그 답은 샤나나가 대통령으로서 책임과 의무를 다했는지를 따져보면 드러난다.

　"대통령은 독립과 화합과 민주제도의 유연한 기능을 위한 국가수반이고 상징이며 보증인이다."

　이렇게 동티모르 헌법 제3부 2편 1장 74조 1항에는 대통령의 정체를 또렷이 못 박아두었다. 그러나 결론부터 말하자면 샤나나는 대통령 역할을 다하지 않은 데다 스스로 정치혼란의 한가운데 섰다. 대통령 직책을 떠나서도 샤나나의 최대 장점은 통합능력이었다. 그이는 적과 동지뿐 아니라 누구와도 마주 앉을 수 있는 동티모르 사회통합의 상징 같은 인물이었다. 그럼에도 샤나나는 오히려 말썽을 일으키며 알카티리 합법정부를 수렁에 빠트리는 선봉장 노릇을 했다.

　"동티모르독립혁명전선[72]은 부패한 독재며⋯."

72　1974년 창설한 티모르사회민주연합ASDT이 전신인 동티모르독립혁명전선은 그 아래 무장투쟁 조직인 동티모르민족해방군FALINTIL을 두고 1999년 독립투표 전까지 포르투갈과 인도네시아 침략자에 맞섰다. 이어 동티모르 독립과 함께 정당으로 바꾸고 2001년 총선에서 88석 가운데 55석을 얻어 알카티리를 총리로 초대정부를 구성한 뒤 2007년까지 집권했다.

"정치적 이념은 양심의 자유다."

초대 총리를 지낸 마리 알카티리는 자립경제를 외쳤으나 공산주의자 딱지를 얻은 채 뜻을 펴지 못하고 물러났다. _딜리. 동티모르. 2006 ⓒ정문태

3월 23일, 샤나나는 탈영병들로 정국이 갈팡질팡하는 판에 느닷없이 방송연설을 통해 알카티리 정부의 부정부패를 몰아쳤다. 그 연설이 끝나자마자 탈영병들과 정체불명 시위대가 거리로 뛰쳐나와 "부패한 알카티리 퇴진"을 외치며 폭동을 일으켰다. 부정부패란 게 인도네시아 침략시절부터 흘러내린 전통인 건 틀림없다손 치더라도 그 정국혼란을 다잡아야 할 의무를 지닌 대통령 샤나나가 난데없이 들이댈 카드가 아니었다.

그 무렵 외무장관이었던 오르타 전 대통령은 "진실을 말하자면, 알카티리 정부 때는 부정부패라 할 만한 게 없었다. 그때 정부예산이 기껏 6,500만 달러뿐이었다. 공직자들이 훔쳐갈 돈도 없었고 부패혐의로 기소당한 이도 없었다"며 샤나나의 정치적 공격이었음을 증언했다.[73] 그렇게 2006년 정국혼란 들머리에서부터 샤나나는 헌법상 대통령 직무를 팽개치고 정치에 개입해 반란을 선동한 혐의로부터 결코 자유로울 수 없었다.

5월 29일, 샤나나는 정치판이 위기에 빠진 뒤 처음으로 국가평의회를 소집해 알카티리를 비롯한 정치지도자들과 만났다. 그리고 하루 뒤인 5월 30일 알카티리의 거센 반대를 뿌리치고 비상사태를 선포했다. 이날 국방장관 하케 호드리케스Roque Rodriquez와 내무장관 로제리오 로바토Rogerio Lobato는 "정치적 음모"라며 사임했다. 6월 1일, 샤나나는 오르타 외무장관한테 국방장관을 겸직시켰다. 이때부터 샤나나는 대통령을 '명목상' 군 최고사령관으로 규정한 헌법 제3부 2편 1장 74조 2항을 이용해 '실질적' 권력을 휘두르며 알카티리 정부를 마비시켰다.

샤나나의 비상사태 선포는 "외침, 중대한 혼란, 민주적 헌법질서 위

---

73 정문태, 조제 하무스 오르타 전 대통령 인터뷰, 2012.7.2.

협, 천재지변에 한한다"고 규정한 헌법 제2부 1편 25조 2항을 놓고 큰 말썽을 일으켰다. 비상사태 선포 조건이 옳은가 그른가 보다는 오히려 혼란 추동자와 비상사태 선포자가 동일하다는 사실이 그 논란의 핵심이었다.

따지고 보면 시민 50%가 실업자고 시민 50%가 하루 1달러 미만으로 살아가는 세계 최빈국인 이 신생공화국의 사회적 불만이 정치적 혼란을 부추긴 밑감이었던 건 사실이다. 그러나 동티모르 현실을 모조리 알카티리 탓으로 돌릴 수만은 없는 형편이었다. 300년 넘도록 포르투갈, 일본, 인도네시아한테 식민지배당해온 빈털터리 동티모르를 알카티리 정부가 독립 4년 만에 풍요로운 땅으로 바꿔놓는다는 건 애초 불가능한 일이었으니. 게다가 민주제도 아래 시민이 새 정부를 선택할 수 있는 총선이 1년도 채 안 남은 시점에서 탈영병이든 대통령이든 누구도 극단적 행위로 합법정부를 뒤집을 권리가 없었다. 알카티리가 "쿠데타"라 부른 데는 그만한 까닭이 있었다.

"알프레도 소령 좋은 아침이오. 우린 이미 오스트레일리아 군대와 손잡았으니 당신은 아일레우Aileu(반란군 거점)에 머무르시오. 모두를 꺼안으며. 샤나나 구스망"[74]

이게 알카티리 정부가 불법으로 규정한 탈영반란군 우두머리 알프레도 소령한테 샤나나가 보낸 편지다. 대통령 문양이 박힌 편지지에 포르투갈어로 직접 쓰고 사인까지 했다. 그 편지를 보낸 5월 29일은 샤나나가 국

---

74 John Martinkus, "The President's Man", *New Matilda*, 2006.9.2.

가평의회를 소집해서 비상사태 선포를 준비하던 날이었다. 한 나라 대통령이 정치위기를 일으키고 비상사태 선포에 근본원인을 제공한 불법 반란군 우두머리한테 친절한 인사로 상황을 설명하며 구체적인 행동지침까지 내렸다. 그 편지는 적어도 샤나나와 알프레도가 친밀한 관계임을 폭로한 셈이다. 대통령이란 자가 그런 편지를 보낸 것도 상식 밖이지만, 보냈다면 마땅히 투항을 명령해야 옳지 않겠는가? 의혹이 깊어질 수밖에는.

꽃밭 별장에서 반란군을 만나다

6월 1일 아침, 가는 길도 험한 데다 날뛰는 총잡이들이 위험하다며 꽁무니 빼는 통역을 어렵사리 꼬드겨 마오비시Maubisse로 알프레도 소령을 찾아갔다. 끝도 없이 굽이도는 가파른 산길을 따라 세 시간, 거북한 속을 가까스로 추스르며 오른 반란군 요새는 뜻밖에 별천지였다. 꽃밭에 둘러싸인 보자라(포르투갈식 별장)는 예쁘기만 했지 어디에도 '혁명' 기운이 없었다. 보자라 들머리에 퍼질러 앉은 오스트레일리아 군인 예닐곱을 보라. 정신없이 발가락 후벼 파는 놈, 반쯤 드러누워 낄낄대는 놈, 웃통 벗어젖히고 일광욕 즐기는 놈.

보자라로 들어서면서 마주친 반란군도 비슷했다. 온몸에 실탄을 칭칭 감고 기관총을 맨 것까지는 그럴듯한데 얼굴엔 모조리 농기가 돌았다. 직업 탓에 숱한 반란군과 인연을 맺어왔지만 세상에 이런 반란군은 또 처음 본다. 머잖아 짙은 선글라스를 낀 지나치게 잘생기고 건장한 사나이가 나타났다. 첫인사란 게 대뜸 "넌 누구냐?"다. 좋게 봐주자면 자신감이 넘치고 달리 보면 시건방진 이 사나이가 바로 정치판을 개판으로 만든 조연배우 알프레도 소령이었다. 그이가 이끄는 대로 보자라 응접실에 앉았다.

"이 땅에 외국 군이 득실거리는데, 기분 좋나? 죄책감은 없나?"

첫 질문을 뽑아들기 무섭게 알프레도는 달아올랐다. 깊은 뱃속에서 올라오는 우렁찬 목소리만큼이나 다혈질임이 드러났다.

"그 무슨 말이냐? 여기 외국 군은 적 아니다. 우릴 돕는 군대다!"

"이 봐라. 24년 동안 전쟁해서 되찾은 독립인데 또 외국 군이다."

"외국 군도 친구면 괜찮다. 미군 있는 한국에선 모두 죄의식 지녔겠네?"

"마땅히. 뜻 있는 시민은 부끄러워하고 마다해왔다."

알프레도는 커피가 나오자 갑자기 상냥해졌다.

"설탕 좀 넣지? 동티모르 커피는 아주 쓰니까."

"동티모르 커피는 쓴맛에 마신다. 반란이니 정부군과 연 끊겠지?"

"(핏대 올리며) 난 군대 안 떠났다. 군대 사랑한다."

"군인이 명령거부하고 무장탈영한 건 불법이다. 반란이다."

"명령은 옳고 합법적일 때만 복종의무 있다."

"뭐?"

"4월 28일 봐라. 총리 따르는 군인들 불법 발포로 탄원자가 죽었다."

"탄원자는 또 뭔가, 탈영자고 반란자지?"

"그 반란자란 말 좀 쓰지 마라. 알카티리가 우리 공격하는 말이다."

"병영 떠나기 전에 무슨 계획 세웠나? 지금 같은 상황 예상했겠지?"

"계획 없었고 예상도 못 했다. 정의 바로 세우자는 생각만."

알프레도는 억척스러웠다. 자신이 병영을 뛰쳐나온 건 "권력 쥔 동부 출신들(전통적으로 독립투쟁은 인도네시아와 국경을 맞댄 동부 쪽이 이끌었다)이 서부를 차별한 까닭이다"며 군대 안에서도 "보직과 임금 차별이 있었다"고 길길이 뛰었다. 알프레도는 "게릴라들이 독립 뒤 동티모르독립혁명전선

이름 걸고 부정선거 통해 정부 장악했다"는 말까지 내뱉었다. "역사적으로 혁명군이 정치를 맡아서 제대로 한 경우가 없다. 혁명군은 혁명 위한 조직 이니 정치에 개입하면 안 된다"고 우기기도 했다. 인터뷰라기보다 아예 논쟁판이 되고 말았다. 알프레도 입에서는 "당신 나한테 불만 있는 모양인데"란 말이 여러 번 터져 나왔다.

"자, 그래서 탈영했으면 이제 어떻게 할 건가? 해결책 뭔가?"

"알카티리와 그 둘레 범죄자들 물러나기 전에는 해결책 없다."

"이건 당신이 샤나나 대통령 지원한다는 말이잖아?"

"샤나나가 아니라 헌법적 권능을 지닌 대통령을 지원한다."

"그게 그 말이지 뭐냐?"

"개인 샤나나가 아니라 국가지도자로서 따른다는 뜻이다."

"그것도 같은 말이다. 그러면 알카티리 물러나면 하산하는가?"

"그냥 안 내려간다. 안전 보장하고 샤나나한테 전권 줘야 한다."

"군인이 너무 정치적이다. 정부 뒤엎겠다는 말이네?"

"그게 유일한 해결책이다. 시민 뜻이고."

"그러면 샤나나 명령만 따르겠다는 건데 탈영 전에 만났나?"

"만나긴 뭘 만나. 샤나나 명령도 옳은 것만 따른다."

"오스트레일리아 사령관 슬레이터는 만났나? 잘 통한다던데."

"잘 통하긴…. 그쪽에 좋은 친구들이 있는 거지."

"왜 안 만나나? 서로 주고받을 게 많을 텐데."

"왜 꼭 만나야 하나. 못 만날 것도 없지만 만날 계획도 없다."

두 시간 넘게 실랑이 벌이다 판을 접었다. 알프레도는 정원까지 따라 나섰다.

"군인들끼리 싸우지 말고 사이좋게 잘 지내라."

"서로 마음 다른 군인들이 한 병영에서 지내기 힘들다."

하늘엔 먹구름이 몰려오고 산은 지겹도록 이어졌다. 대책 없는 정치 군인이 신생공화국에도 어김없이 태어나고 있었다.

알프레도는 나와 인터뷰한 바로 다음 날인 6월 2일 아일레우에서 오스트레일리아 사령관 슬레이터 준장을 만났다. 그리고 알프레도가 나한테는 딱 잡아뗐지만 한 달쯤 뒤인 6월 말 오스트레일리아 SBS 방송과 인터뷰에서는 "5월 14일 샤나나 대통령한테 탈영을 설명했더니 내 뜻을 이해하고 받아들였다"며 샤나나를 만난 사실을 털어놓았다. 그렇게 대통령과 반란군 우두머리가 비밀스레 만났다. 대통령은 그 불법 반란군 우두머리를 감싸주면서 알카티리 정부 퇴진을 외쳤던 셈이다. 포르투기스뉴스네트워크PNN도 알프레도가 반군을 이끌고 머물렀던 딜리공항 인근 비사우의 게스트하우스 비용을 샤나나 그의 오스트레일리아 아내 크리스티 스워드Kristy Sword가 내줬던 사실을 보도했다. 대통령과 반란군 우두머리가 아주 특별한 관계였던 사실이 하나씩 드러났다.

물론 대통령은 사임하지 않았다

6월 1일 알프레도 인터뷰의 고갱이는 투항조건에 담겨 있었다. "알카티리 총리의 조건 없는 사퇴"와 "샤나나 대통령의 권력장악"이었다. 알프레도는 "샤나나의 명령을 따른다"고 덧붙였다. 이쯤 되면 대통령 샤나나를 앞세운 쿠데타로 볼 만했다. 그 무렵 동티모르 정치판 현실이 그 가능성을 뒷받침하고도 남는다.

의회 88석 가운데 63%에 이르는 55석을 지닌 알카티리의 동티모르독립혁명전선이 차기 총선에서 다시 제1당이 되리란 건 모두가 아는 사실이었다. 더구나 샤나나는 이름만 있었지 실질적인 정치기반이 없는 상태였다. 그러니 샤나나가 기댈 구석이라곤 처음부터 티모르해 유전을 끼고 동티모르 주도권을 노려온 오스트레일리아뿐이었다. 샤나나-오스트레일리아 라인이 정상적인 방법으로는 차기 총선에서 권력을 잡을 수 없다는 사실을 샤나나가 누구보다 잘 알았다. 하여 그이들한테는 1년도 채 남지 않은 차기 총선까지 기다릴 만한 시간이 없었던 셈이다.

돌이켜보면 샤나나와 오르타는 제헌의회를 구성하기 전부터 대통령중심제를 요구하며 내각제를 원한 알카티리와 충돌했던 주인공들이다. 바깥에는 잘 알려지지 않았지만 독립국가의 정치체제를 놓고 처음부터 볼썽사나운 권력투쟁이 벌어졌고 알카티리한테 밀린 샤나나와 오르타는 동티모르독립혁명전선에서 떨어져나갔다. 결국 동티모르독립혁명전선 구성원 지지를 받은 알카티리 뜻대로 내각책임제가 되면서 대통령은 상징뿐인 허수아비로 밀려나고 말았다. 그래서 권력이 빠진 대통령을 안 원했던 샤나나는 "호박농사를 짓겠다"느니 "기자를 하고 싶다"느니 딴소리를 해대면서 버티다가 추대에 못 이긴 척하며 마지막 순간 입후보했다. 그렇게 독립 동티모르 초대 대통령이 된 샤나나는 총리 알카티리와 사사건건 부딪치며 정치혼란의 진원지 노릇을 해왔다.

비상사태 선포 뒤 동티모르는 샤나나-오스트레일리아 판이 되었다. 6월 19일 오스트레일리아 ABC 방송이 난데없이 〈알카티리, 정적 살해용 저격조 조직〉이라는 희한한 프로그램을 내보냈다. 곧장 샤나나는 복사테이프를 알카티리한테 보낸 뒤 퇴진을 요구했다. 대통령이 아무런 증거도 없이 정치적 의도를 담은 한 외국 방송 프로그램을 들이대며 시민이 뽑은 합법정부 총리를 물러나라고 다그친 꼴이다. 알카티리 반대자들은 그 프로그램을 들먹이며 거친 시위를 벌였다. 유엔까지 나섰다. 유엔조사위원회가 샅샅이 뒤진 결과 그 방송내용이 거짓으로 밝혀졌고 알카티리의 억울함은 풀렸다. 그 일로 정국혼란의 진짜 주범이 누군지 더욱 의심스러워졌다.

6월 22일, 다시 샤나나가 등장했다. 이번에는 국영 동티모르티브이 TVTL를 통해 공개적으로 알카티리를 윽박지르더니 기어이 최후통첩을 날렸다.

"내일까지 알카티리가 사퇴 안 하면 내가 대통령에서 물러날 것이다."

방송이 나가자마자 샤나나 지지자 수천이 몰려나와 사임 반대를 외쳤다.

6월 23일, 알카티리는 물러나지 않았다. 물론, 샤나나도 사임하지 않았다. 방송을 통한 대국민 약속을 하루 만에 뒤집은 샤나나는 자기 집 앞에 몰려든 지지자들한테 눈물을 글썽이며 대통령직 사수를 다짐했다. 동티모르 헌법을 눈 닦고 훑어봐도 대통령이 총리사임을 요구할 수 있는 조항이 없다. 모를 리 없는 샤나나는 결국 협박과 눈물로 시민감정에 호소하는 싸구려 신파극을 벌였던 셈이다.

6월 25일, 앞선 나와 인터뷰에서 "오직 동티모르독립혁명전선이 원할 경우에만 물러난다"고 밝혔던 알카티리 총리를 동티모르독립혁명전선이 재신임했다. 그러자 외무장관 겸 국방장관인 오르타는 "정부기능이 제대로 작동하지 않는다"는 말만 남기고 사임했다. 그러나 하루 뒤인 6월 26일, 뜻밖에 알카티리 총리가 물러났다. 오르타는 하루 만에 스스로 사임을 거둬들임으로써 코미디 정치의 알짜배기를 보여주었다. 이어 7월 8일, 샤나나는 오르타를 총리자리에 앉혔다. 샤나나는 그렇게 헌법을 유린하고 정치혼란을 부추기며 법적 근거도 없이 정적을 몰아낸 뒤 권력을 장악했다. 쿠데타였다. 달리 부를 마땅한 정치적 용어가 없다.

샤나나 대통령, 샤나나 총리

7월 26일, 샤나나가 알카티리를 쫓아낸 지 꼭 한 달 만에 알프레도가 체포당했다. 살인과 불법 무기 소지 혐의를 받고 도망 다니던 알프레도는 딜리 헬리포트 인근 바이로 피테의 오스트레일리아군 병영과 마주 보는 집에 살고 있었다. 처음부터 오스트레일리아군이 알프레도를 감싸고 돌았으니 그리 놀랄 만한 일은 아니었다. 다만 그날 오후 알프레도 체포과정은 의문덩어리였다.

포르투갈 경찰이 알프레도 집을 뒤진 뒤 그이를 체포하려 했으나 뒤늦게 들이닥친 오스트레일리아 경찰이 집행을 늦췄다. 오스트레일리아 경찰은 몰려든 기자들을 모두 물리치고 밤이 되어서야 알프레도를 데리고 떠났다. 포르투갈과 오스트레일리아 경찰 손발이 맞지 않았던 그 체포과정은 오스트레일리아 정부가 알프레도 체포계획이 없었거나 원치 않았다는 사실을 잘 드러냈다. 포르투갈 경찰의 전격작전은 알카티리를 지지해온 포르투갈-유럽연합 라인이 '샤나나의 남자'로 여겨온 알프레도 체포를 통해 샤나나-오스트레일리아 라인한테 강한 불만을 터트린 사건으로 볼 만했다.

그러나 한 달 남짓 만인 8월 30일, 알프레도는 뉴질랜드군과 오스트레일리아군 합동 관할지역인 베코라 형무소에서 수감자 57명을 데리고 유유히 사라졌다. 알프레도는 동티모르티브이에 인터뷰까지 하고 다녔지만 아무도 그이를 잡아들이지 않았다.

알프레도가 오스트레일리아군이 득실대는 곳에서 어떻게 탈옥했을까? 치안을 맡은 오스트레일리아군은 왜 탈옥한 알프레도를 다시 체포하지 않았을까? 알프레도 뒤를 봐준 이는 누구였을까?

시민 사이에 숱한 의문이 나돌았으나 대통령 샤나나도 오스트레일리아군도 입을 닫았다.

그렇게 반란군 지도자 알프레도는 샤나나와 오스트레일리아군이 쥐고 흔드는 동티모르를 마음껏 휘젓고 다녔다. 그로부터 1년 가까이 동티모르엔 '맘대로 헌법'과 '맘대로 정치'만 이어졌다. 그 불법 천지 무법지대를 샤나나와 오스트레일리아군은 '평화'라 불렀다.

그리고 2007년 4월 9일 대통령 선거를 치렀다. 여덟 명이 입후보한 가운데 부정개표 논란과 재검표 끝에 동티모르독립혁명전선 의장인 프란시스코 구테리스Francisco Guterres가 27.89%를 얻어 21.81%에 그친 오르타를 눌렀다. 그러나 과반득표자가 없어 1위와 2위를 놓고 5월 9일 결선투표를 했다. 샤나나가 전폭 지지한 오르타가 오스트레일리아군의 선거 부정 개입 시비 속에 69%를 얻어 대통령이 되었다. 오르타가 총리에서 대통령으로 갈아타는 순간이었다.

이어 6월 30일 총선, 진짜 게임이 시작되었다. 샤나나는 티모르재건국민회의CNRT라는 정당을 만들어 선거전에 뛰어들었다. 그동안 허수아비 대통령으로는 성이 안 찼던 샤나나의 깊은 속내가 드러났다. 24.1%를 얻은 티모르재건국민회의는 29.2%를 얻은 동티모르독립혁명전선에 이어 제2당이 되었다. 그 결과 의회 65석 가운데 동티모르독립혁명전선이 21석,

티모르재건국민회의가 18석을 차지했다. 그러나 두 당은 단독정부 구성 요건인 과반을 못 넘겨 한 달 가까이 치고 박았다. 샤나나는 선거결과가 나오기 전부터 민주당PD을 비롯한 모든 군소정당과 손잡고 동티모르독립혁명전선을 고립시켜 제1당이 지닌 연립정부 구성 우선권이 아예 작동조차 못 하게 만들어버렸다.

8월 6일, 대통령 오르타가 샤나나한테 진 신세를 갚았다. 오르타는 샤나나가 이끄는 제2당한테 연립정부 구성권을 쥐어주었고 이틀 뒤인 8월 8일 샤나나를 총리로 임명했다. "총리는 의회에서 정당이 참석해 협의를 거친 뒤 대통령이 결정한다"고 못 박은 헌법 제3부 4편 2장 106조 1항을 깡그리 팽개친 불법이었다. 오스트레일리아군이 샤나나와 오르타의 뒤를 받치는 동티모르에서 알카티리와 제1당 지지자들이 외친 위헌은 아무런 메아리도 없었다.

반란, 체포, 탈옥 그리고 투항명령

총리 알카티리 축출에 모아졌던 2006년 정치극은 그렇게 1년 만에 끝났다. 그리고 샤나나는 기어이 뜻을 이뤘다. 알카티리를 쫓아낸 뒤 치른 대통령선거와 총선에서 나란히 패했던 오르타와 샤나나는 이른바 민주제도라는 이름 아래 정권을 나눠 가졌다. 동티모르 안팎에서는 민주주의를 의심하는 소리가 아주 높아졌다. 그리고 동티모르에는 오스트레일리아-미국이 뒤를 받치는 극우 연립정권이 등장했다. 이제 총리 샤나나한테는 정권창출에 발판 노릇을 했던 반란군을 쓸어내야 할 시간이 다가왔다. 알프레도 소령 유효기간도 서서히 끝나가고 있었다.

2006년 나와 인터뷰에서 "샤나나 명령만 따른다"고 했던 알프레도, 그리고 알프레도를 체포하지 않아 온갖 의혹을 받아온 샤나나, 그 둘 관계가 2007년 말로 접어들면서 심상찮게 변했다. 총리로 권력을 쥔 샤나나는 12월 들어 알프레도한테 투항명령을 내렸다. 맞선 알프레도는 2008년 1월 자신과 샤나나의 대화내용이 담긴 DVD를 뿌려대며 둘 관계를 폭로했다.

"많은 일이 막 뒤에서 벌어질 것이고, 샤나나는 그 책임자란 걸 스스로 잘 안다. 우리를 나쁜 놈이라 부른 샤나나가 바로 우리를 만들어냈다. 샤나나는 작가며 배후였다."

샤나나와 알프레도 관계를 오르타 전 대통령이 훗날 내게 털어놓았다.[75]

"당신도 샤나나와 동업자로 알프레도를 이용하지 않았던가?"

"나는 중재하려고 알프레도를 몇 번 만났을 뿐이다. 한 번은 미군 장교와 함께 산으로 가서 그이를 만났고. (이 대목은 뜻하지 않게 튀어나온 말인지 곧장 오프 더 레코드를 요구했지만 나는 받아들이지 않았다. 어차피 깊은 내막은 밝히지 않을 게 뻔해 미군 개입 사실만이라도 기록해두자는 뜻이었다. 미군 개입은 세상에 전혀 알려지지 않았던 충격적인 정보였다.) 그때만 해도 샤나나와 알프레도 관계를 생각도 못 했다."

"나 같은 기자도 처음부터 그 둘 관계를 의심했는데 당신이 몰랐다고?"

"내가 너무 순진했다. 그 뒤 샤나나를 만난 자리에 알프레도가 있었고, 샤나나가 그이한테 군인들 탈영 상황을 가서 확인하라고 명령까지 하더라. 그러면서 그 둘 관계를 깨달았다."

---

75 정문태, 조제 하무스 오르타 전 대통령 인터뷰, 2012.7.2.

1월 10일, DVD가 나돌고 민심이 흔들리는 가운데 샤나나는 "대꾸 않겠다. 말싸움에 말려들고 싶지 않다"며 알카티리가 의회에서 요청한 소명마저 거부했다. 대신 샤나나는 "당신들이 알프레도 인터뷰를 할 때 눈감아 준 게 나라를 혼란에 빠트렸다"며 기자들한테 책임을 뒤집어씌우더니 "이 사안을 계속 다루거나 알프레도를 인터뷰하면 체포하겠다"고 으름장까지 놨다.

그즈음 샤나나와 알프레도 사이를 중재했던 대통령 오르타가 "(알프레도를) 구속한 뒤 5월 20일 독립기념일에 맞춰 사면한다"는 조건에 알프레도와 합의한 사실이 터져 나왔다.

탈영, 반란, 살인, 불법 무기소지 혐의로 쫓기던 알프레도가 몇 달이면 끝나는 사면 조건을 마다하고 총리 샤나나한테 대들었던 까닭이 뭘까? 그 둘 사이에 세상이 알지 못하는 아주 특별한 '사업'이 있었음을 어림쳐볼 만하다. 알프레도가 더 큰 흥정을 요구했거나 샤나나가 침묵을 강요했거나 어쨌든 알프레도는 자신의 역할에 넉넉한 보상을 바랐다는 뜻이다. 기자들 사이에는 이미 알프레도가 장관자리를 요구했다는 소문이 나돌고도 있었다. 알프레도가 온 천지를 휘젓고 다니는 사이, 샤나나 정부는 혼란을 거듭했고 야당인 동티모르독립혁명전선은 사태해결을 위한 조기 선거를 외쳤다.

죽은 자가 쏘았다

2월 9일, 대통령 조제 하무스 오르타는 샤나나와 알카티리를 비롯한 정치지도자를 초대했다. 그 자리에서 오르타는 민심을 좇아 2009년 조기 선거로 마음을 굳혔으나 샤나나가 거세게 대들었다. 민심을 잃은 샤나나

"나는 언제나 중재자 노릇을 원했다."

노벨평화상을 받은 조세 하무스 오르타는 총리와 대통령을 거치면서 원칙 없는 정치인으로 낙인찍혔다. _딜리. 동티모르. 2012 ⓒ정문태한테 조기 선거는 정치적 사망선고와 다를 바 없었으니까. 이제 샤나나한테 오르타는 더 이상 동업자도 후원자도 아니었다. 분열과 배반과 음모로 얼룩진 동티모르 현대사에서 그동안 협조와 경쟁을 통해 공생해온 샤나나와 오르타는 알카티리를 쫓아내고 자신들의 정치적 승리를 확인하는 순간, 1인자가 둘일 수 없는 권력의 속성을 깨달았다. 그 둘은 정치적 시험무대가 된 반란군 해결을 놓고 알프레도와 따로 협상하면서 결국 서로가 경쟁자란 사실을 확인한 셈이다.

이틀 뒤인 2월 11일 아침, 오르타 대통령과 샤나나 총리 연쇄 암살기도 뉴스가 터져 나왔다. 한 나라 대통령과 총리를 동시에 노린 암살기도는 세상을 발칵 뒤집어놓았다. 오르타는 집에서 가슴과 배에 총을 맞고 오스트레일리아 다윈으로 실려갔다. 오르타가 총을 맞고 한 시간쯤 뒤 샤나나가 타고 가던 자동차도 총격을 받았다. 이 전대미문 사건을 놓고 샤나나 정부는 수사도 조사도 없이 곧장 알프레도 소령 짓이라고 밝혔다.

이건 애초 말도 안 되는 의문투성이였다. 대통령 오르타 암살기도부터 따져보자. 딜리에선 대통령이 아침마다 경호원 둘만 달고 집 앞 바닷가를 달린다는 걸 모두가 안다. 누구나 대통령을 가까이서 볼 수 있고 말도 붙일 수 있다. 그게 대통령 오르타 성격이고 태도였다. 한마디로 타격점도 도주로도 훤히 나와 있는 곳을 두고 왜 군이 총잡이는 중무장 경호원이 득실대고 오스트레일리아 병영과 맞댄 대통령 집을 공격지점으로 삼았을까?

밖에선 안을 들여다볼 수도 없는 그 대통령 집에 들어가본 이들이라면 다 안다. 아무한테나 열리지 않는 대형 철갑문을 지나면 경호원이 눈알을 부라리고 어디가 어딘지 알 수도 없는 넓은 마당에 여러 채 집들이 나타난다. 그래서 이 '소설'은 처음부터 아귀가 안 맞았다.

보라. 아침운동을 마치고 돌아온 오르타가 집에서 총을 맞아 중태에 빠지기 30~60분 전, 정부가 암살범이라고 발표한 알프레도는 이미 대통령 집에서 눈과 목에 총을 맞아 죽은 뒤였다. 죽은 자가 오르타를 쏘았다는 뜻이다.

"알프레도가 대통령을 쏘지 않았다. 알프레도는 이미 정부군한테 살해당했다."

동티모르라디오가 현장증언까지 붙여 방송했으나 샤나나 정부는 한마디 대꾸도 없었다.

이른 아침 왜 알프레도가 대통령 집을 찾았을까? 그리고 누가, 왜 알프레도를 살해했을까? 알프레도와 함께 대통령 집에 갔던 부하들은 지도자가 살해당한 뒤에도 어떻게 한 시간 가까이 아무 탈 없이 현장에 있었을까? 그 한 시간 동안 왜 대통령 경호대와 알프레도 부하들은 충돌하지 않았을까? 알프레도 부검에서 동티모르군이 사용하지 않는 총알이 나왔다는 사실을 어떻게 설명할 수 있을까? 누가 진짜 오르타를 쏘았을까? 실질적으로 대통령 경호를 맡았던 오스트레일리아군은 대통령 집에서 총소리가 울렸는데도 왜 곧장 출동하지 않았을까? 오스트레일리아군은 대통령 암살기도 소식을 듣고도 왜 현장 확보를 안 했을까? 범인 예상 도주로마저 차단 안 했던 건 무슨 영문일까?

총리 쪽에만 기적?

다 접어놓고 샤나나 정부 발표대로 알프레도가 범인이라면, 왜 알프레도는 자신을 풀어주려고 가장 애썼던 오르타를 죽이려 했을까? 샤나나

"나를 건드리면 모든 사실을 폭로해버릴 것이다."

샤나나의 남자로 정치적 혼란을 몰고 다녔던 알프레도 헤이나도 소령은 의문스레 살해당하며 역사를 무덤으로 데려가고 말았다. _마우비시. 동티모르. 2006 ⓒ정문태

정부는 수사과정에서도 법정에서도 아무런 답을 못 내놨다.

"그날 아침 알프레도가 여기서(현장을 가리키며) 살해당하기 전 비서한 테 대통령이 불러서 왔다고 했다는데 나는 그즈음 전화를 한 적도 없다. 대통령 약속을 비서나 경호원이 몰랐을 수 있겠나? 누군가 정치적 의도를 갖고 나와 알프레도를 쐈다. 알프레도가 나를 쏠 까닭이 없다는 건 누구보다 내가 잘 안다. 샤나나와 알프레도 관계가 파국으로 치달을 때도 내가 알프레도를 만나 중재하려고 애썼던 걸 다 안다. 2006년 정치위기와 2008년 나를 암살하려 했던 사건이 연장선인 건 틀림없다."이게 2012년 7월 2일 오르타가 사건현장인 대통령 집에서 나한테 털어놓았던 말이다.

"그 암살극 속내를 다 알 텐데 왜 가만있나? 그게 더 수상하다."
"그걸 꺼내면 온 나라가 다시 뒤틀린다."
"이건 동티모르 현대사에서 가장 큰 사건이다. 기록해둬야 옳다."
"맞는 말이다. 근데 아직 그럴 만한 환경이 아니다. 두렵다."
"언제까지 침묵할 건가?"
"앞으로 한 5년은…."

그 5년은 샤나나 총리의 임기다. 샤나나가 권력을 쥐고 있는 한 진실을 말할 수 없다는 뜻이다. 전직 대통령과 총리를 지낸 사람마저 두려움을 느낀다. 동티모르 현실이었다.

이제 샤나나 총리 암살 기도를 따져보자. 이쪽도 '소설'이긴 마찬가지다. 정부는 대통령 오르타가 저격당하고 한 시간쯤 뒤, 알프레도와 함께 반란군을 이끌었던 "가스타오 살시냐Gastao Salsinha 중위가 한갓진 길을 달리던 총리 자동차를 공격했다"고 밝혔다. 살시냐는 곧장 아니라고 되박았다.

정부 발표대로라면 대통령과 총리 암살기도 사이에 한 시간쯤 시차가 난다. 알프레도가 살해당한 시점부터 따지면 한 시간 30분에서 두 시간이나 시차가 있다.

이건 알프레도가 대통령 집에서 살해당했다는 소식(오르타도 아침운동 중에 들었다던 그 첫 총성이 울린 시점)을 듣고 총리가 바로 조치를 취했다면 대통령을 충분히 보호하고 남을 만한 시간이었다. 그사이 샤나나 총리는 알프레도 살해와 오르타 대통령 피격소식을 보고받았을 게 뻔하다. 그런데도 대통령이 피격당한 국가적 비상사태를 놓고 총리가 아무런 조치도 취하지 않았던 건 무슨 사연일까?

참고로 딜리 중심에 자리 잡은 정부청사에서 총리 집은 5분, 대통령 집은 8분이면 자동차로 닿을 수 있는 거리다. 비상시 특별 차량이 머리에 경적을 달고 뛰면 2~3분에 모두 닿을 수 있다. 손바닥만한 딜리에서 5분이 걸린다면 음모다.

게다가 대통령이 총 맞은 비상사태에 총리란 자가 경호차량도 없이 한갓진 길을 달렸다는 건 또 무슨 심보인가? 밥 먹으러 갈 때도 샤나나는 줄줄이 경호대를 달고 다닌다. 보라. 총리 자동차에 총탄 14발이 박혔는데도 타고 있던 네 명이 모두 말짱했다는 건 또 무슨 뜻인가? 기적이라는 말인데, 왜 총리 쪽에만 그런 기적이 일어났을까?

이건 법정에서도 큰 탈이 났던 대목이다. 정부가 밝힌 살시냐 중위 그룹이 있었던 지점과 총알이 날아와 총리 자동차를 때린 지점이 정반대쪽이었던 탓이다. 빛나는 현대 과학을 떠들어대지만 아직껏 반대쪽을 맞힐 수 있는 총은 없다.

알카티리는 3월 4일 포르투기뉴스네트워크와 인터뷰에서 암살기도를 "싸구려 소설"이라며 "정부가 총리 자동차에 총탄 14발이 박힌 사진을 공개했지만 동티모르독립혁명전선 사람이 찍은 사진에는 단 두 발만 박혀 있다"고 주장했다. 알카티리는 중립기관이 조사한다면 그 사진을 공개하겠다고 덧붙였다. 그러나 알카티리도 그 뒤 입을 닫았다. 알카티리는 2012년 7월 1일이 되어서야 나한테 털어놓았다.

"법정이 나를 증인으로 안 택했다. 아무 연락 없이 끝내버렸다."

"왜 기다렸나? 왜 말 못 하는가? 두려운가?"

"물론, 두렵다! 그저 분위기 무시하려고 애쓸 뿐이지."

알카티리는 암살극을 캐겠다고 물고 늘어진 나한테 "당신이 여기 정치놀음을 파겠다면 아주 조심해야 한다. 원칙 접으라는 건 아니지만 지나치게 밀어붙이지 않는 게 좋을 거다. 여긴 아직 진짜 민주주의가 아니니까. 명심해라"고 조언했다. 알카티리는 전직 총리에다 제1당을 이끄는 정치인이다. 전직 대통령 오르타와 전직 총리 알카티리마저 두려움을 느끼게 만드는 인물은 누굴까? 샤나나 총리뿐이란 걸 모르는 사람은 이 세상에 없다.

대답보다 의문이 더 많았던 두 암살기도 사건은 1년도 더 지난 2009년 7월 13일 관련자 28명을 딜리 법정에 세웠다. 그리고 2010년 3월, 대통령과 총리 암살기도 주범으로 기소한 가스타오 살시냐 중위를 비롯해 24명에게 9~16년 형을 때렸다. 법정은 검찰이 살해당한 알프레도 대신 대통령을 쏜 범인으로 기소했던 마르셀로 케이터누Marcelo Caetano를 암살자가 아니라고 판결했다. 결국 그 재판은 대통령을 쏜 자가 유령임을 밝혀냈을 뿐이다. 암살 배후조종자로 기소했던 알프레도의 여인 안젤리타 피리스Angelita Pires를 비롯한 네 명은 무죄석방했다. 다섯 달 뒤인 8월 20일, 대통령 오르타는 또렷한 이유도 밝히지 않은 채 한 명을 제외한 모든 관련자를 사면함으로써 그 사건을 지워버렸다. 결국 두 암살기도 사건은 누가, 왜 대통령과 총리를 쏘았는지조차 밝혀내지 못한 채 어둠 속에 묻혀버리고 말았다. 사법제도감시프로그램JSMP 대표 루이스 디 올리베이라Luis de Oliveira는 "수사와 기소 단계부터 증거 불충분과 소설식 논리가 난무했다"며 "언젠가는 반드시 역사의 법정에 세워야 한다"고 다짐했다.

이쯤에서 샤나나 정부가 작품완성도를 높이고자 등장시킨 배후를 눈여겨볼 만하다. 알프레도의 여자로 변호사 시험을 준비하던 동티모르 출신 오스트레일리아 이중국적자인 안젤리타다. 그 아버지는 샤나나의 정적인 알카티리와 아주 가까웠던 인물이다. 누가 봐도 배후감으로 그만이었다. 근데 검찰이 배후조종자로 기소한 안젤리타를 법정이 증거 불충분으로 무죄석방해버리면서 샤나나 정부는 일이 꼬이고 말았다. 오죽했으면 샤나나 정부가 쥐고 흔드는 법정이 그 여인을 무죄석방해버렸을까. 암살극의 질이 아주 낮았다는 증거다.

2012년 7월 3일, 딜리 앞바다 커피숍에서 안젤리타를 만났다. 안젤리타는 맺힌 게 많았던지 두어 시간 넘도록 쉬지 않고 말을 쏟아냈다.

"배후조종자라며?"

"미친놈들, 오히려 알프레도를 범법자라며 투항시키려고 애썼던 나다."

"왜?"

"이용해먹다 결국은 알프레도를 죽여버릴 것이라 믿었으니까."

"근데, 왜 정부가 당신을 배후조종자로 몰았을까?"

"마녀사냥이다. 내가 약한 여자기 때문에."

"스파이라고도 했나?"

안젤리타는 내 얼굴을 빤히 쳐다보더니 작심한 듯 내질렀다.

"진짜 마타하리는 샤나나의 오스트레일리아인 아내 크리스티다."

안젤리타는 2012년 3월 대통령 선거에 나갔다. 떨어졌다. "정의 바로 세우고 싶었다"고 했다. 이어 7월 총선에선 티모르저항국민통일당UNDER-TIM 부대표로 뛰었다. 또 떨어졌다. "알프레도가 암살기도와 아무 관련 없다는 사실을 밝히고 싶었다"고 했다. 한마디로 당찬 여인이었다. 샤나나가 잘못 건드린 게 아닌가도 싶다. 안젤리타는 "내가 제출한 증거를 법정이 단한 건도 안 잡아줬지만 알프레도와 나의 진실을 밝혀줄 자료는 넘친다"며 들고 온 보따리를 풀어헤쳤다. 그 문서들 속에는 샤나나와 알프레도가 주고받은 편지며, 알프레도가 반기문 유엔사무총장한테 보낸 편지며, 대외비가 찍힌 부검소견서와 온갖 공판용 자료가 쏟아져 나왔다. 진실을 폭로하고자 영화도 만들고 책도 쓰겠다는 안젤리타는 "샤나나가 있는 한 아직은 때가 아니다"고 덧붙였다. 딜리는 그렇게 공포에 질려 있었다.

샤나나 그리고 오스트레일리아와 미국

그리고 세월이 흘렀다. 2006년 쿠데타나 2008년 암살기도 사건은 아직 아무것도 밝혀진 게 없다. 다만 결과를 놓고 보면 그 정치극이 누구를 위한 것이었는지 만큼은 또렷이 드러난다. 말할 나위도 없이 권력을 쥔 샤나나다. 샤나나는 2006년 첫째 마당 '쿠데타'에서 반란군 우두머리 알프레도를 이용해 총리 알카티리를 몰아내고 권력을 잡았다. 그리고는 2008년 둘째 마당 '암살기도'에서 장애물로 변해버린 알프레도를 제거해 입막음에 성공했고 한편으로는 동업자였던 대통령 오르타를 정치적 재기불능 상태로 만들어 절대권력을 창출했다.

동티모르 정치극에 끼어든 조연들도 때를 만났다. 샤나나 연립정권에 참여해 차기를 노려온 민주당 총재이자 국회의장인 페르난도 데 아라우조Fernando de Araújo 같은 우익 정치인들과 인도네시아 점령기에 동티모르 지사를 지냈고 최대 커피농장을 지닌 사회민주당PSD 총재 마류 카하스칼라우Mario Carrascalao 같은 자본가다. 그리고 정교분리를 외쳤던 알카티리 정부와 삐걱거렸던 가톨릭도 2007년 총선에서 가톨릭 우대정책을 내건 샤나나와 손잡은 뒤 날개를 달았다. 그렇게 신생공화국은 극우 정치인, 자본가, 가톨릭이 주인마냥 판치는 사회가 되었다.

공화국 밖에서 정치극을 지원한 이들은 최종 승자로서 축배를 들었다. 샤나나의 등장은 곧 오스트레일리아-미국 라인의 승리였다.

"동티모르가 안정될 때까지 군대를 주둔한다."

우파 자유당LPA 총리 하워드의 대동티모르 정책은 2007년 12월 3일 출범한 중도좌파 노동당ALP 케빈 루드Kevin Rudd 총리로 고스란히 이어졌다. 그동안 동티모르를 비롯한 오세아니아 섬나라를 침략해온 오스트레일리아에 노동당이 등장하면서 적잖은 이들이 정책 변화를 기대했다. 환상이었다. 1975년 인도네시아의 동티모르 침공을 국제사회에서 가장 먼저 인정했던 이들이 노동당 정부였고, 1989년 인도네시아와 티모르해 영유권 협정에서 유전을 불법으로 채간 이들도 노동당 정부였다. 오스트레일리아의 식민지 확장정책에는 좌파, 우파, 보수, 진보가 따로 없었다. 루드 총리는 암살기도 사건이 터진 2월 11일 이미 오스트레일리아군 1,000여 명이 주둔하는 동티모르에 곧장 경찰과 해군을 증파했다. 티모르해 유전에 걸린 24조 달러에 눈독을 들인 지체 없는 결정이었다.

오스트레일리아 뒤에는 소리 없이 움직여온 미국이 있다. 미국은 일찌감치 동티모르를 전략요충지로 찍어왔다. 냉전이 발악기로 치닫던 1975

년 미국 대통령 포드는 인도네시아 독재자 수하르또의 동티모르 침공을 용인한 대가로 잠수함이 작전할 수 있는 티모르해의 깊은 바다 옴베이 해협Ombei Water Straits을 얻었다. 미국은 2000년대 들어서도 중국을 봉쇄하는 전략거점으로 여전히 태평양과 인도양을 잇는 티모르해가 필요했다. 미국한테 샤나나는 멋들어진 선물이었던 셈이다.

그렇게 정치극 두 마당을 거치면서 샤나나-오스트레일리아-미국 라인은 알카티리-포르투갈-유럽연합 라인을 제압했다. 알카티리 정부의 친중국 정책도 끝장났다.

이런 평화를 독재라고 한다

2012년 7월 7일 총선에서 샤나나의 티모르재건국민회의는 30석을 차지해 25석에 그친 알카티리의 동티모르독립혁명전선을 제치고 제1당이 되었다. 팽팽 돌아가던 정치극이 끝난 뒤 총선은 맹맹하기만 했다. 20년 동안 동티모르를 취재해왔던 내 몸이 기억하는 선거판은 어김없이 칼 찬 아이들이 길바닥으로 뛰쳐나오고 짱돌이 날아다니고 자동차가 불타고 구급차가 시끄럽게 돌아다녀야 정상이었으니.

선거운동 때도 투표결과가 나오고도 사람들은 그저 그러려니 소 닭 보듯 했다. 모두들 그걸 평화라고 불렀다. 근데 공기가 자유롭지 못했다. 자유 없는 평화, 샤나나의 동티모르였다. 시민이 입에 올리기 무서워하는 이야기가 있었고, 전직 대통령이나 총리마저 몸을 사리는 이야기가 있었고, 기자들이 건드릴 수 없는 이야기가 있었다. 지난 5년 동안 샤나나 정부가 남긴 자국이었다.

샤나나는 입만 떼면 민주주의를 외쳤지만 사람들은 그이를 두려워했다. 오죽했으면 샤나나와 연립정부 파트너인 민주당 대표 페르난도 데 아라우조마저 "이 정부엔 샤나나뿐이고 이 나라는 오직 샤나나 명령으로 굴러간다"고 했을까. 이런 걸 정치용어로는 '독재'라고 한다.

샤나나는 경제개발을 입에 달고 살았지만 사람들은 여전히 먹고살기 힘들다며 아우성친다. 알카티리 총리 때 정부예산 6,300만 달러가 2012년 17억 달러로 늘었지만 달라진 건 아무것도 없다. 실업률은 40%를 웃돌고 하루 1달러 미만으로 살아가는 사람이 총인구 가운데 60%로 늘었다.

평화대학UNPAZ 총장 루카스 다 코스타Lucas da Costa는 "경제 없다. 왜곡뿐이다. 정부 예산 95%가 석유와 가스 판 돈이고 예산 대비 세수가 기껏 35%다. 이 땅에 고도성장은 부정부패뿐이다"고 잘라 말했다. 국민 87%가 농사짓는 나라에서 총리란 자가 "돈이 외국으로 다 날아가버렸다"고 떠들어대도 누구 하나 삿대질마저 못 한다. 이건 국부유출이란 뜻이고 정상적인 사회라면 총리 탄핵감이다.

"경제야 어떻게 되든 말든, 이번 선거에서 이기든 말든 샤나나는 어떻게든 또 권력을 잡을 것이다. 그러니 차라리 샤나나를 찍어주고 분란 없이 가자는 게 사람들 생각이다."

동티모르 기자 말리 세자르Mali Cesar 말이다.

신생공화국 10년, 딜리 시민이 해석한 독립이나 민주주의는 모두 체념과 같은 뜻이었다. 맥 빠진 그날 그 땅에서 알카티리 전 총리는 내게 이런 말을 했다.

"마지막 남은 74세대(1974년 동티모르독립혁명전선 창설자인 알카티리와 오르타)와 75세대(1975년 동티모르독립혁명전선에 참여한 샤나나)가 젊은 세대한테 정치판 물려주고 떠날 때가 됐다. 이게 우리가 할 수 있는 마지막 봉사

"호박농사를 지을 생각이다."

동티모르 독립투쟁을 이끌었던 샤나나 구스망은 결국 대통령과 총리를 거치면서 정쟁과 혼란의 몸통이 되고 말았다. _리키사. 동티모르. 2012 ⓒ정문태 아닌가 싶다."

그로부터 2년 반이 지난 2015년 2월 6일 마침내 샤나나한테서 답이 왔다. 샤나나는 "젊은 세대한테 정치를 물려줄 때가 되었다"며 총리직 사임을 밝혔다. 2월 16일, 대통령 타우르 마탄 루악Taur Matan Ruak과 정치지도자들이 머리를 맞댄 끝에 동티모르독립혁명전선 출신 전 보건장관 루이 아라우조Rui Araújo를 새 총리로 뽑았다. 샤나나는 총리직을 버렸지만 과도기 정치혼란을 막는 안전장치라며 기획전략투자장관 자리를 지켰다.

샤나나는 독립투쟁 영웅에다 대통령으로 총리로 모든 값진 이름을 다 차지했다. 그런 샤나나한테 아직 남은 게 하나 있었다. 어쩌면 샤나나가 진정으로 원했던 자리와 이름이 아니었던가 싶다. 그게 새 총리 아라우조의 취임연설에서 튀어나왔다. '국부'였다. 그러나 너무 늦은 감이 든다. 샤나나는 2002년 독립 때부터 13년이 지난 오늘까지 대통령으로 총리로 동티모르 정치판을 주물러온 혼란의 주인공이었고 온갖 음모의 창작자였다. 그리하여 부정부패와 족벌체제로 민심을 잃고 만신창이가 되고 난 뒤였다.

그러니 샤나나가 죽어라고 내일만을 외칠 수밖에는. 그러나 어제를 말하지 않고는 동티모르의 내일을 결코 온전히 열어젖힐 수 없다. 이제라도 샤나나가 어제를 속속들이 털어내야 하는 까닭이다. 샤나나 앞에 남은 시간은 그리 많지 않다.

동티모르 13년 정치극은 비밀에 싸여 암흑의 역사 속으로 빨려 들어가버릴 가능성이 크다. 저널리스트는 그 가능성을 붙들어 매고 버텨야 하는 숙명을 지닌 이들이다. 하여 물증이 없으면 물음표를 붙여서라도 기록을 남겨야 한다. 저널리스트로서 내게 동티모르의 어제는 아직 끝나지 않았다. 비록 나의 영웅이었던 샤나나를 내 손으로 난도질하는 아픔을 겪었고, 비록 나의 영웅이었던 샤나나는 내 마음에서 사라져버렸지만.

버마, 어디로 가고 있는가?

테러리스트의 눈물

"버마학생민주전선은 학생운동 한 부분으로 버마 민주화 운동에서 중요한 의미를 지닌다.
학생군 무장투쟁은 현 정치상황에서도 여전히 유효하다.
우린 그 동지들 의지와 결정을 존중한다."
민꼬나잉 8888민주항쟁을 이끈 학생운동 지도자, 2012년 12월 인터뷰.

"샅샅이 훑어봤는데 형 이름은 없어!"

"그래? 미친 것들. 할 수 없지 뭐. 훈장으로 여기세."

2012년 8월 30일, 타이-캄보디아 국경을 취재하던 나는 버마학생민주전선 의장 탄케 전화를 받고 아주 뒤숭숭했다. 그날 버마 정부는 자국인 935명과 외국인 1,147명을 비롯해 모두 2,082명을 입국금지 블랙리스트에서 지웠다. 2011년 3월 군복을 벗고 민간복으로 나타난 테인세인Thein Sein 대통령 정부가 개혁이랍시고 입국금지자를 푼 것까진 좋았는데 여전히 이름조차 밝히지 않은 4,083명을 묶어둔 1/3쪽짜리였다.

버마 정부가 언제부터 블랙리스트를 만들어왔는지 알 길은 없지만 외교가에서는 1962년 쿠데타로 권력을 쥔 "네윈 장군 시절부터 그런 게 있었다"는 말이 나돌았다. 다만 버마 정부가 1990년대 말로 접어들면서 망명 민주화 운동가, 국제단체 활동가, 언론인을 마구잡이 블랙리스트에 올렸던 것만큼은 틀림없다. 블랙리스트에 올랐다는 타이 기자들 이름이 공공연히 나돌았고 버마 비자를 못 받는 방콕 주재 외신기자가 부쩍 늘어난 것도 그 무렵이었다. 으레 국제사회에선 불만이 터져 나왔고, 무엇보다 취재가 걸린 외신은 틈만 나면 때렸지만 버마 정부는 꿈쩍도 않았다. 그렇게 가타부타 한마디 말이 없던 버마 정부가 입국금지자 해제발표로 그 블랙리스트 존재 사실을 비로소 자백한 꼴이었다.

블랙리스트, 김대중도 아키노도

근데 드러난 블랙리스트를 보면 초라하기 짝이 없다. 이게 진짜 한 나라 정보기관이 만든 문서인가 싶을 만큼. 예컨대 그 블랙리스트에 오른 한국인 18명 가운데 55번은 'Lee(Buyer)' (Korea)가 다다. 이씨 성을 가진 한국 사람만도 700만이다. 그 '한국인 구매자 이씨'를 어떻게 가려내 입국금지시켜왔다는 말인지? 마찬가지로 239번 'David'(Germany), 540번 'Nick' (Netherlands)처럼 성도 이름도 제대로 없고 심지어 별명만 딴 것도 줄줄이 튀어나온다. 평생 버마 기사 한 쪽 쓴 적 없는 외신기자 이름이 들어 있는가 하면 버틸 린트너Bertil Lintner처럼 적잖은 기자 이름이 두세 번씩 나오기도 한다. 게다가 버마변호사회의BLC 사무총장 아웅투 같은 망명 민주화운동가는 버마인과 외국인 명단에 이중으로 올려 블랙리스트 해제자 수도 크게 부풀려놓았다.

버마 정부는 그 블랙리스트를 "국가안보와 국익을 해치는 자들"이라 밝혔지만 정작 해제자 이름을 훑어보면 어이가 없다. 버마인 해제자 가운데 1번부터 128번까지는 망명정부 노릇을 했던 버마연방민족연립정부 대통령 세인윈, 버마학생민주전선 전 의장 나잉아웅, 8888민주항쟁을 이끌었던 모티준 같은 민주화 운동가들이니 군사독재 눈에야 그렇게 보였다 치자. 나머지 129번부터 935번까지는 거의 모두 사회적으로 알려진 바도 없고 정치와 거리가 먼 학자, 가수, 사업가, 의사, 노동자를 비롯한 해외 취업자들이었다.

굳이 따지자면 그 1∼128번도 이미 소수민족해방·민주혁명 전선을 떠난 시민운동가에 가까운 이들이다. 버마 정부가 선전에 보탬 될 만한 이빨 빠진 호랑이들만 풀었다는 뜻이다. 실질적인 소수민족해방·민주혁명 세력 가운데는 평화협상을 놓고 랑군을 드나들었던 까렌민족연합 사무총장 지뽀라 세인Zipporah Sein만 들어 있었다.

외국인 해제자도 마찬가지다. 몇몇 사회운동가와 학자나 언론인을 빼고는 이름마저 들어본 바 없는 이들이 다. 놀라운 건 따로 있다. 이미 사망한 김대중과 필리핀의 코라손 아키노Corazon Aquino라는 두 전직 대통령을 비롯해 미국 전 국무장관 매들린 올브라이트Madeleine Albright까지 담은 대목이다. 전시 적국도 아닌 나라들 대통령과 외교채널인 상대국 장관까지 블랙리스트에 올린 사실이 드러났다. 국제외교사에 길이 남을 대기록이다.

나는 그동안 소수민족해방·민주혁명 전선을 취재하고자 '불법'으로 버마 국경을 넘나들면서 늘 '합법'의 날을 기다려왔다. 1990년대 초만 해도 관광비자를 받아 눈치껏 랑군을 오갔지만 1995년과 1996년 두 차례 아웅산수찌 인터뷰 뒤로는 그마저도 끝장났다. 나는 그 뒤 큰일이 터질 때마다 관광비자라도 언어보겠다고 매달렸지만 모조리 거부당했다. 2007년 승복혁명 때는 정치라서 그랬다 치더라도, 2008년 14만여 목숨을 앗아간 사이클론 나르기스라는 자연재해 때마저도 그랬다.

나르기스 때는 방콕 외신기자들이 저마다 관광비자를 받아 몰래 현장으로 들어갔다. 그날도 내 여권은 비자를 붙였다 뗀 자국만 더럽게 남긴 채 되돌아 나왔다. 그러다 2011년부터 버마에 '변화'란 바람이 불면서 블랙리스트에 올랐을 법한 외신기자들이 랑군을 드나들기 시작했다. 나도 희망을 품었다.

이어 2012년 4월, 국제사회 눈길이 보궐선거에 뛰어든 아웅산수찌한테 쏠리자 버마 정부가 마침내 저널리스트 비자를 내놨다. 이내 수많은 외신기자가 랑군으로 몰려갔다. 그날도 내 여권은 비자 없이 되돌아 나왔다. 내겐 아직 시간이 오지 않았다.

사실은 내가 블랙리스트에 올랐는지 어떤지 알 길조차 없다. 아직 버마 정부가 쥐고 있는 블랙리스트를 다 풀어놓아야 사연도 드러날 것이다. 다만 한 가지는 틀림없다. 그동안 버마 정부한테 찍혔던 모든 외신기자가 아무 탈 없이 랑군을 들락거리지만 나는 아직도 비자를 못 받는 신세라는 것. 그리고 국경에서는 나잉아웅이 귀띔해준 말마따나 "문태는 무장세력과 너무 가까워 절대 비자 못 받는다"는 희한한 소문만 흘러다닐 뿐이다. 한데, 정작 테러리스트로 찍힌 버마학생민주전선 '수괴'였던 나잉아웅은 블랙리스트에서 풀리자마자 9월 초부터 랑군을 들락거렸다.

1993년 소수민족해방군과 민주혁명군 심장이었던 마너플로우를 취재할 때였다. 느닷없이 버마 정부군이 라디오를 통해 그 전선에 있던 외신기자 셋을 꼽으며 "짖는 개들을 결코 용서하지 않겠다"고 으름장을 놨다. 그래, 나는 그날도 짖는 개였고 지금도 짖는 개다. 꼴난 비자 때문에 짖고 말고 할 일은 앞으로도 없을 것이다. 외신기자를 블랙리스트로 다스리겠다면 난 그걸 기꺼이 훈장으로 여길 것이고.

'비보도'였던 승복혁명

2000년대로 접어들어 버마 군사정부는 더 강해졌고 국경 쪽 소수민족해방·민주혁명 전선은 싸늘하게 식어갔다. 무장투쟁이 잦아들면서 까렌민족연합을 비롯한 소수민족해방군 진영은 정치와 이권이 얽힌 내분만 두드러졌다.

게다가 1948년 버마 독립 뒤부터 소수민족해방 투쟁 상징이었던 까렌민족연합 의장 보먀 같은 혁명 1세대가 하나둘씩 사라지면서 버마민주동맹과 민족민주전선도 이름뿐인 통일전선이 되고 말았다. 그사이 국경에도 시민운동 유행이 파고들었다. 민주혁명 세력 가운데 유일한 무장투쟁 조직인 버마학생민주전선도 크게 흔들렸다. 1990년대 말부터 무장투쟁과 정치투쟁 병행론을 입에 올렸던 나잉아웅을 비롯한 학생군 1세대 지도부는 저마다 민주니 인권을 내건 비정부단체NGO를 만들어 한자리씩 꿰차고 전선을 떠났다.

엎친 데 덮친다고 2001년 9.11사건은 버마 국경 전선에도 치명상을 입혔다. 미국 정부가 무장투쟁 세력을 마구잡이 테러리스트로 낙인찍자 버마 안팎 돈줄과 국제사회의 도덕적 지원마저 끊겼다. 버마학생민주전선도 테러리스트로 찍혔다. 버마학생민주전선 사무총장 서니 마힌드라Sonny Mahindra는 "아직도 우리가 왜 테러리스트가 되었는지 모른다. 미국 정부는 2010년 해제하면서 '실수'였다고 하더라. 사과 한마디 없었다"고 억울함을 털어놨다.

미국 정부에 찍히면 민주화 운동 조직도 모조리 테러리스트가 되는 세상이고, 미국 정부는 실수로도 테러리스트를 만들어낼 수 있다는 뜻이다.

한편 군사정부 최고 권력기구인 국가평화개발평의회SPDC는 우호적인 소수민족 대표로 짜맞춘 민족회의National Convention를 통해 이른바 민

민꼬나잉이 이끈 88세대학생은 8888민주항쟁 뒤 19년 만인 2007년 9월 랑군 심장부에 불을 지폈다. 이 시위가 버마 안팎을 달군 이른바 승복혁명을 끌어낸 동력이었다. _랑군, 2007 ⓒ88Generation

주화를 위한 7단계 로드맵을 마무리해나갔다. 그 과정에서 군사정부는 까렌민족연합, 까레니민족진보당 같은 실질적인 소수민족해방 투쟁세력을 모두 따돌렸다.

그렇게 투쟁력도 정치력도 모두 잃어버린 국경이 파리해져가던 2007년 8월, 랑군에서 충격적인 뉴스가 터져 나왔다. 2004년 감옥살이 15년 만에 풀려난 전설적인 학생운동 지도자 민꼬나잉Min Ko Naing이 만든 88세대학생그룹88Generation Students Group이 군사정부의 경제실패를 나무라며 거리로 뛰쳐나왔다.

비록 150여 명에 지나지 않았지만 8888민주항쟁 뒤 처음으로 군사정부 심장부에서 벌인 그 시위는 10월 들어 10만 승려와 시민을 몰고 나온 이른바 승복혁명의 동력이 되었다. 두어 달 동안 버마 안팎을 달궜던 그 승복혁명은 군사정부의 유혈진압으로 끝났고 버마승려동맹ABMA 의장 감비라Gambira는 68년 형을 받고 감옥에 갇혔다. 민꼬나잉과 88세대학생그룹 지도부도 65년 형을 받았다.

이제야 밝힐 수 있지만, 승복혁명은 그동안 세상에 알려졌던 승려시위로만 볼 수 없다. 애초 승복혁명은 랑군과 국경이 손잡고 꼼꼼하게 판을 짠 공동작품이었다. 그 무렵 나는 '비보도' 전제로 국경 쪽에서 정보를 얻었다. 소수민족해방 세력과 민주혁명 단체들 연합정치기구인 버마연방민족회의의 정치저항위원회PDC를 이끄는 쪼우쪼우는 "4월부터 감비라 스님을 여기(버마와 국경을 맞댄 타이의 매솟) 초대해서 시위계획을 짜고 도상훈련을 했다"고 털어놓았다. 승복혁명이 터지기 여섯 달 전부터 국경에서 기획을 했다는 뜻이다.

버마-타이 국경에서 민주개발네트워크를 이끌어온 킨오마르Khin Omar는 "우리가 자금에다 카메라·컴퓨터·통신·전송 장비를 버마에 집어넣어 시위를 중계했다"고 귀띔해주었다. 국경이 재정과 장비 지원뿐 아니라 선전대 노릇까지 했다는 뜻이다. 실제로 승복혁명은 유튜브와 페이스북을 비롯한 소셜미디어가 생중계를 도맡아 주류언론 대신 국제여론을 이끌었다. 그 국경 조직을 통해 미국 국무부가 승복혁명에 적잖은 뒷돈을 댔던 사실도 드러났다.

그즈음 밀선을 통해 전화로 인터뷰했던 감비라 스님도 "다 말할 순 없지만, 우리는 민중행동위원회PAC 일원으로 민중거부위원회BPC 계획에 따라 함께 일하고 있다"며 시위를 돕는 제3조직 존재 사실을 밝힌 바 있다. 2012년 풀려난 민꼬나잉은 승복혁명을 되짚어보는 자리에서 "우리 88세대학생그룹이 민중행동위원회와 민중거부위원회 같은 비선조직을 만들어 시민을 엮은 뒤 승려들을 그림자 지원했다. 암전운동이니 예불투쟁 같은 단계별 시위계획이 다 우리 손에서 나왔다"고 밝혀 그 제3조직 실체가 드러났다.

　　말하자면 승복혁명은 국제정치세력이 제작비를 대고 국경 조직이 기획과 선전을 맡고 랑군 쪽 88세대학생그룹이 현장 연출을 하면서 승려들을 주인공으로 내세워 판을 벌인 정치극 한 마당이었던 셈이다. 그 승복혁명이 비록 외세개입이라는 얼룩을 남겼지만 국경과 랑군 민주진영이 손발을 맞춘 대중봉기로 버마 혁명사에 새로운 장을 열었던 것만큼은 틀림없다.

아웅산수찌의 국민투표 거부운동은 실패했다

　　승복혁명을 무력진압한 군사정부는 이듬해인 2008년 5월 10일 제헌 국민투표를 밀어붙였다. 5월 2일 사이클론 나르기스가 덮쳐 14만여 명이 목숨을 잃는 대참사가 벌어진 지 꼭 일주일 뒤였다. 유엔을 비롯한 국제사회는 투표연기를 요구했다. 아웅산수찌가 이끄는 민족민주동맹, 까렌민족연합, 버마학생민주전선 같은 모든 민주세력은 민족회의 불법성을 들어 일찌감치 국민투표 거부운동을 벌여왔다.

　　군사정부는 그 국민투표에서 93.82% 찬성 결과를 내놓고 기어이 헌법을 통과시켰다. 이어 2010년 11월 7일 총선을 치렀다. 아웅산수찌는 헌법의 불법성을 들어 다시 총선 거부운동을 선언했고 민족민주동맹은 총선에 참여하네 마네로 집안싸움이 벌어져 적잖은 탈당자를 냈다. 그즈음 민주진영에서는 총선참여로 군사정부 불법성을 심판하자는 소리가 아주 높았다. 그러나 아웅산수찌는 민주세력이나 소수민족과 입 한 번 안 맞춘 채 독선적으로 총선거부 결정을 내렸다.

"국민투표 거부운동 실패했다. 좋든 싫든 이제 총선은 현실이다. 적전분열로 비칠까 여태 아웅산수찌를 지지해왔지만 그이 태도는 독재자와 다를 바 없다." 탄케 말처럼 민주진영 안에서는 큰 불만이 터져 나왔다.

그렇게 민주세력이 빠진 총선에서 군사정부 총리 테인세인이 이끄는 연방단결개발당USDP이 하원격인 인민의회Pyithu Hluttaw 330석 가운데 259석(79.6%)과 상원격인 민족의회Amyotha Hluttaw 168석 가운데 129석(76.7%) 그리고 지역의회Region Hluttaw 661석 가운데 495석(74.8%)를 휩쓸었다. 중앙과 지역 의회를 통틀어 1,154개 선거구에서 76.5%에 이르는 883석을 차지했다는 뜻이다. 여기에 또 다른 군인대리 정당인 민족통일당NUP이 63석을 거머쥐었다. 게다가 군사정부는 헌법에 따라 군부 몫 25%인 인민의회 110석, 민족의회 56석, 지역의회 225석을 일찌감치 후무려놓았다. 그렇게 해서 인민회의 440석, 민족회의 224석, 지역의회 900석을 통틀어 군인이 90%에 이르는 의석을 차지했다.

총선결과 2011년 3월 테인세인을 대통령으로 내세운 정부가 나타나 변화와 개혁을 외치기 시작했다. 버마 안팎에서는 그 정부 정체를 놓고 한동안 논란이 일었다. 결론부터 말하자면 테인세인 정부는 준군사정부 quasi-civilian government다. 군부의 역할과 기능만 도드라진 2008년 헌법이 말해준다.

헌법 제109조 (b)항과 제141조 (b)항에 따라 군부는 의석 25%를 자신들 몫으로 챙겨놓았다. 제436조 (a)항은 헌법개정선을 인민의회와 민족의회를 포함하는 연방의회Pyidaungsu Hluttaw 75%로 못 박아 군부동의 없이는 헌법에 손도 댈 수 없게 만들어놓았다. 제232조 (b)항은 군 최고사령관한테 권력핵심인 국방장관, 내무장관, 국경장관 지명권까지 얹어놓았다. 제201조 대통령과 부통령(2명), 하원의장, 상원의장, 군 최고사령관, 부사령관, 국방장관, 내무장관, 국경장관, 외무장관을 포함한 11명으로 구성한 국가방위안보위원회NDSC는 제11장 비상사태 규정에 따라 군 최고사령관이 독립적으로 입법·사법·행정 기능을 지닌다고 못 박았다.

2015년 현재 그 구성원은 군 최고사령관 민아웅흘라잉Min Aung Hlaing과 국방장관, 내무장관, 국경장관을 비롯한 다섯 명이 현역 장군이며 부통령 마욱칸Mauk Khan을 빼고 대통령을 포함한 나머지 다섯 명도 모두 장군 출신이다. 게다가 국가비상시로 한정한 국가방위안보위원회가 테인세인 정부에서 일상적인 최고 의사결정기구 노릇을 해왔던 건 공공연한 비밀이다. 이건 실질적인 권력을 민아웅흘라잉이 쥐고 있다는 증거다. 대통령 테인세인이 소수민족 까친독립군을 공격해온 정부군한테 2012년부터 공개적으로 교전중지 명령을 수도 없이 내렸지만 전선이 들은 척도 않고 불을 뿜었던 까닭이다.

2011년 현직에서 물러난 독재자 탄슈웨Than Shwe는 최고사령관에 민아웅흘라잉을, 대통령에 테인세인을 앉혀 자신의 안전판으로 삼았다. 탄슈웨가 사람들 눈길에서 사라진 건 사실이지만 권력을 놓았다고 믿는 이들은 아무도 없다. 여전히 탄슈웨는 군부와 정부 쪽 두 대리인을 통해 버마를 주무르고 있다. 테인세인 정부를 준군사정부로 볼 수밖에 없는 까닭이다.

미국이 어른거렸다

그즈음 테인세인이 들고 나선 변화와 개혁은 군부생존이 달린 몸부림이었다. 버마는 50년 묵은 군사독재 실정으로 사회·경제가 거덜 난 데다 국제사회에서는 외톨이 신세였다. 무엇보다 사회복구를 외치는 테인세인 앞에는 20년째 이어진 경제제재에서 벗어나야 하는 일과 새 정부 합법성을 추인받는 잣대가 될 2014년 아세안ASEAN 의장국 순서가 기다리고 있었다. 게다가 테인세인은 출범과 동시에 실질적으로 군부사활이 걸린 2015년 총선을 향해 가야 하는 무거운 짐을 지고 있었다. 변화와 개혁은 그렇게 난파선에서 뛰어내린 군부가 껴입은 구명조끼였던 셈이다.

그 군부 앞에 구조선이 어른거렸다. 미국이었다. 그러나 미국 정부는 표류 중인 버마 군부한테 선뜻 손을 내밀지 않았다. 오히려 보이지 않는 손으로 숨 넘어갈 때까지 눌러댔다. 2007년 비밀리에 승복혁명을 지원했던 미국 정부는 2010년 총선이 다가오자 국경 소수민족해방군 쪽으로 눈길을 돌렸다.

총선 한 달 전인 그해 10월 까렌민족해방군, 까친독립군, 몬민족해방군 사령관이 워싱턴을 들락거리더니 타이 북부 치앙마이에 사무실을 열었다. CIA 여성 요원이 그 사무실을 거점 삼아 소수민족해방군한테 통신을 가르쳤고 까렌민족해방군은 첩보용 카메라와 비디오 같은 특수 장비를 전선에 깔았다. 소수민족해방군 진영에서는 일제히 군사훈련 프로그램을 돌렸다. 총선 이틀 전인 11월 5일에는 소수민족해방군들이 버마연방의회UBP라는 정치연합체와 비상연방동맹위원회CEFU라는 군사동맹체를 결성했다. 그즈음 CIA와 국가안보국NSA은 랑군 주재 미국 대사관을 통해 버마의 전화·통신 네트워크를 도청했다.

그렇게 미국은 비밀리에 소수민족해방군을 내세워 버마 군부를 짓누르는 저강도 전쟁low intensity war을 벌이면서 한편으로는 흥정판을 펼쳤다. 2009년 1월 미국 대통령 오바마가 "버마와 건설적 관계 가능"을 입에 올리면서부터 워싱턴과 네이삐도Naypyidaw는 물밑에서 움직이기 시작했다.

2010년 11월 총선이 끝나고 6일 만에 군사정부는 아웅산수찌의 가택연금을 풀어 대미관계 걸림돌을 걷어냈다. 이어 2011년 3월 새 정부를 꾸린 테인세인과 아웅산수찌의 밀담소문이 흘러나왔다. 이때부터 버마는 팽팽 돌아갔다. 오바마는 곧장 데릭 미첼Dereck Mitchell을 버마 특사로 임명했다. 8월 19일 공식적으로 테인세인을 만난 아웅산수찌는 "테인세인과 협력할 수 있다"며 분위기를 띄웠다. 9월 8일 오바마가 미첼을 네이삐도에 보내자 테인세인은 9월 말 외무장관 우나마웅르윈Wunna Maung Lwin을 워싱턴에 보내 화답했다. 그로부터 워싱턴과 네이삐도 관계는 공개적 장으로 옮아갔고 버마엔 변화바람이 불어닥쳤다.

9월 30일 테인세인은 중국 국영 차이나파워인베스트CPI와 맺었던 밋손댐 건설 프로젝트를 "시민반대로 중지한다"고 밝혔다. 그동안 미국은 밋손댐 건설을 반대하는 비정부단체를 몰래 지원해왔다. 밋손댐 건설 중단은 버마를 낀 미국과 중국의 역학관계 변화를 알리는 신호탄이었다. 이어 테인세인 정부는 10월 12일 정치범 200여 명을 석방했고, 13일 의회는 노조결성허용법안을 통과시켰다. 국제사회가 곧장 반응했다. 11월 17일 아세안은 버마를 2014년 의장국으로 추인했다.

그 무렵 아시아를 방문 중이던 오바마는 중국의 확장저지를 노린 이른바 태평양 세기America's Pacific Century란 개념을 내놨다. 11월 8일 네이삐도에서 군 최고사령관 민아웅흘라잉을 만난 미첼은 "두 나라가 군대협력을 논의했다"고 밝혀 미국의 공세적인 버마 정책을 드러냈다. 11월 21일 아웅산수찌의 민족민주동맹은 2012년 초로 잡힌 보궐선거에 참여하겠다고 밝혔다. 11월 30일 미국 정부 고위 공무원으로는 50년 만에 처음으로 국무장관 힐러리 클린턴Hillary Clinton이 랑군을 방문해 테인세인과 아웅산수찌를 만났다.

힐러리는 테인세인한테 경제제재 해제 가능성을 밝혔다. 힐러리가 아직 랑군에 머물던 12월 2일 테인세인 정부는 샨주북부군SSA-N과 휴전협정을 맺어 내전종식 의지를 보여줬다. 한 달 뒤인 2012년 1월 12일 테인세인 정부는 까렌민족해방군과 휴전협정을 맺은 데 이어 모든 소수민족해방군과 휴전회담을 벌여나갔다. 1월 13일엔 민꼬나잉을 비롯한 정치범 651명을 석방했다.

그리고 4월 1일, 앞선 2010년 총선을 불법이라며 거부했던 아웅산수찌의 민족민주동맹이 한마디 변명도 없이 보궐선거에 뛰어들어 45석 가운데 43석을 싹쓸이했다. 버마 안팎 민주진영을 아주 헷갈리게 했던 사건이다. 어쨌든 테인세인은 소수민족해방군과 휴전협정을 맺은 데 이어 민주화 아이콘인 아웅산수찌의 정치판 진입으로 버마 사회의 두 기본모순인 소수민족 문제와 민주화 문제 해결의지를 한껏 뽐낼 수 있었다.

보궐선거 이틀 뒤인 4월 3일, 미국 정부는 경제제재를 누그러뜨리겠다고 밝혔다. 4월 7일 오바마는 20년 넘게 공석이던 버마 대사에 미첼을 임명했다. 4월 23일 유럽연합도 1년짜리 조건을 달아 경제제재를 풀었다. 4월 29일 유엔사무총장 반기문이 랑군으로 날아가 테인세인한테 때 이른 월계관을 씌어주었다.

이어 9월 중순 테인세인이 유엔참석차 뉴욕에 들렀다. 같은 시간 아웅산수찌도 미국을 돌아다녔다. 버마 정치판이 아예 미국으로 옮겨간 꼴이었다.

11월 29일 오바마가 버마를 방문한 첫 미국 대통령이 되었다. 미국 정부는 버마 제재를 풀었다. 곧장 코카콜라와 비자카드가 버마 진출 계획을 밝혔다. 2013년 5월 20일 테인세인이 워싱턴을 공식 답방했다. 1966년 독재자 네윈의 워싱턴 방문 뒤 47년 만이었다. 당근과 채찍을 들이댄 미국의 대버마 정책이 먹혀들었다.

중국 봉쇄 작전

미국 정부는 이른바 중국포위 전략에 구멍 난 버마가 필요했다. 버마 군부는 지난 20년 동안 버팀목 노릇을 해주었던 중국이 서서히 자신을 집어삼키는 현실을 보면서 대안세력 필요성을 느꼈다. 그렇게 미국과 버마 입장이 맞아떨어지면서 중국이 한풀 꺾이기 시작했다. 테인세인 정부는 주민반대를 앞세워 중국과 맺었던 밋손댐, 시노-미얀마가스오일파이프라인, 럿빠다웅구리광산 같은 초대형 프로젝트를 중단했다. 중국 정부는 경제적 손실뿐 아니라 자존심에 치명타를 입었지만 침묵했다. 그러나 곧장 투자부문이 흔들리면서 위기감을 드러냈다. 2008~2011년 사이 120억 달러였던 중국의 대버마 투자가 테인세인 정부가 들어서고 2012~2013년 사이 4억 700만 달러로 곤두박질쳤다.

그러나 중국 정부는 어떤 대책도 정책도 내놓지 않았다. 공세적인 미국과 부딪치지 않겠다는 뜻이었다. 중국 정부 태도는 1970~1980년대 덩샤오핑鄧小平이 "국제전략 구조가 급변하고 사회주의 운동이 한동안 뒷걸음질 때, 우리는 조용히 바라보고 대비하며 자세를 낮춰 중국 안에서 최선을 다하자"던 이른바 사회주의 근대화 추동전략을 떠올리게 했다.

그사이 테인세인 정부는 중국 눈치를 보며 조심스레 움직였다. 힐러리가 랑군을 방문하기 이틀 전인 10월 28일 군 최고사령관 민아웅흘라잉이 베이징에서 시진핑習近平 부주석을 만나 군사협력 강화를 앞세우며 중국을 달랬다. 테인세인도 대통령 취임 두 달 만에 베이징으로 날아가 후진타오胡錦濤 주석 앞에서 "미얀마에 가장 가깝고 중요한 외교관계가 중국이다"며 포괄적 전략적 동반자 관계를 맺었다. 테인세인은 힐러리의 랑군 방문 한 달 보름 전에도 후진타오를 먼저 만나는 성의를 보였다. 그렇게 테인세인 정부는 중국과 미국 사이에서 정치·경제·외교·군사 균형을 맞추느라 안간힘을 썼다. 그러나 미국이 전략적으로 중국을 겨냥한 만큼 그 둘 사이에 낀 버마 앞날이 그리 순탄할 것 같지는 않다.

2010년부터 펜타곤은 공식적으로 공-해전Air-Sea Battle이란 군사전략을 들고 나섰다. 전통적인 공-육전Air-Land Battle에서 따온 이 공-해전은 개념일 뿐 전략으로 보기 힘들지만 어쨌든 펜타곤 안에 중국통합팀China Integration Team을 만들어 잠재적 적이 중국임을 또렷이 했다. 게다가 2011년 오바마가 태평양 세기에서 말한 미국의 '아시아 복귀return to Asia'나 힐러리가 정리한 미국의 아시아-태평양 추축전략Strategic Pivot도 추상적인데다 제2차 세계대전 뒤 미국이 결코 아시아를 떠난 적이 없기 때문에 새로운 전략으로 볼 순 없지만 모두 중국의 확장을 막겠다는 뜻인 것만큼은 틀림없다.

실제로 미국은 중국과 국경을 맞댄 동서남북 모든 나라와 군사협정을 맺었거나 미군 기지를 두고 합동군사훈련을 해왔다. 그동안 미국이 중국 봉쇄 정책China Containment Policy에서 구멍 난 딱 한 곳이 바로 버마였다. 미국이 버마를 노려왔던 까닭이다. 바꿔 말하면 중국이 유사시 빠져나갈 수 있는 유일한 관문이 버마다. 중국이 버마를 호락호락 놓아버릴 수 없는 까닭이다. 두 초강대국의 야욕에 사로잡힌 버마 앞날을 걱정하는 까닭이다.

밀담

그사이 국경에도 변화바람이 거세게 몰아쳤다. 2011년 말쯤부터 소수민족해방 조직이나 민주혁명 단체 사람을 만나면 저마다 한 자락씩 정부와 주고받은 밀담사연을 털어놓았다. 랑군을 다녀온 이들도 하나둘씩 늘어났다. 2012년 초로 접어들면서 북부 까친독립군을 빼고는 모든 소수민족해방 세력이 정부와 휴전협정을 맺었다. 그동안 정부가 테러리스트로 낙인찍었던 버마학생민주전선 쪽에서도 밀담소문이 흘러나왔다. 2012년 4월 초 버마학생민주전선 의장 탄케와 사무총장 서니가 치앙마이 집으로 찾아왔다.

"형, 얘기 들었나? 2월 9일 정부 평화협상 대표단과 매솟에서 만났는데."

"응, 나잉아웅(전의장)한테 들었어. 근데 조건이나 의제 충돌은 없었나?"

"전혀. 조건 없는 회담 원칙 걸었고, 우리가 랑군 가서 현실점검하기로."

"그래? 현실점검여행에 외신기자 한 명 초대하겠다고 걸면 어떨까?"

"형이 취재하겠다는 뜻이지? 다음에 만나면 정식 안건으로 올려볼게."

그 무렵 정부는 비록 한 줌거리 전력이지만 민주혁명 세력 가운데 유일한 무장투쟁 조직인 버마학생민주전선을 휴전회담 상대로 인정함으로써 내전종식 의지를 강하게 드러냈다. 그러나 학생군은 소수민족해방군 동의 없는 휴전회담에 나서기 힘든 상태였다. 학생군이 병력을 버마-중국 국경 쪽 까친독립군 진영과 버마-타이 국경 쪽 까렌민족해방군 진영에

각각 분산배치해온 탓이다. 본디부터 독자적 해방구 없이 각 소수민족해방군 진영에 더부살이해온 학생군의 한계였다. 그러니 정부와 휴전협정을 맺은 까렌민족해방군 지역에 진 친 학생군 본부는 휴전상태였지만 그렇지 않은 까친독립군 쪽 학생군은 여전히 교전상태였다. 말하자면 한 무장조직이 반은 휴전상태고 반은 교전상태인 희한한 꼴이었다.

"소수민족 진영에 얹혀살아온 우리가 까친에서 벌어지는 전투를 모른 척할 수도 없고, 달리 까친 쪽 전투에 병력을 투입하면서 휴전협정 맺을 수도 없고." 의장 탄케 고민이 깊을 수밖에는.

5월 들어 서니가 다시 치앙마이 집으로 찾아왔다.

"현실점검여행에 외신기자 초대하겠다고 했더니 정부 쪽에서 그러라 던데."

깜짝 놀랐다. 그저 흘러가는 말이었는데 현실로 몰고 왔으니. 학생군이 기자초대를 의제에 올렸다는 건 오랜 인연을 놓고 보면 그렇다 치더라도 정부가 선뜻 받아들였다는 게 믿기 힘들었다. 돌이켜보면 1990년대 초부터 우리는 "랑군으로 돌아가는 날 함께 가자"고 다짐해왔다. 오늘내일하던 그 다짐이 20년도 더 지났다.

학생군과 정부 사이에 길고 지루한 밀담이 이어졌다. 학생군과 정부 협상대표인 대통령실 장관 아웅민Aung Min 사이에는 제법 믿음이 쌓여갔지만 휴전협상은 더디기만 했다. 정부군이 까친독립군을 공격하는 터라 학생군이 전선에서 발을 뺄 수 없는 탓이었다. 현실점검여행 일정도 밀리기를 거듭하면서 김이 빠졌다.

게다가 내겐 문제가 하나 있었다. 그해 8월 정부가 입국금지자를 일부 풀었지만 내 이름은 없었고 나는 여전히 비자를 못 받는 신세였다. 담판이라도 짓고 싶지만 맞붙어볼 데도 마땅찮았다. 버마 대사관쯤에서 풀 수 있는 사안이 아니다 보니. 이래저래 고민하던 터에 11월 9일 아웅민이 치앙마이에서 연합민족연방회의UNFC와 밀담한다는 정보를 잡았다. 이 조직은 까렌민족연합, 까친독립기구를 비롯한 11개 소수민족 무장투쟁 세력이 2011년 2월 결성해서 정부와 휴전협상 창구로 삼아왔다.

휴전협상에서 '노 미디어' '노 뉴스'를 내걸었던 정부는 밀담 날 아침까지 소수민족 대표한테도 시간과 장소를 내놓지 않을 만큼 철저히 보안을 쳤다. 오후 3시쯤 아웅민이 치앙마이 공항에 도착했다는 소식을 듣고 밀담장으로 잡힌 치앙마이 변두리 호텔로 달려갔다. 출입을 금지한 밀담장 안으로 아웅민한테 "인터뷰하고 싶다"는 쪽지를 보냈다. 이내 "싫다"는 답이 왔다. 다시 "인사라도 하자"는 쪽지를 보냈다. "좋다"는 답이 왔다. 경호원을 따라 밀담장으로 들어갔다. 아웅민은 "정부원칙이 비공개다. 미안하다"며 정중하게 인터뷰를 마다했다. 밀담에 이은 만찬이 끝나갈 무렵 오랜만에 만난 연합연방민족회의 부의장 아벨 뜨윗Abel Tweed과 인사를 나누면서 다짜고짜 밀담장 안으로 밀고 들어갔다. 밀담결과가 좋았던지 축배가 돌았다. 얼굴이 불그레 달아오른 아웅민이 뜻밖에 다가와 내 손을 잡고는 통역을 불렀다. 내겐 마지막 기회였다.

"랑군 가면 인터뷰할 수 있나?"

"네이삐도로 와라. 네이삐도에서 인터뷰하자."

"좋다. 네이삐도로 가겠다. 그러니 비자 달라. 블랙리스트 풀어달라!"

아웅민은 놀란 얼굴로 두리번거렸다. 정부가 평화협상 창구로 만든 미얀마평화센터MPC에서 중재자로 일해 온 버마학생민주전선 출신 아웅나잉우Aung Naing Oo가 끼어들었다.

"문태는 블랙리스트 해제자에 이름도 없고 비자도 못 받는 별난 경우다."

아웅민은 곧장 미얀마평화센터 휴전협상지원국장 민쪼우Min Zaw Oo를 불러 내 명함을 받게 하고는 "조건 없이 바로 비자 만들어줘라"더니 "이건 내 명령이다"고 덧붙였다. 그이는 한동안 내 어깨를 잡고 "내 명령이니 아무 문제없다" "문제없다"를 되풀이했다.

나는 아웅민이 술기운에 분위기 타고 한 말이 아니기만을 고대했다. 아웅민이 버마로 되돌아가고 나흘 뒤 민쪼우 이메일이 왔다.

"방콕 주재 버마 대사관에서 비자 받으시오. 아무 문제없을 것이오."

다음 날 내 여권에 버마 비자가 박혀 나왔다. 16년 만에 받아 든 비자였다. 그로부터 나는 현실점검여행 일정이 잡히기만을 눈 빠지게 기다렸다.

라자양전선, 대치선 300m

그즈음 온갖 비밀과 밀담이 판쳤던 타이 북부 치앙마이는 마치 버마 정치판이 옮겨온 듯했다. 아웅민과 연합민족연방회의 밀담 이틀 전인 11월 7일엔 먀예Mya Aye를 비롯한 88세대학생그룹 대표단 일곱 명이 버마학생민주전선을 만나고자 치앙마이에 와 있었다.

11월 11일 밤 9시, 타이 국경 수비대를 따돌리고 88세대학생그룹 대표들과 함께 버마 국경을 가르는 살윈강을 넘어 까렌민족해방군 제7여단에 자리 잡은 학생군 다운따만Dawn Taman 캠프로 들어갔다. 8888민주항쟁 주역들이 24년 만에 다시 얼굴을 맞댔다. 학생군은 환영 펼침막을 내걸었고 비록 보잘것없는 먹을거리로나마 때늦은 저녁을 차려냈다.

그러나 24년 세월의 간극은 만만찮았다. 88세대학생그룹 대표단과

국경에서 무장투쟁을 벌여온 버마학생민주전선과 랑군에서 지하조직을 꾸려온 88세대학생 대표가
처음으로 버마-타이 국경 학생군 진영에서 만났다. 다른 길을 걸어온 두 학생운동 조직이 서로 동질
성을 확인하는 자리였다. 연설하는 이가 버마학생민주전선 의장 탄케 _버마학생민주전선 다웅 타만
캠프. 버마. 2012 ⓒ정문태

학생군 대표가 나선 산악밀림 보고회는 이내 싸늘히 얼어붙었다. 88세대 학생그룹은 버마 내부 정치를 진단했고 학생군은 국경 소수민족 문제를 화두 삼았다. 서로 에둘러 말했지만 랑군 쪽 비폭력 투쟁과 국경 쪽 무장투쟁이 팽팽히 맞섰다. "감옥을 드나들면서도 랑군을 떠나지 않고 지켰다." "국경 산악 밀림에서 목숨 걸고 싸웠다." 같지만 서로 다른 두 자존심이 밤 하늘을 찔러댔다.

8888민주항쟁을 이끌었던 그 두 주인공은 반독재·민주화라는 한 목표 아래 싸웠지만 1930년대 학생운동 때부터 대물림해온 쿳다웅(Khoot Daung, '싸우는 공작') 깃발을 놓고 경쟁의식을 지녀왔다. 이건 버마학생민주 전선이 태어나면서부터 벌어진 일이었다. 국경에 뿌리를 둔 버마학생민주 전선은 8888민주항쟁에 참여했던 학생들이 줏대였고 조직이름에서 보듯 '학생'을 내걸었지만 실제는 노동자, 농민, 교사, 예술가를 비롯해 여러 소 수민족 젊은이까지 끌어안은 대중조직이었다. 랑군에 뿌리를 둔 88세대학 생그룹은 말 그대로 8888민주항쟁을 이끌었던 학생운동 핵심지도부가 만든 조직으로 강한 성골의식을 지녀왔다. 그러니 '학생'을 내건 두 진영 사 이에 적자논쟁이 벌어질 수밖에 없었다.

밤을 가른 산악밀림 보고회는 자정을 넘겼다. 노래 한 자락이 빠질 리 없었다. 쿳다웅 깃발 아래 함께 부르는 노래 〈쿳다웅〉 앞에서 모두 하나가 되었다. 비로소 두 진영은 서로를 얼싸안았다. 국경의 밤은 깊어갔고 그 감동은 수그러들 줄 몰랐다. 12일 새벽, 짙은 안개를 뿜어대는 살윈강 너머로 88세대학생그룹 대표단이 사라졌다. 랑군에서 다시 만날 날을 기약하며.

며칠 뒤 학생군 현실점검여행 일정이 나왔다. '2012.12.18~2013.1.7' 꼭 20일짜리였다. 나는 랑군으로 가기 전 까친전선 취재일정부터 잡았다. 정부군 공격을 받아온 까친독립군과 학생군 현실을 내 눈으로 봐야 랑군

정치판 돌아가는 꼴을 제대로 가름할 수 있겠다는 뜻에서.

12월 3일 중국 쿤밍으로 날아갔다. 까친으로 들어갈 만한 '개구멍'은 중국 국경뿐이었다. 버마 정부가 외국인의 까친 여행을 금지한 데다 정부군이 까친독립군 본부 라이자Laiza로 통하는 길을 모두 잘라버렸으니.

4일 아침 망시로 날아가서 자동차로 국경도시 잉지앙에 닿았다. 중국 정부가 외국인한테 허락한 합법적인 방문지역은 여기까지였다. 이제부터 불법 신세다. 함께 간 타이 카메라맨 피 짤라워룩스와 한 번 더 입을 맞췄다.

"여기서부터 우리는 조류 사진동호회다. 걸리면 무조건 새 찍으러 왔다고 우겨! 이 동네 취재 때마다 늘 이렇게 다녔으니 너무 걱정 마."

잉지앙까지 마중 나온 학생군 중앙위원을 따라 멀미 나는 굽이 산길 여섯 시간 만에 까친주 국경에 닿았다. 중국 공안 경비가 느슨해진 밤 9시 어둠을 타고 제양강Je Yang River 변두리 쪽을 건너 라이자로 들어갔다. 까친을 취재할 수 있는 시간은 딱 일주일뿐, 랑군행 현실점검여행을 준비하고 일정에 맞추려면 늦어도 14일까지 타이로 되돌아가야 하니 마음이 급했다.

자는 둥 마는 둥 뒤척이다 다음 날 새벽부터 부지런히 전선을 헤집고 다녔다. 라이자에서 6km 떨어진 최대 격전지 라자양La Ja Yang전선은 아침 저녁으로 들렀다. 맨눈으로도 군인들 동선이 가물가물 잡히는 정부군 진지는 기껏 300m 떨어진 산 위에서 라자양을 내려다보고 있었다. 참호로 뒤덮은 라자양전선의 까친독립군과 학생군은 하루 종일 뻣뻣이 굳어 있었다. 대치선 300m, 곧 죽음이었다.

숱한 전선을 봐왔지만 소총 타격거리를 두고 버티는 전선은 결코 흔치 않았다. 세계 게릴라 전사에 최대 격전으로 기록할 만한 1990년대 초 까렌민족해방군 완까전선만 해도 대치선이 500~800m였다.

버마 정부와 버마학생민주전선이 휴전회담을 하는 중에도 정부군은 북부 까친에 진 친 학생군을 공격
했다. 버마의 진정한 평화를 말하기 이른 까닭이다. _응아론전선. 까친. 버마. 2012 ⓒ정문태

라자양전선을 이끄는 까친독립군 전술사령관 마란자우광Maran Zau Gawng은 코앞에 흐르는 뭉라이강Mung Lai River을 가리키며 "정부군이 늘 이 강을 타고 쳐들어왔지. 우리한테 삼각으로 포위당한 저 산 위(정부군 진지)에 보급물자 올린다고 요 며칠 잠잠했지만 오늘내일한다"고 전황을 알려주었다. 나는 현장 복이 없었다. 내가 도착하기 사흘 전부터 전선이 잦아들었으니. 멀리 떨어진 산악에서 이따금 정부군이 쏘아대는 대포소리로 그저 여기가 전선이려니 분위기나 느낄 뿐.

까친독립군

그즈음 까친-중국 국경은 온통 난민으로 들끓었다. 정부군이 1994년 맺었던 휴전협정을 깨고 2011년부터 까친독립군을 공격한 탓이다. 라이자와 제야Je Ya를 비롯한 20여 곳 난민촌에는 10만 웃도는 전쟁피난민들이 언 몸으로 겨울을 맞았다. 까친독립기구 난민구호위원회 책임자 도이삐사Doi Pyi Sa는 "여기 난민촌에만 10만이지 피난갈 수 없는 지역 사람까지 합하면 거의 20만에 이른다"며 유엔의 난민지원을 막은 버마 정부와 국경폐쇄로 구호품 보급마저 힘들게 만든 중국 정부를 싸잡아 나무랐다.

난민문제는 휴전협정의 연장선으로 볼 만했다. 입으론 휴전을 외치면서 몸으론 시민을 공격해온 테인세인 정부 속셈이 드러났다. 북부버마학생민주전선 의장 라셍La Hseng은 "이 난민들 보라. 정부군이 비무장 주민까지 공격했다. 상대를 공격하면서 휴전하자는 정부 믿을 수 있겠나? 우린 중앙위원회 결정 따르겠지만 현 시점에서 휴전협정은 인정할 수 없다"며 학생군 본부 쪽 지도부가 꾸려온 휴전회담을 아주 탐탁찮게 여겼다. 이상과 현실은 다르다는 뜻이었다. 각 소수민족해방군 진영에 분산배치한 학생군, 따라서 각 소수민족해방군 상황에 따라 휘둘릴 수밖에 없는 한계, 이게 학생군 지도부가 고민해온 지점이기도 했다.

까친독립군 부사령관 군모Gun Maw는 "정부가 휴전협정 깬 증거가 난민이다. 우린 이미 1994년 휴전협정 맺었다. 정부군이 공격 안 하면 그 휴전협정은 지금도 유효하다. 정부군이 공격 멈췄던 지난 17년 동안 아무 탈 없었다"며 정부의 휴전협정 제의를 비웃었다. 라이자 분위기는 순탄치 않을 휴전회담 앞날을 예고했다.

까친독립기구의 군사조직으로 소수민족해방군 가운데 가장 센 화력을 지닌 까친독립군은 감샤웅Gam Shawng 사령관이 이끄는 정규군 1만과 예비군 1만으로 정부군에 맞서왔다. 바깥세상에는 알려지지 않았지만 까친주의 옥광산, 금광, 산림에서 나오는 막대한 돈줄을 쥔 까친독립군은 2,000여 병력을 거느린 이웃 빨라웅주해방군PSLA의 재정과 군사까지 도맡아왔을 정도다. 넘치는 돈줄과 무장, 바로 까친독립군이 정부가 닦달해온 휴전협정에 호락호락 서명하지 않고 버틸 수 있었던 까닭이다.

게다가 까친독립군은 오른쪽에 중국과 왼쪽에 인디아를 낀 국제정치 길목을 차지하고 있다. 버마 정부를 놓고 중국과 인디아가 벌이는 힘겨루기에 까친독립군이 수를 튕길 수 있다는 뜻이다. 여기서 인디아는 중국 포위 전략을 펴온 미국과 한 몸임을 눈여겨볼 만하다. 요즘 까친독립군 지역과 인디아를 잇는 도로 건설이 바로 그 국제정치의 상징이다. 까친독립군 지역에 미국 정보기관을 비롯해 숱한 정체불명 조직이 국제지원단체 이름을 내걸고 움직여온 건 우연이 아니다. 그동안 중국이 버마 정부를 전폭 지원하면서도 뒤로는 까친독립군을 떠받쳐왔던 게 우연이 아니듯이. 이게 까친독립군이 버마 정부에 맞설 수 있었던 까닭이고 반대로 버마 정부가 그 까친독립군을 쉽사리 잡아챌 수 없었던 까닭이다.

조국, 아직은 적지에

13일 새벽 4시, 어둠을 타고 중국 쪽 국경을 넘었다. 이틀 뒤 치앙마이로 되돌아온 나는 북부 학생군 이메일을 받았다. 라자양전선 쪽으로 쳐들어온 정부군과 전투장면을 찍은 동영상이 함께 왔다. 이틀 차이로 전선을 놓친 꼴이었다.

이제 나는 랑군으로 간다. 17일 아침 타이-버마 국경도시 매솟으로 갔다. 의장 탄케, 사무총장 서니를 비롯한 버마학생민주전선 중앙위원으로 구성한 대표단 아홉 명이 매솟에 모였다. 흥분과 긴장으로 밤잠을 설친 이들은 18일 아침 7시 매솟을 떠나 모에이강을 건넜다. 버마 쪽 국경검문소인 먀와디Myawaddy에서 정부연락관이 학생대표단을 맞았다. 그 다리 하나를 건너는 데 학생군은 24년이 걸렸다. 나는 부리나케 방콕 수와나품국제공항으로 날아갔다. 버마 정부가 외국인의 먀와디 국경 통과를 허락하지 않은 탓이다.

18일 오후 양곤국제공항에 발을 디뎠다. 참 그리워했던 땅이다. 16년 만에 랑군에 들어선 나는 공항에서부터 큰 변화를 느꼈다. 동네 버스터미널 같았던 그 공항자리에는 잘 빠진 건물이 들어섰고 눈을 부라리던 군인도 정보원도 사라지고 없었다. 늘 관광객으로 위장해서 마음 졸이며 드나들었던 그 옛날과는 딴판이었다. 아, 그러고 보니 나는 합법신분이었다. 그 것도 대통령실 장관이 만들어준 저널리스트 비자를 지닌!

랑군 도심에 자리 잡은 미얀마평화센터에서 엎어지면 코 닿는 데 숙소를 잡고 대표단이 도착하기를 기다렸다. 대표단은 밤 11시가 다 돼서야

미얀마평화센터로 들어섰다. 험한 길을 따라 달린 15시간 여정에 시달린 데다 긴장 탓인지 저마다 굳어 있었다. 학생군한테 그 땅은 분명 조국이었 지만, 아직은 적지였으니.

"우리가 여기 온 건 (정부의) 은혜를 입은 게 아니다. 내 땅에 내가 왔을 뿐이다."

24년 만에 랑군을 밟은 탄케 첫마디는 그렇게 정치적이었다. 탄케와 서니와 나는 말 없는 포옹으로 마음을 나눴다. 우리는 국경 산악밀림에서 게릴라와 기자로 만나 "랑군으로 돌아가는 날 함께 가자"고 했던 해묵은 다 짐을 지켰다. 그 약속을 지키는 데 꼬박 24년이 걸렸다! 새벽녘 잠자리에 들었지만 내내 뒤척였다. 16년 동안 그리워했던 그 땅에 누운 나는 현실감 이 없었다.

적지에서 첫날 밤을 보낸 19일 이른 아침, 미얀마평화센터 안 게스트 하우스는 대표단을 찾아온 가족과 친구들로 북적였다. 다들 얼굴이 푸석 했다. 나만 잠을 설친 게 아니었던 모양이다. 아침 8시 30분 대표단은 슈웨 다곤 파고다 방문으로 첫날을 열었다. 숱한 관광객과 참배객 틈에 낀 대표 단 얼굴이 그제야 풀리는 듯했다. 슈에다곤 파고다는 버마 불교의 상징일 뿐 아니라 학생운동 성지이기도 하다. 1920년 영국 식민정부가 만든 신대 학법New University Act을 거부했던 첫 학생운동 진원지였고 8888민주항쟁 과 2007년 승복혁명 때도 심장 노릇을 했던 곳이다. 대표단은 민주혁명에 목숨 바친 선배, 동료를 기리며 슈에다곤 파고다 한 귀퉁이 학생운동기념 탑에 꽃을 바쳤다.

아침 10시 대표단은 첫 정치 일정으로 88세대학생그룹 사무실을 찾 았다. 버마학생민주전선이 자신들의 뿌리와 무장투쟁 정당성을 세상에 알리는 가장 중요한 자리였다. 꼬꼬지Ko Ko Gyi를 비롯한 88세대학생그룹 지도부는 대표단을 뜨겁게 맞았다. 지난 11월 초 88세대학생그룹 대표단이 국경 버마학생민주전선을 찾은 데 이어 두 번째 만남이었다.

'학생군 무장투쟁은 여전히 유효하다'

12월 21일 두 조직은 제2차 회의를 마친 뒤 민꼬나잉과 탄케가 공동 기자회견을 열었다. 민꼬나잉은 "1988년 민주항쟁에서 태어난 우리 두 학생운동 조직이 8888민주항쟁 25주년을 맞을 내년 2013년에 함께 민주평화포럼을 열어 학생운동 통합과 버마 정치상황을 점검할 것이다"고 밝혀 아웅산수찌의 민족민주동맹이 한계를 드러낸 현실에서 학생운동 세력의 정치조직화 가능성을 던졌다.

이어 민꼬나잉은 나와 인터뷰에서 "버마학생민주전선은 학생운동 한 부분으로 버마 민주화 운동에서 중요한 의미를 지닌다. 학생군 무장투쟁은 현 정치상황에서도 여전히 유효하다. 우린 그 동지들 의지와 결정을 존중한다"며 무장투쟁 정당성을 공개선언함으로써 학생군 대표단한테 큰 힘을 실어주었다. 그날부터 탄케를 비롯한 대표단은 자신감이 넘쳤다.

버마학생민주전선과 88세대학생그룹의 회담은 버마 사회를 떠들썩하게 만들었다. 정부와 버마학생민주전선이 밀담에서 합의했던 현실점검 여행 중 '노 미디어' '노 뉴스'란 조건은 그 회담을 통해 깨졌다. 88세대학생그룹 사무실엔 50명 웃도는 현지 기자가 들이닥쳤고 다음 날부터 버마학생민주전선을 1면 톱에 올린 신문들이 줄줄이 가판대로 쏟아져 나왔다. 그동안 테인세인 정부의 변화를 허튼짓이라 의심해왔던 학생군 대표단이 흔들리기 시작했다.

"한마디로 놀랍다. 언론이 우리를 1면에 올리는 걸 보면서 (변화를) 부정만 하긴 힘들 듯."

제 얼굴이 1면에 뜬 신문들을 집어든 탄케 말마따나.

사실 하루 전만 해도 탄케와 대표단은 풀이 죽어 있었다. 88세대학생그룹 못지않게 중요한 대화상대로 여겼던 민족민주동맹한테 홀대받았다는 기분 탓이었다. 대표단이 그토록 만나고 싶어 했던 아웅산수찌는 끝내 안 나타났고 부의장 띤우Tin Oo가 대신 나섰다. 회담이라곤 했지만 띤우는 현안과 아무 상관없는 이야기만 45분 동안 횡설수설 늘어놓았다.

탄케는 "띤우가 연방제나 소수민족 문제에 전혀 관심 없더라. 이건 회담이 아니라 일방적인 훈계 같았다"며 불만을 털어놓았다. 더구나 띤우는 회담 직전 나와 인터뷰에서 "학생들 무장투쟁 절대 인정할 수 없다. 그건 국경 쪽 착각이다. 그이들이 정치하고 싶으면 랑군에 돌아와 정부한테 허락받고 선거에 나서면 된다"고 학생군 무장투쟁을 부정해 이미 대표단 가슴에 비수를 꽂았다.

12월 24일 새벽 5시, 대표단은 정부와 공식 회담이 잡혀 있는 수도 네이삐도로 향했다. 오후 1시 대통령 집무실 별관, 정부 쪽에서는 휴전회담을 이끌어온 아웅민 대통령실 장관과 먀예Mya Aye 교육장관을 비롯해 장관 넷과 차관을 포함한 일곱 명이 나섰다. 예상보다 훨씬 높은 수위로 학생군 대표단을 맞았다. 정부가 학생군과 휴전협상에 그만큼 공을 들인다는 의지를 보여준 셈이다.

인사치레쯤으로 끝나리라 여겼던 회담도 다섯 시간이나 이어졌다. 그 회담에서 탄케는 "정부가 까친독립군과 북부버마학생민주전선 공격을

"나는 학생들한테 국경으로 가라고 한 적도 없고, 총을 들라고 한 적도 없다.
 내 비폭력 평화 노선과 어울리지 않는다."

아웅산수찌의 한계가 드러났다. 2016년부터 아웅산수찌가 버마 정부를 떠안았으나 여전히 시민사회가 흔들리는 까닭이다. _랑군. 버마. 1996 ⓒ정문태

멈추고 모든 소수민족해방·민주혁명 세력과 통합 평화협상을 하라"고 요구했다. 아웅민은 "대통령이 까친 공격중지 명령 내렸다. 통합 평화협상은 까친독립군이 협상테이블로 들어와야 가능하다"며 원론을 되풀이했다.

정부군의 까친 공격이 전면 휴전협상 걸림돌이고 보면 그 회담에서 주고받은 말들은 학생군이 풀어낼 수 없는 고단위 정치였을 뿐이다. 사실은 대통령 테인세인도 휴전협상 대표 아웅민 장관도 풀 수 없는 사안이었다. 휴전협상의 열쇠를 쥔 자들이 군부란 사실만 더 또렷해졌다. 그러니 회담장 안은 서로 협력을 다짐하고 웃음이 넘쳤지만 결국 악수가 다일 수밖에 없었다.

24년 만에

12월 25일, 학생군 대표단 아홉 명은 뿔뿔이 흩어져 귀향투쟁 길에 올랐다. 고향으로 돌아가는 이들 얼굴에는 저마다 기쁨과 흥분과 불안이 뒤섞였다. 1988년 말부터 국경 산악으로 빠져나온 학생들은 2년 안에 독재정부를 무너뜨리고 고향으로 되돌아간다는 말을 입에 달고 살았다. 그 2년이 어느덧 24년이 되었다.

탄케는 네이삐도까지 자동차를 몰고 마중 온 고향친구 셋과 짜욱세 Kyaukse로 향했다. 짜욱세까지 네 시간, 자동차 안은 그야말로 난장판이었다. 꼬나문 담배며, 치고 박는 장난질에다, 음담이다.

24년 전 그 아이들을 보았다. 혁명도 무장투쟁도 세월도 모두 고향친구들 앞에서는 그렇게 쉽사리 허물어졌다.

짜욱세 전방 3km, 슈에따르리아웅산이 눈에 들자 탄케 입에서 외마디 비명이 터졌다.

"아아아, 짜욱세."

그이 뺨에는 이내 눈물이 흘렀다.

"저 산 위, 저 탑, 저게 우리 동네 상징인데…."

탄케는 끝내 말을 못 이었다. 눈물을 감추려 고개를 숙였다. 그러고
보니 탄케는 본디 눈물이 잦았다. 국경에서도 '어머니' 같은 말만 나오면
늘 목이 메곤 했다. '국경 산악전선'이니 '무장투쟁'을 떠올리는 도시 사람
들한테야 수상하게 들리겠지만 내가 만난 게릴라들은 다 그랬다. 그만큼
맺힌 한이 많았을 테고, 달리 보면 그런 예민한 감성 없는 이들이 이상을
좇는 혁명전선에 뛰어들 수도 없었을 테니.

오후 2시 짜욱세, 자동차에서 내리는 탄케한테 가족, 친구, 이웃이 달
려들었다. 여기저기 환성이 터졌다.

아리는 눈물도 있었다. 뜨거운 포옹도 빠지지 않았다. 근데 여자 주인
공이어야 할 그 어머니, 먀탄Mya Than은 멀찍이 바라보기만 했다. 말로만
듣던 그 어머니다웠다.

"왜들 울어? 이게 우리 짜욱세 자존심, 우리 가문 전통인데!"

어머니는 아들 손 한 번 잡지 않고 그저 "괜찮지?" "잘 있었지?" 딱 두
마디로 끝냈다. 동생을 부둥켜안았던 탄케는 머쓱한 듯 슬며시 손을 풀었다.

"24년 전 집 떠나던 그날도 그랬다. 아버지는 우셨는데, 어머니는 꼭
오늘처럼 냉정하게…."

어머니는 일흔 나이가 믿기지 않을 만큼 기운이 넘쳤다. 스스로 "깜
찍한 소녀"라 소개하고는 24년 만에 돌아온 아들은 제쳐두고 처음 본 나를
"오빠"라 부르며 〈강남 스타일〉 한 대목을 따라 몸을 흔들어보이기도 했다.
24년 세월은 예상했던 신파로 흐를 수 없었다.

"어머니, 두어 달 뒤에 돌아올게요."

1989년 이 말을 남기고 떠난 의과대학생 탄케가 집으로 되돌아오기까지는 꼬박 24년이 걸렸다. _짜욱세. 버마. 2012 ⓒ정문태

"어머니, 두어 달 뒤에 돌아올게요."

이 한마디를 남기고 떠났던 탄케가 버마 중부에 자리 잡은 짜욱세 집으로 되돌아오기까지는 그렇게 24년이 걸렸다. 그것도 시골의사를 꿈꾸었던 젊은이가 중년에 접어들어 '테러리스트 수괴'란 딱지를 달고서.

1988년 8월 민주항쟁이 막 타오르던 시절, 만달레이의과대학 6학년 탄케한테는 마이크 잡고 시위대 단상에 오르면서부터 반군팔자가 드리웠던 모양이다. 랑군의대와 함께 전국에서 1등부터 480등까지 날고 긴다는 학생들이 모인 그 만달레이의과대학에서 한 학기만 더 버티면 일생이 보장되는 판에 뿌리친 걸 보면.

그해 9월 들어 군사정부의 유혈진압과 무차별 검거령에 쫓긴 청년·학생 1만여 명이 타이, 중국, 인디아 국경으로 빠져나갔다. 경찰한테 '짜욱세 외부 출입금지'라는 주거제한 명령을 받고 숨어 다니던 탄케도 이듬해인 1989년 2월 인디아 국경을 넘었다. 그 뒤 1994년 탄케는 중국과 국경을 맞댄 까친주로 건너가 북부버마학생민주전선 야전의료팀을 만들어 학생군과 주민을 돌보았다. 그리고 탄케는 2001년 버마학생민주전선 제1세대 지도부가 전면퇴진하면서 의장으로 뽑혔다.

그사이 버마학생민주전선은 850여 명 웃도는 꽃다운 청춘이 독재타도와 민주화를 외치며 전선에서 산화했다. 군인 독재정부는 그이들을 '테러리스트'로 낙인찍었다.

어머니는 돌아온 아들한테 밥상을 차렸다. 가시를 발라낸 생선과 정성스레 찢은 나물을 하나하나 아들 숟가락에 올렸다. 테러리스트 우두머리는 느닷없이 어리광부리 아이로 돌변했다. 밥상을 물리고 친구들한테 둘러싸여 떠들어대는 탄케를 바라보며 어머니는 비로소 속내를 털어놨다.

"큰애는 아직 국경에 있는데 어미가 어찌 저 한 놈 돌아왔다고 기뻐 날뛸 수 있겠나!"

이 분야에서 산전수전 다 겪은 어머니였지만 그 심장을 온전히 감출 수는 없었던 듯. 아는지 모르는지 탄케는 귀향 첫날 밤을 떠들썩하게 보냈다.

여기 빛나는 가족사가 있다

26일 아침, 탄케는 다시 어른으로 되돌아와 있었다. 숨 돌릴 틈 없는 온갖 회의에다 이웃과 친지 방문이 아침부터 다음 날 새벽까지 이어졌다. 오직 일주일짜리 시한부 인생인 탄케가 헛되이 버릴 시간은 없었다.

27일 아침 9시 짜욱세 한복판 민곤사원Mingon monastery, 탄케 아버지 기일인 12월 16일과 탄케 생일인 12월 27일을 한날로 묶은 제사 겸 잔치에 민족시인Ko Lay를 비롯해 내로라하는 민주투사, 정치범, 학생운동가, 승려, 야당 정치인, 예술가, 학자 300여 명이 몰려들었다. 그이들 앞에서 마이크를 잡은 탄케는 국경 산악 게릴라 지도자에서 어느덧 도시 정치인으로 변해가고 있었다. 더 정확히 말하자면, 탄케가 변했다기보다는 도시 사람들이 탄케를 정치인으로 받아들였다.

이날 멀리 랑군에서 민꼬나잉을 비롯한 88세대학생그룹 지도자들이 찾아와 탄케 어머니한테 경의를 표하면서 민곤사원은 폭발적인 함성으로 뒤덮였다. 민곤사원에 모인 사람들은 저마다 탄케 가족사를 입에 올렸다. 2003년 5월 가택연금에서 풀려난 아웅산수찌가 탄케 어머니를 찾아와 "대를 이은 당신 가족들 민주화투쟁과 희생을 진심으로 존경한다"며 경의를 표했던 이야기도 빠지지 않았다. 탄케 가족이 대물림한 민주화 투쟁, 그 고난에 찬 가족사는 오늘을 살아가는 이들에게 큰 희망이었음이 드러났다.

대를 이은 민주화투쟁. 유명한 민주투사였던 탄케의 아버지 수윈마웅 기일을 맞아 버마 전역에서 민주진영 사람들이 짜욱세의 민곤사원으로 찾아들었다. 왼쪽부터 지미(88세대대학생그룹 지도자), 탄케, 민꼬나잉(88세대학생그룹 지도자) _짜욱세. 버마. 2012 ⓒ정문태

　　여기 빛나는 가족사가 있다. 탄케 아버지 수윈마웅Soe Win Maung은 만달레이대학 학생회장으로 1962년 독재자 네윈 타도운동을 이끌었던 주인공이다. 그로부터 한평생 감옥을 제집처럼 드나들었던 아버지는 1988년 민주항쟁을 이끈 뒤 군사법정에서 30년 형을 받았다. 아버지는 1997년 풀려났으나 감옥살이 후유증으로 앓다 2000년 세상을 떠났다. 탄케의 형 탄독Than Doke은 1988년 민주항쟁 도화선이 된 랑군공대RIT 시위를 이끈 학생운동 지도자로 국경 민주혁명전선에 뛰어들어 현재 망명 버마노동조합기구BLSO 의장으로 일하고 있다.

탄케는 두 살 터울인 형 이야기만 나오면 질투심에 불탔다. 아버지가 형만 좋아했다고.

"형이 이끈 랑군공대 시위가 전국 대학으로 번지면서 7월 23일 네윈이 물러나자 아버지는 평생 타도대상으로 삼았던 네윈을 형이 쫓아냈다며 온 동네 자랑하고 다니며 난리가 났지."

그렇게 네윈이 물러나고 8월 8일부터 버마 전역에서 시민이 거리로 쏟아져 나와 민주화를 외쳤다. 8888민주항쟁이었다.

"아버지와 함께 짜욱세 주 청사를 접수했던 그 시절이 내 인생에 황금기였지!"

탄케 무용담을 듣고 있던 어머니가 되박았다.

"황금기는 무슨 얼어죽을! 9월 18일 쿠데타로 집권한 소마웅이란 놈이 대놓고 총질하며 닥치는 대로 잡아가두는 판에 남편과 탄독이 끌려갔고 저 탄케까지 주거제한령을 받아 난 죽을 맛이었는데. 보석금 내면 다 풀어준다는데 정작 셋 모두를 데리고 나올 돈이 없었어. 그래서 셋 모두를 포기했지."

어머니는 그 포기를 "내 인생 최고의 결정"이라며 숨 넘어갈 듯 웃었다. "30년 형 받은 것 봐라. 돈으로 풀 수 있었겠나? 게다가 나중에 두 놈은 알아서 국경으로 도망쳤으니까 내 결정이 옳았던 거지. 사람들은 나를 냉정하다고들 하대. 근데 내가 안 울었던 건 내 남편과 내 아들을 훈장처럼 여겼기 때문이야. 그래서 셋이 다 떠난 뒤에는 민주화 투쟁하는 놈들을 모조리 내 남편, 아들이라 여기며 뒷바라지했던 거지."

남편과 아들 둘을 포기하며 살아온 어머니의 일생이 가문의 영광을 지켜낸 든든한 버팀목이었고 그게 오늘날 탄케를 비추는 후광임은 말할 나위도 없다. 탄케가 "어머니는 나의 영웅이다"란 말을 늘 입에 달고 살아왔던 까닭이다.

난리판 같았던 짜욱세의 일주일이 별똥별처럼 휙 지나갔다. 그리고 해가 바뀌었다. 2013년 1월 1일 새벽 4시, 칠흑 같은 어둠 속에서 탄케와 가족들은 또 기약 없는 이별을 했다. 24년 만인 탄케의 귀향은 다시 내일 없는 어둠 속으로 빨려 들어가면서 끝났다. 탄케는 눈물을 삼키며 랑군으로 향했다. 랑군까지 따라나선 그 고향친구 셋도 말문을 닫았다. 올 때와 갈 때는 그렇게 달랐다. 그 무거운 침묵, 아직은 버마의 변화를 말하기 이른 까닭이었다.

그러나 절망할 건 없다. 24년 전 맨손으로 국경 민주혁명전선에 올랐던 수많은 '탄케'가 자신들을 쫓아냈던 바로 그 군인들 앞에서 오늘 당당히 정치를 말하고 있지 않은가. 역사는 싸우는 이들의 몫이었고, 역사는 그 싸우는 이들 편이었다는 사실을 버마학생민주전선이 증명했다. 탄케를 비롯한 아홉 명이 단 20일 동안 버마를 휘젓고 다니면서 오롯이 보여주었다. 언론은 학생군 대표단 움직임을 대문짝만하게 걸어 올렸고 어디를 가나 시민은 학생군을 입에 올렸다.

1월 6일, 대표단은 현실점검여행을 끝내고 국경 전선으로 되돌아왔다. 탄케가 랑군에서 내게 했던 마지막 말을 여기 기록에 남긴다.

"쿳다웅 깃발을 접어서 비굴하게 랑군으로 되돌아오지는 않겠다. 버마학생민주전선 의장으로서 현실점검여행엔 가장 먼저 랑군으로 달려왔지만 진짜 귀향의 날이 오면 모든 동지를 무사히 랑군으로 돌려보낸 뒤 맨 마지막으로 쿳다웅을 펄럭이며 되돌아오겠다."

휴전은 전쟁의 일부다

그 현실점검여행 뒤 버마학생민주전선과 정부는 줄기차게 머리를 맞댔고 결국 2013년 8월 들어 휴전협정을 맺었다. 나는 34명으로 구성한 버마학생민주전선 휴전협정단과 함께 다시 랑군 취재길에 올랐다. 8월 5일 미얀마평화센터에서 아웅민 장관이 이끄는 정부대표단과 탄케가 이끄는 학생군 대표단이 휴전협정에 서명했다. 민꼬나잉을 비롯한 버마 안팎 참관인단과 100여 명 기자가 그 주 단위State level 휴전협정 서명을 지켜보았다.

이틀 뒤인 10일에는 연방 단위Union level 휴전협정까지 서명하면서 학생군과 정부는 전면휴전을 선언했다. 그렇게 해서 독재타도와 민주화를 외쳐온 학생군의 25년 무장투쟁이 멈췄다. 물론 종전은 아니다. '지금' 싸움을 하지 말자는 '계약'일 뿐, 수틀리면 언제든 서로 불을 뿜을 수 있다. 지난 20년 동안 버마 정부군이 늘 그래왔던 것처럼.

8월 10일, 최종 휴전협정에 서명하고 나온 탄케 얼굴이 어두웠다.

"왜 시무룩한가?"

"이 서명을 버마 안팎에서 항복처럼 여길까 걱정이다."

"항복한 거지 뭐. 서로!"

"아니. 휴전은 전쟁의 일부다. 아직 끝난 게 아니다."

"그보다 휴전 믿을 만한가? 한두 번도 아니고, 늘 정부군이 깼는데."

"아직 회의적이다. 결국 정치적으로 풀어야 할 문제고."

8월 11일, 휴전협정 하루 뒤 아웅민 장관 얼굴은 아주 밝았다. 1년 넘도록 그이를 여러 차례 만났지만 늘 "공식 인터뷰는 할 수 없다"며 꽁무니 빼더니 마침내 집무실로 나를 초대했다.

"이제 홀가분하겠다?"

"조건부 약속일 뿐이다. 다 끝난 게 아니다. 휴전은 전쟁의 한 부분이다."

휴전협정에 서명한 버마학생민주전선 의장 탄케 말이다.
2013년 8월 13일 버마학생민주전선은 무장투쟁 25년 만에 버마 정부와 휴전협정을 맺었다. (오른쪽이 탄케 왼쪽은 정부 휴전협정 대표인 대통령실장관 아웅민) _미얀마평화센터. 랑군. 버마. 2013 ⓒ정문태

"국경에서 어려움 겪던 그 형제들이 늘 가슴 아팠는데 한없이 기쁘다."

"정부는 아직 학생군을 테러리스트라 부르는가?"

"비무장이면 여행자유가 있고 정치조직도 만들 수 있다."

"테러리스트, 공식 입장 뭔가?"

"그이들이 총 든 건 정치적 이유였고 이제 그 정치적 권리 돌려줬다. 적 아니다."

"휴전 뭘로 보장할 수 있나?"

"14개 무장조직과 휴전했다. 샨주 쪽 소규모 전투는 대화로 풀 수 있다."

"대통령의 전투중지 명령도 안 먹힌다. 왜 군인들한테 휘둘리나?"

"신병모집, 세금징수, 무기휴대 금지 같은 휴전조건을 국경 쪽이 깬 탓이다."

동문서답, 아웅민은 낯빛 하나 안 바꾸고 하고 싶은 말만 했다. 육군 소장 출신인 그이는 대통령실 장관이 되기 전까지 군사독재 정부에서 9년 동안 철도장관을 했다. 아웅민은 군복 정치인 치고는 민주진영 쪽에서도 말이 통하는 인물로 꼽혔다. 그이는 인터뷰에서 "전쟁은 정말 나쁘다. 이제 평화만 보고 간다"고 했다.

전쟁이 나쁘고 싸우기 싫다는 군인이 늘수록 세상은 평화로워지는 법이다. 버마는 여태 '휴전 없이 평화 없고, 평화 없이 개혁 없다'는 단순한 이치를 깨닫는 데 너무 긴 시간을 죽였다. 군인 정치인들 삿된 야망 탓이었다.

그즈음 랑군으로 간 학생군한테는 휴전협정 못지않은 중대한 사안이 하나 더 있었다. 8888민주항쟁 25주년 기념식이었다. 88세대[76]와 버마학생민주전선을 비롯한 항쟁 주역이 준비해온 기념식이 8월 6일부터 8일까지 사흘 동안 미얀마컨벤션센터를 달구면서 8888민주항쟁이 25년 만에 비로소 공개적인 장으로 튀어나왔다.

민주포럼에 이어 젊은이들이 8888재현극을 무대에 올렸고 민주화운동 단체들이 사진전과 도서전에다 장마당까지 펼쳐 흥을 돋웠다. 테인세인과 현 정부를 이끄는 자들이 8888민주항쟁을 유혈진압했던 군인이고 보면 이 행사는 정치판 급소를 찌른 셈이다. 그럼에도 이 기념식을 정부가 흑책질로 해코지 안 했던 건 변화 가운데 가장 큰 변화로 꼽을 만했다.

지난 25년 동안 오직 국경에서나 가능했던 8888기념식이 랑군과 만달레이를 비롯한 전국 도시에서 벌어져 오랜만에 사람들은 해방감을 맛봤다. 랑군 한복판에서는 민주화 운동 상징인 쿳다웅 깃발을 달고 경적을 울리며 달리는 자동차도 적잖이 눈에 띄었다. 8888 때 교사였던 모헤인은 "아직 갈 길이 멀지만, 그래도 이런 날이 올 줄 몰랐다"며 눈시울을 붉혔다. 한류에 빠진 열일곱 먹은 대학생 마맛난달킨은 "학교에서는 안 배웠지만 어른들한테 이야기 들었다"며 호기심 찬 눈으로 사진전을 헤집고 다녔다.

8월 8일엔 아웅산수찌를 비롯한 야당 정치인, 소수민족 대표, 시민단체 대표가 미얀마컨벤션센터로 모여들면서 뜨거운 기운을 뿜어냈다. 버마연방학생회 의장으로 8888민주항쟁을 이끌었던 민꼬나잉이 가장 먼저 연단에 올랐다. 4,000여 청중이 폭발적인 박수로 그이를 맞았다. 깊은 존경심

---

76 88세대학생단체는 조직명이 지나치게 학생중심이라는 내부 의견에 따라 2013년 초 88세대 평화와 열린 사회88 Generation Peace and Open Society로 이름을 바꿨다. 이 글에서 '88세대학생그룹'과 2013년 뒤부터 쓴 '88세대'는 같은 조직이다.

을 담은 그 폭음이 길게 여운을 끌었다. 한 시간 반이나 늦게 도착한 아웅산수찌를 향한 함성이 광적 비명이었다면.

말문을 연 민꼬나잉은 이내 손을 들어 학생군 대표단이 앉은 자리를 가리켰다.

"여기, 사랑하는 이들과 멀리 떨어진 국경에서 민주화 투쟁에 목숨 바쳐온 이들이 있습니다. 오늘, 그 장한 이들이 우리와 가슴 맞대고 함께 일하고자 도시로 돌아왔습니다. 학생군 동지들 일어나주십시오."

탄케와 34명 대표단 얼굴이 붉게 달아올랐다. 숨죽였던 미얀마컨벤션센터는 다시 폭음 같은 박수로 뒤덮였다. 자신들의 무장투쟁 정당성을 처음으로 랑군 시민 앞에서 인정받은 학생군 눈에는 저마다 물기가 돌았다.

민꼬나잉이 있다

그동안 민꼬나잉은 학생군 무장투쟁을 달갑잖게 여기는 이들을 향해 늘 버마학생민주전선이 학생운동의 한 뿌리임을 내세워 감싸왔다. 이날 기념식에서도 민꼬나잉은 학생군한테 주인공 자리를 안겨줬다. 개나 소나 비폭력 평화를 외쳐온 세상에서 누구보다 강한 비폭력 평화의 상징성을 지닌 민꼬나잉이 무장투쟁 전사들을 동지라고 외치는 장면은 감동적이었다.

비폭력 평화를 몸소 보여주면서 정당한 무장투쟁까지 끌어안을 수 있는 용기를 지닌 사람은 이 세상에 결코 흔치 않다. 우리는 그동안 지배 권력의 논리에 휘말려 그 비폭력 평화에 너무 온순하게 길들여져왔는지도 모르겠다.

"우린 총도 바늘도 한 점 없고 오직 책뿐이다. 랑군공대로 가게 길 열

8888민주항쟁 기념식이 25년 만인 2013년 비로소 공개적인 장으로 튀어나왔다. 8888민주항쟁을 이끌었던 전설적인 학생운동 지도자 민꼬나잉은 이 자리에서 버마학생민주전선의 무장투쟁을 학생운동의 한 부분임을 시민 앞에 선언했다. _랑군. 버마. 2013 ⓒ정문태

어달라."

버마 현대사는 1988년 민주항쟁을 이끌었던 한 말라깽이 랑군대학 학생을 기억한다. 3월 16일, 8888민주항쟁 도화선을 깔았던 랑군공대 시위지원을 나섰던 버마연방학생회 의장 뽀우뚠Paw Oo Tun 외침은 폭동진압 경찰 앞에 쓰러졌고 수많은 희생자가 났다.

그날 뽀우뚠은 '민꼬나잉(왕들의 정복자)'이란 이름을 달고 세상에 다시 태어났다. 민꼬나잉은 전국 대학을 묶어 6월부터 제대로 시위에 불을

댕겼고 결국 7월 23일 독재자 네윈을 쫓아냈다. 그러나 랑군의 봄은 군인들의 유혈진압으로 3,000여 희생자를 남긴 채 시들고 말았다.

1989년 체포당한 민꼬나잉은 20년 형을 받고 감옥에 갇혔다가 2004년 풀려나자마자 88세대학생그룹을 조직해 칠흑같이 어둡던 버마에 희망의 불빛을 되살려냈다. 민꼬나잉은 입버릇처럼 말해온 "몇 명만 있어도 투쟁은 가능하다"는 사실을 온몸으로 보여주었다.

분열과 배신을 되풀이해온 버마 현대사에서 모두를 하나로 엮어낼 이름이 있다면, 바로 민꼬나잉이었다. 군인 아니면 아웅산수찌뿐인 메마른 정치판에서 시민사회는 대안을 찾고 싶었다. 도시에서도 시골에서도 국경에서도 사람들이 민꼬나잉을 불러온 까닭이다.

8월 11일, 88세대 사무실에서 오랜만에 느긋하게 민꼬나잉과 마주앉았다.

"8일 기념식 연설 멋있었다. 학생군 소개하는 장면 감동적이었고."

"(한참 웃고는) 우리가 학생운동 한 뿌리란 걸 보여주고 싶었지."

"88세대(지하), 학생군(무장), 신사회민주당(정당)을 학생운동 분열로도 보는데?"

"아냐. 8888 뒤 유혈진압 앞에서 우리가 택할 수 있는 유일한 전략이었어."

"앞으로 셋이 같이 가는 건가?"

"뿌리가 하나니까 그게 원칙이지. 이미 셋이 머리를 맞대왔고."

"정당으로 갈 수도 있나?"

"정치 원하는 이들도 있고, 우리 사회가 학생운동 출신한테 바라는 것도 있고."

"사회적 책임 같은 건가?"

"그렇지. 8888 때 희생된 학생과 시민을 끝까지 돌봐야 할 의무 같은 거지."

"자네는?"

"나는 아냐. 내가 정치하는 꼴은 죽었다 깨나도 못 볼 거야."

"그럼 뭐할래?"

"시 쓰고, 노래 만들고, 그림 그리고. 영원한 비판자, 영원한 조력자. 멋있잖아!"

만날 때마다 요리조리 떠보았지만 "정치판에 발 안 들인다"는 민꼬나잉 말은 한결같았다. 2013년 5월 광주 한 커피숍에서 민꼬나잉이 "간디나 마틴 루터 킹은 권력 없었지만 큰일했잖아"며 흘리듯 했던 말이 있다. 그걸 민꼬나잉이 가고 싶어 하는 길로 봐주기로 했다.

민꼬나잉은 1989년 체포당했을 때 2주 동안 꼬박 물속에 갇힌 채 고문당해 지금도 그 후유증으로 왼쪽 다리를 전다. 청춘을 감옥에 바친 민꼬나잉은 민주화 운동 동력이 시민 품에서 나와야 버마의 미래가 있다는 사실을 가르쳐온 스승이다. 민꼬나잉은 비폭력 평화가 최후·최고 투쟁방법임을 몸 던져 보여준 진정한 혁명가로 세계 시민투쟁사에 빛나는 이름을 올렸다. 민꼬나잉을 우상에 기댄 '아웅산수찌 열광현상'과 달리 보는 까닭이다.

"내가 믿는 이도, 내가 따르는 이도 오직 한 사람, 민꼬나잉뿐이다."

자존심 하나로 버텨온 탄케 입에서 나온 말이다.

전선기자 정문태
전쟁취재 기록

첫판 1쇄 펴낸날 2016년 12월 30일

지은이 정문태
발행인 김혜경
편집인 김수진
책임편집 이다희
편집기획 이은정 김교석 백도라지 조한나 윤진아
디자인 김은영 정은화 엄세희
경영지원국 안정숙
마케팅 문창운 노현규
회계 임옥희 양여진 김주연

펴낸곳 (주)도서출판 푸른숲
출판등록 2002년 7월 5일 제 406-2003-032호
주소 경기도 파주시 회동길 57-9, 우편번호 10881
전화 031)955-1400(마케팅부), 031)955-1410(편집부)
팩스 031)955-1406(마케팅부), 031)955-1424(편집부)
홈페이지 www.prunsoop.co.kr
페이스북 www.facebook.com/prunsoop   인스타그램 @prunsoop

이 도서의 국립중앙도서관 출판시도서목록(CIP)은 e-CIP 홈페이지(http://www.nl.go.kr/ecip)와
국가자료공동목록시스템(http://www.nl.go.kr/kolisnet)에서 이용하실 수 있습니다. (CIP2016029973)